장애의 지리학

**Geographies of Disability**

by Brendan Gleeson

First published 1999 by Routledge

Copyright © 1999 Brendan Gleeson

Korean translation copyright © 2020 by Greenbee Publishing Co.

All rights reserved.

Authorised translation from the English language edition published by Routledge, a member of the Taylor & Francis Group through Shinwon Agency.


## 장애의 지리학

**발행일** 초판 1쇄 2020년 7월 10일 | **지은이** 브렌던 글리슨 | **옮긴이** 최병두, 임석회, 이영아
**펴낸곳** (주)그린비출판사 | **펴낸이** 유재건 | **주소** 서울시 마포구 와우산로 180, 4층
**주간** 임유진 | **편집** 방원경, 신효섭, 홍민기 | **마케팅** 유하나
**디자인** 권희원 | **경영관리** 유수진 | **물류유통** 유재영, 이다윗
**전화** 02-702-2717 | **팩스** 02-703-0272 | **이메일** editor@greenbee.co.kr | **신고번호** 제2017-000094호

**ISBN 978-89-7682-627-5  93330**

이 도서의 국립중앙도서관 출판예정도서목록(CIP)은 서지정보유통지원시스템(http://seoji.nl.go.kr)과 국가자료종합목록구축시스템(http://kolis-net.nl.go.kr)에서 이용하실 수 있습니다.(CIP제어번호: CIP2020020197)

철학과 예술이 있는 삶 **그린비출판사**

그린비 장애학 컬렉션 • 10

# 장애의 지리학

브렌던 글리슨 지음
최병두, 임석회, 이영아 옮김

그린비

마이클에게

| 일러두기 |

1 이 책은 Brendan Gleeson, *Geographies of Disability*, Routledge, 1999를 완역한 것이다.

2 인용하거나 참조한 문헌의 서지정보는 해당 부분에 저자명, 출간연도, 쪽수만을 표기하였으며, 해당 문헌의 자세한 서지정보는 참고문헌에 정리되어 있다.

3 고딕서체로 표기된 것은 원문에서 이탤릭체로 표기된 것이다.

4 단행본·정기간행물의 제목에는 겹낫표(『 』)를, 논문·단편·법 등의 제목에는 낫표(「 」)를 사용했다.

5 외국어 고유명사는 2002년에 국립국어원에서 펴낸 외래어표기법을 따라 표기했다.

# 감사의 글

나의 친구, 제라드 톨(Gerard Toal)은 그의 최근 저서 『비판적 지정학』
(*Critical Geopolitics*)을 일련의 국가들에서 "다양한 교육기관들을 통
한 산발적 여행의 지적 산물"이라고 서술했다. 나는 이 책의 시작에 관
한 서술로 이보다 더 적합한 표현을 찾을 수 없을 것 같다. 왜냐하면
이 책의 출발과 서술은 지리학적 오디세이와 같은 어떤 것이기 때문
이다. 이 책의 여러 부분들은 멜버른, 브리스틀, 더니든, 베를린, 캔버
라에서 구상되고 저술되었으며, 나는 이렇게 흩어진 장소들에서 『장
애의 지리학』에 기록된 지적 여행을 고취시킨 많은 동료 집단들에게
감사의 빚을 졌다. 이 사람들 모두 가운데, 멜버른 대학교의 루스 핀처
(Ruth Fincher)에게 가장 깊은 감사를 드린다. 여러 면에서 이 책은 루
스 자신의 탁월한 학식과 특히 그녀가 나의 박사과정 연구 동안 그리
고 그 이후에도 제안했던 현명하고 배려 깊은 조언을 입증한다. 나는
또한 1991년 브리스틀 대학교에 체류하며 매우 알찬 연구를 할 수 있
도록 지원하고 격려해 준 나이절 스리프트(Nigel Thrift), 세라 와트모
어(Sarah Whatmore), 폴 그렌니(Paul Glennie)에게 감사해야 한다.

마이크 올리버(Mike Oliver)와 폴 애벌리(Paul Abberley) 역시 이 방문 기간 동안 및 그 이후 상호교류에서 나를 많이 도와주었다. 더니든의 로빈 로(Robin Law), 스티븐 호턴(Stephen Horton), 도나-로즈 해리스(Donna-Rose Harris), 멜버른의 제인 제이콥스(Jane Jacobs), 그리고 브리스틀(그 후 램피터)의 이안 쿡(Ian Cook)을 포함하여 다른 동료들도 이 여행에 항상 도움이 되었다.

초안의 저술은 두 가지 극히 고무적인 환경에서 이루어졌다. 이들은 오스트레일리아 국립대학교의 도시연구 프로그램(Urban Research Program)과 포츠담 대학교의 오스트레일리아 센터(Australia Centre)이다. 도시연구 프로그램은 젊은 학도에게 환상적인 영감의 장소이며, 이는 주로 팻 트로이(Pat Troy)의 따뜻한 리더십 덕택이었다. 나는 이 책의 저술 동안 격려해 주고 의논을 받아 준 점에 대해, 그리고 1997년 포츠담 대학교에 머물 수 있도록 해준 그의 지원에 대해 특별히 감사한다. 또한 나는 포츠담에서 오스트레일리아 센터의 임원들이 성찰적 글쓰기를 위해 나에게 매우 합당한 장소를 마련해 준 데 대해 깊이 감사한다.

니컬러스 브라운(Nicholas Brown), 페니 핸리(Penny Hanley), 케이 앤더슨(Kay Anderson) 그리고 제인 제이콥스가 이 책의 여러 장들의 초안을 읽어 준 것에 대해 감사한다. 나는 나 자신의 사고와 서술에서 결함을 완전히 제거하지는 못했을지라도 줄이는 데 도움을 준 이들의 비판적 지적이 없었을 경우, 이 책이 어떻게 되었을까를 생각해 보면 몸이 떨린다. 두 명의 익명 심사자들 또한 저술의 초안에 대해 매우 유익한 논평을 해주었다. 이렇게 언급된 사람들 외에도 나는 최근 몇 년 동안 나의 여러 지적 행로에 지원하고 격려해 준 다른 많은 사람들에게 감사드리고 싶다. 여기에는 나의 부모와 가족인 울리케 글리슨(Ulrike Gleeson), 마이클 웨버(Michael Webber), 그리고 더니든의 장애행동그룹(Disability Action Group)의 구성원들, 세라 로이드(Sarah Lloyd), 케이시 메인(Casey Mein), 니컬러스 로(Nicholas Low), 마이클 디어(Michael Dear), 제니퍼 울치(Jennifer Wolch), 제라드 톨, 조지 맥도넬(George McDonnell), 필 튜턴(Phil Turton), 팻 펜샴(Pat Fensham) 헤이디 구더(Haydie Gooder), 내털리 제이미슨(Natalie Jamieson), 크리스 필로(Chris Philo), 앨리 메먼(Ali Memon), 브리언 히넌(Brian Heenan) 등이 포함된다. 그리고 끝으로 하지만 가장 중요하게 사랑을 북돋위 준 울리케 글리슨과 줄리언 글리슨(Julian Gleeson)에게 감사한다.

8장과 9장의 처음 논문들은 *Progress in Human Geography*(21, 2)과 *International Planning Studies*(2, 3)에 각각 발표되었다. 이들은 이 학술지의 발행처인 아널드(Arnold)와 카팩스(Carfax) 출판사의 친절한 허가로 부분적으로 재게재되었다. 그림 4-1과 4-2, 피터르 브뢰헐(Pieter Bruegel)의 「사육제와 사순절의 싸움」(The Battle Between Carnival and Lent)은 빈 미술사박물관(Kunsthistorisches Museum)의 허락으로 재게재되었다.

# 차례

# 1장 _ 서론

## 이 책의 목적

이 책은 공간과 장애 사이의 관련성에 관한 것이다. 특히 이 책은 사회적·공간적 과정이 어떻게 신체적 결함(impairment)을 가진 사람들을 가능하게(enable) 하기보다는 불가능하게(disable) 하도록 이용될 수 있는가를 탐구하고 있다. 이 주제는 최소한 두 가지 이유에서 중요하다. 첫째, 공간 그리고 이와 관련된 이동성과 접근성과 같은 개념들은 장애의 체험적 경험에 매우 중요하다. 둘째, 이러한 사실은 도시계획, 지리학, 건축학 등 공간학문 분야들을 포함하여 과거 서구의 대부분 사회과학들에서 거의 아무런 주목도 받지 못했다. 지리학이 인간 경험에 관한 이러한 근원적 차원에 대해 학문적으로 오랫동안 침묵했다는 점은 특히 당혹스럽다. 유엔의 자료에 따르면, 세계적으로 신체적 결함을 가진 사람들은 약 5억 명에 달한다(Campbell and Oliver, 1996). 게다가, 주어진 한 시점에서 장애는 대체로 국가 인구의 10~15% 사람들에게 영향을 미친다(Golledge, 1993). 간단히 말해, 장애는 지리학이 무시해서는 안 되는 매우 중요한 인간 경험이다. 지리학이 장애를 핵심적 관심사로 포용하지 못했다는 점은 학문 자체를 이론적으로뿐만 아니라 경험적으로 불모로 만들 뿐이다.

　최근까지 장애는 주요 학술적 포럼들(학술지, 단행본, 연구회, 학술회의 등)에서는 경시되어 왔지만, 1970년대 초 이래로 장애인의 필요와 사회적 경험에 초점을 둔, 작지만 중요한 지리학적 연구 전통이 있었다. 여기에는 특히 레그 골리지(Reg Golledge)의 선구적 연구가 관심사이지만 동시에 유럽, 북아메리카, 오스트레일리아 등에 걸쳐 해당 학과들의 대학원 과정에서 자주 수행된 장애에 관한 많은 미간행 연구 프로젝트들도 고려된다. 만약 잠깐 동안 개념적 렌즈를 넓혀 보면, 정신질환과 사회적 의존성에 관한 줄리언 월퍼트(Julian Wolpert), 마이클 디어(Michael Dear), 제니퍼 울치(Jennifer Wolch), 마틴 테일러(Martin Taylor)와 같은 북아메리카 지리학자들의 중요한 초기 연구들도 영미지리학 내 장애 연구에 관한 계보의 일부로 간주된다. 그럼에도 불구하고, 이러한 소수의 목소리는 장애란 유의한 지리학적 관심사가 아니라는 오랫동안 굳어진 학문적 규범에 대한 예외에 불과했다.

　또한 이런 사실은 거의 알려지지 않았다고는 하나, 이러한 학문적 침묵으로 인한 사회적 결과들이 광범위하게 유발되었다. 의심할 바 없이 진보적이고 근대적인 형태의 사회과학이 최근 훼손됨에 따라, 학문적 지식이 어떻게 사람들, 특히 부정의나 불의의 어둠 속에서 살아가는 사람들의 일상생활을 개선할 수 있는가에 관한 열린 논의는 좌절될 위기를 맞고 있다. 사실 장애에 관한 지리학적이거나 다른 사회과학적인 분석은 세계 전반에 걸쳐 장애인들이 사회적 억압과 공간적 주변화를 참고 있다는 전제에서 시작할 수 있다. 이 전제는 이 책의 주요 관심사이기도 하다. 유엔이 지적한 바와 같이,

> [장애인은] 흔히 지역사회에의 통합 및 완전한 참여를 방해하는 물리적·사회적 장애물의 출현으로 인해 비참한 조건 속에서 살아간다. 그 결과 세계 전반에 걸쳐 수백 만 명의 장애인들은 격리되고, 그들의 모든 실질적 권리를 박탈당한 채, 불쌍한 주변적 삶을 살아가고 있다.
> (Campbell and Oliver, 1996: 169에서 인용)

이같이 장애인에게 불리한 지역사회에서 필요의 정도를 고려해 보면, 학자들, 특히 이 가운데 지리학자들이 때로 인간 경험의 주변적 영역에 대한 탐구를 꺼리는 것처럼 보이는 것은 이상한 일이다. 어느 정도, 이러한 과묵함은 과거 연구의 '주체' 또는 심지어 '대상'을 위해 말하고자 했던 학자들의 권위를 아주 정당하게 의문시하는 최근 비판의 산물이기도 하다. 사회과학, 특히 권력에 관한 담론에서는 보통 목소리가 들리지 않는 개인과 집단들의 경험을 식민화하고, 전유하고, 일반적으로 곡해하고자 하는 연구 경향에 관한 치열하면서도 결코 해결되지 않은 논쟁이 남아 있다(예컨대, Harding, 1992; Roof and Weigman, 1995). 그러나 이러한 과묵함은 사회과학에서 비교적 최근의 현상이며, 따라서 지리학이 장애에 관한 논제를 오랫동안 기피했던 점을 완전히 설명할 수는 없다. 대체로, 이러한 학문적 침묵은 권위적인 지식의 영역에서 장애인과 이들에 관한 관심의 배제를 반영한다.

지리학자들이 장애에 관한 논제들을 오랫동안 다루지 못한 것은

흔히 억압적 방법으로 장애인의 환경을 형성해 왔던 다양한 전문적 및 제도적 행위자들과의 관계 속에서, 그리고 아주 흔히 이들과의 투쟁과 정에서 장애인이 가치 있는 개념적·전문적·실천적 자원이라는 점을 부정하였기 때문이라고 주장할 수 있다. 많은 지리학자들이 깨닫게 된 것처럼, 공간은 실질적인 역사적 배경하에서 구조, 제도, 그리고 인간 간 상호작용에 의해 형성된 사회적 인공물이다. 공간의 역사적 생산은 권력의 행사를 통해 대체로 새로운 공간과 경관으로부터 누가 혜택을 입을 것이며, 누가 손실을 입을 것인가를 결정하는 경합 과정이다. 따라서 공간이 어떻게 누구를 위해 생산되는가에 관한 지식은 물론 이러한 일관된 권력 투쟁에서 중요한 요인이다. 서구 사회에서 장애인이 주로 공간의 생산에 의해 억압되었다는 점은 부분적으로 사회의 물리적 배치를 모양 짓는 담론과 실행으로부터 이들이 배제되었기 때문이다. 임리(Imrie, 1996a)가 서술한 바와 같이, 지리학은 장애인을 주변화했던 권력의 공간적 담론의 하나라고 할 수 있다.

따라서 나는 장애에 관한 새로운 공간적 연구, 즉 내가 여기서 장애의 지리학이라고 명명하고자 하는 연구를 위한 해방적 잠재력에 관한 희망을 피력하면서 이 책을 시작하고자 한다. 나는 장애에 관한 새로운 지리학적 연구는 단순히 불이익의 공간적 패턴을 서술하는 것 이상이어야 한다고 주장한다. 장애의 지리학은 다양한 방법으로 장애인과 주창자들이 억압적 환경의 구축에 저항하는 다양한 투쟁들 속에서 수행하는 광범위한 정치적 운동에 기여해야 한다. 슈나드(Vera Chouinard)가 서술한 것처럼 다음과 같이 장애에 관한 새로운 공간적 연구를 해야 할 필요가 있다.

[이는] 사회적 과정과 결과에 관한 비장애인 중심적 [즉 억압적] 설명을 흔들어 놓을 뿐만 아니라 이러한 지식이 장애인을 배제하고 주변화시키는 환경에 반대하는 정치적 투쟁을 촉진하기 위해 사용될 수 있는가를 고찰해야 한다.(Chouinard, 1997: 380)

억압적인 공간적 실행과 지식을 제거하기 위하여, 우선 이러한 실행과 지식이 어떻게 왜 발생했는가를 설명할 필요가 있다. 따라서 이 책을 구성하는 장애의 지리학은 과거 및 현대 사회에서 공간의 생산이 왜 장애인에게 불리한가를 설명하고자 한다. 이러한 이해로부터, 공간적 억압의 근원에 저항할 뿐만 아니라 포용적 경관과 장소들을 창조하는 새로운 방법들을 접합할 수 있는 포괄적인 정치적-이론적 프로젝트를 예견할 수 있다. 이 책은 이같은 저항과 대안적 공간의 창조를 위한 광범위한 정치적-이론적 과정에 직접 기여하지는 않을 것이다. 왜냐하면 이는 학술적 관찰자보다 사회운동의 과제로 적합하기 때문이다. 그러나 나는 이 책의 결론에서 만약 지리학이 보다 넓고 광범위한 사회운동에 기여하고자 한다면, 이에 필요한 이론적 및 실천적 연구 의제들의 이행에 관해 숙고해 볼 것이다. 따라서 나는 역사적·현대적 연구들이 장애인들의 보다 넓은 해방적 투쟁에서 어떤 간접적 역할을 담당하기를 희망한다. 하비(Harvey, 1996: 326)가 주장한 바와 같이, '역사·지리적 차이의 생산을 재해독하기 위해 갱신된 능력은 미래의 장소 건설을 위한 가능성을 해방시킬 수 있는 결정적인 예비 단계이다'. 따라서 이 책의 목적은 다음과 같다.

- 서구 사회에서 장애인들의 사회적 경험을 조건 짓는 포괄적인 역사·지리적 관련성을 이론화하기.
- 특정한 역사·지리학적 배경으로 장애인의 사회적 경험을 서술하고 설명하기.

## 장애에 관한 개관

### 이론과 정치에의 기여

책을 서술하면서, 나는 내가 설명하고자 하는 과정, 즉 장애인의 삶을 모양 짓는 공간의 역사적 및 현대적 생산 과정에 간접적으로라도 참여하고 있다는 사실을 인정하며 반기고자 한다. 나는 사물들이 과거 어떠했는가 또는 현재 어떠한가에 관한 표준적인 진술이 아니라 장애인을 위해 새롭게 정치화된 공간과 장소 생산에의 기여로서 이러한 과정에 관한 나의 연구를 논쟁의 문제로 제시하고자 한다. 이 점에서 나는 나의 기여에 있어 두 가지 중대하고 불가피한 한계에 관해 몇 마디 적을 필요가 있다고 생각한다.

첫째 나는 장애와 공간 간 관련성에 관한 완전한 설명을 만들어 낼 것을 희망할 수도 없고, 희망하지도 않는다. 이러한 종류의 고정되고 총체적인 이론적 설명에 반대되는 주장들은 다른 지리학자들에 의해 잘 제시되었기 때문에(Harvey, 1996), 이를 여기서 반복하고 싶지 않다. 간단히 말해, 이와 같은 정적이고 지구적인 설명은 가능하지 않을 뿐만 아니라 이들이 정치적으로 바람직한 것도 아니다. 대신 나는 이 책에서 일단의 특정한 사회적 및 공간·시간적 틀 내에서 장애-공간 관계에 관한 부분적인 설명, 즉 역사적·현대적 서구 사회에서 신체적 장애를 가진 사람들의 경험에 초점을 둔 지리를 제시하고자 한다. (이들의 이론적 및 경험적 특이성은 아래에서 자세히 서술될 것이다.) 나는 여기서 공간이 어떻게 장애의 경험을 알려주는가에 관한 포괄적 이론화를 제안하지만, 이는 학계 안팎에서의 지속적이고 비판적인 논쟁을 통해서만 개선될 수 있는 이론적 도해, 즉 의식적으로 열려 있고 유연한 도해이다. 나는 장애의 역사적·현대적 공간에 관한 자세한 연구를 제시하지만, 이러한 연구는 그 발견물들이 연이은 경험적 고찰에 의해 더욱 예리해지고 아마 어떤 경우 반박될 수도 있는 탐구로 정교해질 것이다.

나의 이론적 및 경험적 연구가 불가피하게 가지는 부분적 성격이 받아들여진다면, 나는 이 책이 장애인들의 삶을 형성하는 다양한 지리적 경험들에 관한 일단의 개관보다 더 많은 것들을 제시할 수는 없다는 점을 인정하고자 한다. 내 자신의 견해로, 특정한 사회적 경험에 관해 결코 완전하지는 않지만 보다 포괄적인 이해는 엄정하고 성찰적이며 학제적인 탐구를 통해서만 달성될 수 있다. 내가 지적한 바와 같이, 지리학은 최근 몇십 년간 장애 경험을 설명하기 위한 폭넓은 지적 캠페인을 임의적으로 가지지 못했지만, 이제 학문 내에 상황이 변하고 있음을 보여 주는 조짐들이 나타나고 있다.

영어권의 지리학 내에서 아직은 소수지만 점차 많은 지리학자들이 장애가 비판적인 학문적 관심이 되어야만 한다고 주장하고 있다(예컨대, Butler, 1994; Chouinard, 1997; Cook, 1991; Dorn, 1994; Dyck, 1995; Golledge, 1990, 1991, 1993; Hall, 1994; Imrie, 1996a; Imrie and Wells, 1993a, 1993b; Kitchin, 1998; Parr, 1997a; Vujakovic and Matthews, 1994). 주요 국가의 지리학 학술대회에서 최근 장애 관련 세션들이 늘어나는 것은 젊은 지리학자들 층에서 이 주제에 관한 관심이 증대되고 있음을 증명한다.[1] 장애에 대한 주목이 여전히 비교적 소수이긴 하지만 커 가고 있다는 점은 최근의 주요 단행본(Imrie, 1996a)과 주요 저명 학술지에 게재된 일련의 논문들(예컨대, Chouinard, 1994; Golledge, 1993; Imrie, 1996b; Imrie and Wells, 1993a, 1993b; Vujakovic and Matthews, 1994)에 의해 확인된다. 또 다른 주요 이정표는 장애의 주제를 전적으로 다룬 1997년『환경과 계획 D: 사회와 공간』(*Environment and Planning D: Society and Space*)의 특집호였다.[2] 아마 가장 유의미한 발전은 메일링 리스트(GEOGABLE)와 웹사이트를 갖춘 '장애와 지리학 국제 네트워크'(DAGIN: Disability and Geography International Network)의 구축이었다.[3] 1998년 경 GEOGABLE의 참여자는 미국, 캐나다, 영국, 호주, 뉴질랜드, 스웨덴,

---

1) 1990년대[원문에는 1998년으로 되어 있음—옮긴이]에 국가 단위 지리학회에서 장애에 관하여 최소한 3개의 특별 세션이 개최되었다. 미국지리학회(Association of American Geographers: AAG, Toronto, 1990; Chicago 1995), 영국지리학회(Royal Geographical Society/ Institute of British Geographers: RGS-IBG, Exeter, 1997). DAGIN은 미국지리학회(AAG) 1998년 학술대회에 6개 세션을 지원 또는 공동지원할 예정이다. 또한 영국지리학회(RGS-IBG)의 보건지리학연구모임(Geography of Health Research Group)은 1995년 이래 일련의 장애 관련 학술대회에 지원을 해왔다.
2) 제15권, 4호.
3) http://web.qub.ac.uk/geosci/research/geography/disbib/disgeogl.html.

독일 등을 포함하여 다양한 국가들에 걸쳐 70여 명에 달했다.[4]

## 저자권의 제약과 특권

이 연구가 가지는 부분성의 두번째 근원은 저자권(authorship)과 정체성이 학자의 개인적 영역에 미치는 제약이다(England, 1994 참조). 나는 백인, 중산층 남성으로 장애인이 아니며, 또한 정체성의 다양한 억압적 형태를 유발하는 다른 주요 유형의 사회적 격차나 불리함을 직접 경험하지 못했다. 이러한 사실은 불가피하게 장애(disablement)[5]의 경험을 이해하고 설명하기 위한 나의 능력을 내 자신이 완전히 인정할 수 없는 방식으로 제한한다(Drake, 1997 참조). 나는 수년 동안 다양한 방법으로 장애인들과 함께 일해 왔지만(주로 보호 서비스와 연구), 이는 장애를 가지고 살아가는 것과는 결코 같을 수 없다. 장애의 실질적 (즉 체험된) 경험을 '가까이 해보기' 위한 시도에서, 나는 장애 동료나 친구의 목소리를 돌봄과 공감으로 (결코 무비판적이지는 않았지만) 듣고자 하는 전략을 (항상 성공적이지는 않았지만) 수년 동안 실천했었다. 따라서 이 책의 제안서에 대해 평가한 심사위원들 가운데 한 사람이 내가 이 책의 분석 전반에 걸쳐 장애인의 구어적 및 문어적

---

4) 본래 펜실베이니아 주립대학에 기반을 두고 있었고 그 이후 켄터키 대학으로 옮긴 마이클 돈(Michael Dorn)은 GEOGABLE과 매우 유의하게 DAGIN의 창설을 능가하는 영감을 고취한 주요 인물이었다. 장애에 관한 그의 통찰력 있는 지리학적 연구(Dorn, 1994a)는 또한 영향력을 가지고 있으며, 나는 이 책의 내용을 자주 인용할 예정이다.

5) [옮긴이] disablement와 disability는 엄격하게 구분하면 각각 '장애화'와 '장애성'으로 번역될 수 있지만, 이 책에서는 특별한 경우를 제외하고 모두 '장애'로 번역한다.

목소리를 의식적으로 엮어 내고자 한다는 점을 지적해 주었을 때, 이 점은 매우 좋은 생각으로 나에게 와닿았다. 그러나 내가 일관되게 이를 행할 수 있는 방법에 도달할 수 없었다는 점을 반성해 보면, 이 점은 특히 상이한 연구들을 만들어 낸 역사지리적 제약들 속에서 오히려 적지 않게 부자연스럽고 어색한 것이었다. 예로, 봉건제하에서 농노의 일상생활에 관한 생생한 기록은 매우 희귀했으며, 나는 이 시기의 장애인의 어떠한 목소리도 추적할 수 없었다. 산업자본주의 시대에는 이 시기 장애인들이 말한 의견들에 관한 일부 기록이 남아 있다고 할지라도, 문제는 전반적으로 마찬가지였다. 한결같이 이들의 일상생활에 관한 설명은 자서전적이지 않았으며, 이들의 정확도는 여러 부분들에서 의문이 들기도 했다. 나는 제6장에서 이러한 기록들 가운데 더 믿을 만한 일부를 조심스럽게 분석하고자 했다.

나는 나의 저작이 여기서 또 다른 방법으로, 즉 실제 내가 항상 장애에 관한 연구에서 따르고자 했던 경로를 통해 심사위원의 제안을 만족시키고 있다고 생각한다. 이 책에서 일단의 특정한 장애인의 목소리는 심사위원의 권위뿐만 아니라 사회적 진정성을 가지는 훌륭한 방법과 공명하고 있다고 나는 믿는다. 간단히 말해, 이 방법은 내가 이 책 전반에 걸쳐 개념적 담론에서 큰 소리로 말하도록 초청했던 장애 이론가들의 목소리이다. 참고하기의 관례들은 나의 저작에서 장애 이론가들의 목소리를 전면에 내세우기 위한 것이다. 이렇게 작은 방법이긴 하지만, 여러 해 동안 다양한 방법으로 나의 지적 발전에 고맙게 도움을 주었던 폴 애벌리(Paul Abberley), 도나-로즈 맥케이(Donna-Rose Mackay), 하랜 한(Harlan Hahn), 그리고 마이클 올리버(Michael

Oliver)에게 영광이 돌아가기를 나는 희망한다. 나는 또한 수년에 걸쳐 이 주제에 관한 나의 접근을 가능하게 했지만 그 영향이 이 책에 적절하게 기록되지 않았던 다른 장애인 사상가들에게 항상 분명하지는 않지만 깊은 감사의 빚을 지고 있음을 밝히고자 한다.[6]

나의 정체성이 장애 이슈들과 관련하여 나에게 부가되는 개념적 제약들을 밝히는 한편, 나는 또한 나의 지위가 부여하는 특권을 인정하는 것, 그리고 이러한 특권이 어떻게 나의 기여를 의미 있게 만드는 데 도움을 주었는가를 밝히는 것이 중요하다고 생각한다. 비교적 좋은 재원을 가진 여러 국가의 대학들에서 지원을 받았던 고학력 연구자로서 나는 일단의 탐구적 기능 및 정보와 다른 형태의 전문성에 대해 비교적 특혜 수준의 접근으로 장애 이슈를 다룰 수 있었다. 물론 이러한 특혜는 보편적 '재화'라기보다 배타적 재화로서 교육과 정보를 인위적으로 제공하는 불평등한 사회체제의 산물 또는 최소한 그 일부이다. 이러한 사실은 나와 같은 사람에게 이러한 특혜를 정의로운 방법으로 수행할 수 있도록, 즉 소수에게 사회적 이점을 불공정하게 부여하는 바로 이 체계를 해부하도록 의무를 부가한다고 나는 생각한다. 나는 이러한 연구들에서 독자들과 특히 장애인들이 내가 계급적 죄의식이 아니라 정치적 책무로서 이러한 의무를 준수했음을 보이는 증거를 찾기를 희망한다.

---

6) 공식적으로 인용될 수 있는 방법으로 그들의 생각이 표현되지 않은 사람들에게 사적으로 감사를 표했거나 표할 수 있는 경우, 이들의 이름을 이 페이지에서 열거할 필요는 없을 것이다.

## 포함과 배제

나는 이 책에서 주요한 개념적 제약들이라고 생각한 것을 밝힌 다음, 이제 이 연구가 사회적 및 시·공간적으로 특정한 범위를 간략히 서술하고자 한다. 주요 사회적 이슈에 관한 연구를 불가피하게 한정하는 특수성을 설명하느라 책 전체를 다 써 버릴 수도 있다는 점을 고려하면서, 나는 여기서 이 책을 특징 짓는 내용을 어떻게 포함 또는 배제했는가를 매우 길게 설명하지는 않겠다. 이 연구 자체가 충분하고 명시적인 목적의식을 담음으로써 그 정당성을 제시할 수 있기를 바란다.

## 어떤 장애의 지리인가?

'장애'는 다양한 장소들에서 여러 가지 서로 다른 용도를 가지는 용어이며, 따라서 객관적으로 정의하기란 불가능하다. 장애는 사회적 제약 또는 물질적 결핍의 어떤 형태와 관련된 상당한 범위의 인간적 차이, 즉 연령, 건강, 신체적 및 지적 능력, 그리고 심지어 경제적 신분에 의해 규정되는 것들을 포함하여 다양한 차이를 보인다. 이 책은 이 용어를 사회과학에서 흔히 사용되는 바와 같이 보다 제한된 의미로 사용하고자 한다. 즉 여기서 '장애'는 신체의 사지(四肢), 신체 기관 또는 신체 메커니즘에 어떤 형태의 신체적 결함을 가진 사람의 사회적 경험과 관련된다(Oliver, 1990). 따라서 여기서 사용된 장애의 의미는 신체적 및 지적 결함으로 자신을 드러내는 사람들을 포함하여, 유기체적 기반을 가지는 결함을 포괄한다.

이 책은 우선적으로 신체적 장애에 관한 것이다. 그러나 나는 신체적 장애에 관한 나의 사회지리학적 탐구는 다른 장애 경험과 유관성을 가진다고 생각한다. 이 책은 정신적 질환, 즉 신체적 장애와는 구분될 수 있는 일단의 특정한 건강 관련 조건들과 사회공간적 경험에 관한 의문에는 초점을 두지 않을 것이다. 그러나 장애에 관한 예비적 개념화를 제시하면서, 이 책은 정신적 질환에 관해 수행된 상당한 지리학적 연구를 간략히 논평할 것이며, 이들 가운데 많은 것들은 신체적 결함에 관한 공간적 고찰과 관련된다.                 ·

또한 이 연구는 만성적 질환에 관한 의문에 대해서도 직접 고찰하지 않을 것이다. 나는 여기서 모든 유형의 장애 경험들을 탐구하기를 바랄 수 없지만, 또한 단일 유형의 경험적 연구에 초점을 두는 것도 적절하지 않을 것이다. 지리학자들을 포함하여 많은 논평가들은 '장애'라는 항목하에서 공통적으로 뭉뚱그려지는 신체적 조건들과 사회적 경험들의 이질성을 올바르게 지적하였다(Butler and Bowlby, 1997; Dear et al., 1997; Parr, 1997b; Wendell, 1996). 이러한 분석가들은 이들의 근본적 차이를 간과하거나 경시하는 접근들에 반대했다. 나는 어떤 의미에서 이러한 비판에 동의한다. 그럼에도 불구하고, '결함을 가진' 모든 신체들을 억누르는 일반적인 사회적 힘들을 설명하기 위하여 장애를 포괄적으로 이론화할 정치적 필요도 있다고 하겠다. 슈나드(Chouinard, 1997)가 우리들에게 상기시킨 바와 같이, 이와 같이 보다 포괄적인 개념화는 상이한 유형의 장애들을 가진 사람들 간 공통적이고 따라서 강력한 정치적 연대를 형성하는 데 도움을 줄 수 있다. 그러나 경험적 수준에서는 특이성이 드러나야 한다. 여기서 특이한 형태의 결함과 다른 정체성의 특성들에 연유하는 경험의 차이에 민감할 필요가 있다.

분석에 민감하고 의미 있는 범위를 설정할 필요에 따라, 나는 우선적으로 보건의 고려 대상이 되지 않는 장기적이고 영구적인 결함에 초점을 둘 것이다. 사실 1960년대부터 여러 서구 국가들에서 장애인과 장애 집단들은 장애 이슈를 보건 및 질환에 관한 문제와 분리시키기 위하여 투쟁해 왔다. 이 점은 장애에 관한 제도적 개념화를 의료적 모형으로부터 사회적 모형으로 전환시키기 위한 정치적 투쟁에 반영되었다. 이는 개념적이며 또한 전략적 이슈였다. 장애인들은 자신의 경험을 의료화하는 오래된 관행에 직면하여, 결함은 질환이 아니며 따라서 의료시설에 의해 관리되어야 할 이슈가 아니라고 단언하고자 했다. 물론 이는 질환이 장애적 사회관계의 주제일 수 있는가에 관한 어려운 이슈를, 이해할 만한 전략적 이유 때문이긴 하지만, 회피하는 것이다.

이제, 장애인 운동이 사회적 모형과 유의한 정치적 및 제도적 성과를 받아들인다면, 사회적 모형에 정보를 제공하기 위해 결함의 범주를 재구성하는——데이비스(Davis, 1995)의 용어로는 '탈안정화시키는'——것이 적절한 것처럼 보인다. 의료 제도가 장애 서비스와 장애 관련 논쟁으로부터 점진적이고 때로 차별적으로 물러남에 따라, 보건과 장애가 어떻게 관련되는가를 재고찰하기 위한 개념적·정치적 공간이 열리게 되었다. 이제 '결함'(impairment)은 의료 담론과 의료기관에서 사용되는 방식은 아니더라도 만성적 질환과 같이 다양한 보건 관련 조건들과 경험들을 포함해야 한다고 주장하는 이론가와 활동가 특히 페미니스트 저자들의 수가 증가하고 있다(예컨대, Butler and

Bowlby, 1997; Dyck, 1995; French, 1993a; Morris, 1991; Wendell, 1996). 의료적 모형에 대한 주요 반대자(Oliver, 1996)가 인정한 바와 같이, 폭넓게 장애 경험들을 포함할 수 있는 결함에 관한 새롭고 포괄적인 모형을 개발할 수 있는 기회와 필요가 있다. 이같은 광범위하고 불가피하게 논쟁적인 프로젝트는 이 책이 다룰 범위 밖에 있지만, 여기서 제시된 장애의 이론화는 유연하고 포괄적 용어들로 신중하게 구축되었으며, 나는 이 점이 결함을 재개념화해야 하는 과제에 어느 정도 기여했기를 바란다.

데이비스(Davis, 1995)가 제시한 바와 같이, 결함의 범주는 본연적으로 불안정하고, 언제나 재규정되고 확장될 수 있다. 이 범주가 전체 인구를 포괄할 때까지, 특정한 조건과 경험들을 추가할 수 있다. 사실 결함은 폭넓게 정의해서 우리 모두가 명목상 우리의 일생 동안 가지게 될 경험이기 때문에 '비장애'인까지 포함한다는 점에서, 이는 정치적으로 강력한 과제가 될 수 있다. 그럼에도 불구하고, 개념적 및 경험적으로 현재 연구에 초점을 맞춘다면, 나의 목적은 영구적인 신체적 결함이 어떻게 상이한 시간과 장소에서 사회적으로 구축되었는가를 보여 주는 것이다. 게다가, 신체적 장애를 고찰함에 있어, 나는 지적·감각적 결함에 대해서는 경험적으로 많이 강조하지 않을 것이다. 이에 대해서는 중요한 개념적 및 역사지리적 이유들이 있다. 사실 원칙적으로 감각적·지적 결함과 신체적 결함에 관한 역사적 경험의 상이성은 중요한 의미를 가진다. 이 연구에서 신체적 결함을 선택하고, 대신 지적 질환과 만성적 질환과 같은 조건들을 직접적 고찰 대상에서 제외함으로써, 나는 연구의 추가적인 한정성을 밝히고자 한다. 광범위한 정치적·이론적 운동의 적합한 과제는, 신체적으로 결함을 가지거나 만성적 질환 또는 지적 질환을 가지는 사람들이 봉착하는 사회적으로 구축된 불이익을 논의할 수 있도록, 장애에 관해 좀 더 포괄적인 개념화에 이르는 것이다.

## 공간·시간적 범위

이 책의 연구는 몇 가지 중요한 공간적·시간적 범위를 가진다. 첫째, 나의 분석은 서구 사회, 즉 유럽과 유럽의 주요 식민지였던 북아메리카와 오스트레일리아의 역사적·현대적 사회 구성체에서의 장애인의 경험에 한정된다. 이렇게 한 이유는 전적으로 실질적인 이유에서인데, 이들은 내가 개인적으로나 학문적으로 가장 친숙한 사회들이기 때문이다. 나는 언젠가 다른 학자들이 비서구적 배경에서 장애에 관한 지리학적 연구를 생산하기 바란다.

또한 나의 연구는 우선적으로 (배타적이지는 않지만) 도시에 초점을 두며, 이러한 선택 역시 내가 가장 친숙하고 사실 내가 가장 흥미를 갖는 배경을 반영한 것이다. (5장은 유일하게 비도시적 사례연구이다.) 장애 경험에 대한 도시지리적 연구는 제대로 이루어지지 않았으며, 농촌지역에서의 상황은 그보다 더 심각하게 주목되지 않았다. 그럼에도, 장애의 농촌지리에 관한 상당히 괄목할 연구가 최근 이루어졌다 (예컨대, Gant and Smith, 1984, 1988, 1991; Gething, 1997; Wibberly, 1978). 앞으로 수년 내 농촌에서의 장애에 관한 새로운 연구가 나와서 이 주제에 관한 도시지리학적 연구의 성과에 도전하고 이를 확장시킬 것이라고 기대할 수 있다.

끝으로 지리학 문헌에 관한 나의 탐구는 비영어권 지리학에 관한 내 능력의 한계로 인해 영어권 국가들에서 생산된 것에 한정된다. 코다와 노이만(Korda and Neumann, 1997)이 엮은 논문집은 장애에 관한 비영어권 지리학의 흥미로운 사례를 제공하고 있다.

## 이론적·정치적 성향

다음 몇 개 장에서 다루어지겠지만, 공간적 분석에 대한 나의 접근은 역사·지리적 유물론에 기반을 둔다(Harvey, 1996). 유물론자로서 나는 문화적·물질적 생활의 역사적·지리적 기본조직은 장애를 포함하여 모든 사회적 경험들을 모양 짓는다고 생각한다. 내가 이러한 이론적 틀을 선호하는 이유는 다음 장들에서 제시될 대안적 고찰들의 비판을 통해 명확해질 것이다. 여기서는 이러한 이론적 입장을 뒷받침하기 위한 두 가지 근거를 열거하는 것으로 충분할 것이다. 첫째, 이러한 접근은 내가 가장 큰 이론적·정치적 관심을 가지는 장애에 관한 유물론적 이론을 확장시키고 보완한다. 둘째, 역사·지리적 유물론은 어떤 관찰된 사회적 관계의 공간·시간적 기반에 대한 연구의 중요성을 강조한다. 유물론이 경험적으로 근거한 역사·지리적 분석을 선호하여 자연주의적(즉 의술화된medicalised)이고 실증주의적 설명을 거부한다는 점에서, 장애에 관한 이러한 관점의 이론적·정치적 이점은 명백하다.

## 용어에 관한 서술

많은 독자들은 내가 왜 '장애를 가진 사람들'(people with disabilities)이라고 쓰기보다 '장애인'(disabled people)이라고 쓰고 있는지 의아하게 여길 수 있다. '장애를 가진 사람들'이라는 표현은 오늘날 대부분의 서구권 국가들에서 공통적으로 사용되고 있는 용어이며, 많은 공식적·제도적 배경에서 채택되고 있다. 이 표현의 지지자들은 이러한 표현 양식이 장애의 사실에 관해 개인의 '인격성'을 강조하기 때문에 '장애인'보다 선호할 수 있다고 주장한다. 따라서 이러한 관행은 문화적 측면과 평등권에 대한 장애인의 일반적 요구를 뒷받침하는 인간적인 것이라고 말해진다.

나는 장애인에 관한 문화적 가치의 재평가를 위하여 이러한 일반적 희망을 지지한다는 점에서, 이러한 관행을 경솔하게 반대하고 싶지는 않다. 나는 또한 공격적이고 배타적인 방식으로 사용되어 왔던 과거 '장애인'이라는 표현을 안타깝게 생각한다. 그러나 여러 장애 논평가들은 최소한 당분간은 이러한 논의 방식을 채택하지 않도록 나를 설득하였다. 예로 애벌리(Abberley, 1991a; 1991b)와 모리스(Morris, 1993a)는 장애인이 억압 때문에 명목적으로 모든 사회적·경제적·문화적 영역에서 그들의 인간성이 거부되는 상황에서 이러한 '수사적(rhetorical) 인간주의'가 어떤 유의성을 가질지에 대해 의문시했다. 이러한 저자들은 '장애인'이라는 용어의 사용이 결함을 가진 사람들에게 가해지는 억압을 전면에 내세운다는 점에서, 다시 말해 사회적으로 부가된 장애를 강조한다는 점에서 오히려 정치적 목적에 기여한다고 주장한다. 모리스(Morris, 1993a: x)가 지적한 바와 같이, '장애인'이라는 용어는 정치적 힘을 가진다. 왜냐하면 이 용어는 사회가 다양한 유형의 결함을 가지는 사람들을 어떻게 억압하는가에 방점을 두기 때문이다. 나는 다음 장에서 이 논제를 간략히 다시 다룰 것이다.

## 책의 체계

이 책은 세 개의 부로 구성된다. 1부는 장애, 공간, 체현(embodiment)에 관한 사회과학적 이론들에 대한 비판적 평가에 기반을 두고, 장애에 관한 사회공간적 모형을 제시한다. 이러한 이론적 틀은 결함이 있는 신체가 특정한 역사적·현대적 배경에서 어떻게 사회화되었는가/되고 있는가를 고찰하는 이 책의 2부와 3부의 경험적 연구를 안내한다. 2부의 사례 연구들은 봉건 영국과 산업도시에서 장애인들의 역사적 경험에 초점을 둔다. 이 책의 마지막 부는 장애에 관한 세 가지 상이한 시나리오들, 즉 서구 도시, 지역사회 보호에 관한 정책 영역, 그리고 접근 통제에 관한 시나리오들을 탐구한다.

　　2장은 장애에 관한 사회과학적 설명에 관한 비판적 고찰이다. 논의는 장애가 역사적으로 지리적으로 어떻게 개념화되었는가를 탐구한다. 이 장은 먼저 최근 몇 십 년간 제시되었던 장애에 관한 다양한 정의들을 검토하면서, 개인화되고 병리적인 설명에서 이상주의적 및 사회구성주의적 설명으로 이행하는 과정을 서술할 것이다. 이러한 점에서, 장애 연구의 영역에 관한 비판적 검토가 이루어질 것이다. 다음으로 논의는 장애에 대한 지리학적 사상의 전통을 고찰하면서, 과거 지리학에서 장애에 관한 연구는 간헐적인 관심을 받았었다면 그 이후 급부상하는 주요 영역으로 발전하게 되었음을 서술할 것이다.

3장은 장애에 관한 역사·지리적 설명을 개관한다. 중요한 것은 이들이 장애에 관한 초역사적·총체적 설명은 아니라는 점이다. 역사·지리적 접근은 개인, 공동체, 제도들이 구조적 조건의 영향을 어떻게 처리해 나가며, 이에 따라 어떻게 독특한 사회적 공간을 생산하는가에 관한 비판적이고 맥락적인 고찰을 고무시킨다. 여기서 결함과 같은 신체적 차이에 관한 사회적 평가는 독특한 경험 공간(장소, 지역사회 등)의 생산에 중요한 것으로 이해된다.

4장은 이 책에서 봉건제 및 산업자본주의에서 장애에 관한 역사적 경험을 다루는 2부에 개념적 서문을 제시한다. 이 장에서 나는 이 책의 앞 부분에서 개발된 틀로부터 과거 사회들에서 장애에 관한 연구를 유도할 수 있는 일단의 역사지리적 원칙들을 추출하고자 한다. 이를 달성하기 위하여, 나는 먼저 장애에 관한 현대 역사지리를 비판적으로 평가하고자 한다. 이러한 비판으로부터 나는 분석을 위한 나의 대안적 역사·지리적 방법에 관한 개요를 제시한다.

5장은 봉건 영국에서 장애의 사회공간에 관한 역사·지리적 분석을 제시한다. 이러한 탐구를 위한 경험적 틀은 중세 시대 영국 농촌의 장애 농노의 일상적 경험이다. 여기서는 당시 장애인들은 많은 봉건 소작인들이 겪었던 착취와 비참함의 짐을 나누어 졌지만, 이들은 신체적 결함 때문에 구조적으로 억압되지는 않았다는 점을 주장하고자 한다. 봉건적 사회공간은 장애를 가진 사람들을 포함하여 다양한 범위의 신체적 능력을 가진 사람들로부터 문화적·경제적 기여를 허용하는 비교적 느슨한 구조를 가지고 있었다. 이러한 주장의 증거는 노리치 지역(1570) 및 샐리스버리 지역(1635)의 빈민법 조사를 포함하여 일단의 일차적 및 이차적 자료로부터 도출되었는데, 이 두 조사는 제자리(in situ: 즉 정서적 네트워크 내)에 머물면서 소득을 얻는 장애인들의 존재를 보여 준다.

6장은 산업자본주의 도시에서 장애의 사회공간을 고찰한다. 상품 관계의 등장이 점차 봉건적 사회공간을 해체했고, 이에 따라 장애인이 가족과 가계에 유의하게 기여할 수 있는 능력이 줄어들었다는 점이 우선 주장된다. 이 장은 19세기 멜버른의 특별한(식민적) 상황에 초점을 두고, 산업도시의 프롤레타리아트적 사회공간 내 장애인의 경험을 탐구한다. 5장에서처럼, 이 장의 분석은 민중적(subaltern) 질서의 일반적 사회공간과 장애인의 평범한 영역 간 관련성을 탐구한다. 실질적인 일차적 자료 출처는 식민지 멜버른의 가정, 직장, 기관들 내에서 일상적 생활에 관한 기록으로부터 도출된 것을 참고하였다.

7장은 이 책의 3부를 시작하는 장으로, 현대 서구사회로 초점이 넘어간다. 이 장의 목적은 장애의 도시지리, 즉 현대적인 최근의 서구 도시들에서 장애인의 억압적 경험을 이해하기 위한 잠재적 틀을 제시하는 것이다. 장애의 경험, 즉 신체적으로 결함을 가진 사람의 억압적 경험은 도시의 담론적·제도적·물질적 차원에 깊게 각인되어 있다는 점이 주장된다. 이러한 억압의 영역은 접근 불가능한 건조환경(built environment), 의존의 경관(즉 국가, 민간 및 봉사 단체들에 의해 제공된 사회적 지원의 틀), 배타적 소비 및 생산 양식, 문화적 상상과 공공정책의 평가절하 등을 포함한다. 이 장의 논의는 장애인과 그들의 연대가 시민적 권리, 접근성, 개방된 고용 등과 같은 주요 정책 이슈들에 초점을 둔 자신들의 도시사회운동을 통해 이러한 억압 형태들에 어떻게 맞서는가를 강조하고자 한다. 이 장은 내가 탈장애의 정의(enabling justice)라고 칭하고자 하는 정치적·윤리적 이상에 기반을 두고 생산된 공간에 관한 대안적 견해를 제시하면서 결론을 맺고자 한다. 여기서는 탈장애 환경, 즉 비억압적이고 포용적 사회공간의 모습을 포괄적으로 개관할 것이다.

8장은 역사·지리적 분석을 현대적 정책 영역인 지역사회 보호에 응용하고자 한다. 논의는 지역사회 보호가 장애인이 경험하는 사회적 부당함을 감소시킨다는 주장을 비판적으로 분석하고 있다. 이 주장은 일단의 서구 국가들에서 이루어지는 정책 실행에 관한 사회공간적 분석을 통해 도전된다. 내가 보여 주고자 하는 것처럼, 지역사회 보호 정책은 장애인을 위한 탈장애 환경을 제공하는 데 이바지할 수 있지만, 경험적 분석은 이러한 잠재력이 대부분의 서구 국가들에서 다양한 반동적 사회정치적 힘들에 의해 제한되고 있음을 보여 준다.

9장에서 나는 접근성 규제에 관한 사례 연구를 통해 장애의 도시적 배경을 좀 더 고찰하고자 한다. 앞의 사례 연구에서처럼, 경험에 기초한 이 장의 연구는 장애의 특이한 차원이 구조적·제도적·맥락적 조건들의 상호작용에서 어떻게 도출되며, 또한 이를 통해 재생산되는가를 설명하기 위한 역사·지리적 분석의 힘을 보여 주고자 한다. 이 사례 분석은 접근성의 규제 영역들(접근에 관한 법, 건축 기준, 권리기반적 보장)을 자본주의 도시에서 접근 불가능성의 기원을 설명하기 위한 관점에서 고찰하고 있다. 나는 또한 이러한 억압 형태가 어떻게 제도적·정치적 실행들을 통해 재생산되고 도전되는가를 보여 주고자 한다. 현대 뉴질랜드의 한 도시, 더니든에서의 접근성 규제에 관한 경험은 연구의 경험적 초점을 제공한다. 다른 정책 배경, 특히 영국, 미국, 호주에서의 정책에서 중요한 유사점과 차이점을 지적하면서, 추가적인 이론적·정책적 분석을 통해 더니든의 사례 연구를 확장시키고자 한다.

마지막 장은 두 가지 목적, 즉 첫째 이 책의 이론적 및 경험적 주장을 요약하고, 둘째 지리학이라는 학문이 사회적 정의와 존중을 위한 장애인의 투쟁에서 탈장애의 역할을 수행할 수 있는 방식들을 고찰하기 위한 것이다. 이 점에서 지나치게 처방적으로 나온 것은 나로선 조금 성급한 일일지 모르겠다. 최근 지리학자들 간 장애에 관한 관심의 부각은 장애인의 삶에 유의하게 기여할 수 있는 지리학의 잠재력을 이미 보여 준 것이라고 할 수 있다. 문화지리학 및 사회지리학의 분야에서 나의 동료들은 일단의 탈장애 연구 의제와 이론적 논쟁들을 신속하게 정식화해 나가고 있다. 나에게 가장 흥미로운 관심 분야는 장애에 관한 의문을 심각하게 고려해야 한다는 요구가 충족되지 않은 채 남아 있다. 나는 바로 이렇게 남겨진 '침묵의 공간'을 언급하면서, 장애가 자신의 연구와 무관하다고 주장할 수 있는 지리학자는 종국적으로 아무도 없을 것이라는 희망을 가지고 이 책을 끝내고자 한다.

1부

장애의 사회공간적 모형

# 2장 _ 사회과학과 장애

## 서론

이 장에서는 장애가 사회과학, 특히 (사회학적 관점을 포함하는) 장애
연구, 역사, 그리고 공간 학문들(지리학, 도시계획 및 건축학)에서 어떻
게 이론화되었는가를 탐구하고자 한다. 나는 이 분석을 한 장(章) 정도
의 분량을 가진 조사에 명확히 한정시키며, 따라서 논평은 불가피하게
선택적이다. 예로, 경제학과 인류학으로부터의 개별적 기여는 이 장뿐
만 아니라 이 책의 다른 부분들에서 다양하게 고찰되겠지만, 이 두 학
문 전반은 어떠한 형태로든 다루지 않았다. 양 학문은 장애의 문제에
대해 이론적 관심을 거의 보여 주지 않았다.

이러한 비판적 논평의 목적은 장애에 관해 지리학적·역사학적으
로 제시된 사회적 모형의 요소들을 확인하기 위한 것이다. 따라서 장애
에 관한 사회과학적 설명에 관한 나의 조사는 서구 사회에서 결함에 관
한 담론을 지배하는 경향이 있는 정책지향적 논의들보다는 이론적 분
석에 주로 초점을 둘 것이다. 이 장에서는 장애에 관한 역사·지리적 유

물론적 설명의 구축을 향한 1부의 첫번째 주요 단계로 나아갈 것이다. 이러한 '체현된(embodied) 유물론'은 다음 장에서 개관될 것이다.

이 장은 두 가지 주요 부분으로 구성된다. 첫번째 부분은 장애 연구 분야에 관한 비판적 논평을 제시한다. 그러나 장애 연구에는 대체로 제한이 없다는 특성은 이를 평가하기 어려운 이론적 영역으로 만든다. 따라서 이 논평은 다양한 사회과학적 논평가들에 의해 상호교차적으로 활용된 유의한 (즉 폭넓게 인용된) 기여들을 지도화함으로써 이 분야의 주요한 이론적 지형을 개관할 것이다. 이러한 비판적 논의에 함의된 기반은 마이클 올리버(Michael Oliver), 폴 애벌리(Paul Abberley), 렌 바턴(Len Barton), 빅 핀켈스타인(Vic Finkelstein) 등 최근 영국의 장애 학자들에 의해 개발된 장애에 관한 역사·지리학적 유물론적 설명이다. 장애 연구들에 관한 비판적 평가 다음, 나는 이러한 독특한 역사·유물론적 관점의 개요를 서술할 것이다.

장애 연구에 관한 논평을 한 후, 논의는 지리학 그리고 다소 느슨하게 도시계획학 및 건축학에 초점을 두고 공간과학으로 넘어갈 것이다. 나는 앞 장에서의 비판, 즉 공간과학은 대체로 장애를 무시해 왔다는 점을 입증할 것이며, 이 학문의 오랜 침묵을 바로 잡기 위해 부각되고 있는 장애의 지리학을 추적하고자 한다.


## 장애 연구

장애 연구는 비교적 최근의 현상으로, 1950년대 '일관된'[1] 담론으로 등장하였다(특히 인류학에서 장애 연구는 이미 잘 알려져 있었지만 ── 에반스-프리처드[Evans-Pritchard, 1937], 행크스와 행크스[Hanks and Hanks, 1948]에 의한 연구 참조). 1960년대 미국에서 시민권 운동의 등장은 장애 연구가 분리가능한 분야로 성장할 수 있도록 크게 고취시켰다. 그러나 미국에서 장애 연구는 대체로 고용, 물리적 접근, 수혜 권리, 탈시설화와 같은 정책 이슈들에 관한 담론에 머물러 있었다.[2]

장애 연구는 학술지, 전문네트워크, 학술대회에 한정된 주요 접촉점을 가지고 있지만, 통학문적 노력이다.[3] 학문적 경계가 없다는 점은 장애 연구가 서구 학계에서 제도화된 사상의 인위적 구분을 통합(예로, 정치'과학'과 경제학 간)할 수 있는 자유를 허용하는 잠재적 이점을 가진다.

## 이론적 발전

장애 연구의 탐구 형식은 비이론적 흐름 속에서 오랫동안 이어져 왔다(Barnes, 1995; Davis, 1995; Radford, 1994). 이는 부분적으로 이의 기여자들 가운데 많은 사람들이 실천가들(예컨대, 사회 활동가들)이거나

---

1) 여기서 '일관된'이란 명료하거나 통찰력이 있다기보다는 임의적으로 조직화됨을 의미한다.
2) 반스(Barnes, 1995: 378)는 최근 "미국에서 … 발표된 장애에 관한 연구 대부분은 … 이론이 상실되었다"고 주장한다.
3) 서구 대학교들에서 장애에 관한 이론과 정책을 우선적으로 다루고 있는 학과는 상대적으로 거의 없다.

주창자들이라는 사실에 기인한다. 양 집단의 관찰자들은 즉각적인 정책 경관에 초점을 두는 경향이 있다. 최근 장애에 관한 인식론적 차원에 여러 주요한 기여가 이루어졌다(예컨대, Bickenbach, 1993; Davis, 1995, 1997; Rioux and Bach, 1994). 장애의 사회이론화에 대한 이러한 최근 기여들 가운데 많은 부분은 장애 학자들에 의해 이루어진 것이다(예컨대, Abberley, 1991a, 1991b, 1993; Hahn, 1989; Oliver, 1990, 1992, 1996; Shakespeare, 1994; Zola, 1993). 그러나 장애 연구의 광범위한 부분은 장애학 전문가들의 담론적 집단들 내에서 흔히 이루어지는 정책 과제들에 관한 논의가 지배하는 영역으로 남아 있다(예컨대, Dalley, 1991; Smith and Smith, 1991).

사회과학 일반에서 신체적 결함을 중요한 이슈로 다루지 못했음은 부분적으로 장애 연구의 비이론적 특성을 설명한다. 이 점은 사회과학이 인간적 체현의 이슈들에 관해 완강하게 무관심했기 때문에 만연하게 된 문제의 일부로 이해된다(Frank, 1990; Turner, 1984, 1991).

장애 연구에 관한 이론적 무의식의 중요한 결과는 젠더, 계급, 인종을 포함하여 비판적 사회동학에 대한 오랜 무시를 포함하였다. 그러나 이러한 상황은 1970년대부터 서서히 변하기 시작했고, 1980년대 동안 더욱 급속하게 변했다. 특히 1980년대는 장애 논평가들에 의한 일련의 경험 기반적 분석들이 주류 사회과학적 관심들, 예컨대 젠더(Campling, 1981; Deeganand Brooks, 1985; Wendell, 1989), 나이(Walker, 1980), 인종(Thorpe and Toikka, 1980), 학력(Anderson, 1979), 그리고 계급(Townsend, 1979)에 초점을 두게 되었던 시기이기도 하다. 정책틀에 관심을 두는 경향이 우선되었지만, 장애의 비판적 사회·문화적 측면들에 관한 이러한 연구들은 장애에 대한 사회학적 접근을 위한 경험적·개념적 기초연구를 이루었다. 1980년대 강화되었던 사회학적 전환은 방법론적 개인주의의 변형들(예컨대, 정신병리학)에 크게 의존했던 장애 논평의 전통으로부터 중요하게 벗어날 수 있도록 했다(Leonard, 1984; Oliver, 1990).

따라서 다른 사회적 정체성, 그리고 장애인의 다중적 주관성을 고려하는 방향의 운동이 최근 탄력을 받고 있다.[4] 이 점은 의심할 바 없이 실천가들, 주창자들, 그리고 보다 중요하게 장애인 자신들의 정치적 경험에 의해 고취되었다. 서구 국가에서 주변부 사람들의 연대에 기초한 사회운동의 가시적 성장은 분명 장애 논평가들 간에 억압에 관해 점차 폭넓은 관점을 가지도록 촉진했다(Abberley, 1991a; Barnes, 1996; Young, 1990).

한(Hahn, 1989)은 소수자 사회운동과 통합되지는 않았다고 할지라도 잠재적으로 연계된 공동의 정치적 기반에 관해 특히 사려 깊은 조사를 했다. 애벌리(Abberley, 1991a: 15) 역시 장애와 다른 형태의 정체성과의 연계를 강조하면서, "이러한 비정상성은 우리가 사실 인구의 다수를 이루는 여성, 흑인, 노인, 동성애자와 공유할 수 있는 어떤 것"이라고 서술한다.

페미니스트들은 장애가 다른 형태의 정체성들과 어떻게 상호교차하는가에 관한 강력한 이론적·경험적 탐구를 했다고 할 수 있다

---

4) 예컨대 비검 등(Begum et al., 1994)에 의한 편집서와 이 책에 관한 올리버(Oliver, 1995)의 최근 서평 참조.

(Boylan, 1991; Cass et al., 1988; Cooper, 1990; Deegan and Brooks, 1985; Fine and Asch, 1988; Hillyer, 1993; Meekosha, 1989; Orr, 1984; Williams and Thorpe, 1992). 이러한 분석들은 젠더와 장애의 '이중적 핸디캡'을 다루면서, 장애 연구의 남성주의적 속성과 장애를 정체성의 한 형태로 인식하지 못하는 페미니즘에 도전했다. 모리스(Morris, 1989, 1991, 1993a, 1993b, 1996)의 연구는 장애에 관한 남성주의적 재현에 대한 일관되고 비판적인 논의라는 점에서 특히 탁월하다. 사회과학의 밖에서 장애 여성의 경험과 재현은 논평과 전기를 포함하여 다양한 형태로 기록되었다(예컨대, Finger, 1991; Mairs, 1995).

최근 페미니스트적 관점과 다른 관점의 장애 연구들은 영국의 흑인 장애인들(예컨대, Stuart, 1992, 1993)에 의해 강력한 도전을 받았다. 이러한 새로운 설명은 "장애에 관한 이들의 경험이 오직 인종주의를 배경으로 이해될 수 있다"고 주장했다(Oliver, 1996: 142). 게이와 레즈비언들은 최근 장애 연구에 반대하여 유사한 비난을 퍼부었다(Hearn, 1991).

장애 연구는 여전히 이론적으로 발전이 되지 않은 상태에 머물러 있지만, 정책적 관심이 이 영역을 지배하고 있다는 점은 약점이자 또한 강점이라는 점이 지적되어야 할 것이다. 강점의 특성은 결코 과소평가되어서는 안 될 것이다. 장애 연구 내에 부상한 이론적 담론들은 일상적인 사회적 실천의 세계에 확고하게 뿌리를 두고 있다. 비록 흔히 이론적으로 정교하지 못한 용어들로 표현되거나 또는 사회과학 및 인문학에서의 주요 논쟁들에 대한 언급 없이 표현되긴 하지만, 많은 장애학 학자들의 분석은 자주 연구의 사회적 맥락에 관한 직접적 파악으로 이루어진다.

따라서 속성상 장애 연구는 정책적 처방과 물질적 변화를 유도하는 설명의 요구를 통해 사회이론가에게 강력하게 도전하고 있다. 장애 연구가 가지는 매우 정책화된(흔히 다소 소심한 정책 수준에서라고 할지라도) 성격은 보다 이론적으로 뒷받침된 실천을 위한 큰 잠재력을 가진다. 이러한 정책화를 위한 강력한 힘은 점점 더 많은 수의 장애인들이 비판 이론적 관점에서 이 영역에 영향력 있는 기여를 할 수 있도록 하였다(예컨대, Abberley, 1987, 1993, 1997; Appleby 1994; French, 1993a; Hahn, 1986, 1987a, 1987b; Hevey, 1992; Morris, 1991, 1993a, 1993b; Oliver, 1986, 1990, 1996).

## 장애를 개념 규정하기 위한 투쟁

장애 연구 및 서구의 장애 정책의 영역에 있어 하나의 특성은 '장애', '결함', '핸디캡'과 같은 용어의 의미에 관한 개념 규정의 정설이 끊임없이 변하는 것처럼 보인다는 점이다(Oliver, 1990). 이러한 개념 규정의 복잡성(혼돈은 아니라고 할지라도)은 부분적으로 장애 연구의 이론적 미발달에서 기인한다고 주장될 수 있다. 예컨대 앞선 자연-문화 관계에 관한 폭넓은 사회과학적 논쟁에 대한 의존적 검토는 장애 논평가들이 개념화를 세련시키는 데 도움을 줄 것이다. 그러나 장애인들이 개념 규정의 문제를 왜 그렇게 많이 강조하는가를 이해하는 것이 중요하다. 장애인들은 사회적 서비스 제공 기관들과 같은 제도에 의해 자신의 주체성이 공식적으로 구축되는 것에 반대하고 논쟁을 벌였다. 왜

나하면 이들의 이해는 흔히 부정확하고 모욕적이었기 때문이다. 동성 애자들과 같은 다른 주변화된 집단들과 함께, 장애인들은 제도적 배경 속에서 법에 의한 명문화를 통해 자신의 정체성이 억압적으로 구축되는 것을 오랫동안 참아 왔다. 이런 점에서, 장애 정책과 장애 연구가 개념 정의의 정치적 중요성을 예리하게 알고 있으면서, 정체성의 보다 광범위한 사회문화적 구축에서 그 역할을 숙고해 왔다는 점은 놀라운 일이 아니다(Oliver, 1990).

이에 따라 책 한 권 전체가 장애 및 이의 다양한 동의어들이 이론적으로뿐만 아니라 정책 실무에서 어떻게 규정되고, 전개되어 왔는가에 관한 내용으로 서술될 수 있을 것이다.[5] 하지만 개념 규정에 관한 논쟁을 완벽하게 조사하고자 하는 것이 나의 의도는 아니며, 독자들은 이 논제에 초점을 두고 이미 출판된 일련의 논의들을 참조할 수 있다(예컨대, Oliver, 1990; Wendell, 1996). 여기서 나의 목적은 오히려 장애에 관한 개념 규정에 있어서 커다란 전환, 즉 이론가, 활동가, 정책 입안가들이 다양한 사회적 모형들을 선호하여 개인적이고 의료적인 관점에서의 설명에 대해 지지를 하지 않게 되었다는 점에 주목하는 것이다.

몇 십 년 전까지도 만연했던 바와 같이 서구 국가들에서 법과 제도적 실무에 반영되었던 장애에 관한 의료적 설명에 반대하는 많은 비판들이 최근 제기되었다. 애벌리(Abberley, 1997: 1)가 설명한 것처럼,

---

5) 개념적 접근들에 관한 비켄바흐(Bickenbach, 1993)의 대단한 조사는 장애에 관한 용어들과 이의 사용에 관하여 보다 세련된 논평을 원하는 독자들에게 좋은 참고서가 될 것이다.

의료적 모형은 "장애의 근원이 '정상'인과 비교하여 가정된 개인적 결함과 그(녀)의 개인적 무능력에 있는 것"으로 간주한다. 광의적인 사회과학적 용어로, 의료적 접근은 오랫동안 지속되었던 보수적 형태의 사회적 설명인 방법론적 개인주의와 결합되었다. 최근 이에 대한 공식적 선호가 폐기되었지만, 의료적 모형의 영향은 세계보건기구(World Health Organsation, WHO)에 의해 장려된 것과 같이 중요한 공식적 개념 정의에서 여전히 명백하게 나타난다. WHO의 모형은 기능적 '장애'와 사회적 '핸디캡'으로 개념적 초점을 옮겼지만, 여전히 개인의 일상적 한계의 근원으로서 신체적 '결함'이 인과적으로 우선 강조된다. 의사(quasi)-의료화된 '기능적' 접근과는 대조적으로, 사회적 모형은 "이른바 '정상적' 인간 활동들은 결함이 없는 사람들의 경우 이들의 이해관계에 따라 구성된 일반적인 사회적·경제적 환경에 의해 구성된다는 사실에 초점을 둔다"(Abberley, 1997: 1).

장애에 관한 사회과학적 설명에 있어 이러한 커다란 변화는 최근 몇 십 년간 젠더, 성, 인종에 관한 보다 폭넓은 이론적 전환에 따른 것이다. 넓은 의미로, 사회적 차이를 개인적 속성의 반영으로 이해하거나 특히 인간의 다양한 신체적 특성들로 설명했던 이론들로부터 벗어나고자 하는 움직임이 있었다. 사회구성주의의 여러 변형 견해들은 이러한 자연주의적 설명을 대체했다. 그러나 사회적 차이가 신체적 차이의 직접적 산물이라는 사고는 오늘날 거의 지지되지 않지만, 사회과학에서 체현(embodiment)은 독특한 주관성 및 경험과 연계된다는 전제가정을 대체로 받아들이고 있다.

장애 활동가들, 그리고 국제장애인협회(Disabled People's International)와 같은 장애 옹호 조직들 사이에서 사회적 모형을 선호하게 된 점은 놀라운 일이 아니다(Barnes, 1996). 사회적 모형은 장애를 참고 견뎌야 하거나 좋게 말해 개선되어야 할 속성의 객관적 사실이라기보다는 실질적인 사회적 정체성, 즉 주체성임을 강조하면서, 장애인을 위하여 본연적으로 정치화하고 가치화하고자 한다. 최근 몇 십 년간 장애에 대한 새로운 사회학적 접근은 서구 국가들에서 등장한 광범위하고 다양한 장애 운동에서 증대하고 있는 정치적 역동성과 더불어 사회적 모형의 등장에 의해 고무되었다(Campbell and Oliver, 1996).

그러나 뒤에서 제시될 바와 같이, 장애에 관하여 많은 가능한 사회적 모형들이 있다. 일상적 현실을 실제적으로 설명할 수 있는 사회적 모형을 정식화함에 있어 여러 의문들이 논의되어야 할 것이다. 정확히 무엇이 애벌리가 말하는 '일반적인 사회적 및 경제적 환경'을 구성하는가? 그리고 이러한 환경적 요인들이 어떻게 인간적 정상성의 사고를 '조성하는가'? 다양한 모형들이 이러한 주요 의문들이나 그 외 의문들에 답하는 과정에서 부각될 수 있다. 주어진 답들은 사회과학 및 인문학에서 사회적 설명에 관한 보다 포괄적인 논쟁들을 반영한다.

여기서 장애에 관한 가능한 사회적 모형들을 완벽하게 유형화하고 서술하고자 하는 것은 분명 불가능할 것이다. 그러나 여러 명백한 틀 또는 설명적 경향을 확인할 수 있으며, 나는 역사·유물론적 관점에서 사회적 모형의 함정과 막다른 한계라고 생각하는 것을 밝히기 위한 수단으로 그렇게 하고자 한다.

## 네 가지 모형에 관한 비판적 논평

### 구조주의적 견해

무엇보다도 장애에 관한 순수한 경험을 경제, 문화, 정치체제 또는 제도적 실행과 같은 거시적 사회 현상으로 환원시키는 것은 위험하다. 이러한 '구조주의적 오류'는 인간을 사회적 힘의 단순한 산물로서 부정확하고 탈인간적으로 묘사한다. 이 점은 사회과학 및 인문학에서 올바르게 비판되어진 광범위한 경향을 분명 반영한다. 장애의 관점에서 보면 흥미롭게도 이러한 구조주의적 오류는 인간의 모습이 사회적 경험을 형성하는 역할을 담당한다는 점을 부정하는 설명의 탈체현적 형태에 의존한다. 심지어 유물론의 이름으로 발달한 사회적 모형들은 일상생활에서 구체적 실천의 중요성을 강조하지만, 사회과정에서 비판적으로 중요한 실체이며 기표(signifier)로서의 신체, 즉 인간의 육신성(corporeality)을 간과할 수 있다.

비켄바흐(Bickenbach, 1993: 14)는 어떤 의미에서 사회적 모형은 "장애를 생명의료적 기반으로부터 지나치게 전환시키고 분리시킨다"고 경고한다. 올리버(Oliver, 1996)는 구조주의적 모형들을 지지하지 않은 채 이 경향에 관한 설명을 제안하면서, 사회적 인과성에 대한 강한 강조는 전략적 기능, 즉 의료적 해석의 권위를 손상시키고, 장애는 건강 기술과 실행을 통해 치유되거나 최소한 개선될 수 있는 '질환'이라는 사고를 훼손시키는 데 기여했다고 주장한다. 만약 때로 이 점에 대해 '지나친 강조'가 제시된다면, 이는 "장기적인 사회적 상태로서의 장애는 의료적으로 처방될 수 없으며 또한 분명 치료될 수 없다"는 점을 지적하기 위하여, 엄청난 의료적 업적에 반대하는 장애인의 투쟁 때문이라고 할 수 있다(Oliver, 1996, 36).

그럼에도 불구하고, 인간적 결함의 자연화된 개념화에서 사회생활의 일상적 구성으로 설명의 강조점이 전환함에 있어, 우리는 신체를 포기해서는 안 되며, 신체가 인간 사회의 구성에 있어 근본적이며, 역사적 및 공간적으로 특이한 역할을 담당한다는 비판적 사실을 소홀히 해서는 안 될 것이다. 신체는 개인의 사회적 경험에 정보를 제공하는 특이한 일단의 병리학적 능력과 한계를 제공한다. 이는 지리적 및 역사적 차이가 이러한 신체적-현실(*corporealities*)이 독특한 사회적 현실, 즉 시간과 공간 상의 상이한 점들에서 독특한 체현과 조응함을 의미한다는 것이다. 다음 장에서 나는 체현된 유물론이 어떻게 장애의 특이한 사회적 모형을 제시하는가에 관해 보다 완전하게 설명하고자 한다.

## 인간주의

사회적 모형에서 제시된 또 다른 잠재적으로 막다른 한계는 최근 정책 영역 및 활동가 네트워크에서 많이 받아들여지고 있는 인간주의 모형이다. 이 접근은 장애인을 위해 근자에 선호되고 있는 집단적 및 개인적 용어들은 '다소 탈인간화되지 않은' 대안으로 즉각 대체될 필요가 있다는 점에 대한 통상적 홍보를 통해 드러나고 있다. 장애인의 인간성, 즉 '장애를 가진 사람'을 원초적으로 강조하는 많은 논평가들에 의한 주장은 이러한 인간주의의 전형적 사례이다.

애벌리(Abberley, 1991a, 1991b)는 인간주의에 관한 이러한 변형에 관해 철저한 평가를 제시했으며, '장애를 가진 사람들'(people with disabilities)이라는 용어는 '장애인들'(disabled people)이라는 용어보다 정치적·윤리적으로 더 우월하다는 오늘날 대중적 사고를 기각했다(개개인에 대해서도 같은 말을 할 수 있을 것이다). 애벌리(Abberley, 1991a, 1991b)는 이와 같은 용어의 '인간화'는 장애인이 종속되어 있는 사회적 격차를 효과적으로 탈정치화시킨다고 주장한다. 그는 장애인이 실제 완전히 인간적 방식으로 사회생활을 경험하도록 허용되기 전까지 '장애된'(disabled)이라는 형용사의 대체 용어를 받아들일 생각이 없다. 이러한 접근에서, 의료적 설명으로부터의 전환은 물질적 차이의 형태로서 신체의 중요성을 삼가고, 사회적 불평등에 대해 평등한 대우를 옹호하는 체현된 인간주의를 선호하는 것을 포함한다.

## 관념론(idealism)

장애에 관한 또 다른 포괄적인 사회적 모형은 결함에 관한 인간 경험을 가정적으로 특징짓는 비물질적 역동성(예컨대, 태도, 미적 정서)을 강조하는 것이다. 이러한 노력은 관념론, 즉 인간 환경은 관념과 태도의 산물이라고 가정하는 철학에서 근원한다(Gleeson, 1995a). 헤비(Hevey, 1992: 14)는 "물질적 세계(장애인이 신체적으로 접근하기 불가능한 물질적 세계)는 주어지고 고정된 것이며, 태도와 관념 세계의 인공물"이라는 장애에 관한 관념론적 설명에 반대되는 주장을 한다.

예컨대 사회심리학은 장애 연구에서 가공할 관념론을 고취시켰다. 사회심리학적 견해에 동의하는 논평가들에게, 장애는 결함이 있는 신체에 대한 사회의 부정적 태도에 뿌리를 둔 이데올로기적 구성물로 간주된다(Abberley, 1991a, 1993; Fine and Ashc, 1988). '사회적 힘들'은 구성적 역동성으로 인정되지만, 심리적 또는 담론적 구조를 선호하기 때문에 이들의 물질적 내용은 간과된다(Meyerson, 1988). 사회심리학의 가장 악명 높은 사례는 상호작용주의적 견해에 의해 제기된 장애에 관한 설명으로, 이의 주요 전도자는 고프만(Goffman, 1964, 1969)이다.

고프만에 의하면, '개성'은 행위자들 간 반복적인 과정으로서 사회적 상호작용에서 생성되며, 이 과정에서 태도는 타인의 인지된 (긍정적 및 부정적) 태도를 바탕으로 형성된다고 말해진다(Jary and Jary, 1991). 이 견해에서, 장애는 사회에서 행위자들의 의례적인 상호작용에서 만들어지는 '낙인'(stigma)으로 이해된다. 따라서 고프만과 같은 상호작용주의자들은 "낙인을 찍는 무수한 만남에 의해 장애를 당한 인격(*disabled personality*)"의 현실을 가정할 수 있었다(Abberley, 1991a: 11, 강조는 인용자). 애벌리는 믿음 형성에 관한 어떠한 만족스러운 설명도 제시할 수 없다는 점(상호작용주의는 단순히 이를 서술할 뿐이다)과 사회적 실천('상호작용'과 같은 실행)의 물질성을 포괄하지 못한다는 점에 근거하여, 이러한 견해를 관념론이라고 올바르게 기각한다.

장애를 정서적이고 인식적인 역동성의 산물로 설명하는 상호작용주의적 오류는 장애 연구에서 광범위하게 찾아볼 수 있다. 와렌(Warren, 1980: 80)은 이러한 경향의 사례로 "핸디캡은 '객관화되어서는' 안 되며, '세상에서 존재하는 사물'로 만들어져서도 안 되며, 해석의 문제로 이해되어야 한다"는 진술을 예시했다. 디건과 브룩스

(Deegan and Brooks, 1985: 5)는 장애의 사회적 제약은 "핸디캡화된 상징적이고 신비적 세계"에 의해 강화된다고 주장한다.

관념론은 상당한 정치적 함의를 가진다. 장애를 태도의 구조 그리고/또는 정서의 구성물로 보는 견해는 이러한 이데올로기적 현실이 어떻게 형성되는가에 관한 이슈를 회피한다. 관념론적 처방은 결과적으로 '태도를 변화시키는' 정책의 무능한 영역으로 전락하거나 또는 장애인은 사회적 인가를 받기 위하여 정서적 및 행태적 '규범'에 순응해야만 한다는 억압적 제안으로 환원된다.

이러한 마지막 관점은 장애 연구에서 많은 영향을 미쳤던 또 다른 사회적 모형을 고찰하도록 한다. 쟁점은 '정상화'(normalization) 또는 최근 신봉자들의 일부에게는 '사회적 역할의 가치화'(valorisation)로 더 잘 알려진 것의 서비스(service) 원칙이다.

## 정상화

내가 여기서 고찰하고자 하는 마지막 사회적 모형은 사회적 역할의 가치화 원칙에서 도출된 것이다. 이와 같이 장황하게 들리는 모형은 그 뜻을 드러내는 별명, 즉 '정상화'한 생활로 시작했다. 울펜스버거와 토머스(Wolfensberger and Thomas, 1983: 23)는 이 모형을 "사람이 가치 있는 사회적 역할을 수립하도록 그리고/또는 유지하도록 하기 위해 문화적으로 가치 있는 수단을 이용하는 것"이라고 서술했다. 본래 명칭이 제시하는 바와 같이, 1970년대 이래 서구 세계의 대부분에서 활기차게 받아들여지고 있는[6] 이러한 서비스 철학은 그 목적을 사회적으로 가치를 상실한 (또는 '탈가치화된') 사람의 정상화에 두고 있다.[7] 장애인과 같은 집단의 사회적 지위를 개선하기 위해 '문화적으로 가치 있는 수단'에 호소하는 것은 사회에서 수립된 규범들과 이들을 창출했던 착근된 물질적 조건들에 대한 이들의 도전 가능성을 효과적으로 미리 차단하는 것이다. 일단의 '문화적으로 가치 있는 사회적 질서'로서 '정상화'는 이러한 원칙에 의해 자연화되며 또한 물신화된다.

애벌리(Abberley, 1991a, 15)는 장애인으로서 말하건대, '정상화' 철학과 서비스 실무는 "비정상성을 … 우리의 필요를 충족시키지 못하는 사회에" 기인한다는 점을 지적하지 못했다고 권고한다. 대신 이러한 관점은 비정상성이 장애를 당한 주체에게 있다고 가정한다. 애벌리(Abberley, 1991a)는 인간은 '규범'(norms)에 준거하더라도 서술될 수 없는 다양한 종류의 필요들로 특징지어진다고 주장한다. 힐러(Hillyer, 1993)는 이에 동의하여, 체현과 필요의 이질성에 대한 무관심이라는 점에서 정상화의 원칙을 비판한다.

애벌리(Abberley, 1991a, 21)는 장애인은 통용되는 '정상성'의 사회적 표준을 원하지 않지만, '사회생활에의 보다 완전한 참여'를 추구한다. 많은 장애인들(특히 애벌리와 같은 역사유물론자들)에게 있어, 지배적인 부르주아적 사회생활 양식은 '정상적'이지 않을 뿐만 아니라 이들이 열망하는 것도 아니다(Abberley, 1993). 이 점은 정상화 정치

---

6) 정상화는 많은 서구 국가들에서 서비스 정책과 실무에 관한 지식을 계속해서 제공하고 있다. 알라제위스키와 옹(Alaszewski and Ong, 1990)이 편집한 『정상화 실무』(*Normalisation in Practice*)에 수록된 글들을 참조.

7) 또한 원칙에 관한 완전한 설명을 위하여 울펜스버거와 니르제(Wolfensberger and Nirje, 1972) 참조.

이론에 대한 영(Young, 1990)의 영향력 있는 비판, 즉 이 이론이 인간 주관성에 관한 추상적이고 동질화된 사고를 전제 가정함으로써 인간의 사회적 차이에 대한 비판적 사실을 제거했다는 비판에 반영되었다.

## 역사의 무시

장애 연구의 일반적 특징 가운데 하나는 방금 논평한 여러 가지 사회적 모형들에서 공통적으로 나타나는 바와 같이 역사를 무시한다는 점이다(Scheer and Groce, 1988). 장애 연구의 비역사적 속성은 최소한 부분적으로 장애 학자들 대부분이 사회이론을 배제하고 응용적이고 정책지향적인 연구에 초점을 두는 경향이 있다는 사실에 기인한다. 애벌리(Abberley, 1987: 5)가 진술한 바와 같이, "'좋은 사회학'이 빠뜨리고 있는 또 다른 측면은 … 장애 경험의 역사적 특수성에 관한 유의한 인식이다". 이에 앞선 논문에서 애벌리는 장애 연구가 역사를 의식하지 않음에 대해 보다 특이하게 서술했다.

> 핸디캡에 관한 대부분의 설명에서 주요한 결함은 역사의 누적에 대한 맹목적인 무시이다. 이러한 요인들이 핸디캡에 관한 설명에 들어오게 되면, 이들은 일반적으로 「레위기」에서 『리처드 3세』, 『프랑켄슈타인』에 이르는 다양한 예시들로 구성되며, 이들 모두는 핸디캡을 가진 사람들에 가해지는 지속적이고 '자연적인' 차별을 보여 주는 데 이바지한다. 이러한 '역사들'은 역설적으로 비역사적인 … 핸디캡에 관한 이해를 만들어 내는 데 기여한다. (Abberley, 1985: 9. 강조는 인용자)

애벌리가 알고 있는 바와 같이, 장애 연구들은 역사를 완전히 제거하지는 않았다. 그러나 이들은 현재의 물신화와 마찬가지라고 할 정도로 과거를 보잘것없는 것으로 만들었다. 그러나 장애 연구서에는 일반적으로 두 가지 포괄적인 유형의 역사 서술, 즉 '미시적' 역사와 역사유물론적 설명을 확인해 볼 수 있다. 첫번째 전략은 훨씬 더 공통적으로 확인되며, 애벌리(Abberley, 1985)가 주목하는 종류의 연역적 추론과 추측으로 특징지어진다. 논평자들에게 일반적 형태는 보다 동시대적인 연구의 서문적 진술을 통해 '장애의 역사'(보통 그렇게 제한되기를 원하지는 않지만, 대체로 서구 사회에 한정된 역사)에 관한 몇 줄의 문장들을 제시하는 것이다. '미시적 역사' 접근법의 사례는 많이 있다(Harrison, 1987; Laura, 1980; Lonsdale, 1990; Safilios-Rothschild, 1970; Smith and Smith, 1991; Topliss, 1982).

이러한 역사적 묘사의 주요 결함은 간결성, 경험적 실증의 결여, 이론적 저발전, 그리고 물신화(관념적 경향에도 불구하고) 등을 포함한다. 이러한 결함들 모두를 자세히 고찰할 시간도 없고 필요도 없지만, 이러한 연구들이 장애 연구의 역사적 의식을 위해 가지는 특정 결과들을 고찰해 보는 것은 가치가 있을 것이다. 중요한 점으로, 장애 연구의 한정된 역사 기록은 이전 사회들에서 결함의 사회적 맥락에 관한 수많은 매우 의문스러운 정설들을 다루어야 하는 부담을 이 분야에 안겨주었다. 이러한 정설들의 가장 유해한 점은 장애인의 현대적인 사회적 주변성과 빈곤을 대부분 또는 심지어 모든 과거 인간 사회에서 나타났던 고정된 역사적 조건인 것처럼 당연시하는 것이다. 이러한 정설들은 4장에서 비판적 논평의 대상이 될 것이다.

"잊혀진 피조물의 시간"(The creatures time forgot)[8]

사회과학, 특히 역사학은 장애 연구에서 과거에 대해 무관심했다는 점에 대해 큰 책임성을 가져야 할 것이다. 이 점은 하즈(Haj, 1970), 올리버(Oliver, 1990), 맥케이지와 시겔바움(McCagg and Siegelbaum, 1989) 등을 포함하여 여러 장애 논평가들에 의해 인식되었다.[9] 하즈는 역사적 담론에서 장애를 가진 신체가 빠져 있음을 일찍이 인식했다는 점에서 잘 알려져 있다. 그에 의하면, 장애는 "알려지지 않은 역사의 넓은 지역"을 나타낸다(Haj, 1970: 13). 20년 후 올리버(Oliver, 1990: xi)가 "역사는 장애의 경험에 관해 대체로 침묵하고 있다"고 주장하려 했을 때까지 이 주장은 경청되지 않고 지나갔다. 단지 일부 역사가들(Garland, 1995; Riley, 1987)만이 과거 사회에서 결함에 관한 이슈는 전반적으로 무시되었다는 점을 인정하였다. 갈런드(Garland, 1995)는 푸코에 호소하여, '예속된 역사'로서 장애에 관한 역사적 경험을 서술하였다.

장애에 관한 역사적 차원을 고찰하기 위해 이뤄진 몇몇 시도들은 이 이슈를 제대로 적절하게 다루지 못했다. 왓슨(Watson, 1930)의 초기 연구는 그 경험적 내용에 대해서는 흥미롭지만, 비이론적일 뿐만 아니라 병리적 주제로 환원되는 경향이 있다. 이 연구에서 '불구자'(the cripple)는 상이한 문화가 다뤄야 할 초역사적 문제로 묘사된다

---

8) 장애, 사회이론, 사진술에 관한 헤비(Hevey, 1992)의 논문 제목은 역사학이 장애인을 포기했음을 보여 준다.

9) 이 저자들은 "근대 사회과학이 발달했지만, 사회적 집단으로서 장애인들은 무시되었다"는 일반적 주장을 내놓았다(McCagg and Siegelbaum, 1989 5).

(이 책의 제목에서 '불구자'와 '문명'은 속뜻을 나타내도록 병렬되었다).

지난 20여 년 동안 등장하기 시작했던 장애에 관한 새로운 역사적 연구는 그리스-로마세계에 관한 에드워드(Edwards, 1997)와 갈런드(Garland, 1995)의 연구, 근대 영화에 관한 노든(Norden, 1994)의 조사, 미국 자본주의의 발전에 관한 돈(Dorn, 1994)의 사회공간적 연대기, 그리고 윈저(Winzer, 1997), 데이비스(Davis, 1995), 넬슨과 베런스(Nelson and Berens, 1997)에 의한 전근대 유럽에 관한 탐색 등을 포함한다. 미첼과 스나이더(Mitchell and Snyder, 1997)에 의해 편집된 단행본 역시 장애에 관하여 다양한 시기와 장소에서 이루어졌던 여러 역사적 에세이들을 담고 있다. 일반적으로, 이러한 새로운 역사들에서, 과거 장애에 관한 문화적 재현은 강조되었지만, 지난 정치·경제적 구축들은 거의 주목을 받지 못했다. 4장에서 나는 보다 최근의 역사들에 영향을 미쳤던 한 앞선 연구, 즉 서구 국가들에서의 장애 정책에 관한 스톤(Stone, 1984)의 '국가주의적' 연대기를 논의할 것이다.


## 역사유물론적 접근

대부분 영국인인 일단의 이론가들은 위에서 상술된 사회적 모형들의 실패를 인식하면서, 장애에 관해 다양한 역사유물론적 설명을 제안했다. 예컨대, 애벌리(Abberley, 1985, 1987, 1991a, 1991b, 1997), 바너(Barner, 1991), 핀켈스타인(Finkelstein, 1980), 헤비(Hevey, 1992), 레오나르드(Leonard, 1984), 올리버(Oliver, 1986, 1990, 1996) 같은 이들은 모두 다양한 수준에서 맑스와 엥겔스(예컨대, Marx and Engels,

1967)에 의해 기원적으로 발전했던 이러한 분석틀에 의존했다. 역사유물론적 연구의 많은 부분은 영국에 출처를 가지며, 이는 아마 사회주의적 정치를 수반했던 영국에서 많은 장애 활동가들에 의한 오랜 참여를 반영한 것이라고 할 수 있다(Cambell and Oliver, 1996). 북미에서 최근 돈(Dorn, 1994)과 데이비스(Davis, 1995, 1997)의 공헌은 다양한 수준에서 역사유물론적 입장을 택하고 있다.

유물론자들에 의하면, 장애란 사회가 그 기본적 활동들(즉 노동, 교통, 여가, 교육, 가정생활)을 조직하는 특정한 방식에서 연유하는 사회적 경험이라고 주장된다. 태도, 담론, 상징적 재현은 물론 이러한 경험의 구축에 대해 비판적이지만, 사회가 기본적 필요를 총족시키기 위하여 수행하는 사회적 실천을 통해 물질화된다. 올리버에 따르면, 장애인의 사회적 경험은 단지 '개인적 역사'에의 의존 또는 심지어 이데올로기적이거나 상징적인 체계를 통해서는 이해될 수 없으며, "그들의 생애사, 그들의 물질적 상황, 그리고 장애가 그들 자신을 위해 가지는 의미를 설명할 수 있는 틀 속에 위치 지어져야" 한다(Oliver, 1996, 139).

비판적으로 중요한 점은 장애가 사회에 의해 생산된 사회적 및 역사적으로 상대적인 정체성이라는 점이다.

장애의 생산은 … 어떤 선(a good), 즉 범주장애를 만들어 내도록 특이하게 추동되는 일단의 활동들일 따름인데, 이는 이러한 생산적 활동들이 이루어지도록 허용하는 조건들을 창출하는 일련의 정치적 활동들에 의해 뒷받침되며, 또한 전체 사업에 정당성을 부여하는 담론

에 의해 지탱된다. (Oliver, 1996: 127)

이러한 유물론은 장애가 생산되는 주요 과정으로서 (결함이 있는) 체현의 사회화를 부각시킴으로써 앞서 묘사했던 구조적 환원론의 오류를 피한다.[10] 유물론자들은 이러한 사고를 체현하는 장애에 관한 다음과 같은 두 가지 정의를 발전시켰다.

> 결함 : 사지의 일부 또는 전부가 없거나 사지, 기관(organism) 또는 신체의 메커니즘이 불완전함.
> 장애 : 신체적으로 결함이 있는 개인에게 사회적으로 부가되어 참도록 강제되는 배제 또는 제한의 상태.[11]
> (Oliver, 1990: 11)

이러한 점에서, 장애는 어떤 사회가 이러한 자연적 기반(인간 신체를 포함하여)의 사회적 구성을 통해 생산할 수 있는 억압의 한 형태로 정의된다. 유물론자들은 결함에 관한 사회적 이해와 경험을 구조화했던 정치경제적 및 문화적 관계들의 총합(ensemble)으로서 역사적으

---

10) 어떤 점에서, 올리버(Oliver, 1996: 35)는 장애를 위한 신체의 어떤 유의성을 삼가는 것처럼 보인다. 그러나 이러한 점은 장애를 의료적 인과관계의 사고로부터 멀리하기 위해 의도된 전략적 의사 표시이다. 유물론자들에 의해 이용된 바와 같은 장애에 관한 상생적 개념 정의는 신체를 장애적 사회관계가 만들어지는 주요 장소로 간주한다. 요컨대 이 관점은 체현된 존재론에 의존한다.
11) 이 점은 1981년 장애인국제연맹(Disabled People's International)에 의해 채택된 개념 정의와 유사하다(Barnes, 1991).

로 진화하는 생산양식(즉 고전적 고대, 봉건제, 자본주의)을 강조한다. 중요한 점으로, 단순히 개인적 또는 제도적이라기보다는 사회적인 장애 창출은 생산과 소비 관계 및 문화적 전망으로서 구조적 역동성이 이의 구성과 재생산 과정에 개입한다는 점을 함의한다.

올리버(Oliver, 1990)와 애벌리(Abberley, 1997) 양자 모두는 장애의 기원을 순수하게 경제적 원인으로 환원시키는 사회적 모형들과는 일정한 거리를 두고자 한다. 이러한 환원론과는 대조적으로, 유물론적 관점은 문화, 경제, 국가로부터 나타나는 다양한 물질적 실천과 재현의 유의성을 강조하는 보다 풍부한 틀이다. 사실 장애에 관한 유물론적 설명은 레이먼드 윌리엄스(Raymond Williams, 1978, 1980. 또한 Milner, 1993)의 문화적 유물론과 대체로 유사하다. 예컨대 핀켈스타인과 스튜어트(Finkelstein and Stuart, 1996)는 현대 자본주의의 '장애 문화'를 지적했을 때, 정치경제적 체계를 포함하여 물질적으로 명백한 관계 및 재현들의 총합을 주목했다. 데이비스(Davis, 1995)는 문화적 유물론 관점을 정교하게 하여, 장애가 두 가지 상호의존적인 '양식', 즉 '기능'과 '표상'을 통해 어떻게 사회적으로 재생산되는가를 밝히고자 했다. 이에 따라 장애는 일단의 억압적이고 서로 얽혀 있는 조건들, 즉 정치경제적 주변성(그리고 심지어 착취) 및 문화적 평가절하에 의해 특징지어진다.

역사유물론적 관점은 장애의 억압을 극복하기 위한 목적에 초점을 둔 해방적 정치의 가능성을 열어 둔다. 유물론자들은 결함은 항상 의존성과 동일한 것이 아니며, 물질적 변화는 장애인을 억압의 현대적 형태로부터 해방시킬 수 있음을 지적한다. 이 점은 다음과 같은 반스

(Colin Barnes)의 최근 진술에서 적절하게 포착된다.

> 결함은 소수의 인구가 가진 특정한 어떤 것이 아니다. 이는 인간 경험
> 에 근본적이다. 다른 한편, 장애는 … 그렇지 않다. 인종주의, 성별주
> 의, 이성애주의, 그리고 다른 많은 사회적 억압의 형태들과 마찬가지
> 로, 이는 인간이 만들어 낸 것이다. (Barnes, 1996: xii)

태도의 변화는 필수적이지만, 그 자체만으로는 비장애적 사회의
실현을 향한 진보로는 불충분하다. 핀켈스타인은 장애의 억압에 반대
될 수 있는 전환적인 정치적 실천의 필요성을 개관하면서 이러한 사고
를 강조한다.

> 사회의 변화, 환경의 물질적 변화, 환경적 통제체계에서의 변화, 사회
> 적 역할에 있어서의 변화, 공동체 전체 사람들의 태도 변화가 필요하
> 다. (Finkelstein, 1980: 33)

역사유물론은 분석틀이며, 장애의 사회적 모형처럼(Oliver, 1996)
경험적 사회이론이 아님을 인식하는 것이 중요하다. 유물론적 틀은 사
회 연구를 유도하는 일단의 기본적인 인식론적·존재론적 원칙들, 특
히 사회적 관계를 역사적으로 개연적이고 구조적으로 조건 지어진 것
으로 이해하는 것의 중요성을 약술한다. 그러나 역사적·지리적으로
특정한 맥락에 관한 경험적으로 알려진 연구에 이러한 원칙들을 응용
하여, 사회적 설명을 제시해야 할 과제가 남아 있다.

지금까지 결함의 과거 경험에 관한 역사적 경험연구는 거의 없었다. 데이비스(Davis, 1995)와 올리버(Oliver, 1990) 양자는 봉건제로부터의 전환이 신체적으로 결함 있는 사람들에 어떻게 영향을 미쳤는가를 탐구했다. 양 분석은 통찰력이 있지만, 한계를 가진다. 올리버의 장(章) 정도 분량의 조사는 매우 추상적이고 포괄적 수준에서 이루어졌으며 전적으로 2차 자료에 의존한 반면, 데이비스는 청각장애인의 역사적 경험들에 초점을 두고 훨씬 더 폭넓은 분석을 수행했다. 게다가, 애벌리(Abberley, 1985, 1987)와 반스(Barnes, 1991) 양자는 장애에 관한 역사적 이해에 기여했다. 수년 전에 수행된 나 자신의 미출간 연구(Gleeson, 1993)는 과거 사회에서 장애에 관한 포괄적이고 경험적인 고찰을 통해 역사유물론적 관점을 확대시키고자 했다.

데이비스(Davis, 1995), 올리버(1990), 그리고 다른 유물론자들은 봉건적 및 자본주의적 사회 구성체에서 장애의 경험을 대조시켰다. 예를 들면,

[봉건사회는] 장애인들 대다수를 생산과정에의 참여로부터 배제하지 않았다. 그리고 심지어 이들이 완전히 참여할 수 없는 곳에서도, 여전히 기여를 할 수 있었다. 이 시대에 장애인은 개인적으로 운이 없는 것으로 간주되었고, 사회의 다른 부분들로부터 격리되지 않았다. (Oliver, 1990, 27)

자본주의하에서 결함은 계급, 젠더, 인종, 성에 기반을 둔 부정의와 착취의 다른 형태들과는 대조되는 사회적 억압의 특정한 형태, 즉

장애로 사회화되었다고 그들은 주장한다. 현대적 장애 억압은 빈번하게 능력주의(ableism), 즉 슈나드와 그랜트(Chouinard and Grant, 1995: 139)가 정의한 바에 의하면 "모든 사람들은 유능한 신체(able-bodied)를 가지는 것으로 가정하는 어떤 사회적 관계, 실행 및 사고"와 관련된다.[12] 나는 제7장에서 현대 장애 억압의 특성을 매우 자세하게 탐구할 것이다.

여러 가지 비평이 여태까지 제시된 장애에 관한 역사유물론적 연구에 반대하여 제시되었다. 첫째, 이는 장애에 관한 자세한 역사적·경험적 분석을 거의 제시하지 않았다. 둘째, 유물론의 이러한 변형은 사회와 인간 정체성의 구성에서 공간의 중요성을 파악하지 못했다.[13] 물론 지리학자들은 주변화되고 억압된 정체성을 만들어 내는 것들을 포함하여, 사회적 관계의 환원불가능한 공간적 성격을 잘 알고 있다(Sibley, 1996). 그러나 앞 장에서 지적한 바와 같이, 대부분의 지리학자들은 장애인의 정체성을 무시해 왔다. 만약 역사가들이 장애 연구의 비역사적 속성과 연루되어 있다면, 지리학자들은 분명 장애 논평가들이 공간을 심각하게 받아들이지 못했다는 점에 대해 많은 비난을 받을 수 있을 것이다.

다음 절에서, 나는 다소 빠르게 1990년대 이전 공간과학 내에서 장애와 이론적 관계를 가지는 연구들을 우선 조사하고자 한다. 그리고

---

12) 반대어처럼 보이지만, 'disablism'은 또한 흔히 'ableism'의 동의어처럼 사용된다.
13) 이러한 주장에 대한 중요한 그러나 관심을 받지 못했던 예외는 알버레흐트(Alberecht, 1981)가 편집한 논문 선집으로, 이는 장애 정책 레짐에 관한 국제적인 사회학적 분석을 제공하고 있다.

난 다음, 나는 지리학에서의 최근 장애에 대한 관심을 탐구할 것이다. 장애에 관한 사회공간적 이론화에 대한 다양한 접근들의 증거가 이미 존재한다. 그리고 흥미롭게도 새로운 접근 모두가 사회적 모형을 획일적으로 지지하지는 않는다.


## 공간적 학문

앞 장에서 영미 인문지리학이 장애에 관한 의문을 대체로 간과했다고 언급했다. 내가 간단하게 설명할 바와 같이, 다른 공간과학들, 예컨대 도시계획과 건축학도 그렇게 대단히 나은 편은 아니다.

나는 앞 장에서 장애에 관한 지리학의 기록이 완전히 없는 것은 아니라고 지적했다. 정신질환(예컨대, Dear, 1977, 1981; Dear and Taylor, 1982; Kearns, 1990; Parr, 1997b; Smith and Giggs, 1988)이나 국가의 사회적 서비스에의 접근(예컨대, Pinch, 1985, 1997; Smith, 1981; Wolch, 1980, 1990)과 같이 긴밀하게 관련된 이슈들에 대해 상당한 관심이 주어졌다. 특히 1970년대 후반 북미 및 영국에서 등장했던 서비스 의존성에 관한 도시지리학적 연구는 신체 장애 및 지적 장애 이슈에 대해 때로 주목했다(Dear and Wolch, 1987; Pinch, 1997). 이러한 몇몇 연구들 가운데 월퍼트의 연구(Wolpert, 1976, 1978, 1980)는 '서비스 의존성'의 공간적 패턴에 관한 관심을 장애인에까지 확장하고자 했다.

의료지리학은 '질병'이라는 일반적 주제하에서 결함에 관한 이슈들을 빈번하게 다룬 반면, 장애의 사회적 경험보다는 신체적 조건에 따른 공간적 전염병학을 강조했다(Lovett and Gatrell, 1988; Mayer, 1981 참조). 이러한 공간적 전염병학 접근은 장애는 자연에 의해 부여된 '개인적 비극'이라는 사고를 재생산했던 결함의 비사회적이고 의료화된 견해를 드러내었다(Dorn, 1994; Park et al., 1998).

또한 1960년대부터 일부 고립된 목소리들이 지리학에서 장애 이슈에 주목하고자 했다. 이들 가운데 골리지(Golledge, 1990, 1991, 1993, 1997)는 장애에 관한 체계적인 연구 관심을 위해 행태주의적 관점으로부터 거리를 두고자 한다.[14] 다른 연구자들도 장애 이슈들에 관한 분석을 발표했는데, 여기에는 미국에서 시각장애인에 관한 힐(Hill, 1985)의 현상학적 탐구, 영국에서 교통 이동성에 관한 갠트와 스미스(Gant and Smith, 1984, 1988), 커비 등(Kirby et al., 1983), 너트리(Nutley, 1980, 1990)의 연구가 포함된다. 파크 등(Park et al., 1998)이 설명하는 바와 같이, 장애에 관한 이러한 앞선 탐구들은 실증주의적 지향이었으며, 장애의 사회적 맥락에 거의 주의를 기울이지 않았다. 슈나드(Chouinard, 1997)와 임리(Imrie, 1996a)가 지리학 자체는 지식의 권위적 영역으로부터 장애인을 주변화하는 데 공모했다고 결론 지은 것은 옳다고 하겠다.

다른 공간과학들에서, 전문가들의 주목은 과거 건축학에서는 접근가능한 설계의 이상에 초점을 두었고(Lifchez and Winslow, 1979; Lifchez, 1987), 도시계획에서는 교통 이동성 이슈에 초점을 두었다

---

14) 또한 그의 최근 공동 출판물들(예로, Golledge et al. 1996a, 1996b; Kitchin et al., 1997) 참조.

(Brail et al., 1976; Wibberly, 1978). 이러한 분석들은 사회이론에 대한 일반적인 반감, 그리고 장애의 문제에 대한 주류 정책의 '해법'에 대한 많은 강조라는 점에서 기존 장애 연구들과 공통점을 가졌다. 때로, 이 점은 정책 분석의 목적에 있어 장애인을 노인과 같은 다른 '특정한 인구집단'으로 함께 묶어서 다룸을 의미했으며(Brail et al., 1976; Gilderbloom and Rosentraub, 1990), 이러한 접근은 흔히 지리학에서도 분명했다(예컨대, Gant and Smith, 1988, 1991; Golledge, 1990). 이러한 동질화 경향은 '인구 집단들' 간 필요 및 사회공간적 경험에 있어 커다란 차이를 제거하거나 과소평가했다(Imrie, 1996a). 또한 건축가들과 계획가들은 장애를 '건조환경 문제'로 축소시키는 경향이 있었는데, 이는 내가 7장 및 9장에서 보다 자세히 다루려는 이슈이다.

지리학에서와 마찬가지로, 건축학 및 계획학 학술 집단들에서도 장애 이슈에 대해 최근 관심이 증가해 왔다. 도시계획(예컨대, Bennett, 1990; Imrie and Wells, 1993a, 1993b; Tisato, 1997) 및 건축학(예컨대, Kridler and Stewart, 1992a, 1992b, 1992c; Lebovich, 1993; Leccese, 1993)에서 장애에 관해 최근 발표된 분석들은 사회이론과의 연계는 여전히 매우 제한적이지만, 장애에 대한 이러한 새로운 초점을 드러내었다. 이들의 선행연구들처럼, 이 분석들은 비판적 담론으로 통합되기보다는 상대적으로 서로 고립된 채로 머물러 있으며, 비공간적 사회과학들 내 논쟁들을 언급하는 경향이 있다.

흥미롭게 장애에 관한 대학원생들의 연구는 대체로 잘 드러나지는 않지만, 상당한 전통을 이루어 왔다. 나는 여기서 영미 지리학 및 계획학과에서 수행된 장애에 관한 많은 고립된 연구들을 참조하고자 한다(Cook, 1991; Dodds, 1980; Dorn, 1994; Gleeson, 1993; Hill, 1986; Lawrence, 1993; McTavish, 1992; Perle, 1969).[15] 과거 장애에 관한 학생들의 이러한 연구는 다양한 이유로, 명시적인 학문적 의제로 성숙되지 못했다. 이는 아마 부분적으로 이러한 학생들 가운데 일부는 그들 자신이 장애인이었고, 학문적 발전에 대한 장애를 경험했기 때문이라고 할 수 있다(Chouinard and Grant, 1995). 이러한 막대한 잠재력이 최근까지 발전하지 못했던 또 다른 이유는 이 학문이 장애에 관한 학술적 중요성을 일반적으로 기꺼이 인정하려 하지 않았기 때문이라고 하겠다.

## 최근 장애에 대한 관심의 전환

앞장에서 진술한 바와 같이, 지리학자들 간에 장애 이슈에 관한 관심이 깨어났다는 증거가 늘어나고 있다. 1990년대 초 이래, 사회적 현상으로서 장애에 관한 이론화에 상당한 진전이 있었다(Park et al., 1998). 나는 여기에서 버틀러와 볼비(Butler and Bowlby, 1997), 슈나드(Chouinard, 1994, 1997), 디어 등(Dear et al.,1997), 돈(Dorn, 1994), 디크(Dyck, 1995), 임리(Imrie, 1996a, 1996b, 1996c), 모스(Moss, 1997), 파(Parr, 1997a, 1997b), 래드포드와 파크(Radford and Park, 1993)의 이론적으로 통찰력 있는 연구들에 특히 주목하고자 한다. 앞서 1장에서 언급한 바와 같이, 이러한 이론적 발전은 장애에 대한 지리

---

15) 나는 이러한 연구들의 일부가 있음을 나에게 알려준 돈(Dorn, 1994)의 저작에 감사한다.

학적 관심을 촉진시키고자 하는 새로운 학문적 네트워크의 등장과 관련된다.

장애에 관한 새로운 지리학의 등장은 행태적 패턴, 보건 및 복지제공 이슈 등을 포함하여 관련 분야들에서 지리학자들이 오랫동안 이룩한 연구들을 통합 정리하며, 또한 지리학에서 관심의 폭넓은 이행, 특히 체현에 관한 의문으로의 이행을 반영하고자 한다(Chouinard, 1997). '낙인찍힌 몸의 문화지리'를 위한 돈(Dorn, 1994)의 야심찬 개요는 부각되고 있는 장애에 대한 관심을 의료지리학, 행태지리학, 구조화주의적 지리학, 복지지리학을 포함하여 전문분야별 관심의 전통 내에 비판적으로 위치 지었다. 그의 전반적 결론에 의하면, 이러한 다양한 연구 양식들은 정책 배경과 이에 관한 장애인의 경험들에 관한 가치 있는 이해를 제시했지만, 또한 동시에 결함에 대한 억압적인 제도적 재현을 재생산하거나 또는 최소한 이에 대해 도전하는 데 실패했다. 사실, 돈이 이에 대해 올바르게 퍼부었던 비난을 피하고자 한다면, '제도적 지리학'의 느슨한 분야는 장애에 관하여 보다 완전하고 보다 해방적인 사고를 발전시킬 필요가 여전히 있다고 나는 10장에서 주장하고자 한다.

체현 이슈에 관하여 최근 지리학자들 간 관심의 급속한 증가(Ainley, 1998; Duncan, 1996; Johnson, 1989a, 1989b; Nast and Pile, 1998; Pile, 1996)는 신체에 관한 새로운 문화적·사회학적 이론의 폭넓은 등장과 병행한다. 장애에 관한 것처럼, 체현에 관한 새로운 지리학은 시간, 문화, 인간적 차이(특히 젠더, 인종, 성)에 관한 지리학을 포함하여 내재적인 학문적 프로젝트에 의존한다. 이와 같이 수립된 세부

학문적 관심들 모두는 신체의 사회공간적 구축을 강조했으며(비록 흔히 매우 상이한 방법으로), 이를 통해 장애 지리학의 부각을 촉진하는 데 이바지했다. 최근 장애 지리학의 많은 부분은 결함이 있는 체현에 초점을 두는 이러한 기존 관심의 수렴을 반영하는 경향이 있다. 점점 더 풍부하고 다양해지는 장애 지리학의 분야에 관해 몇 가지 선택된 사례들은 이러한 점을 예시할 것이다.

급진적 지리학, 특히 페미니스트적 관점에서 상당히 긴 비판을 제시한 슈나드와 그랜트(Chouinard and Grant, 1995, 143)는 '지리학에서 사라진 자매들'(Missing sisters in geography) 가운데 장애 여성들을 열거했다. 슈나드(Chouinard, 1997)는 이 프로젝트는 제대로 시작하지 못했다고 주장하긴 하지만, 부각되고 있는 장애의 여성 지리학은 인간 경험의 주변화된 영역으로부터 이러한 '잃어버린 신체들'을 회복시키기 시작했다. 모스와 딕(Moss and Dyck, 1996, 737)은 '의료지리학에서 부각되고 있는 비판적 틀에 더하여 환경과 신체에 관한 페미니스트적 정치경제학적 분석'을 제안했다. 이들은 만성적인 질환이 '보다 넓은 사회적 정치경제학의 맥락 내에서' 어떻게 장애를 가진 정체성으로 구성되는가를 고찰하면서, 결함에 관한 확장된 이해를 강조한다.[16] 이 연구는 슈나드(Chouinard, 1997, 또한 Chouinard and Grant, 1995 참조)에 의한 분석에서 공감을 얻었다. 다른 지리학자들은 다른 지리학적 전통을 끌어들였다. 임리(Imrie, 1996a)는 접근성 규제를 고찰하기 위하여 도시 정치경제학을 이용했고, 돈(Dorn, 1994)은 장애

---

16) 또한 모스(Moss, 1997), 딕(Dyck, 1995) 참조.

에 관한 문화지리학적 분석을 수행했으며, 파크와 레드포드(Park and Radford, 1997)는 지적 장애인의 제도에 관한 역사지리를 연구하면서 포괄적으로 푸코적인 관점을 이용했다.

　　최근 나 자신(Gleeson, 1996a), 버틀러(Butler, 1994), 임리(Imrie, 1996c), 골리지(Golledge, 1993, 1996) 간의 뜨거운 논쟁은 장애가 어떻게 사회공간적 용어들로 인식될 수 있는가를 둘러싸고 중요한 이론적 차이들이 있을 수 있음을 예시하였다(또한 이 논쟁에 관한 논평으로, Park et al., 1998, Parr, 1997a 참조). 포괄적으로 말해서, 임리(Rob Imrie), 버틀러(Ruth Butler), 그리고 나는 장애 지리학에 대한 골리지(Golledge, 1993)의 개관을 주로 사회구성적 관점이 결여되었다는 점에서 이슈화했다. 우리들의 비판의 일부로 우리는 정치경제적 관계의 중요성을 강조하는 장애에 관해 동일하지는 않지만 유사한 사회공간적 모형을 제안했다. 골리지(Golledge, 1996)는 화를 내면서 우리의 비판(특히 임리와 내가 지적했던 비판)을 기각한다고 답변했으며, 또한 우리가 일상생활에서 장애인에 대한 실천적 도전에 관한 그의 일차적 파악을 과소평가하는 무례를 범했다고 지적했다.[17] 여기서 지식의 진정성과 어떤 사람의 정체성 밖에서 말하는 문제를 둘러싸고 어려운 이슈들이 떠올랐다. 임리와 나는 비장애인인 반면, 골리지는 장애인으로, 시각장애인을 위한 경로보조장치(navigational aids)의 발전에 많은 기여를 했다(Golledge, 1997; Golledge et al., 1991; Swerdlow, 1995). 물론 진정성과 재현을 둘러싼 논란은 인문학과 사회과학에 만

---

17) 나로서는 알 수 없는 이유로, 골리지의 비판의 주요 초점은 임리(Imrie)에게 향하고 있다.

연하며, 이러한 이슈는 장애의 지리학자들에 대한 도전을 증명하는 것이라고 할 수 있다. 나는 이 책의 마지막 장에서 보다 직접적으로 이 문제를 다루고자 한다.

내가 조금 전 언급했던 에피소드는 부각되고 있는 장애지리학에서 깊은 이론적 단층선이 이미 나타나고 있음을 보여 주고 있다. 이 장의 마지막인 다음 절에서, 나는 장애에 관한 역사·지리적 접근을 개관할 것이다. 역사·지리적 접근은 장애에 관한 수많은 잠재적인 사회적 모형들, 특히 이 장의 앞 부분에서 비판적으로 논평했던 내용들에 반대되지만, 나는 체현된 유물론(embodied materilaism)에 기반을 두고 있는 이러한 관점이 위에서 언급한 다양한 장애의 지리학들을 위해 적실한 틀, 또는 '접합의 바탕'을 만든다고 주장하고자 한다.

## 결론: 비판에서 이론으로

이 장에서 여태까지 두 가지 포괄적인 평가가 이루어졌다. 첫째, 장애 연구에 관한 상당히 다양한 분야는 이론적으로 미발전되어 있고, 대체로 비역사적이라는 점이 밝혀졌다. 이러한 단점의 일반적 효과는 장애가 결함의 사회화를 통해 어떻게 생산되며, 이러한 과정이 상이한 시간과 장소에서 어떻게 다양하게 전개되는가를 이해할 수 있는 우리의 능력을 크게 제한한다. 그리고 이 점은 장애 억압의 현대적 구조를 근절하려는 정치적 작업을 불가능하게 하거나 또는 어렵게 만들고 있다. 예컨대 우리가 장애의 역사성을 인정하기를 꺼려함에 따라, 우리는 결

함이 '자연스러운' 사회적 제약 심지어 불리함과 관련된다고 가정하게
된다. 이러한 가정으로부터, 장애인은 항상 어느 정도 사회적으로 의
존적이며, 따라서 우리가 할 수 있는 최선은 이러한 결함을 의료와 적
합한 지원으로 구원하고, 사회적 지원과 인권 선도를 통해 이러한 장
애를 줄여 주는 것이라는 관례적 관점이 도출된다. 서구 국가들에서,
장애인 운동은 최근 들어 이러한 '개량주의'에 대한 전반적인 거부를
정당하게 외치며, 대신 그들을 억압하는 사회적 구조들을 제거할 것을
목적으로 하는 전환적 정치를 주장한다(Campbell and Oliver, 1996).

　　이러한 급진적인 정치적 포부는 학계, 특히 장애 연구의 발목에 중
요한 의무를 채운다. 전환적 이상을 뒷받침하기 위하여, 근본적 변화
가 가능하다는 점을 먼저 보여 주어야 하며, 이를 행하기 위하여 가장
명백한 전략은 변화가 이미 이루어지고 있음을 보여 주는 것이다. 달리
말해, 장애는 사회역사적 구성물, 즉 결함이 있는 사람들의 삶에 대해
어떤 지역, 어떤 시기에 구축된 억압구조이며, 따라서 포용적·사회적
관계에 의해 분쇄되고 대체될 수 있음을 입증하는 것이 정치적으로 중
요하다. 내가 이해하는 바로는, 과거 사회들에서 어떻게 결함을 가지
고 살았는가에 관한 연구를 통해 장애의 역사성을 과학적으로 설명하
기는 장애에 관한 역사유물론 앞에 닥친 도전의 본질이다. 마찬가지로
중요한 과제는 장애(인)가 다양한 현대 사회에서 어떻게 살아가고 생
산되는가에 관하여 이론적으로 기반을 둔 분석을 구축하는 것이다. 물
론 우리가 '모든 역사'에 관한 경험적 연구를 수행할 수 없다는 점은 역
사지리적 사실이다. 인간 사회는 역사적으로 및 공간적으로 제한되며,
비교 역사 분석은 유의한 방법으로 지리적 배경들과 관련성을 추구해

야 한다.

이 점은 이 장에서 수행된 두번째 논평, 즉 공간적 학문에 관한 조사로 옮겨가도록 한다. 과거에는 이 학문들 가운데 어떠한 것도 실질적으로 결함에 관한 사회이론적 이해를 정교하게 하는 데 많은 도움을 주지는 못했다. 부각되고 있는 장애의 지리학이 신속하게 이러한 단점을 수정하고 있지만. 그럼에도, 장애에 대한 역사지리적 관심은 전혀 또는 거의 없었고, 이는 지난 사회들에서 결함(인)의 체험된 경험을 이해하기 위한 우리의 능력을 감소시키는 상황을 만들어 내고 있다. 이로 인해 역사·지리적 관심의 결여는 장애 연구로부터 그리고 장애인 운동으로부터 전환적 정치를 유지하기 위해 필요한 주장들을 빼앗아 간다.

지리학은 장애 억압에 관한 깊은 역사·지리적 이해에 어떻게 기여할 수 있는가? 하나의 답변은 앞서 논의했던 새로운 사회지리학이 이미 장애의 이해에 공간의 중심성을 보여 주고 있다고 말하는 것이다. 그러나 좀 더 많은 것이 언급될 필요가 있다. 첫째, 이와 같이 떠오르는 장애의 지리학은 주로 현대 서구사회들에만 초점을 두고 있으며, 둘째 이러한 분석들 모두가 장애에 관한 사회적 모형에 찬성하는 것은 아니다. 따라서 나는 장애에 관한 사회적 모형을 공간화하기 위하여 새로운 역사·지리적 틀이 필요하다는 점에 동의하고자 한다. 물론 이러한 틀의 구축은 중요한 정치적·이론적 선택을 포함한다. 이러한 점에서, 나의 성향은 앞선 논평들에서 명백해졌기를 희망한다. 나의 견해로, 유물론적 사회적 모형은 장애에 관한 역사·지리적 분석을 위한 가장 훌륭한 출발점이다. 이러한 비판적 모형은 개념 정의상 장애에 관한 보편적 또는 관례적 설명에 지나지 않는다고 할지라도, 나는 이 모형이 지리학에서 결함에 관하여 오늘날 부각되는 페미니스트적 및 문화적 설명을 포함하여 다양한 관점들을 포용하기 위한 잠재력을 가진다는 점을 제안하고자 한다.

물론 지리학은 이론적으로 동질적인 노력이라고 하기 어려우며, 장애에 관한 사회적 모형을 공간화하는 작업은 추가적으로 일단의 인식론적 선택을 요청한다. 놀라운 일은 아니지만, 나는 이 작업을 위해 가장 유용한 공간적 관점은 하비(Harvey, 1996), 소자(Edward Soja), 스미스(Smith, 1984)를 포함하여 여러 현대 이론가들에 의해 주창된 역사·지리적 유물론이라고 주장한다. 그러나 이 작업은 공간적 관점을 위한 지리학적 투입에 한정하는 것은 아니며, 나는 정체성에 관한 역사·지리적 구축을 논의한 많은 다른 '급진적' 추진들에 대해서도 유념하는 것이 중요하다고 생각한다.

요컨대 내가 제안하는 틀은 역사·지리적 유물론과 사회과학 및 인문학에서 부각되는 유물론적 장애 관점을 상호 결합시켜 더욱 유용하게 하는 것이다. 그러나 나는 이러한 이론적 수렴을 시도하기 전에 수행되어야 할 또 하나의 작업이 있다고 생각한다. 나는 먼저 자연에 관한 폭넓은 의문과 역사유물론적 이론을 위한 이러한 의문의 유의성을 제기함으로써 장애에 관한 기존의 유물론적 이해를 깊게 하는 것이 필요하다고 생각한다. 나는 장애에 관해 이론적·경험적으로 접근함에 있어 가장 좋은 방법은 인간 사회가 생산되는 주요 역동성으로서 체현을 전면에 내세우는 넓은 역사유물론적 틀을 통하는 것이라고 주장한다. 신체에 관한 일반적(유물론적) 설명에서부터 장애에 관한 설명으로 접근하는 것은, 결함이란 성, 젠더, 인종, 계급에 의해 규정되는 체현을 포함하여 일련의 중복적 체현들 가운데 단지 하나라는 사실을 항상 전면에 내세우는 뚜렷한 이점을 가진다.

다음 장에서 나는 내가 체현된 역사·지리적 유물론이라고 부르고자 하는 이러한 틀을 개관할 것이다. 이 용어는 상당히 서술적이지만, 이는 분명 산뜻하지 못한 문구라서, 이 책의 뒷부분에서는 줄여서 이 틀을 체현된 유물론이라고 부르고자 한다.

# 3장 _ 장애의 본질

## 서론

이 장의 목적은 장애를 분석할 수 있는 역사유물론적 틀을 제공하는 것이다. 앞의 1장을 결론지으면서 나는 이러한 틀이 체현에 관한 폭넓은 역사·지리적 설명에서 도출되어야 한다고 주장했다. 나아가 이러한 보다 일반적 틀은 인간 존재의 자연적 기반인 신체가 특정 사회 내에서 어떻게 사회적 유의성을 가지게 되는가를 설명할 수 있어야 할 것이다. 물론 모든 '사회'는 특정한 역사·지리적 경계를 가지며, 따라서 체현의 사회화는 상이한 시간과 장소에서 매우 상이한 형태를 가질 수 있다. 이 점은 앞 장에서 논평했던 유물론적 모형에 따라, 장애를 사회적 체현의 폭넓은 과정으로, 즉 시간과 공간에서 다양한 신체 유형들에 따라 역할과 재현이 정해지는 것으로 이해하는 것이다. 게다가 인간 체현의 사회화는 사회가 그들의 '자연적 기반', 또는 말 그대로 사회의 물질적 요소들을 실재 자연적·문화적 환경으로 전환시키는 더 큰 과정의 일부로 이해된다.

체현에 관한 역사·지리적 설명에 도달하기 위하여, 우선 인간 사회의 생산에 관한 두 가지 관련된 논쟁들을 검토하는 것이 필수적이다. 이 가운데 첫번째 논쟁은 자연의 생산, 즉 인간 사회의 역사적 창출에서 물질적 세계가 어떻게 구성되는가에 관한 것이다. 물론 이 '논쟁'은 넓은 의미에서 연관되고 심지어 모순된 이론적 설명들을 포괄할 수 있도록 매우 광의적으로 정의될 수 있다. 여기서 나의 관심은 역사유물론이 자연 그리고 그 속에 있는 인간 신체의 생산을 어떻게 인식하는가에 있다. 오늘날 사회과학 및 인문학에서는 체현의 인간적 경험에 관한 문헌들이 지속적으로 확대되고 있다(Harvey, 1996). 그러나 데이비스(Davis, 1995)가 지적한 바와 같이, 체현에 관한 이러한 새로운 탐색은 다른 '신체적 정체성', 특히 '성적 신체'를 선호하여 장애에 관한 의문을 간과했다. 게다가, 신체에 관한 많은 '사회 구성주의적' 분석들은 다양한 관념론들에 강하게 의존했다. 이러한 이유에서, 나는 단지 매우 제한적으로 이러한 문헌들에 의존하면서, 기존 사회이론들에서 체현에 관한 유물론적 설명을 '발굴하고자' 한다.

두번째 관련된 논의는 공간의 생산, 즉 자연과 인간 사회의 근본적 성질을 중심으로 한 것이다. 이에 관한 잠재적 관심 영역 또한 광범위하고, 나 자신의 탐구는 사회적 공간의 유물론적 이론들, 특히 역사·지리적 분석가들의 연구에 초점을 둘 것이다. 이러한 두 가지 '사회적 생산' 논쟁을 고찰하는 목적은 체현에 관한 역사·지리적 설명의 요소들을 규명하기 위한 것이다. 나는 이러한 설명에서 장애 분석을 위한 보다 특정한 틀을 추출하고자 한다.

이러한 점에서 이 장에서 내가 개관하고자 하는 분석적 틀은 초역사적·총체적 장애 이론이 결코 아니다. 내가 보여 줄 바와 같이, 역사·지리적 접근은 개인, 공동체, 제도들이 사회문화적 구조들(그 자체로 역사적으로 유동적인)의 조건적 영향과 어떻게 타협하며, 이에 따라 특이한 사회적 공간을 생산하는가에 관한 비판적이고 맥락적인 고찰을 요구하는 연구방법이다. 여기서, 신체 유형의 사회적 가치화와 탈가치화는 경험의 독특한 공간(장소, 공동체 등)의 생산에 중요한 것으로 이해된다.

　이 장은 5개의 주요 부분으로 구성된다. 첫째, 인간성이 그 물질적 세계를 사회화하는 일반적 과정 내에 체현을 위치 짓는 관점으로 자연의 생산이 고찰된다. 그리고 나서, 나는 체현된 유물론의 요소들을 개관할 것이다. 세번째 부분은 신체를 포함하여 자연의 사회화가 어떻게 지리적으로 발생하는가를 보여 줄 목적으로 공간의 생산을 탐구한다. 이러한 탐구들에 이어, 체현된 역사·지리적 유물론에 관한 일반적 개요가 묘사될 것이다. 그리고 이로부터 나는 장애에 대한 역사·지리적 접근의 요소들을 추출할 것이다.

## 자연의 생산

자연에 관한 역사유물론적 논쟁이 맑스와 엥겔스의 저술에서 시작한다는 점은 놀라운 일이 아니다. 19세기 이들의 저술은 자연에 관한 유물론적 사상의 풍부한 전통을 선도했다. 이 전통은 현재의 분석에서 완전히 요약하기에는 너무 광범위하며, 또한 사실 여기서 그렇게 할 필요도 없다. 내가 보여 주고자 하는 바와 같이, 맑스와 특정한 현대 사상가들의 연구에 관한 선별적 참고문헌들은 체현에 관한 유물론적 설명의 요소들을 도출하기에 충분하다. 체현은 유물론의 명시적 관심이 아니라고 할 수 있지만, 맑스에서 시작하는 자연에 관한 유물론적 논쟁에 '신체를 위치 짓는' 것이 가능하다.

## 자연에 관한 맑스의 견해

맑스에 의하면, 자연은 인간 경험과는 독립적으로 존재하지만, 인간성에 있어서 자연은 "인간 노동의 전환적 관련성을 통해 그 성질과 의미를 획득한다"(Bottomore et al., 1983: 351). 따라서 자연은 객관적이고 외적인 실체이며 동시에 인간이 자신의 필요를 만족시키는 환경이 된다고 주장된다(Wood, 1981). 노동, 즉 물질적 필요의 생산과 재생산을 통해, 자연은 전환하며, 인간 발전의 내적 실체가 된다(Turner, 1984). 맑스는 이러한 역사적 전환 과정을 설명하기 위하여 '두 가지 자연 (natures)'의 사고를 사용한다(Smith, 1984). 첫째, 각 인간 공동체의 사회적 실천은 앞선 사회에서 물려받은 기본적(물리적 및 생물적) 물질들을 전환시키는 것으로 이해된다(Bottomore et al., 1983). 이와 같이 물려받은 물질들, 또는 '첫번째 자연'은 건조환경 및 자연환경에서부터 생리적 기능에 이르기까지 모든 것을 포함한다. 이러한 물질들이 연이은 사회에 의해 수용되고 다시 만들어질 때, 이들은 '두번째 자연'으로 일컬어진다. 결과적으로 '자연 세계'의 거의 모든 것은 인간적 개입을 통해 어떻게 해서든 변경되고, 자연은 분리될 수 없도록 인간사회와 연계된다.

맑스의 견해에 의하면, 이러한 신진대사(metabolism)를 위한 수단을 제공하는 노동 과정을 통해 "자연은 사회를 통해 매개되고, 사회는 자연을 통해 매개된다"(Smith, 1984: 19). 노동을 가능하게 하는 수단으로서 신체는 자연과 인간 사회의 통일성을 위한 존재론적 전형을 구성한다. 맑스는 인간과 자연 양자는 "역사적 및 사회적 과정의 감각적 산물"이라고 확고하게 주장했다(Turner, 1984: 232). 따라서 인간은 자연적 사물의 정적인 외적 세계와 결코 대립될 수 없다. 맑스는 이러한 대립적 개념화를 부르주아지적 과학의 엄청난 오류라고 주장한다. 그렇지만, 사회적 존재로서 인간은 단순히 자연적 현상의 산물인 것도 아니다. 맑스는 인간을 자연의 '객관적 법칙'에 의해 결정되는 것으로 보는 견해를 부정하는 데 많은 강조를 둔다. 맑스는 자연을 법칙 제공자로서가 아니라 인간 실천의 장으로 이해했다. 터너(Turner, 1984: 246)는 이 점을 다음과 같이 설명한다. 즉 "맑스가 지적한 바와 같이, 인간 실천은 자연이 인간적 필요를 위해 전용되고 이에 기여하도록 강제되는 자연의 인간화를 포함한다". 따라서 "인간의 요체"는 불변의 자연적 법칙에서 도출되는 것이 아니라, 자연을 전환시켜서 자신의 종적 잠재력을 완전히 발전시키고자 하는 인간의 공통적 프로젝트로부터 도출된다.

자연은 물질적 잠재성과 가능성의 무대라는 맑스의 주장은 체현의 존재론을 위한 토대를 놓는다. 우선 신체는 잠재적으로 무한한 자연적 능력과 한계('1차적 자연')의 편성으로 간주될 수 있다. 자연의 전환을 통하여, 인간은 유기적 제약을 초월하고, 자연적 능력을 충족('2

차적 자연' 생산)하고자 한다. 분명 물려받은 (1차적) 자연의 요소로서 신체는 이러한 전환과정을 통해 사회적으로 구성된다.[1]

자본주의에 관한 맑스의 연구는 특정 생산양식이 어떻게 자연을 변경시켜서 인간성의 많은 부분을 위하여 종적 잠재력을 부정하는가를 보여 주는 데 목적을 두었다. 그의 분석은 또한 동일한 사회적 관계가 그 인간적 주체들의 많은 부분을 억압적으로 체현하는 과정임을 지적한다. 이제 맑스의 연구에서 등장하는 이러한 '억압된 신체'의 유의성을 더 잘 이해하기 위하여 그의 저작에서 인간 신체에 관해 보다 명시적으로 성찰하고 있는 부분을 간략하게 고찰하는 것이 좋겠다.

## 신체에 관한 맑스의 견해

맑스는 신체에 관한 특이한 참고문헌들을 거의 제시하지 않았으며, 역사유물론 역시 체현에 관한 명시적 고찰을 대체로 회피했다. 그러나 푸코가 "역사적 실체로서 고려되는 맑스주의는 의식과 이데올로기를 선호하여 신체에 관한 의문을 가로막는 심각한 경향을 가졌다"고 선언한 것은 단지 부분적으로 옳다(Foucault, 1980a: 59). 나는 맑스의 사회이론의 일반적 개념들에서 사회적 체현의 문제에 관한 많은 강력한 통찰력을 찾아내었다. 맑스는 인간의 생물학적 다양성에 관한 사실에 대해 심원한 개념적 민감성을 드러내는 자본주의 발전의 풍부한 모습

---

1) 라비나흐(Rabinach, 1990)도 역시 자연에 관한 맑스의 이론에서 우주와 작업의 상호교차로서 암묵적인 신체를 간파했다.

을 제시했다.

신체에 관한 맑스의 뚜렷한 성찰에서 가장 일반적인 것 가운데 일부는 『요강』(*Grundrisse*)에서 찾아 볼 수 있다. 여기서 그는 이중적 구성물로서 신체에 관한 개념을 명확히 주장한다. '유기적' 상태에서 신체는 '생산자의 자연적 존재조건'을 제공하는 것으로 간주된다(Marx, 1973: 489). 따라서,

> 살아 있는 신체는, 비록 자신이 이를 재생산하고 발전시킨다고 할지라도, 그 자신에 의해 본래부터 설정된 것이 아니라, 그의 자아의 전제조건처럼 보인다. 그 자신의 (신체적) 존재는 자연적 전제조건이며, 이는 그가 설정한 것이 아니다. (Marx, 1973: 490)

초기 저서에서 맑스(Marx, 1977: 145)는 인간은 '직접적으로 자연적 존재'라고 주장했다. 게다가, "자연적·신체적·감각적·객관적 존재로서 인간은 동물이나 식물처럼 고통 받고, 조건 지어지며, 한정된 창조물이다"(Marx, 1977: 145, 강조는 원문).

사회적 체현은 어떻게 이루어지는가? 맑스에 의하면, 개인의 신체는 주체의 유기적 생리기능과 생산 및 재생산에 관한 그(녀)의 경험 간 조우를 통해 생애 기간 동안 사회화된다. 그러나 어떤 특정 신체들을 위해 맑스는 역사적 및 사회적으로 매개되는 자연이라는 자신의 개념화를 기꺼이 배신하고자 하는 것처럼 보인다. 대부분의 빅토리아 시대 사람들처럼, 맑스는 성별 차이를 여성과 남성 간 사회적 노동분업을 위한 자연적 기반으로 간주했다는 점은 분명하다. 맑스에 의하면,

여성의 생물학적 특성은 여성을 어떤 종류의 노동(재생산, 가내 노동, 경공업)에는 자연적으로 적합한 반면, 물리적으로 힘을 요하는 성격의 작업에는 적합하지 않도록 만들었다. 여성의 '자연적' 능력을 넘어선 중노동은 여성의 재생산 잠재력과 충돌하며, 따라서 어머니로서 여성의 원칙적인 사회적 지위를 도덕적으로 위태롭게 한다. 맑스는 이 점에 대해 모호하지 않았으며, "여성의 신체에 특히 불건강하거나 여성의 성에 도덕적으로 반대될 수 있는 산업 부문들"이 있다고 주장한다 (Vogel, 1983: 71에서 인용).

그렇지 않았을 경우 역사적·사회적으로 매개된 자연이라는 정교한 견해에도 불구하고, 젠더로서의 체현에 관한 의문에 접근하는 맑스의 입장은 빅토리아인들의 사고 일반을 특징지었던 생물주의(biologism)를 반영했다.[2] 이러한 관점에서 자연은 사회세계에 일단의 고정되고 신성한 생물학적 실체를 제공한다. 맑스는 사회적 존재의 다른 형태들(예컨대, 계급 성원의식)은 자연적 사실의 상태로 환원될 수 있다는 점에 대해 강렬하게 반대했지만[3], 이러한 거부를 젠더의 이슈에까지 확장하는 데는 그렇게 달가워하지 않았다.

맑스는 '자연적' 신체와 이의 사회적 유의성에 대해 또 다른 암시를 하였다. 『독일 이데올로기』(*The German Ideology*)에서 그와 엥겔

---

2) 캔달(Kandal, 1998, 91)은 "맑스가 페미니티에 관한 부르주아지적 사고를 받아들였음"을 보여주고 있다.

3) "자연은 한편으로 화폐나 상품의 소유자를, 다른 한편으로 그 자신의 노동력 외에는 가진 것이 없는 사람을 생산하지 않는다. 이 관계는 자연적 기반을 가지지 않는다. … 이는 분명 과거 역사 발달의 결과이다"(Marx, Smith, 1984: 48에서 재인용).

스는 "자연적 성향(예, 신체적 강도), 필요, 우연성 등의 덕택으로 자발적으로 또는 '자연적으로' 발달한 노동분업"을 고려하고 있다(Marx and Engels, 1976: 50). 이 인용 부분은 또 다른 생물주의의 증거로 해석되어서는 안 된다. 여기서 생리적 기능은 필요와 같이 일단의 역사적으로 진화하는 힘과 접합하여 노동분업에 작동하는 것으로 이해된다. 게다가 영향을 조건 짓는 것으로 '우발성'을 고려한 점은 생리 자체는 사회적 변화, 특히 정치·경제적 근원에서 추동되는 사회적 변화에 민감하다는 맑스의 인식을 암시한다. 아래에서 제시된 바와 같이, 그의 후기 연구들은 자본이 프롤레타리아트에 반대되게 전개하는 '신체적 권력'(corporeal power)에 관한 명시적인 논거들로 가득하다.

맑스가 체현에 관한 이슈를 공개적으로 언급한 또 다른 주요 영역은 자본주의 사회의 가난한 사람들에 관한 그의 고찰에서 찾아 볼 수 있다. 맑스에게 있어, 고통 받는 극빈자(pauper), 즉 빅토리아 시대 부르주아지적 상상에서 출몰했던 유령적 '타자'는 신체적으로 취약한 자들에 대한 자본주의의 억압과 착취를 입증하는 것이었다. 극빈자는 프롤레타리아들 가운데 노동력을 판매하기 위한 경쟁에서 실패한 자들과 더불어 부랑자, 범죄자, 성매매여성 등 이른바 '룸펜 프롤레타리아트'(lumpenproletariat)를 포함하여 많은 형태들의 다형 동질체로 구성된다. 노동력 판매 경쟁에서 실패한 자와 관련하여, 맑스는 분명 신체적 열등성을 판매불가능한 노동력의 기본 원인으로 인식했다. 신체적으로 취약한 사람들에는 어린이(특히 고아), 노인 그리고 '수족이 절단된 사람' 등이 포함된다. 수족절단자는 "산업의 희생자로, 위험한 기계산업, 광업, 화학작업 등의 성장에 따라 그 수가 증가하고 있다"라고 서술된다(Marx, 1976: 797). 맑스에 의하면, 이러한 신체적 특징들은 그 신체의 소유자들이 주류 임노동에 종사할 수 있는 기회를 거의 남겨 두지 않는다. 심지어 유휴(부분 고용된 또는 전적으로 실업 상태의) 노동인구 내에서 이러한 사람들은 '구호대상자들 집단에서 가장 낮은 층'에 자리 잡고 있는 것으로 간주된다(Marx, 1976: 797).

보다 이론적인 층위에서 자본주의적 사회관계에 관한 맑스의 분석은 체현에 관한 프롤레타리아트의 경험에 대해 많은 것을 제시한다. 쉼 없는 축적 과정에서 노동하는 여성 및 남성의 신체를 완전히 분쇄시키는 자본주의적 거대조직에 관한 그의 극적인 묘사(특히 『자본론』 1권에서)는 사회적 체현에 관한 혼란스럽다기보다 흥미로운 견해이다. 여기서 자본은 노동자의 신체를 손상시키고 단절시키는 생산력의 기계화된 괴물로 그려진다.[4] 이 견해는 맑스의 동료, 엥겔스의 고전적 전거(典據, locus classicus)에 존경스러울 정도로 포착된다.

> 육아에 부적합하게 된 여성, 불구가 된 어린이, 정신박약 남성, 짓이겨진 손발, 질병과 노쇠로 괴로움을 당하는 세대들 전체는 부르주아지의 지갑을 채우기에는 전적으로 미흡했다.(Engels, 1973: 180)

산업적 노동분업은 인간에 내재된 "생산적 충동과 취향의 세계 전체"를 억압하고, 궁극적으로 노동자를 '불구가 된 괴물'(crippled

---

4) 심지어 신고전적 경제학의 전도사, 알프레드 마샬(Alfred Marshall)은 1890년에 산업혁명에 의해 양산된 '자유 경쟁'을 '훈련 받지 못한 거대한 괴물'이라고 서술하였다(Marshall, 1930, 11).

monstrocity)로 버려 두는 잔인한 힘으로 불린다(Marx, 1976: 482). 자본주의에 대한 맑스의 비난에서, 자본주의는 "노동자를 절단하고, 파편화시킨다"라는 주장보다도 더 직설적인 것은 찾아보기 힘들다 (Marx, 1975: 130). 『철학의 빈곤』(*The Poverty of Philosophy*)에서, 기계화된 노동분업은 인간 주체를 '구성원에서 배제'시킨다고 서술했다 (Marx, 1975: 130). 이에 따라 자본주의적 노동과정은 노동자들의 생리적 필요와 능력으로부터 그들의 의식적인 노동 경험을 분리시킴으로써 이들을 체현으로부터 심리적으로 이탈시킨다.

그렇지만 이러한 폭력은 노동자들의 정신적 또는 영혼적 존재에 결코 한정되지 않는다. 맑스는 노동 시간을 "노동의 신체적 한계"에 도달하거나 그 이상이 되도록 쉼 없이 확장시킴으로써 노동자의 신체가 점차 망가진다고 묘사한다(Marx, 1976, 341. 강조는 인용자). 사실 맑스는 더 나아가 자본주의적 기술을 공격하면서, 산업주의의 기계들을 인간 기능인들을 비틀고, 주접 들리고, 부러뜨리고, 심지어 소진시키는 탐욕스러운 힘으로 묘사한다. 맑스는 이러한 게걸스러운 자동기계에 대립적으로 신체적으로 허물어진 노동자의 이미지를 서술한다. 기계 귀신은 그 인간 보조자의 '약한 신체와 강한 의지'의 형태에서 나타나는 일단의 자연적 한계에 의해서만 결국 좌절되게 된다(Marx, 1976: 526). 여기서 맑스는 신체적 자연의 사회적 중요성을 암시하고, 인간 신체를 잉여가치 추출에 대한 '완강하지만 유순한 자연적 장애'로 서술한다(Marx, 1976: 527).

'약한 신체'라는 이 주제는 『자본론』에서의 맑스의 분석 전반에 걸쳐 찾아 볼 수 있다.[5] 암묵적 의미에서 맑스는 자본주의적 축적 과정에 의해 소진되고, 착취되고, 망가진 프롤레타리아트의 신체에 초점을 둔다(Davis, 1995). 스캐리(Elaine Scarry)는 '고통 속의 신체'를 맑스 연구 전반에 걸친 주요 주제로 확인했다. 즉 "맑스의 서술에서 신체의 압력은 지각적이거나 감각적인 서술이 아니라 수치적 서술로 묘사된다"(Scarry, 1985: 268). 스캐리는 『자본론』에서 프롤레타리아트의 생활 및 노동 조건에 관한 맑스의 계량적 조사를 산업적 축적에 의해 노동자의 신체에 부가되는 압력의 측정으로 이해한다. 여기서 맑스는 자본주의의 신체적 잔인성에 대한 증좌로서 노동자 주거의 점유율에서부터 하층 계급의 칼로리 섭취에 이르는 요인들에 관한 정부 보고서들을 주로 인용하면서, 엄청난 양의 증거들을 제시하였다.[6]

노동자의 '약한 신체'와 산업적 자동기계의 비신체적 조각들 간의 유형적 충돌은 자본주의에 관한 맑스의 분석에서 근본적 주제이다. 그러나 자본주의 발전 법칙에 관한 그의 이론화는 사회적 체현 이론을 위해 훨씬 더 많은 것을 제시한다. 맑스의 탐구로부터 도출될 수 있는 광범위한 이론적 결론은 체현의 특정 형태에 대한 복잡하고 역사적으로 불균등한 억제는 자본주의 발전의 핵심적 역동성이었다는 점이다. 6장에서 제시하겠지만, 가치 창출과정에 관한 맑스의 연구는 물리적 신체가 자본주의의 발전에서 경제적으로 얼마나 유의하였는가에 관

---

5) 갤러거(Gallagher, 1987)가 지적한 바와 같이, 프롤레타리아트의 '약한 신체'라는 사고는 맬서스(Malthus, 1789)에 의해 처음 서술되었고, 이후 칼라일(Carlyle)과 같이 빅토리아 시대 사회 논평가들의 저술에서 상식적 주제의 일부가 되었다. 맑스는 노동계급 가운데 신체적 장애를 생산하는 사회적 힘을 밝힘으로써 이러한 전통의 관찰적 공허함을 처음으로 벗어나고자 했다.
6) 물론 엥겔스(Engels, 1973)는 산업 자본주의가 노동계급에게 부여한 참을 수 없는 신체적 압박에 대해 잘 알려진 서술을 했다.

한 유물론적 설명에 발판을 제공한다.

## 자연의 변증법

체현된 유물론에 유관한 이론적 논제들 가운데 많은 것은 최근 역사유물론자들에 의해 검토되었다. 특히, 나는 정통 유물론에 대하여 이탈리아의 맑스주의자 팀파나로(Timpanaro, 1975)가 주창하고, 이에 이어 영미 국가들에서 콜리어(Collier, 1979)와 소퍼(Soper, 1979, 1981, 1995)와 같은 이론가들이 정교하게 제기한 비판을 언급하고자 한다. 주장의 핵심은 사회관계의 발전에서 자연과 생물학의 중요성에 관한 팀파나로(Timpanaro, 1975)의 주장이다.

소퍼(Soper, 1979)가 설명한 바와 같이, 자연과 문화에 관한 맑스적 논쟁은 생물학적 '사실'을 곧바로 사회적 현상으로 독해하는 통속적 유물론들에 의해 과거 종종 제기되었다. (위에서 이해한 바와 같이, 이러한 통속성은 맑스와 엥겔스의 연구에서도 부분적으로 분명하게 나타난다). 이러한 실패를 인정함으로써 많은 서구 맑스주의자들은 생물학을 결정론적 분석의 '영역'으로 간주하면서 이에 대해 신중한 태도를 보였다(Barker, 1981). 바로 이러한 의심은 1970년대 제기되었던 팀파나로의 자연 견해에 대해 비우호적인 반응을 보이도록 했다.

그러나 팀파나로의 연구는 레이먼드 윌리엄스(Williams, 1978)를 포함하여 일부 사회주의적 학자들에 의해 긍정적으로 (무비판적인 것은 아니지만) 받아들여졌다. 또 다른 동조자, 소퍼는 기존의 서구 역사유물론에 대한 팀파나로의 비판의 요지를 다음과 같이 묘사하였다.

생물학적 환원론이라는 비판으로부터 벗어나고자 하는 열망에서, 맑스주의는 환원론의 반테제적 형태의 희생물이 되는 경향이 있었다. 이러한 경향은 자연적 요인에 대한 사회적 요인의 우위를 주장하면서 존재하는 모든 것으로부터 생물학적인 것을 말 그대로 감쪽같이 사라지도록 했다. (Soper, 1979, 63)

당시 소퍼(Soper, 1979) 자신의 입장은 1970년대 등장했던 사회주의적 페미니스트 운동 내에 위치 지을 수 있다. (그녀의 최근 연구, 예컨대 『자연이란 무엇인가?』[*What is Nature?*, 1995]는 명백히 유물론적이다). 사회주의적 페미니스트들에 의하면, 정통 맑스주의는 자본주의의 역사를 계급 구분의 연대기로 환원시키는 경향이 있었고, 성과 젠더 균열이라는 핵심적 이슈들을 무시했다(Eisenstein, 1979; Vogel, 1983). 이에 따라,

유물론은 개인들을 그들의 경제적 및 계급적 관계로 환원시키는 경제주의적 설명을 제공하는 경향이 있었으며, 이로 인해 경제적 및 계급적 관계의 동질성 내에서 개인적 차이를 만들어 내는 다른 많은 결정인자들을 정교하게 설명하지 못했다.(Soper, 1979, 66).

맑스의 연구는 생물주의를 거부하기 위한 개념적 토대를 마련했지만, 이 통찰력은 잔인하게 다루어진 노동자의 신체를 넘어서는 사회적 체현에까지는 확장되지 못했다.

이로 인해 소퍼는 존재론적 유물론의 재정립을 위한 팀파나로

(Timpanaro, 1975)의 요청을 포용하고, 생물적 현상과 사회적 현상 간의 연계를 강조한다. 맑스주의적 사상의 근본이 쟁점이었다.

> 자연과학과 사회과학 및 심리과학 간의 관계에 관한 맑스주의적 유물론은 물리적인 것과 생물적인 것의 존재론적 우선성에 관한 진술을 넘어 확장되어야 한다. 왜냐하면 이렇게 하는 것이 단순히 자연적인 것과 생물적인 것의 우선적 결정성에 관한 인식 덕분에 맑스주의적인 것이 아니라 ⋯ 이러한 일반적 결정이 이들의 출현을 사회 내에서 특수하고 항상 '사회적으로 매개되는' 효과를 가지도록 하는 수준에서 지식을 제공할 수 있는 능력 덕분에 맑스주의적이기 때문이다.(Soper, 1979, 71)

그렇다면 이러한 자연적 세계와 사회적 세계 간 상호작용을 어떻게 설명할 수 있는가? 첫번째 단계로, 팀파나로(Timpanaro, 1975)는 이들 둘 간의 모든 환원주의적 연계에 대한 맑스의 전면 거부를 인정한다. 게다가 소퍼의 설명에 의하면,

> 그[팀파나로]는 생물학이 대부분 '사회적으로 매개된다'는 점과 우리의 생물적 구성의 '역사'는 사회의 역사의 보폭보다도 훨씬 느리게 진행된다고 할지라도 진화한다는 점을 기꺼이 인정하고자 한다.(Soper, 1979, 68)

그리고 자연세계는 항상 사회적 구성체들에 앞서 존재하지만, 그

자체는 내적 진화와 인간 개입 양자에 의해 역사적으로 변화하는 것으로 주장된다. 맑스의 '약한 신체'라는 주제를 상기하면서, 팀파나로(Timpanaro, 1975)는 어떤 생물학적 '주어짐'(그는 질병, 노령, 죽음을 열거한다)의 존재론적 우선성을 사회관계를 불가피하게 모양 짓는 힘으로 단언한다. 팀파나로에 의하면, 각 인간은 유전의 사실을 통해서, "그리고 나아가 그의(his [sic])[7] 신체 그리고 이에 따라 그의 지적·도덕적·심리적 인격에 미치는 자연환경의 다른 무수한 영향들을 통해 자연과 관계를 가진다.[8] 팀파나로는 환경과 생물이 항상 사회적으로 매개되며 그 역도 성립하는 문화–자연 관계에 관한 변증법적 견해를 유지했다. 팀파나로(Timpanaro, 1975)와 소퍼(Soper, 1979)가 주장한 바와 같이 생물과 사회의 전환은 상이한 시간 규모로 발생하지만 이들은 모두 시간에 따라 변화한다. 사회와 비교하여 자연은 역사적으로 항구적인 것으로 특징지어진다.

소퍼에 의하면, 많은 유물론자들이 이러한 사실을 무시하였다고 할지라도, 유물론은 신체를 심각하게 고려해야 한다고 주장한다. 인간 경험의 감각성에 대한 깊은 이해를 가지고, 유물론은 "신체를 이념주의적으로 거부하는 순수주의 및 엘리트주의"에 도전한다(Soper, 1995: 91). 따라서 신체에 관한 소퍼의 지속적인 관심(예로 Soper, 1979,

---

7) 오늘날 학술 저서에서 공유되고 있는 바와 같이, 나는 인간성을 남성에게 환원시키는 성적 관행을 비난하기 위하여 이 경우 '원문 그대로'(sic)를 사용했다. 그러나 이 연구 전반에 걸쳐 이러한 방식의 오류를 지적하는 것은 독자들에게 귀찮은 혼란을 야기할 수 있으며, 따라서 더 이상 이런 지적을 하지 않을 것이다.
8) 팀파나로(Timpanaro, 1975)는 인간 생활의 원초적인 물질적 힘 ── "자연환경의 영향력들" 가운데 하나 ── 으로서 공간의 유의성을 알고 있다.

1995)은 사회 이전의 인간 형태가 어떻게 문화적 '인공물'이 되어 가는가에 초점을 두었다. 그녀는 '신체적 본능', 골상학(physiognomy), 신체적 강도, 성(sex)과 같은 특정한 신체적 속성이 어떻게 사회적으로 구성되는가에 흥미를 가진다.

사회주의적 페미니스트들은 '해부학적 특성은 운명'이라는 프로이트의 선언을 거부하지만, 소퍼는 이들은 성적 관계를 경제적 관계로 환원시키는 어떠한 맑스주의적 시도도 마찬가지로 반대한다고 주장한다. 젠더가 생물적으로 또는 사회적으로 결정된 것임에 대한 이러한 거부는 문화에 관한 소퍼의 변증법적 존재론과 조응한다. 변증법의 사고는 자연과 문화 간의 상호구성적 관계를 함의한다. 따라서 소퍼는 해부학적 특성은 어떤 의미에서, "생물적인 성적 차이는 항상 인간 사회에 그 영향을 미치며 또한 미칠 것이라는 의미에서" '운명'에 의해 재정의된다고 주장한다(Soper, 1979: 84). 따라서 유기체적 체현과 사회적 체현 간에 직접적인 상호조응은 없다. 체현은 역사적·사회적으로 특이한 자연적 요인들의 복잡한 집합에 의해 조건 지어지는 것으로 이해되어야 한다.

그렇다면, 이러한 자연의 변형(metamorphosis)을 만들어 내는 사회적 과정은 무엇인가? 이 의문은 역사유물론적 연구 자체의 규정적 본질을 묘사한다. 역사유물론은 "인간 역사의 발전에서 그들의 자연적 (신체적) 존재의 생산 및 재생산에 있어 남성적 및 여성적 양식을 단언한다"(Bottomore et al., 1983: 324). 이 점에서 자연과 문화 사이의 전환적 연계로서 노동과정의 중요성이 즉각적으로 제기된다. 맑스는 노동 행위를 인간 신체가 자연으로부터 그의 내재적 잠재력을 얻어

내는 한편 이의 한계적 성질을 벗어나기 위하여 투쟁하는 '모멘트'로 간주했다. 게다가 이 과정에서 일단의 '자연적 힘'으로서 노동자 자신의 신체는 그 인간적 잠재력을 실현한다(또는 부정한다). 말하자면, 노동의 행위는 사회적으로 인간을 체현한다.[9]

> 무엇보다도 노동은 인간과 자연 간 과정, 즉 인간이 자신의 행위를 통해 그 자신과 자연 간의 신진대사를 매개하고, 규제하고, 통제하는 과정이다. 인간은 자연의 소재들을 자연의 힘으로 마주한다. 그는 그 자신의 필요에 적합한 형태로 자연의 소재들을 전유하기 위하여 그 자신의 신체, 그의 팔, 다리, 손에 속하는 자연적 힘들을 작동시킨다. 이러한 운동을 통해 그는 외적 자연에 행동을 가하고 이를 변화시키며, 이 과정에서 그는 동시에 그 자신의 본성도 변화시킨다. 그는 자연 내에 침묵하고 있는 잠재력을 개발하고, 자연의 힘의 작동을 그 자신의 주체적 권력에 종속시킨다.(Marx, 1976: 283, 강조는 인용자)

소퍼는 생물적 신체가 노동을 통해 사회적 표현을 찾게 된다는 점에 동의하는 한편, 맑스와 그에 이은 많은 유물론자들에 의해 흔히 채택된 것과는 대조되는 '작업'(work)의 내포적 개념을 주장한다. 소퍼는 사회체계를 유지하는 모든 인간적 노력(생산과 재생산)을 포용하는 보다 포괄적 용어로 노동과정을 올바르게 이해한다.

---

9) 계급적 성원의식(예로, 자본주의의 부르주아지)으로 인해 또는 사회적 배제(무능함)로 인해 노동 행위에 비참여하는 것 역시 사회적 체현의 근원이다.

[이러한 노력의 장場은] 사회적이며 또한 개인적으로 예시되는 생물적 및 사회적 결정요인들의 통합 형태를 생각해야만 하는 방법에 관한 의문들을 유물론적으로 파악하기 위한 일종의 사례[로서 작동한다] (Soper, 1979, 78).

물론 노동은 힘 관계에 의해 구조지어지며, 그 사회적 구분은 지배적 이해관계를 공고히 한다. 따라서 상이한 형태들 속에서 노동은 특정 정체성을 가치 있게 하고 다른 정체성들을 억제하거나 탈가치화시킨다. 소퍼가 설명한 바와 같이, 계층 및 젠더 위계를 보전하고자 하는 시도로서 이러한 사회적 가치부여는 '보다 높은' 신체 및 '보다 낮은' 신체를 만들어 내는 문화적 체현 과정과 긴밀하게 연계된다 (Stallybrass and White, 1986 참조). 따라서 서구 역사에서, 사회의 '보다 낮은 차원'의 '거부된 신체'들은 필수적으로 인간보다 못한 어떤 것, 즉 "땅과 동물에의 근접성이 또한 이들을 자연과 더 가깝게 위치 짓게 하는 천박하고 단순한 농노 또는 프롤레타리아트"로 묘사된다(Soper, 1995: 91). 맑스에 의하면, "자본주의에서 '지적' 노동과 '신체적' 노동 간 착취적 분화는 부르주아지적 철학과 문화를 특징짓는 정신-신체 이원론에 반영되고 또한 이에 의해 유지된다"(Soper, 1995).[10]

## 체현된 역사유물론

앞선 논의에서는 체현된 역사유물론을 위한 주요 고찰들을 확인하였다. 이 절에서 이제 이러한 요소들을 함께 서술해 봄으로써, 공간의 문제와 체현된 유물론을 위한 의미의 고찰로 나아가고자 한다.

첫째, 자연, 그리고 인간 사회에서 자연의 전환에 관한 맑스의 견해는 사회적 체현에 관한 분석을 위한 출발점을 제공한다. 여기서 유기체적 신체는 여러 가지 형태로 잠재적으로 무한한 일단의 물질적 능력과 한계로 간주되며, 이는 인간에 의한 자연의 변형에의 참여(또는 배제)를 통해 사회적 존재로 표현된다. 여기서 신체는 존재론적 이원성, 즉 단순히 객체 또는 주체가 아니라, 생물적이면서 또한 사회적인 존재로 이해된다. 벤샬(Jonathan Benthall)은 이를 다음과 같이 서술한다.

> 신체는 자연 속에 있는 일종의 철학적 이형(異形, anomaly)이다. 이는 주어진 무게와 조직과 차원, 그리고 주어진 마력과 파괴적 힘을 가지는 객체이며 또한 주체이다. 왜냐하면 신체는 (메를로-퐁티Merleau-Ponty의 용어로) "세계에 관한 나의 관점"이며, 이를 통해 객체가 존재하게 된다. 또는 보다 정확히 말해 신체는 객체도 아니고 주체도 아니다.(Benthall, 1976: 160, 강조는 원문)

동일한 신체는 생물적 사실이며 또한 동시에 문화적 인공물로 인식될 수 있다. 전자는 후자가 형태를 취할 수 있는 전(前)사회적이고

---

10) 물론 소퍼(Soper, 1995)와 이글턴(Eagleton, 1990)이 주장한 바와 같이, 니체와 프로이트도 역시 정신-육체의 이원론의 포괄적인 이데올로기적 유의성을 알고 있었다.

유기체적인 기반을 구성한다.

중요한 점으로, 유물론적 분석에서 신체는 사회적 힘 관계의 생산과 등록을 포함하여 물질적 실천의 환원불가능한 '현장'(site)으로 끈질기게 나타난다. 이에 따라 체현의 위대한 유물론적 이론가인 푸코[11]는 "나는 이데올로기에 관한 의문을 제기하기 전에 신체에 관한 의문과 이에 미치는 권력의 영향을 먼저 연구하는 것이 보다 유물론적이지 않은가라고 궁금해 한다"고 말했다(Foucault, 1980a: 58). 사실 상이한 시대들에서 사회적 체현에 관한 푸코의 연구는 인간의 육체성이 역사적·사회적으로 특이한 현상임을 보여 주기 위한 것이었다. 갤러거와 래커(Gallagher and Laqueur)는 이러한 역사유물론적 공리를 훌륭하게 포착했다.

> [신체는] 상이한 시대에 상이하게 인식되고, 해석되고, 재현되었을 뿐만 아니라 매우 다른 물질적 문화 내에 존재하면서, 다양한 기술과 통제 수단에 지배되고, 생산과 소비, 유희와 고통의 상이한 리듬에 편입되어 상이하게 살아왔다.(Gallagher and Laqueur, 1987: vii)

푸코는 의료(1975), 광기(1988b), 처벌(1979), 성(1980b, 1986, 1988a)에 관한 역사적 에세이들을 통해 사회적 체현의 역사적 상대성을 묘사하였다. 포괄적 의미에서, 그의 연구는 맑스의 연구에서 명백

---

11) 푸코가 그 자신을 느슨하긴 하지만 역사유물론적 분석가로 간주했음을 보여 주는 많은 증거들이 있다(예컨대, Fraser, 1989: 29 참조). 나는 역사유물론적 정치에 대한 그의 보다 모호한 지지를 당분간 덮어 두고자 한다(Harvey, 1996: 108).

한 '신체적 권력'이라는 주제를 반영하고 있다. 근대 시대에, 신체의 사회적 구성을 모양 짓는 힘은 두 가지 독특하지만 상호관련된 차원들에서 작동하는 것으로 개념화된다. 첫째 차원은 신체 규율의 '미시적 정치' 내에서 작동하는 것이며, 둘째 차원은 '생체권력'(bio-power), 즉 제도적 권력을 유지·강화시키고 자본 축적을 촉진하는 데 기여하는 구조적 국민 감시와 통제이다. 푸코에 의하면, 양 사회적 차원에서 작동하는 특정 제도적 권력 구조들은 산업화되고 있는 사회를 위하여 순종적인 주체들('순화된 신체들')을 생산할 목적으로 18세기 후반 유럽에서 등장했다. '생체권력'은 주체들로 하여금 자기감시의 반복과 권위에 대한 순종성을 내면화하도록 고취시키는 산업적 공간성 또는 '원형감옥주의'(Panopticism)라는 독특한 형태를 통해 부분적으로 실현되었다.

체현된 구성틀의 중요한 특징은 (생물적 신체가 그 일부인) 자연적 한계와 기회의 역사적 구성을 설명할 수 있어야 한다는 점이다. 중요한 점으로, 이러한 '가능성'은 그 자체적으로 사회적 및 초역사적인 '주어진 것들'의 집합으로 간주될 수 없으며, 인간성과 자연 간 진화하는 관계성의 일부로 이해되어야 한다.[12]

물질문화의 역사는 자연적 형태이며 또한 사회적 형태인 신체의 진화로 명시된다(Illich, 1986). 인간의 사회적 발전의 진보가 자연의 전환을 포함하는 것과 마찬가지로, 유기체적 신체도 이러한 형태로 진

---

12) 나는 여기서 일반적 가능론과는 거리를 두고자 한다. 버제스(Burgess, 1978)는 가능성의 사회적·역사적 창출을 설명하지 못했다고 가능론을 비판했다.

화한다. 그러나 사회적 구성물로서 신체는 생리적 형태의 신체가 진화하는 것보다도 훨씬 더 빠르고 이질적인 전환 과정을 통해 진화한다. 유물론에 의하면, 사회적 체현의 과정은 자연적으로 주어지는 것이 아니라, 자연 세계와 인간 사회 간 변증법적인 역사적 관계의 산물이다. 체현된 유물론은 노동의 중요성을 부각시키며, 여기서 노동은 자연이 인간 행위에 의해 전환되고 또한 이로부터 사회적 신체가 등장하게 되는 근본적 시련(crucible)으로 폭넓게 정의된다.

따라서 이러한 분석틀에 추가될 수 있는 공리는 개인적 노동력은 사회적으로 생산된다는 주장이다. 이 점은 소퍼에 의해 설명된다.

> 맑스가 처음 주장한 바와 같이, 노동하는 능력은 모든 중요한 차별적 의미에서 사회적이며, 유전적으로 결정되지 않는다. 신체적 강도, 인내력, 지구력 등의 개인적 차이는 노동력이 이용되는 작업의 사회적 조직과 기술들로부터 연유하는 '능력'의 차이와 비교될 수 있는 것이 아니다.(Soper, 1981: 193)

바로 이러한 작업의 사회적 조직을 통해[13], 능력과 불능의 독특한 체화(incarnation)로서 각 인간적 존재는 노동을 위한 능력이라는 점에서 사회적으로 조정된다.

보다 직접적인 (역사적으로 특정한) 추상 수준에서, 자본주의적 발

---

13) 현재의 맥락에서, 이 문장은 노동력의 창출에 있어 생산 영역과 재생산 영역 양자의 역할을 인정하는 '노동 과정'을 선호한다.

전에 관한 맑스의 이론화는 체현된 유물론의 설명력을 보여 준다. 그의 탐구는 특정한 생물적 체현 형태들을 역사적으로 특권화시킨 생산양식을 묘사한다. 체현된 유물론을 위한 이러한 개관은 신체, 시간성, 그리고 사회 간 관련성을 포괄적으로 언급한다. 그러나 분석의 비판적 차원, 즉 인간 노력을 통해 문화적으로 특이한 형태로 생산되는 자연의 근본적인 성질로서 공간에 관한 의문이 빠져 있다. 다음 절에서 나는 체현에 관하여 보다 완전한 역사·지리적 설명을 제공하고자 하는 견해를 가지고 공간의 생산에 관한 유물론적 설명을 제시할 것이다.

## 공간의 생산

### 역사·지리적 유물론

신체와 마찬가지로, 공간의 중요성은 역사유물론적 전통에서 오랫동안 과소평가되었다(Harvey, 1996). 그러나 전후 시대에 이러한 상황은 일부 유물론적 사상가들 사이에서 공간에 관한 관심의 등장, 그리고 1970년대 초 이후 맑스적 지리학의 등장을 통해 변하기 시작했다(Soja, 1989). 하비에 의하면, 이러한 개혁주의적 영향들의 수렴으로, 공간적 개념들이 풍부한 형태의 유물론이 새롭게 등장하게 되었다. "역사유물론은 역사·지리적 유물론으로 향상되어야만 한다. 자본주의의 역사지리는 우리들의 이론화의 대상임이 틀림없다"(Harvey, 1989a: 6).

소자(Soja, 1989)가 보여 준 바와 같이, 프랑스 이론가 앙리 르페브르(Henri Lefebvre, 1901~1991)의 연구는 역사·지리적 유물론의 등장을 위한 영감의 강력한 근원을 제공한다. 르페브르 공간이론의 핵심적 요소들은 1974년 출판된 『공간의 생산』(*La Production de l'espace*, 이후 1991년 영역본 참조)에서 찾아 볼 수 있다. 그의 생애 동안 르페브르는 풀란차스(Nicos Poulantzas), 알튀세르(Louis Althusser), 그리고 이후 카스텔(Manuel Castells)과 같은 구조주의적 맑스주의와 대항해서 싸웠다. 이러한 노력의 일부로, 그는 공간이 '사회적 관계의 단순한 영역적 투영' 이상 어떤 것도 아니라는 구조주의적 가정에 반대하고자 했다(Martins, 1982: 163). 이러한 '사진술적'(holographic) 견해에 반대하여, 르페브르는 사회생활을 활기차게 하는(그리고 따라서 제약을 벗어나도록 하는) 역동적인 물질적 힘으로서 공간을 제안했다. 주장의 요지는 사회와 공간이 상호 구성적 힘이라는 점이다. "공간은 사회적 관계들로 충만해 있다. 이는 사회적 관계들에 의해 지지될 뿐만 아니라 사회적 관계들을 생산하고 또한 이들에 의해 생산된다"(Lefebvre, 1979: 286). 이러한 점에서, 르페브르는 역사적 사회들은 관찰가능한 독특한 형태의 물질적 실천을 창출하는 것과 마찬가지로, 그들 자신의 공간성을 생산한다고 단언한다. 사실 이러한 사회의 독특한 사회적 실천들을 통해 물질적으로 상이한 공간들이 생산된다.

공간은 사회적 관계의 피동적인 뉴턴적 '그릇'보다도 훨씬 더 중요한 의미를 가진다는 견해, 즉 사회와 공간은 변증법적으로 관련된다는 견해는 많은 영미 지리학자들(Harvey, 1989a, 1990, 1996; Massey, 1984; Soja, 1989; Smith, 1984)과 일부 사회학자들(Gottdiener, 1985)

의 연구에 채택되었다. 소자는 영어권 독자들에게 '사회·공간적 변증법'을 설명하면서, "공간성을 동시적으로 … 사회적 생산물(또는 산물)이며 사회생활을 형성하는 힘(또는 매개)으로 인식하는" 개념이라고 제시했다(Soja, 1989: 7).

생산된 공간의 역사적 및 사회적 개연성은 명시적인 공간을 자연적이며 따라서 불가피한 것으로 인지하는 사회의 경향에 의해 모호해진다. 자본주의에서 공간에 대한 역사적 접근에 관해 말하면서, 르페브르는 이 점을 다음과 같이 말했다.

> 사회적 공간은 … 항상 사회적 생산물이었지만, 이 점은 인식되지 못했다. 사회들은 자연적 공간을 물려받았고 물려주었다고 생각했다.(Lefebvre, 1979, 286).

유물론자들은 공간이 사회적으로 생산된다는 사고를 광범위하고 다양한 '탈실증주의적' 지리학자들 및 사회과학자 집단들과 공유한다(Goodall, 1987). 따라서 유물론자들에 의해 채택된 사회공간의 변증법적 견해를 다른 이론적 관점들에서의 증거들과 구분하는 것이 중요하다.

## 사회적 공간

부티머(Buttimer, 1969)에 의하면, 사회적 공간의 개념은 1890년대 뒤르켐(Émile Durkheim)에 의해 처음으로 만들어졌다. 그가 이 용어를 어떻게 사용했는지는 정확하지 않지만, 사회적으로 창출된 공간과 그에게 물리적 공간을 의미하는 '실질적' 공간을 구분 짓기 위한 것이었다(Smith, 1984: 75). 사회적 공간의 개념은 제1차 세계대전과 제2차 세계대전 사이 그리고 제2차 세계대전 직후 일부 프랑스 지리학자들의 연구에서 제한적으로 거론되긴 했지만, 1960년대 후반 인간주의적 및 비판적 지리학자들에 의해 깨어나기 전까지 대체로 잠들어 있었다.

공간에 대한 유물론적 이해는 순수하게 관념주의적 또는 명목주의적 구성과는 구분된다. 후자에 의하면, 공간은 지각적이고 경험적이라고 입증될 수 있어야만 사회적인 것으로 이해된다. 예컨대, 지리학의 밖에서, 사회적 공간은 흔히 인본주의자들에 의해 관념적 또는 심지어 담론적 구성물로서 묘사되었다(예컨대, Bachelard, 1969; Ross, 1988).[14] 그레고리(Gregory, 1981: 16)는 "사회생활의 물질성은 근대 인본주의에서는 거의 발달하지 못했다"고 지적했다. 스미스(Smith, 1979: 367)는 유사한 비판으로, 인본주의적 지리학은 많은 "일상적 경험의 신체적 객관성을 일관되게 담지하지 못하는 무능력"을 흔히 드러내었다고 진술했다.[15]

사회적 공간이 관념주의적 지리학들(특히 현상학적 접근들)과 결합되는 경향이 생김에 따라, 스미스(Smith, 1984)와 소자(Soja, 1989)

---

14) 로스(Ross, 1998, 3)는 랭보(Arthur Rimbaud)와 파리 콤뮨(Paris Commune)에 의해 고취된 공간성의 느낌에 관한 그녀의 논문 첫 문장에서, "공간과 시간에 관한 사회적 *상상*"으로 자신의 초점을 알리고 있다.(강조는 인용자)

15) 이러한 의미의 '객관성'은 철학적 실재론에 기원하며, 물리적 공간의 보편성을 인간 존재를 불가피하게 한정 짓는 힘으로 단정한다. 그러나 물리적 공간에 관한 모든 지식은 불가피하게 이론-담지적이다.

는 유물론적 연구에서 이 용어의 사용에 대한 깊은 불안을 표현했다. 스미스(Smith, 1984: 75)는 "사회적 공간이 은유적인 의미에서만 공간적인 것인 것처럼 보인다"고 생각했다. 다른 한편, 소자(Soja, 1989: 80n)는 사회적 공간이 "다중적이고 흔히 양립할 수 없는 의미들로 모호하다"는 사실로 인해 당혹해하면서, 대신 그는 '공간성'이라는 용어를 제안했다.

르페브르에 의하면, 사회적 공간은 자연의 사회화 이상의 어떤 것이 아니라는 점에서 유물론적이다. 그에게 있어, 사회적 공간은 인간의 물질적 실천에 의해 전환하는 (1차적) 자연의 발현, 말하자면, "사회적 실천에 의해 전환된 자연의 공간·시간적 리듬"이다(Lefebvre, 1991: 117). 르페브르는 사회적 공간이란 물질적 생산물이며, 이 또한 역동적으로 창조적이라고, 즉 사회적 공간은 사회적으로 생산되고 또한 사회적으로 생산적이라고 주장한다.

보다 구체적인 차원에서, 다음 의문이 제기될 수 있다. 이러한 물질적 힘이 어떻게 생산되는가? 정확히 답하면, 일차적 자연 일반을 전환시키는 기본 과정을 통해[생산된다]. 즉 "사회적 공간을 생산하는 것은 생산력과 생산관계이다"(Lefebvre, 1991: 210).

이에 따라 르페브르는 사회적 공간을 "사회적 실천의 공간, 사회적 생산관계 및 노동과 비노동의 공간"으로 규정할 수 있었다(Lefebvre, 1991: 225). 그렇다면, 분명 상이한 생산양식이 독특한 공간성을 생산한다는 점에서, 사회적 공간은 역사적으로 상대적이다.

르페브르는 사회적 공간을 절대주의적 개념화, 즉 "고전적 (유클리드/데카르트적) 수학에서의 동질적이고 균등한 공간"에 대립되게 설정하였다(Lefebvre, 1991: 86). 그러나 중요한 점으로, 그는 절대적 공간을 부정하지 않는다. 그는 단지 사회적 공간에서의 존재론적 맥락화를 주장한다. 이 점은 또한 지적/재현적 공간을 위해서도 유효하다. 지적 차원성과 물리적 차원성 양자는 사회적 공간의 변증법 내에서 제시된다. 소자의 설명에 의하면,

> 사회적으로 생산된 공간으로서, 공간성은 물질적 자연의 물리적 공간과 인식 및 재현의 지적 공간과는 구분될 수 있다. 후자는 각각 공간성의 사회적 구성에서 이용되고 반영되지만, 이의 등가물로 개념화될 수는 없다. (Soja, 1989: 120)

따라서 역사유물론자에 의하면, 지적·물리적 공간들은 물질적 실천을 통한 사회화가 설명되어야만 하는 중요한 역동성을 재현한다. 즉 물리적 공간의 객관적 힘, 그리고 주관적·이념적 차원은 서로 간에 또는 물질적 실천의 사회적 공간으로부터 분리된 것으로 고찰되어서는 안 된다. 소자는 이러한 관점에서 제기되는 개념적 도전을 설명한다.

> 이들의 상호연계를 규정하는 연구는 현대 사회이론에서 가장 강력한 도전들 가운데 하나이다. 특히 이는 역사적 논쟁이 사회적 공간을 거의 배제한 채 물리적-지적 이원론에 의해 독점되었기 때문이다. (Soja, 1989: 120)

여기서 다시, 사회적 공간은 물질적 실천의 근본적 성질을 의미하

는 지적 차원성과 물리적 차원성을 체현하는 것으로 이해된다는 점에서, 사회적 공간의 변증법적 성질이 강조된다. 소자에 의하면, "공간성은 실질적이고 인식 가능한 사회적 생산물, 즉 2차적 자연의 일부인데, 이는 물리적 공간과 심리적 공간 양자를 사회화하고 전환시킴에 따라 구체화한다"(Soja, 1989: 129).

탈실증주의적 대안들로부터 공간에 관한 유물론적 견해를 구분하면서, 이제 체현에 관한 의문으로 돌아가 분석의 개략적 관점을 마련하고자 한다.

## 공간의 체현

르페브르는 사회적 공간의 역사적 및 문화적 특이성에 대해 강력히 주장했다. 따라서 오직 가장 추상적 수준에서만 사람들은 보편적 개념으로서 사회적 공간을 추론할 수 있다. 왜냐하면 물질적 현실은 "우리가 하나가 아니라 많은 사회적 공간들, 즉 사실 우리가 일반적으로 '사회적 공간'이라고 고려하는 무한한 복수성 또는 헤아릴 수 없을 정도로 많은 사회적 공간들과 마주친다"는 점을 증언하기 때문이다(Lefebvre, 1991: 86). 시간과 문화의 인접성을 통해, 이러한 사회적 공간들은 여전히 상호 연계된다.

사회적 공간들의 상호 뒤얽힘은 또한 한 법칙이다. 개별적으로 고찰된다면, 이러한 공간들은 단순한 추상이다. 그러나 구체적 추상으로서, 이들은 네트워크와 경로 덕분에, 관련성의 묶음 또는 집적 덕분에

'실질적' 존재를 획득한다.(Lefebvre, 1991 : 86)

이는 개별적인 사회적 공간들은 사람들이 사회적 관계를 생산하게 되는 핵심적 활동 및 장소와 같은 구체적 추상의 집합에 준거하여 개념화되고 서술될 수 있음을 제시한다. 사실 사회적 공간은 "(결정된/결정하는) 사회적 실천 내에서 전개되는 힘(즉 생산력)에 의해 생산된 특정한 공간"이라고 할 수 있다(Lefebvre, 1991: 171). 그리고,

> [이러한 공간은] 인간 마음이나 어떤 다른 초월적 정신이 아니라 단지 공간의 실제적 '점유', 즉 연관된 생산적 작동들의 연속에 따라 발생적으로 이해되어야 할 점유로 귀속될 수 있는 속성(이원성/대칭성 등)을 체현해야만 한다.(Lefebvre, 1991 : 171)

따라서 각 사회적 공간의 특이한 성격은 각 공간이 생산적으로 점유되는 방식에 의해 알 수 있다. 이 점은 협소한 경제주의적 초점을 암시하는 것이 아니라 인간 필요의 생산과 재생산이 실천적 배경에서 국지적이고 내생적인 물질적 실천을 통해 실현되는 방식 전체에 관한 내포적 고찰을 함의한다. 이러한 실천들은 사회적 (그리고 공간적) 관계를 생산하는 매우 다양한 범위의 노력들을 포함한다. 따라서 실천적인 사회적 공간을 특징 짓는 구체적 추상은 매우 포괄적으로 인식된 생산적 점유의 방식에 좌우될 것이다.

르페브르에 의하면, 신체는 공간의 '생산적 점유자'이다. 그는 "신체라는 수단을 통해 공간은 인지되고, 체험되고, 생산된다"고 주장한

다(Lefebvre, 1991: 162). 여기서 르페브르는 "맑스주의에 의하면 … 모든 사물들이 시작하고 끝을 맺게 되는 것은 탁월한 공간적 객체, 즉 인간 신체이다"라고 단언한 이글턴과 일치한다(Eagleton, 1988: xii. 강조는 인용자). 공간은 체험된 물질적 신체의 사회적 실천에 의해 창출되는 것으로 이해된다(이 점은 인간의 사회적 실천의 감각적 활동에 관한 맑스의 사고와 상응한다). 르페브르는 유물론이 신체를 공간 생산을 위한 즉각적 '장소'로 인식할 것을 요청한다. 그가 이해한 바와 같이, "(사회적) 공간 전체는 신체로부터 시작된다"(Lefebvre, 1991: 405). 게다가 사회와 공간과 더불어, 신체와 공간은 상호 구성적 관계로 묘사된다.

> 생산된 공간이며 또한 공간의 생산자로 인식되는 신체는 이 공간의 결정자들, 예컨대 대칭성, 상호행동과 호혜적 행동, 축과 평면, 중심과 주변, 구체적 (공간·시간적) 대립 등에 의해 즉각적으로 조건 지어진다(Lefebvre, 1991: 195, 강조는 인용자).

신체가 물질적 실천을 통해 사회적 공간을 생산하는 것처럼, 만남의 공간 역시 사회적 체현의 창출에 역할을 담당한다. 이러한 상호연계성의 가능한 한 사례로서, 페미니스트 학자들은 여성을 억압적으로 만들기 위한 사회공간적 조직(특히 도시의 건조환경)의 힘을 예시했다. 최근 그로스(Elizabeth Grosz)의 연구는 도시공간과 젠더화된 신체 간 상호연계성을 탐구했다. 이는 '신체의 역사지리적 특이성'에 관한 그녀의 믿음을 언급한다(Grosz, 1992: 243).

바로 앞선 논의의 요점은 신체와 사회적 공간은 변증법적 관계, 달리 말해 인간 존재의 경험된 현상적 세계에 기인하는 관계 속에서 존재함을 보이기 위한 것이었다.[16]


## 체현된 역사·지리적 유물론

### 개념적 개관

이제 앞선 여러 분석적 단초들을 함께 끌어모아서, 체현에 관한 역사·지리적 설명을 제공해야 할 일이 남아 있다. 설명은 두 가지 개념적 표식을 둘러싸고 구성된다. 첫째는 두 가지 자연에 관한 맑스의 사고이고, 두번째는 사회적 공간에 관한 르페브르의 개념이다. 나는 여기서 이러한 개념적 개요가 추상적인 인식론적 수준에서 틀 지어진 것이며, 결코 체현에 관한 완전한 이론을 재현하는 것이 아님을 강조하고자 한다. 사실 체현에 관한 단일하고, 미분화된 이론은 결코 존재하지 않을 것이다. 오히려 유물론은 사회적 체현이 상이한 시간과 장소에서 어떻게 발생했으며, 발생하고 있는가에 관한 맥락화된 이해를 추구한다. 따라서 다음의 설명은 이중적 목적을 가진다. 첫째, 이는 이러한 착근된 지식을 제공할 경험적 탐구를 유도하고, 둘째 어떤 공간·시간적 맥

---

16) 공간성에 관한 르페브르의 사고와 해거스트란트(Hägerstrand)의 '시간 지리학'은, 양 개념화가 사회적 공간의 창출에서 개인적 실천의 역할을 강조한다는 점에 관한 한 서로 명백한 유사성을 가진다.

락들이 포괄적인 설명적 틀에서 어떻게 관련되는가에 관하여 제안하는 것이다.

## 두 가지 자연(Two natures)

신체와 공간에 대한 유물론적 접근을 위해 비판적으로 조직된 구성 개념은 첫번째 및 두번째 자연이라는 맑스의 사고이다. 여기서 첫번째 자연은 각 사회가 그 앞 사회로부터 물려받은 전환의 유기적 장이다. 이러한 '자원'의 장은 생리적 신체와 자연지리적 공간 양자의 물질들을 포함한다. 물려받은 자연의 장은 그 후 인간의 노력을 통해 사회화되며 그 두번째 역사적 형태를 취하는 것으로 이해된다.

따라서 생리와 자연지리가 두번째 자연의 사회적 공간과 사회적 존재를 위해 물질들을 제공하는 것으로 인식할 수 있다. 여기서 중요한 고찰은 첫번째 자연의 물질들은 상이한 사회화를 위한 조건들을 제공하는 유기체적 현상들이라는 점이다. 그러나 결과적인 (두번째) 자연의 사회적 형태들은 항상 문화적·역사적으로 특이하다. 역사적·문화적으로 규정된 첫번째 자연의 사회화는 인간의 노동 행위를 통해 달성된다. 생산과 재생산의 물질적 활동에서, 인간은 역사적으로 조건지어진 방식으로 물려받은 생리와 환경을 사회적으로 전환시킨다. 하비가 서술한 바와 같이, "공간·시간의 생산은 신체의 생산과 풀지 못할 정도로 연계되어 있다"(Harvey, 1996: 276).

중요한 점으로, 첫번째 자연은 일단의 비역사적이고 불변적인 형태의 실체들로 간주되어서는 안 된다. 첫번째 자연 자체는 비록 사회화에 비해 매우 느리긴 하지만 인간의 개입과 내적 진화를 통해 전환할 수 있다. 게다가 유기체적 자연에 관한 인간의 이해는 필수적으로 이론에 의존한다. 그 결과, 자연에 관한 이해는 인간 사상 일반의 운동과 연계되어 있으며, 그 자체적으로 역사적으로 특이한 것으로 간주되어야 한다.

메를로-퐁티(Merleau-Ponty, 1962)는 신체는 역사를 생산하며 또한 역사에 의해 생산된다고 주장했다. 르페브르(Lefebvre, 1991)는 이에 동의하고, 신체와 공간 간에 유사한 관계를 지적했다. 따라서 신체와 공간은 역사적 상호연계성으로 결합되어 있는 것으로 생각하는 것이 중요하다.

> 인간 신체의 개념화(그리고 이와 관련된 모든 것들, 예컨대 자아, 주관성, 정체성, 가치 그리고 사회적 존재의 개념화)는 공간과 시간의 개념 규정에 달려 있다. 만약 후자가 절대적이라기보다 관계적이라면, 신체의 개념화와 공간·시간성의 개념화는 상호구성적이라고 할 수 있다.(Harvey, 1996: 248)

체현과 공간·시간 간 상호구성적 관계는 인간 사회의 생산을 조건 지음에 있어 신체의 역할을 위한 기반을 제공한다(사실, 돈[Dorn, 1994]은 체현에 대한 이론적 초점은 구조화의 방법론을 새롭게 구성한다고 생각했다. 그는 신체가 구조와 행위 간 물질적 상호 교류를 구성하며 여기서 권력 구조의 체험된 경험이 가장 분명하게 드러난다고 주장한다). 푸코가 보여 주기 위해 노력한 바와 같이, 신체는 어떠한 사회에서든 정치적 경합의 주요 장소로서 등장한다. 신체의 정치는 물질적 유의성을 수반하는 복잡한 사회적 경합을 의미하며, 이는 구조적 차원에서 사회적 변화의 벡터를 재구성할 수 있는 전환적 힘이다.

물론, 정치적 경합은 권력 구조에 의해 주어지는 일상적 조건에 맞서고 이를 격퇴시키는 무수한 반대 흐름에서 명백한 사회적 저항을 함의한다. 이러한 의미에서 신체를 중심으로 한 저항의 정치가 항상 존재한다. "신체는 … 저항을 위해 가장 우선되고 가장 급진화된 매체이다"(Dorn, 1994: 23). 저항적 신체는 헤게모니적 권력 형태에 도전하고 또한 동시에 (이들의 주변성을 통해) 이를 규정한다. 이러한 저항은 시간의 경과에 따라 권력 구조에 힘을 가하는 역사적 사회변화, 특히 적응, 재지향, 전환 등의 핵심에 놓여 있다.

끝으로 신체가 어떻게 특정한 시대와 장소에서 사회공간적으로 생산되는가에 관한 일반화에 도달하는 것이 분명 가능하다. 그러나 이러한 형태변형(metamorphosis)의 독특한 성격은 특정한 사회공간적 맥락에 관한 경험적 연구를 통해서만 확인될 수 있다. 돈(Michael Dorn)의 논의에 의하면,

해방의 정치는 맑스주의의 정신을 수용하면서, 재현의 작동 밖에 있는 초역사적이고 초지리적인 인간 잠재력의 개념화를 요구한다. … 체현에 초점을 두는 것은 혁명적 거대이론에 정보를 제공하기 위한 지리학자들의 책임성을 필수적으로 폐기하는 것은 아니다. 또한 신체에 관한 연구는 미시지역적 지리학으로 이해되어야만 하는 것도 아니다. 신체는 서구 자본주의하에서 민감성을 상실한 의사 그리고

개인적 매력의 상품화된 규범 양자에 의해 타격을 받을 수 있다 ··· 이러한 신체는 공간을 가로질러 확인될 수 있다.(Dorn, 1994: 23)

슈나드는 장애적 체현에 초점을 두고 유사한 주장을 했다.

만약 장애적 차이에 관한 비판적 지리학이 상이한 장애들이 만드는 차이를 설명하고자 한다면, 이러한 지리학은 신체와 체현에 관한 비판적이고 비환원론적 개념화로부터 정보를 받을 필요가 있다. 이러한 이론들은 신체는 권력을 강화하고 또한 탈권력화하는 방법으로 각인되며, 신체의 물질적 육체성은 이러한 과정이 전개되는 방식에 따라 차이를 만들어 낸다는 사고를 심각하게 받아들일 것이다.
(Chouinard, 1997: 384)

## 체현의 공간: 두 가지 핵심적 고려

르페브르는 사회적 공간은 문화적이고 이에 따라 개념적인 특이성 속에서 존재하는 구체적 추상이라고 지적했다. 따라서 사회적 체현의 과정에 관한 유물론적 숙고를 위한 비판적 의문은 다음과 같다. 즉 어떤 공간(들)이 문제가 되는가?

사회공간적 관계는 역동적으로 체현되며, 사회적 집단들은 인간적 집합성에 따라 다양하다는 점을 인식하면서, 시간과 공간을 가로질러 신체를 보편화하는 오류를 피하는 것이 중요하다. 경험적 연구는 특정한 형태의 체현이 상이한 시간과 장소에서 어떻게 경험되는가를 이해해야 한다. 하비(David Harvey)는 이러한 특이성이 실질적 맥락에 관한 분석에 어떻게 근거를 제공하는가를 보여 주면서, 예컨대 자본주의의 도시 사회공간에 관한 탐구는 "누구의 신체가 도시를 생산하는가와 누구의 신체가 이에 거주하는가 … 에 관한 기본적 의문"에서 시작해야 한다고 주장한다(Harvey, 1996: 278, 강조는 인용자).

사회적 및 시간적으로 제약된 현상으로서 사회적 공간의 개념은 신체와 영토 집단들 간의 사회화된 상호교류를 서술하고자 하는 시도로 간주될 수 있을 것이다. 여기서 생물적 신체와 자연지리는 물질적 실천들을 통해 사회적 존재 및 사회적 공간으로 전환되는 것으로 주장된다. 중요한 점은 전환의 실행이 어떤 생리가 취하는 사회적 존재의 형태를 제한으로부터 벗어나도록 할 수 있다는 점이다. 이러한 제한의 탈피는 특이한 형태의 체현에 의해 규정되는 집합체들의 정체성을 제약하거나 또는 가치절하하는 사회적 공간의 창출을 통해 달성된다. 이점에 관한 사례는 노동자의 신체를 눌러 부수고 소외시키는 사회적 공간으로서 산업 자본주의에 관한 맑스의 묘사에서 명백하게 드러난다.

요약하면, 나는 체현에 관한 유물론적 분석은 경험적 틀 내에서 사회적 공간(들)과 사회적 집단(들)을 신중하게 상술하는 것이라고 주장한다. 이러한 분석은 역사·지리적 분석을 위한 방법론적 출발점들임이 분명하다. 이 책은 체현의 한 (억압된) 형태, 즉 장애에 관한 것이다. 다음 및 마지막 절에서, 나는 체현에 관한 앞선 설명으로부터 장애의 사회공간적 생산을 고찰하기 위한 틀을 요약하고자 한다. 나는 이 책의 나머지 부분에서 보여 주고자 하는 것처럼, 이 틀은 상이한 역사·지리적 맥락들에서의 장애에 관한 연구를 안내할 것이다.

## 장애의 사회공간적 생산

### 장애의 자연적 기반

체현에 관한 앞선 설명 그리고 이에 근거가 되는 특정한 분석들이 장애에 관한 특정한 의문에 어떻게 응용될 수 있는가? 이 의문에 답하기 위하여, 나는 이제 지난 논의들에서 장애를 분석하기 위한 유물론적 틀의 요약을 도출하고자 한다. 이러한 틀을 위한 명백한 출발점은 앞 장에서 논평된 바와 같이 장애에 관한 유물론적 모형에 쉽게 연계될 수 있는 '두 가지 자연'의 사고이다.

유물론적 개념화에서, '결함'과 '장애'는 각각 첫번째 자연 및 두번째 자연과 조응한다. 즉 결함은 단순히 생리적 기능의 부재 또는 변경에 의해 특징지어지는 신체 상태로서, 어떤 사람의 신체성(physicality)을 규정한다. 중요한 점으로, 결함의 의미 또는 유의성에 관하여 어떠한 사전적 가정도 만들어지지 않은 상태이다. 결함은 단지 장애 또는 어떤 다른 (덜 억압적인) 사회적 정체성으로 이[결함]의 사회화를 통해 구체적으로, 말하자면 역사적·문화적으로 이해될 수 있다.

이 점은 유물론적 입장이 자연이 결함을 통해 개인에게 부여하는 실질적 한계들을 무시한다고 말하는 것은 아니다. 버틀러와 볼비(Butler and Bowlby, 1997)가 체현(성, 젠더, 인종, 결함) 및 정체성 형성에서 체현의 역할에 관한 비판적 논제를 배제하거나 무력화시키는 장애의 사회적 모형들에 관해 비판한 점은 전적으로 옳다. 오히려 여기서 고취시키고자 하는 유물론적 견해는 결함이 개인에게 부여하는 특정한 기능적 한계들(그리고 능력들)과 장애에 관한 억압적인 사회적 경험을 존재론적·정치적으로 분리시키는 것이다. 결함은 주어진 일단의 능력 및 무능력들을 분명히 나누어 주고, 어떤 개인들의 사회적 능력들에 실질적이고 불가항력적인 조건들을 부여하는 첫번째 자연의 형태이다. 그러나 결함을 가지게 된 사람의 사회적 능력은 일단의 알 수 있고 역사적으로 고정된 '기능적 한계들'로 규정될 수 없다. 결함을 가지게 된 사람들의 능력은 문화적·역사적으로 조건 지어지고, 따라서 사회적으로 특정한 방법으로 규정되어야 한다. 중요한 점으로, 이러한 사회적 특정화는 결함이 특정한 공간·시간적 맥락들 속에서 어떻게 사회화되고 경험되는가에 관하여 경험적으로 근거한 분석을 전제 가정한다. 데이비스는 이러한 이론적·방법론적 교훈에 대해 공감한다.

> 장애를 이론화하는 … 작업에서, 첫번째 단계들 가운데 하나는 신체적 결함과 이러한 결함을 의미와 유의성의 행렬에 위치 짓는 정치적·사회적·공간적 환경 간의 관련성을 이해하는 것이다.(Davis, 1995: 3)

장애는 결코 자연적인 인간 경험이라고 할 수 없으며, 각 사회가 장애를 결함이 되도록 사회공간적으로 만들어 내는 것이다. 결함과 장애 간에는 필수적인 조응이 있는 것이 아니다. 단지 어떤 사회들이 문화적 및 정치·경제적 실천들을 통해 그 자신을 생산하고 재생산하는 과정에서 손상된 첫번째 자연을 결함으로 억압적으로 전환시키는 역사적 조응이 있을 뿐이다. 역사·지리적 관점은 상이한 사회들이 그들의 한계를 악화시키지 않으면서 손상된 사람들의 능력을 해방시키는 환경을 생산할 수 있을 것임을 인식한다. 요컨대 역사·지리적 접근은 생리의 불가피한 결과로 간주하는 장애의 자연화에 대해 반대하며, 체현의 억압적 형태로서 장애의 자연적 기반을 강조한다.

자본주의에서 그렇게 하는 것보다도 훨씬 덜한 장애화(disabling) 방법으로 결함을 사회공간적으로 재생산하였던 역사적 사회들을 지적하는 것이 분명 가능하다. 데이비스(Davis, 1995), 돈(Dorn, 1994), 핀켈스타인(Finkelstein, 1980), 글리슨(Gleeson, 1993), 모리스(Morris, 1969), 라이언과 토머스(Ryan and Thomas, 1987), 그리고 토플리스(Topliss, 1979) 모두는 자본주의적 사회가 본연적으로 과거 사회 형태들보다 장애를 덜 야기한다는 생각에 대해 반대하였다. 데이비스는 장애를 자연화한 설명에 반대하는 주장을 하면서 새로운 역사적 증거들을 열거하였다.

예컨대 고대 그리스, 산업시대 이전 유럽 그리고 부족사회 사람들에 관한 최근 연구는 과거에는 장애가 오늘날 이해되는 것과는 아주 다르게 인식되었음을 보여 준다. … 장애화의 사회적 과정은 산업화와 더불어, 그리고 국적, 인종, 젠더, 범죄행위, 성적 지향 등에 관한 18세기 후반 및 19세기 사고들과 연계된 일단의 실행과 담론들과 더불어 만들어지게 되었다.(Davis, 1995: 24)

필자(Gleeson, 1993)를 포함하여 앞선 분석들 가운데 여러 연구들은 결함이 봉건 유럽세계의 평범한 모습이었음이 분명하지만, 장애는 그렇지 않았다고 주장하였다. 이 점은 이 책의 다음 장들에서 보다 자세히 탐구할 특정한 역사적 틀이다.

　이러한 연구들은 결함이 있는 사람들이 과거 사회들의 기본 활동에 참여하였음을 보여 줌으로써, 장애의 '휘그'(Whig) 역사가 잘못되었음을 입증한다.[17] 휘그 연대기(예컨대, Gordon, 1983)는 장애를 초역사적 '자연의 폭정'으로 자연화시킨다. 이러한 자연의 폭정은 기술과 계몽된 인간주의적 실천의 점진적 진보의 덕택으로 오늘날 거의 정복된 것이다. 대조적으로 역사·지리적 입장은 휘그 역사에 관한 고정된 역사주의적 도해에서는 설정될 수 없는 시간적 및 공간적으로 개연적인 관계 속에 결함과 장애를 설정한다.

## 장애의 지리

장애가 발생한 경우, 이는 사회공간적 방법으로 표시되고 재생산된다. '장애의 지리'는 이와 같은 상황 속에서 존재할 것이다. 이러한 지리는 사회적 관계의 두 가지 중첩된 영역을 가진다. 첫째, 결함이 지배적인 권력 관계에 의해 억압받게 되는 사회공간적 유형과 관계가 존재한다. 둘째 마찬가지로 중요하게, 일상적 삶 속에서 장애를 야기하는 권력 구조와 타협해야만 하는 결함이 있는 사람들의 사회공간적 경험과 실천이 있다. 저항의 신체에 관해 앞서 지적한 점을 상기해 보면, 이러한

---

17) 역사에 대한 휘그(Whig)의 접근은 과거를 진보(Progress), 즉 자유민주주의적 이상의 달성을 향한 행군으로서의 사회적 발전으로 연대순으로 기록한다.

경험들은 장애를 야기하는 관계의 억압적 흐름에 반대하는 사회적 행동과 정체성을 포함한다는 점이 인식되어야 한다. 이러한 저항은 장애를 야기하는 권력 구조가 항상적으로 재협상되고 변화하는 포괄적인 사회적 과정의 일부임은 의심할 바 없다. 돈(Dorn, 1994: 154)은 장애를 '부동의(不同意)의 신체'(dissident body)라고 칭하는데, 이는 '형성된 규범에 대해 특히 저항하는' 신체성을 의미한다. 그가 여기서 생각하는 유형의 규범은 아름다움과 물리적 어울림에 관해 사회적으로 구성된 이상들을 포함한다.

나는 부동의에 관한 이러한 설명을 장애의 기본적 모습으로 전적으로 지지하지만, 또한 억압의 일상적 경험에서 이의 유의성을 과장하지 않도록 신중해야 한다고 생각한다. 구조적 편견을 경험한 많은 사람들은 일상적 저항에 관한 작은 행동들을 실천할 수 있지만, 보다 큰 형태의 정치적 부동의는 이러한 행동들을 곤란하게 한다. 왜냐하면 이들은 주변화되고 탈권력화되었기 때문이다. 따라서 이러한 '저항의 은밀한 행동'이 구체적인 시간과 장소에서 어떻게 해방적 변화를 만들 수 있는 부동의의 신체의 잠재력을 다양한 수준에서 실현시키기 위한 사회적 운동이 되는가를 보여 주는 것이 중요하다. 예컨대, 빅토리아 중기 런던에서 거리의 장애인의 잔혹한 삶(내가 6장에서 고찰한)이 적극적인 사회정치적 부동의에 의해 상당히 풍성해졌음을 주장하는 것은 이성(그리고 증거)을 모욕하는 것이었을 것이다. 그러나 때 맞은 억압의 경험들은 억압에 대한 보다 폭넓은 계급적 분노와 장애인 사회운동의 궁극적인 등장을 촉진하는 데 기여했다(Campbell and Oliver, 1996).

중요한 점으로, 이러한 지리들은 사회적 주변성, 특히 신체적 배제와 문화적 평가절하를 서술하지만, 이들은 사회생활의 주류로부터 완전히 분리된 사회공간적 경험들을 함의하는 것은 아니다. 주변성과 포섭은 상호 구성적인 긴장 속에서 사회적 권력 관계를 통해 존재한다. 따라서 일부 논평가들(Golledge, 1993)이 의미한 바와 같이, 특수한 '장애의 세계'가 있는 것은 아니다. 장애는 사회관계의 중심에서 나타나는 사회공간적 경험이다. 이러한 일단의 경험들, 즉 장애의 지리들은 따라서 사회의 문화적·정치·경제적·공간적 조직에 의해 제공되는 좌표들에 의해 지도화되어야 한다.


## 결론: 서술되어야 할 역사

이 장에서 나의 목적은 체현에 관한 역사·지리적 설명을 간략히 서술하고, 이로부터 특정 사회들에서 장애를 분석하기 위한 틀을 도출하는 것이었다. 이를 행하기 위하여, 나의 분석은 자연의 생산과 공간의 생산에 관한 유물론적 논쟁들을 접합시키고자 했다. 스미스(Smith, 1984)와 하비(Harvey, 1996)와 같은 역사·지리학적 논평가들 역시 앞서 이러한 수렴을 제시했지만, 그들의 목적은 체현의 사회공간적 생산을 탐구하고자 하는 나의 목적과는 달랐다. 따라서 나의 설명은 인간이 물려받은 자연을 전환시키고 이를 통해 독특한 사회적 공간을 창출하게 되는 물질적 과정들의 핵심에 체현을 위치 짓는 것이었다. 요점을 반복하면, 사회적 체현은 이를 생산하는 물질적 과정들과 마찬가지로, 특정한 역사·지리적 맥락들에서 유발된다. 따라서 체현에 관한 유물론적 분석은 사회적 공간(들)과 사회적 집단(들)을 그들의 경험적 틀 내에 신중하게 상술한다. 그러나 이러한 상술은 그 자체로서 목적이 아니라, 인간 사회의 연계된 진화에 관한 보다 넓은 고찰을 통해 역사·지리적 지속성, 반복성, 다양성들을 확인하는 첫 단계이다.

또 다른 요점을 반복하면, 내가 제시했던 체현된 유물론적 틀과 장애를 위한 파생적 틀은 결함이 상이한 사회들에서 어떻게 경험되었으며 또 경험되고 있는가에 관한 보다 완전한 이론화의 첫 단계이다. 돈(Dorn, 1994: 146)이 (상당히 간결한 용어들로) 서술한 바와 같이, "서구 문화에서 장애의 장소에 관한 역사 지리학자들의 더 큰 노력이 앞으로 추진되어야 할 것이다". 역사·지리적 유물론의 핵심은 모든 공간적 분석가들이 역사지리학자들이며(또는 최소한 그러해야만 하며), 이는 사회적 공간과 체현의 시간성에 관한 의미는 지리적 연구에서 보충적인 것이 아니라 핵심적인 것임을 말하는 것이다. 하비(Harvey, 1996)가 우리들에게 상기시킨 바와 같이, 과거에 관한 비판적 고찰은 현대 역사·지리학적 연구의 정치적 의무이다.

푸코(Foucault, 1980a: 149)가 "전체 역사는 공간에 관한 것으로 쓰여지도록 남아 있다"라고 주장했을 때, 그는 분명 마음속에 상이한 문화적 맥락에서 체현의 역사들, 즉 그가 고대 및 근대 유럽 사회들에 관한 연구를 통해 많은 기여를 했던 과제를 생각했을 것이다. 돈(Dorn, 1994: 213) 역시 '미국 자본주의 공간 경제'의 역사적 진화 내에서 틀지어진 체현에 관해 명백히 유물론적 설명을 제안했다. 그의 연구는 역사적 조망과 분석적 정교성 양자에서 탁월했다. 그는 이질적인 국가

단위에서의 인구를 일단의 '합리적'이고 '생산적인' 신체로 유형화하고자 했던 독특하면서도 다양하고 전환적인 일단의 문화적 및 정치경제적 영향들을 조명하고자 했다. 그의 연구는 자본주의적 근대성의 등장이 어떻게 유럽의 청각장애의 사회화를 변화시켰는가에 관한 데이비스(Lennard J. Davis)의 야심찬 탐구와 중첩되며, 또한 이러한 탐구에 의해 지지된다. 양 연구는 특이한 문화적 배경에서 장애적 사회관계의 출현을 설명하기 위하여 역사·지리적 접근의 힘을 과시하고 있다. 그렇지만 양 연구는 또한 경험적 한계를 가진다. 예컨대 어떤 연구도 원자료들로부터 도출하지 못했다. 돈(Dorn, 1994: 222)이 설명하는 바와 같이, 그의 목적은 그의 이론적 분석을 통해 "경험적 분석에 의해 상당히 보완되어야 할 단순한 골격"을 만들어 내는 것이었다. 그는 '특정한 지역들'에서 체현을 설명할 새로운 '신체 역사'를 추구했으며, 특히 권력 구조가 문화적·경제적 생활에서 억압적인 신체적 규범들의 전개를 통해 재생산되었던 사례들을 드러내고자 했다.

이 책의 다음 부분들은 '신체 역사'를 서술하고자 하는 이러한 미완성적이고 사실 거의 이루어지지 않은 프로젝트에 할애하고자 한다. 앞의 장에서 나는 거의 모든 역사적 사회들에서 장애인들의 사회적 경험들에 관하여 경험적으로 근거한 연구가 긴급하게 필요하다는 점을 분명히 하고자 했다. '원시적' 및 고대 사회들을 포함하여 인간 역사의 광대한 지속성으로부터 이러한 연구를 위한 경험적 맥락을 선정함에 있어, 나는 상당히 잘 만들어진 경로를 따랐다. 앞서 보여 준 바와 같이, 봉건제에서 자본주의로의 전환은 다양한 유물론적인 또는 다른 급진적인 장애 학자들의 관심을 끌었다. 그들의 이유는 충분히 분명했다. 즉 유물론의 탁월하고 정치적으로 뛰어난 특성은 자본주의 사회의 근본적 관계가 장애인의 사회적 억압과 관련되어 있다는 주장이다. 이 점은 장애(그리고 이와 같은 문제로, 다른 억압의 형태들)의 제거를 위해 자본주의의 개혁이 아니라 급진적 전환이 요청된다는 점을 제시한다. 따라서 장애인의 관점에서, 역사·지리적 연구는 두 가지 주요 이유에서 필요하다. 첫째, 장애인을 억압하는 오늘날의 사회적 구성체, 즉 자본주의의 특정하고 지속적인 양상을 파악하기 위함이며, 둘째 비장애의 사회적 배열을 확인하는 방법으로 결함이 대안적 사회들에서 경험되는 방식을 보여 주기 위함이다.

'대안적 사회'는 자본주의에 선행하는 사회들 및 자본주의와 병존했던 사회들을 포함한다. 자본주의가 인간 역사에서 장애의 배타적 근원이 아니라면, 유물론자들은 '사회주의적' 사회에서 장애인의 역사적 경험에 대한 비판적 관점으로 전환하는 것이 정치적으로 중요하다. 그러나 나는 소급하여 그 앞선 형태, 즉 자본주의를 탄생시킨 사회들과 연계하여, 우리의 현재적 맥락에서 역사·지리적 프로젝트를 시작하는 것이 최선이라고 생각한다. 자본주의에서 장애의 역사적 발생에 관한 더 훌륭한 이해는 차후 장애 운동의 역사적 필요에 기여할 뿐만 아니라 다른 실질적 및 잠재적 생산양식과 의미 있는 비교를 위한 기반을 마련한다. 따라서 현재 저서에서 나는 현대적 및 역사적 자본주의와 그에 선행하는 사회형태, 즉 봉건제에서 유물론적 장애 학자들의 관심을 따르고자 한다. 나의 연구는 2부에서 봉건제와 초기 자본주의에서 시작하여, 이 책의 3부에서 현대적 주제들로 전환하고자 한다.

2부

장애의 역사지리

# 4장 _ 역사·지리적 유물론과 장애

## 서론

어느 사회에서든 장애인의 사회적 지위는 오로지 과거와 현재에 그들이 살아온 경험에 대한 사회공간적 분석을 통해 충분히 이해될 수 있다는 것을 지금까지 살펴보았다. 이 책의 주요 관심사는 장애에 대한 서구적 경험이다. 이것은 자본주의가 신체적으로 장애를 가진 사람들의 생애에 어떤 영향을 주었는가에 대한 고찰을 요구한다. 이를 명확히 하기 위해서는 장애인의 경험을 자본주의 사회와 비자본주의 간에 비교하는 것이 필요하다. 이러한 비교에는 크게 두 가지 방법, 즉 역사적으로 비교하는 방법과 문화적으로 비교하는 방법이 있다. 이 책은 서구 자본주의를 그것의 선행 사회 형태였던 봉건제와 비교하고자 한다.

이러한 경험적 틀을 선택한 이유는 개인적이기도 하고 분석적이기도 하다. 나는 오랫동안 전근대 유럽의 일상생활에 관심을 가져왔다. 분석적인 이유는 한정된 사회공간 내의 역사 변화 연구가 종종 비교문화연구에서는 어려운 경험적·개념적 일관성을 유지할 수 있도록 해주기 때문이다. 그리고 이 일관성이 특정 사회집단의 변화하는 숙명과 같은 역사적 현상을 설명하는 데 있어 강력한 토대를 제공하기 때문이다.

어떠한 역사적 분석이든 경험적 출발점과 시간적 사회변동을 이해하기 위한 틀 모두를 가져야 한다. 장애인의 삶은 계급, 젠더, 인종, 섹슈얼리티와 같은 다양한 사회 균열을 둘러싼 사회관계의 역사적 구조화에 의해 만들어지고 차별화되어 왔다. 경험적 분석을 위해 정치-경제적 틀이 선택된 것은 자본주의의 역사적 발흥이 때맞추어 상품 관계로 이행하는 사회적 요소의 증가에 심원하고 불가피한 물질적 변화의 원천을 제공하기 때문이다. 따라서 이 중대한 변화의 힘이 어떻게 장애인들의 사회지리적 환경에 영향을 주었는가를 상세히 설명해 보려 한다. 정치-경제적 역사 분석틀을 선택했다고 해서 장애의 역사적 경험에 영향을 미친 다른 사회-문화 구조적 요인을 간과하거나 과소평가하는 것은 아니다. 분석을 통해 여러 측면에서 이들 서로 다른 사회화의 힘들이 가진 효과를 포착하게 될 것이다. 그렇지만 이 책의 역사지리가 서구 사회 장애인들의 경험의 변화를 완벽하게 그려 내거나 설명한다고 주장할 수도 없고, 주장하지도 않는다. 장애인들의 과거 삶에 정체성의 다양한 형태들이 미친 영향을 보다 충분히 설명하는 것은 장애의 역사지리에 대한 후속 연구의 과제가 될 것이다. 이 책이 이러한 역사 과정에서 정치-경제적 역학이 한 역할에 대하여 일별하는 정도의 기여를 했으면 한다.

이 장의 목적은 봉건제와 산업자본의 시대 장애의 역사적 경험을 다루는 이 책 2부의 개념적 도입을 제공하는 것이다. 이 장에서는 책의 앞부분에서 제시한 분석틀의 관점에서 과거 사회의 장애에 대한 연구를 안내할 수 있는 역사지리적 요소들을 다루게 될 것이다. 그렇게 하기 위해서는 먼저 2장에서 잠깐 언급한 장애에 관한 현재의 역사기록학을 끌어오는 것이 필요하다. 여기에서는 이 역사지리에 대한 간략하고 비판적인 고찰부터 시작해서 대안적인 역사지리적 분석방법의 개요를 설명하고자 한다.

## 장애의 역사에 대한 전통적 접근방법

앞의 두 장에서 설명했던 것처럼 어떤 깊이로든 장애의 역사적 경험을 이해하려는 사회과학 내의 시도는 별로 없었다. 이 주제에 대하여 포괄적이고 비판적 논쟁을 이끈 장애 관련 역사 연구는 거의 없는 편이다. 더욱이 장애에 관한 제한된 역사지리적 연구들이 이 분야를 과거 사회의 장애의 사회적 맥락의 가정에 기초한 다양한 통설들로 어질러놓은 듯하다(Gleeson, 1996b). 따라서 이 절에서는 대안적 역사지리를 제공하는 관점에서 이 가정들을 비판적으로 검토하려고 한다.

### 통설 1: 장애 이데올로기

첫번째 통설은——종교적·철학적 사고방식을 포함하는—— 전근대 유럽의 강력한 무력화 이데올로기들이 장애를 가진 사람들에 대한 역사적 억압의 직접적 원인이라는 믿음이다. 예를 들어 노먼 스미스

(Norman Smith)와 헬렌 스미스(Helen Smith)는 이렇게 지적한다.

> 유대-기독교 윤리는 신체적 결함을 죄와 연관시킨다. 사람은 신의 이미지대로 창조되었다고 생각하기 때문에 그 이미지에 부합하지 않는 것은 불완전하다, 즉 신심이 없으며 결과적으로 사악한 것으로 간주된다. 이런 판단 때문에 신체적 장애를 가진 사람은 그들의 드러난 흠을 통해 모자라거나 한마디로 나쁜 것이 된다.(Smith and Smith, 1991: 41)

이러한 역사지리적 통설은 경험적 증거로 주로 성직자의 텍스트와 처방전에 기초한 장애에 관한 기록과 연관된다. 윈저(Winzer, 1997)의 전근대시대 장애에 관한 에세이는 이 같은 접근방법의 예이다. 일상생활의 분석에 뿌리를 둔 역사학의 필요성에 대한 공개 선언에도 불구하고(Winzer, 1997: 75), 윈저의 설명은 대개 잔존하는 문학적·종교적 텍스트를 기반으로 하며 이데올로기와 법률 모두가 실천되고 장애를 경험하는 일상적인 맥락을 재구성하려는 시도는 거의 없다.

이 일반론과 그것이 갖는 역사지리적 함의는 즉각적으로 두 가지 반대를 가져올 수 있다. 첫째, 장애인이 전근대사회에서 보편적으로 사회적 혹은 종교적 혐오의 대상이었다는 점이 반드시 명확하지 않다는 것이다. 이것은 종교적·윤리적 관습이 사람들에게 얼마나 광범위하게 사회적으로 법제화되었는지의 복잡성을 무시하는 선험적 사고이다. 일반적으로 관념론적 접근의 실패는 이데올로기적/종교적 텍스트 혹은 과거에 대한 심미적 기록으로부터 역사유물론적 실재를 직접

읽으려는 경향에 있다. 예를 들어 돈은 "봉건 시대에 장애를 가지거나 비정상적인 신체가 분리된 범주로 취급되었다는 증거는 거의 없다"고 주장한다(Dorn, 1994: 20).

둘째, 이러한 추측은 복잡한 역사적 실재의 가능성에 대한 고찰의 실패를 정당화하기 위한 이론적 단순주의 ── 유대·기독교적 윤리 ──를 지지하는 매우 제한된 방법론적 사고방식에 원천이 있다. 유대-기독교적 사고와 실천의 역사는 하나의 윤리에 호소하는 방식으로는 설명하기 어렵다. 유럽 사회에서 기독교 신앙은 그 가르침이 여러 시기에 걸쳐 (종종 산발적이라도) 열렬한 헌신에서부터 명백한 거부에 이르기까지 다양한 국지적 이해에 영향을 받기 때문에 그러한 구성이 허용하는 것보다 훨씬 복잡한 존재이다. 봉건 시대 기독교의 일상적인 사회적 경험의 상당 부분은 엄격한 집착과 허용을 모두 포함하는 (진정성이 있더라도) 느슨한 관찰에 의해 기록되었다. 더욱이 하비(Harvey, 1996)가 설명하듯이, 전근대적인 기독교 국가는 주로 개인들의 일상적 일들과 다양하게 연관된 종교적·도덕적 개념들로 코드화된 사회공간으로 구성된다. 그 결과는 경험의 여러 양식(농업, 정치, 교회, 군사 등)에서 유래된 다양한 시공간적 개념화이다(Harvey, 1996: 214).

신학적으로조차 유대-기독교적 사고는 여러 수준에서 모순된 설명을 특징으로 할 정도로 하나의 응집된 윤리를 갖지 않는다. 신체의 차이와 같은 물질적 현상에서 정신적 중요성에 대한 지속적인 불일치는 이것의 한 예가 될 것이다. 장애가 무엇인가에 대한 종교적 사고에는 분명 여러 갈래가 있다. 예를 들어 영향력 있는 스피노자(Baruch de Spinoza, 1632~1677)의 철학은 장애의 부정적 구성에 반대하였다. 스

그림 4-1. 「사육제와 사순절의 싸움」(Pieter Bruegel, Kunsthistorisches Museum, Wien)

피노자에게 "신체적 불구는 시스템상에 그것이 잘못 놓였기 때문이다. 즉, 신은 완전한 것을 만들려고 노력하지도 않았고 또 그렇게 하는데 실패하였다"(Urmson and Ree, 1989: 305). 더욱이 일상생활의 영역에서 봉건 시대 사람들은 장애를 가진 걸인의 존재를 환영하였다. 브로델이 설명하듯이 "과거 부자의 문을 두드리는 거지는 신의 사자(使者)로 간주되었으며, 심지어는 가장을 한 그리스도일지도 모른다고 생각되었다"(Braudel, 1981: 508). 여러 해석이 있지만 (Bovi, 1971; Foote, 1971), 브뢰헐(Pieter Bruegel)의 작품들——특히 「사육제와 사순절의 싸움」(The Battle between Carnival and Lent)과 「장애인들」(The Cripples)——에 여러 절름발이 걸인 집단이 포함된 것은 신체적 질병을 가진 사람들이 전근대 사회 질서 내에서 한 자리를 차지하고

그림 4-2. 「사육제와 사순절의 싸움」의 세부

있었다는 것을 의미할 수도 있다.

중세 사회 질서의 여러 인간적 요소들을 묘사한 「사육제와 사순절의 싸움」(그림 4-1)을 잠시 살펴보자. 그림은 도시 광장에서 북새통을 이루거나 일을 하고 있는 사회적 인물에 대한 풍부한 초상을 담은 유럽 중세 경관에 대한 만화경적인(kaleidosopic) 관점을 우리에게 제공한다. 장난을 하는 인물들의 이 파노라마를 자세히 보면 다리를 저는 거지들이 있다(그림 4-2). 이 집단은 더 크고 상징적인 연출(mise-en-scéne) 안에서 오히려 뚜렷하게 설정되어 있지 않다. 브뤼헐은 신체적으로 장애를 가진 사람들이 상당히 봉건적 사회 질서의 한 부분이었다는 것을 우리에게 말하고 있는 것 같다.

물론 단지 하나의 '역사적 텍스트'에 대한 이런 식의 독해는 오직 시사적이지만, 종교적 혹은 철학적 기록들에만 의지한 부정적 장애 역사에 대하여 문제를 제기하는 데 도움을 준다.

## 통설 2: 걸인으로 보는 역사적 견해

장애에 관한 많은 역사 중에 나타나는 다른 통설은 전 산업시대 모든 장애인은 걸인이었다는 견해이다. 이 가정은 새필로스-로스차일드에 의해 설명되었다.

> 역사적으로 장애인들은 모든 사회에서 언제나 문젯거리였다. 왜냐 하면 그들은 보통 그들의 사회적 책임을 만족스럽게 수행할 수 없었 기 때문이다. 또 생산적인 건강한 사람들에게 부담이 되었기 때문이 다.(Safilos-Rothschild, 1970: 12, 강조는 인용자)

한(Harlan Hahn) 역시 전근대 세계의 장애인들이 "1601년 영국 의 빈민법(English Poor Law)과 그 후속 법률하에서 옥외 구제를 받는 첫 집단이 될 때까지 걸인이거나 혹은 시골을 배회하던 음유시인"이 었을 것이라고 확신한다(Hahn, 1988: 29). 다른 곳에서도 그는 더 강한 숙명론적 관점에서 이 견해를 되풀이하였다.

> 산업화의 도래 이전 그들은 경쟁력 있는 노동력을 가진 구성원이라

기보다 어떤 적법한 역할이든 환대받지 못하는 환경에서 오히려 걸인이었다.(Hahn, 1987a: 5)

결과적으로 "대다수 취약 집단과 달리 장애를 가진 성인들은 장애를 가지지 않은 근로자들의 직업에 결코 심각한 위협이 되지 못하여 왔다"(Hahn, 1987a: 5).

이러한 관행에 대한 더 많은 증거들이 최근 윈저에 의해서 제기되었다.

1800년 이전 인간이 존재한 수천 년 동안 가장 예외적인 사람들에게 인생은 완화되지 않는 고난의 연속이었던 것 같다. 거의 대다수 장애인들은 직업이 없었으며 소득원도 없었고 사회적 상호작용도 제한되었으며 종교적 위안도 별로 없었다. … 그들의 인생은 널리 스며들어 있는 편견과 냉담한 대우를 정당화하는 미신과 믿음에 의해 심하게 제약을 받았다. 다르다고 간주되는 개인들은 목숨을 빼앗기고 악귀로 쫓겨나고 무시당하고 추방당하거나 일부는 심지어 성스럽게 생각되어 격리되었다.(Winzer, 1997: 76)

이와 같은 역사주의적 통설의 결과는 최근 장애인들의 서비스 의존에 대한 경험과 과거 사회구성체 전 기간의 주변화를 투영함으로써 역사를 침묵시키는 것이다. 이 가정은 두 가지 토대에서 기각되어야 한다. 첫째, 이것이 장애에 관해 제한된 현존 문자 기록과 시각적 기록에 기초하고 있으며 역사상의 사회에서 장애인들의 구체적인 사례를 포착하려는 시도를 하지 않는다는 것이다(Scheer and Groce, 1988). 모든 장애인을 걸인으로 보는 견해는 과거 사회에서의 생활에 대한 매우 협소한 경험적 평가에 입각한다. 때문에 이는 구체화라는 질문을 불가피하게 제기한다(필로[Philo, 1997]는 중세 시대 미친 사람은 주류 공동체로부터 전면적으로 배제되었을 것으로 생각하고 그를 배제된 타자로 보는 고정된 이미지에 반대하는 강력한 주장을 한다). 둘째, 역사 속의 장애에 대한 이러한 구성은 자본주의 사회에서 다양한 정도로 존재하여 온 사회적 의존성과 결함 간의 관계를 자연스러운 것으로 설명함으로써 가증스러운 정치적 함의를 갖는다.

장애의 전 역사를 '걸인'으로 인식하는 역사주의적 경향은 스톤(Stone, 1984)이 쓴 장애인에 대한 서구의 주요 공공정책의 주요 연대기에서 드러난다. 장애에 관한 연구에 대한 그 연대기의 영향과 방식이 역사주의적 통설의 단점을 여실히 보여 주기 때문에 나는 여기서 스톤의 설명에 대해 상세하게 다룰 만한 가치가 있다고 생각한다.

책의 제목——『장애가 된 국가』(the Disabled State)——이 가리키고 있듯이, 스톤(Stone, 1984)의 역사는 국가주의적 접근에 기초를 둔다.[1] 이 책에서 그녀는 사회의 이중적 분배 시스템의 역사적 존재를 말한다. 한 시스템은 그들 자신의 필요를 충족하기 위한 충분한 가치를 생산하는 사람의 활동과 관련되고, 다른 한 시스템은 자급자족할 수 없는 사람들을 포함한 '의존의 사회적 순환'으로 묘사될 수 있는 것이

---

1) 미국의 장애정책 발달에 초점을 둔 대안적 국가주의 설명에 대해서는 버코위츠(Berkowitz, 1987)와 라이어코위츠(Liachowitz, 1988)를 역시 보기 바란다.

다. 이 이중성으로부터 기본적인 '재분배의 딜레마'가 발생하며, 이것이 국가에 지속적인 사회-정치적 문제를 야기한다. 노동과 필요에 기초한 이 두 시스템 간의 긴장이 분배의 근본적 딜레마이다(Stone, 1984, 17, 강조는 인용자). 그녀에게 장애는 이와 같이 예견되는 재분배의 곤경을 해결하려는 국가 정책의 사법적·행정적 구성물로 설명된다.

스톤의 연대기는 전반적으로 두 가지 점에서 비판을 받을 만하다. 첫째는 그 설명의 역사지리가 선택적이고 모호하다는 것이다. 주된 결점은 모든 역사에 걸쳐 '재분배의 딜레마' 구조를 투영하는 데 있다. 이는 경험적 증거가 거의 없는 인식론적 추정이다. 예를 들어, 이 재분배의 딜레마는 생산자와 의존자 간 이분법이 명백하지도 않고 문화적으로 명시될 수 없는 원시사회의 대한 설명에도 적용될 수 있을지 의심스럽다.

실제로, 스톤은 개인적 노동과 개인적 보상 간의 직접적인 상호성을 가정하는 보상 시스템을 특징으로 하는 사회구성체의 역사가 매우 최근의 것임을 언급한다. 스톤이 실제로 이런 사회구성체들을 염두에 두었다는 것은 사회들이 노동한 만큼의 분배라는 기본 원칙을 훼손하지 않고 필요한 것이 있는 사람들에게 어떻게 도움을 줄 것인가라는 문제에 직면하였다는 그녀의 주장에 의해 명백해진다(Stone, 1984: 15, 강조는 인용자).

여기서 가정하고 있는 노동과 보상의 상호성은 원시사회의 '기본 원리'가 아니다. 맨델(Mandel, 1968: 31)은 노동의 원시적 조직에 대하여 다음과 같이 설명한다. "개인적 생산 능력의 차이는 분배에 반영되지 않는다. 그러한 능력이 개인적 노동의 생산물에 대한 권리를 부여하지 않으며, 부지런한 노동에 대해서도 마찬가지이다." 원시 노동과 정의 협력적 성격은 사회적 생산물의 개인적 분배보다 공동체적 분배를 촉진한다.[2]

인류학자 디트윌러(Dettwyler, 1991)와 시어와 그로스(Scheer and Groce, 1988)는 과거 어떤 사회든 '분배의 딜레마'가 있었다는 사고를 뒷받침하는 경험적 증거가 거의 없다고 한다. 디트윌러(Dettwyler, 1991)는 의존성의 사회적 범주를 매우 유동적인 것으로 본다. 그리고 그는 의존성을 신체적 결함으로 환원하려는 경향에 대해 이렇게 경고한다. "실제로 모든 인구는 다양한 기간 비생산적이고 자기 부양을 못하는 구성원들을 갖고 있다"(Dettwyler, 1991: 379). 이 저자는 대부분의 사회에서 어린이들과 마찬가지로 장애인들은 그들이 수행할 수 있는 활동에 그들이 할 수 있는 만큼 참여한다고 믿는다(Dettwyler, 1991: 381). 이와 같이 "모든 사회는 그 생존과 관계없이 장애를 가진 사람들에 의해 행해질 수 있는 필요한 일들이 있다"(Dettwyler, 1991: 381). 이 견해의 결론은 "인류학자들이 과거 장애를 가진 개인들이 얼마나 생산적이었는가를 정확하게 평가할 수 있다고 가정하는 것은 주제넘은 짓"이라는 것이다(Dettwyler, 1991: 381). 혹자는 그러한 분석의 정확성이 보다 최근의 과거 사회에 잘 맞을 것이고 본다. 이런 말을 할 때, 디트윌러는 아마도 원시사회를 생각하고 있었을 것이다. 그러나 그 논평은 '분배의 딜레마'란 사고를 인류 역사에

---

2) "평균을 초과하는 어떤 개인적인 축적도 부족의 명예에 대한 관습과 법에 반하는 것이다"(Mandel, 1968: 30~31, 강조는 원문).

서 자연화하려는 역사주의 경향에 대한 전반적인 경고 역할을 한다.

특정 생산양식들에 공유되는 보편적 질이 있다고 가정함으로써 스톤(Stone, 1984)은 '소작농' 사회(그녀의 분석에서 모호한 용어)를 생산의 자급자족 형태와 표면적으로 등치시키는 것과 같은 혼란스러운 일반화를 유도한다. 자급자족 공동체는 생산 잉여의 결여(혹은 극도의 제한)를 특징으로 하며, 대부분 일반적으로 부족 혹은 수렵-채취 집단과 같은 단순한 사회이다(Jary and Jary, 1991). 그에 비해 소작농 사회는 사회 발전의 여러 형태를 포함하며 보통 농업경제를 기반으로 조직된다. 그리고 그곳에서 잉여는 일반적이고 상당하다. 결과적으로 스톤(Stone, 1984)의 분석은 폭넓은 역사적 가정에도 불구하고 상대적으로 최근의 서구적 생산양식——즉, 봉건제와 자본주의——에만 적용될 수 있다.

스톤(Stone, 1984)의 설명의 두번째 문제는 분배의 중심적인 원동력——생산의 사회적 관계——을 회피하거나 사소하게 취급하고 있다는 점이다. 국가 통제주의 접근은 장애의 법률적·행정적 구성을 강조하고, 그럼으로써 결함의 사회적 맥락을 탈물질화한다. 이 접근은 장애의 의미를 그 상태로 드러나게만 할 수 있으며, 사회적 관계 속에 전반적으로 내재되어 있는 결함의 구체적 현실을 적절하게 잡아 낼 수가 없다. 법률이 신체 결함의 사회적 맥락의 형성에 있어 아무리 많은 역할을 했을지라도, 장애에 관한 법률적 기록이 장애인들의 삶의 역사적 경험을 우리에게 알려주지는 못한다.[3] 장애의 사회적 구성의 일차적

---

3) 라이어코위츠(Liachowitz, 1988) 역시 미국의 장애 법제의 편년사를 펴냈다. 저자는 장애가

원동력은 생산과 재생산의 문화적인 물적 조직이다. 수탈적 생산양식의 모순에 대한 국가의 정책 대응으로서 장애는 사회적 관계에서 문화적인 물질적 힘 그 자체이다.[4]

스톤(Stone, 1984)의 저작과 같은 연대기들의 큰 위험은 '걸인이 된' 장애의 역사에 대한 믿음을 갖게 하는 것이다. 그런 경향은 신체 결함의 구체적 삶의 경험을 국가의 사회정책으로서 장애라는 좀 더 제한된 영역으로 축소한다. 이러한 축소는 장애의 물질적 기원을 흐릿하게 하고, 최근 그리고 현대 자본주의 사회의 많은 장애인들의 사회적 경험에 그림자를 드리우는 국가 의존성을 구체화할 뿐이다. 그리하여 장애인들의 역사는 방랑과 주변성이라는 단일한 이야기로 환원된다.

위에서 검토한 통설들의 매우 중요한 마지막 결점은 양자 모두 과거 사회에서 장애인들 편의 어떤 주체성도 부정하는 경향이 있다는 점이다. 특히, '걸인화된' 역사적 견해는 장애 경험을 이데올로기적 구조에 의해 규정된 것으로 환원한다. 따라서 이 견해는 개인들이 ──심지어는 모든 사회적 집단들이 ── 물질적 영역의 권력 구조와 타협하고, 그것을 전복하고, 그것에 저항하는 방식을 평가하는 데 실패한다. 필로(Philo, 1997)가 우리에게 상기시키듯이, 차이라는 정형을 전체화하

---

"물리적 결함을 가진 개인과 그들의 사회적 환경 간의 관계"의 산물이라고 주장함으로써 유물론적 관점을 암시한다(Liachowitz, 1988: 2). 그러나 라이어코위츠는 뒤에 "어떻게 특정 법들이 신체적 편향을 사회적·시민적 장애로 전환하여 왔는지를 밝히려 한다"는 그녀의 의도를 말함으로써 이 사회적 환경을 사법적 내용으로 환원한다(Liachowitz, 1988: 3, 강조는 인용자). 그 결과 오직 사법적 상부구조만 남고 사회적 환경의 모든 물질적 기질은 사라진다.

4) 이 같은 그리고 앞의 비판에 따라 여기서 우리는 "자신의 의식으로 변화의 시기를 판단할 수 없다. 반대로 이 의식이 오히려 물질적 생활의 모순으로부터 설명되어야 한다"는 맑스(Marx, 1978: 5)의 경고를 회상하는 것이 적절하다.

는 것은——역사적 혹은 현대적—— 억압 구조가 사회적·지리적으로 다양한 사회에 적용될 때 나타나는 '너저분한' 실제를 간과하게 된다.

## 역사지리적 접근

지금까지 장애에 관한 전통적인 역사적 설명을 비판적으로 검토하였다. 이제 앞 장에서 설명한 역사유물론의 틀로부터 도출된 대안적인 역사지리적 접근을 간략히 개괄하고자 한다. 앞으로 분명해지겠지만, 많은 다른 비판 지리학자들과 마찬가지로 아날 학파의 이론가들에 의해서 전개된 역사적 방법은 매력적이다. 왜냐하면, 아날 학파와 역사유물론적 사고 간 밀접한 공명과 공간성에 대한 아날 학파의 관심 때문이다.

### 사회공간의 역사적 비교

앞 장에서는 체현된 유물론과 이것으로부터 장애를 분석하기 위한 사회공간적 틀을 개괄하였다. 이 이론적 개관은 거의 모든 역사 사회에서 장애인들의 사회공간적 경험에 대한 경험적 연구의 필요성을 강조하면서 '쓰일 필요가 있는 역사들'에 대한 토론으로 끝맺었다. 이 매우 광범위한 경험적 소관에 방법론적 초점을 두기 위해, 나는 장애의 새로운 역사에 대한 다음과 같은 연구문제를 제기한다.

사회의 사회공간적 조직의 변화는 신체적 결함의 생애 경험(lived experience)에 어떻게 영향을 미쳐 왔는가?

이 구체적 질문은 체현에 대한 역사·지리적 설명에 깔려 있는 기본적인 전제, 즉 체현의 경험은 사회의 ——늘 변화하지만—— 특정한 사회공간적 조직에 의해 조형된다는 것을 전제한다.

이 연구문제는 전반적인 방법론적 과제를 나타낸다. 즉, 분명히 서로 다른 사회공간적 배경하에서 신체 결함의 경험을 검토할 필요가 있다. 이러한 방법론적 필요조건이 특정한 사회적 맥락들에 대한 통시적인(역사적) 그리고 공시적인(문화적 혹은 비교문화적) 대비를 이끌어 낸다는 것을 즉각적으로 알 수 있다. 그러나 이 장의 서론에서 진술한 것처럼 이 책에서 장애 경험에 대한 나의 주요한 사회적 비교는 역사적이다. 이 책의 세번째 부분에는 일부 현대적인 비교 분석이 포함된다. 그러나 이것은 현대 서구 사회와 밀접히 관련된 범위에 한정된 틀을 갖게 될 것이다.

이 책에서 장애의 비교사회적 분석을 서구 국가들에 한정하는 것은 장애인들에 대한 핵심적 자본주의 관계의 의미를 탐구하는 데 역량을 집중시키기 위해서이다. 그러므로 이 장에서 역사 분석은 두 역사 경관 혹은 '생산양식' ——봉건제와 자본주의—— 사이의 이행에 걸치게 된다. 2장에서 지적한 바와 같이 이 이행기는 신체 결함의 사회화를 역사적으로 비교하는 유물론적 장애 이론가들에게 가장 큰 관심의 대상이다.

이것이 현대 자본주의 사회가 장애에 대한 뚜렷한 사회적 맥락을 야기하는 의미 있는 사회공간적 차이를 만들어 내지 않는다는 것은 아니다. 여러 자본주의 국가들에서 장애 경험들 간의 차이는 지리학자들이 특별히 관심을 가질 만한 가치가 있다. 마지막 장에서 이 문제로 돌아갈 것이다.

## 역사적 방법

내 분석의 광범위한 방법론적이고 경험적인 배경을 감안할 때, 장애에 대한 역사·지리적 탐구에서 가장 적합한 방법은 무엇일까? 내가 여기서 취하고자 하는 역사지리적 접근은 특히 블로흐(Bloch, 1962, 1967)와 브로델(Braudel, 1973, 1981)의 저작물들에서 증명된, 아날 학파에 의한 것으로 널리 알려져 있다.[5] 아날 학파 역사가들의 주요한 혁신은 지리학, 정치경제학, 사회학과 같은 다른 사회과학의 공시적 이해들과 함께 역사 설명을 통시적으로 구성한 것이다(Jary and Jary, 1991). 그들의 관심은 역사를 생산하는 역사가들의 경향에 있었다.

> '역사적'이란 카테고리를 충족하기에는 너무 비천하고 균등하지 않은 사회의 계급들과 시대들을 배제한 채, 드라마틱한 사건들과 그림 같은 개인들이 무대를 가로질러 매우 소란스럽게 서로서로 뒤따른다.(Sturrock, 1986: 60)

---

5) 아날 학파는 뤼시앙 페브르와 마르크 블로흐에 의해 1929년 창간된 『경제사회사 연보』(Annals d'histoire économique et sociale)와 연관된 프랑스 역사학자들의 그룹으로 처음 구성되었다(Jary and Jary, 1991).

이러한 '사건-역사들'에 반대하는 아날 학파의 학자들은 사회는 복잡한 사회공간적 현상들이라는 사실을 강조하면서 이것을 일상('균등하지 않은') 세계의 실재론적 연대기로 대체하였다. 이들은 중세 소작농 경제와 같은 사회구조에 대한 사람들의 살아 있는 경험으로부터 유래된 과거의 일상적 ──혹은 평범한── 측면을 중요하게 생각한다. 결과적으로 아날의 역사지리는 과거에 대한 공시적으로 알려진 설명이라는 아날의 목적을 달성한다.

> 모든 이런 사건들의 발생에 제약을 가하는 영구적 혹은 반영구적인 요소들의 재구성을 시도함으로써 또한 … 그것의 요소들을 단순히 그것들만의 것으로 취급하는 대신에 당대 사회에 관심을 가짐으로써. (Sturrock, 1986 : 60)

초기 자본주의 유럽(1400~1800)의 평범한 사람들의 경험에 대한 브로델의 백과사전적 연구만큼 이 학파가 바라보는 사회구조와 조화를 이루는 역사지리의 중요성이 잘 드러나는 것은 없다.

이 학파를 형성하는 이러한 일상생활과 문화적 물적 구조에 대한 이원적인 역사지리의 강조는 앞 절에서 본 통설들과 분명히 대비된다. 아날 학파의 접근방법은 한 사회집단의 역사적 운명을 지배계급 이해의 이데올로기와 법에 대한 현존하는 기록의 단순한 의존을 통해 이해할 수 있다는 사고를 거부한다. 중요한 것은, 아날의 접근방법이 앞에서 고찰한 것들보다 정치경제, 종교적 이데올로기와 칙령, 그리고 법률을 포함한 구조적인 힘들에 대한 사람들의 대응의 복잡성을 훨씬 더 밝히려고 한다는 것이다. 지리학자들(Pile and Keith, 1997)을 포함한 사회과학자들(Miller et al., 1997)이 잘 알고 있듯이, 구조는 인간 사회 생활을 결정하기보다는 조건 지으며, 개인들은 매일 매일의 생활 속에서 다양한 사회공간적 전략을 통해 이 더 큰 힘들과 협상을 한다. 이 평범한 전략들은 활동적인 저항에서부터 열광적인 받아들임에 이르기까지 폭넓은 다양성의 스펙트럼 위에 있다. 아마도 사람들의 대부분 경험은 일상적 인내의 다양한 명암에 의해 특징지어지는 어딘가의 사이에 있을 것이다(Laws, 1994). 과거의 억압적 구조에 대한 장애인들의 반응이 이러한 범위 내에서 많은 전략들을 포함하였다고 믿는 데에는 충분한 이유가 있다──사실, 이 장 다음 두 편의 역사적 연구가 이 점을 강조하게 될 것이다.

장애에 대한 역사적 경험 연구와 이것을 위한 방법론적 토대 둘 모두를 확립함에 있어서, 시대 구분의 문제가 발생한다. 연구를 위한 가장 적절한 역사적 등고선은 무엇인가? 전술한 바와 같이 장애에 관한 나의 정치경제학적 관심은 과거의 구조 분석에 이용할 수 있는 개념으로서 '생산양식'을 선호하도록 한다.

## 생산양식과 사회공간

역사지리적 이론은 인간 역사를 사회 발전의 상이한 단계들로 구분하는 데 있어 토대가 되는 구성 개념으로 생산양식을 강조한다. 좀 더 구체적으로 맑스는 물질적 생활을 생산하고 재생산하는 어떤 양식이 지배적인가에 따라 역사적 중요 시기를 구분하는 데 이 개념을 사용하였다. 문제는 생산력(인간이 자연을 변형시킬 수 있는 능력)[6]과 생산관계(생산력의 소유권과 통제)이다. 각각의 구체적 형태와 그것들 간 신진대사의 형식은 물질적 생활양식을 정의한 맑스에 의해 제시되었다(Godelier, 1978; Harvey, 1982; Bottomore et al, 1983). 이렇게 하여 자본주의적, 봉건적, '아시아적' 등으로 생산양식이 구분되며, 이는 차별적 방식으로 일상생활을 구조화하는 역사적 사회 형태와 일치한다.

맥쿼리(McQuarie, 1978)는 생산양식 구성 개념을 사용하는 학자들에게, 그것이 독자적으로 정의되는 것이 아니라 주어진 사회구성체 내의 지배적인 일련의 관계들을 의미하는 추상이라는 것을 상기시킨다. 맑스가 주장하였듯이 여러 양식들의 역사적 지배 사이 이동은 갑작스럽지도 명료하지도 않았다.[7] 따라서 정의된 각각의 시대 내에 다른 것들보다 지배적인 일련의 사회적 관계가 있지만, 과거부터 좀처럼 사라지지 않는 것에서부터 새로운 형태로서 발아되는 것에 이르기까지 여러 양식들이 다소 존재할 수도 있다. 맥쿼리는 구체적인 역사적 예를 든다. "로마 귀족 계층의 노예 노동에 의존하는 대토지소유제 다음에는 영세 소작농이, 그 다음에는 중세 장원, 공장과 장인 작업장이 번성하였다"(McQuarie, 1978: 28). 사회구성체 내의 이러한 생산양식의 다양성은 공간적 논리를 갖는다. 물론 우세한 관계들이 주류 생산활동과 재생산활동이 수행되는 주요 사회공간을 점유할 것이다. 반면에 다른 양식들은 상대적으로 주변적 혹은 경계 지형에서 번성하거나

---

6) 혹은 보다 정확하게, 생산수단과 노동력.
7) 물론 여기서 준거는 '사회의 역사에서 신기원들은 지질학적 신기원과 달리 엄격하고 추상적인 선으로 서로 구분되지 않는다'는 자주 인용되는 맑스의 주장이다(Marx, 1976: 492).

쇠퇴하게 될 것이다.

생산양식은 역사 분석을 위한 시공간적 틀을 제공한다. 르페브르(Lefebvre, 1991 : 31)는 "모든 생산양식은 공간, 즉 자신만의 공간을 생산한다"라고 말한다. 이 새로운 사회적 지형이 결코 완전한 보편성을 획득할 수는 없으며 좀 더 작은 새로운 형태 및 잔여 형태들과 공존하는 것이 틀림없다는 것을 다시 강조해야 함에도 불구하고, 그에게 '한 양식에서 다른 양식으로의 이동은 새로운 공간의 생산을 수반한다'(Lefebvre, 1991 : 46). 새로운 양식으로의 이동은 생산과 재생산양식의 사회적 관계 내에서 적대감의 원천이 된다(Marx, 1978). 르페브르(Lefebvre, 1991)는 그러한 변화를 새로운 공간적 실천의 시작으로 보았다. 물질적 생활을 생산하고 재생산하는 새로운 양식은 새로운 사회 공간을 생산하는 일련의 실천과 다름이 없다.

하비(Harvey, 1996)가 관찰하듯이 새로운 사회공간으로서 '양식의' 이동은 예를 들어 계급, 젠더, 인종, 종교, 섹슈얼리티에 기초를 둔 기존의 차이의 구조에 변화를 일으킨다. 이 복잡한 과정은 시간적으로 그리고 공간적으로 거의 일정하지 않으며, 사회 발전의 '역사지리 내에서 지속적이고 종종 모순적인 일련의 움직임으로 잘 나타난다'(Harvey, 1996 : 320). 새로운 양식의 공간은 그것이 일어날 때 지배와 저항의 새로운 패턴을 생산한다——하비는 초기 자본주의의 정치경제적 관계가 자연과 인간적 체현의 특정 형태, 특히 여성, 백인이 아닌 육체들을 지배할 목적의 복잡하고 다양한 사회-문화적 통제 시스템을 생산하면서 유럽과 그들의 식민지에서 어떻게 젠더와 인종적 억압을 변형시켰는지 예를 보여 준다.

예를 들면, 인류의 일정 부분(여성 혹은 '원주민')을 자연의 일부, 감정의 저장소, 결과적으로 혼돈과 비합리와 제어하기 어려움에 노출된 것으로 묘사하는 부르주아지의 전술은 이들을 전반적인 자본주의 프로젝트 내에서 지배를 요구하는 요소들로 포섭되도록 한다.(Harvey, 1996: 320)

따라서 양식의 이동은 어떤 사람들에게는 자유와 위신, 부를, 또 어떤 사람들에게는 잠재적으로 제약과 차별, 박탈을 수반하는 사회적 체현 과정의 깊은 변화를 예고한다.

## 장애의 사회적 공간

장애인과 같은 특정 사회집단의 사회공간적 경험이 비교 목적을 위해 다양한 생산양식 안에서 어떻게 정교화될 수 있을까? 르페브르 (Lefebvre, 1991)는 이런 목적에서 사용될 수 있는 사회공간의 유물론적 개념화를 위한 추상적 유형을 제시하였다. 그의 구성틀은 삼원 (triad) 관계에 있는 개념적 현장(sites)을—사회적 실천의 공적 결절, 중간적 결절, 사적 결절을— 보여 준다. 분석가는 어떤 사회집단의 일상생활 초상을 그 개념들로 구성할 수 있을 것이다.

르페브르는 이 구조물과 그리고 느슨하게 정의된 추상, 즉 특정 사회공간과 그 공간의 이용자들에 대한 구체적 분석을 위한 출발점으로서 각 구성요소를 남겨 두는 것에 만족한 듯하다. 이것은 분석가가 그 모델을 구체화하여야 한다는 것을 의미한다. 따라서 이어지는 논평은 그 모델을 세련되게 조율해서 장애인의 역사·지리적 경험들에 대한 경험적 분석틀로 만들기 위한 것이다. 봉건제와 초기 자본주의 경관들 모두에서 장애인의 핵심적인 자리들을 나타내기 위해, 나는 세 가지 요소들을 차례로 구체화함으로서 이 모델을 세련되게 하고자 한다.

르페브르에게 공적 결절이란 이질적 현장들의 묶음으로 사원, 궁전, 행정구역, 정치 중심지를 포함한다. 내 관점에서 보면, 그 공적 초점들은 제도 위에 놓이게 될 것이다. 다른 말로 하면, 관청의 감금이나 구속적 돌봄의 어떤 장소가 될 것이다. 공적인 것에 대한 나의 정의는 르페브르의 정의에 비해 명백히 제한적이고 좁다. 불가능한 것은 아니지만, 현존하는 경험적 기록(부록 참조)의 부족이 브뤼헐이 묘사한 마을 광장과 같은 다른 공적 공간에서 장애인의 존재를 탐구하는 것을 어렵게 한다. 그러나 양 연구 기간 동안 좀 더 낮은 서열에서 상당한 중요성을 가질지도 모르는 시설들, 즉 공적 공간에 대한 기록들이 있다. 봉건 시대 수도원과 나병 요양소, 감옥, 구빈원이 소작농 계급을 위한 중요한 시설의 형태들이라면 범죄자 노역소, 병원, 교도소, 수용소와 보다 전문화된 시설들은 산업자본주의하에서 그와 동등한 것들이다.

이 모델에서 사이트의 두번째 계층은 '중간적'인, 즉 대부분 유통과 상업을 위해 남겨진 공간으로 간주된다. 여기서 이 범주는 일터 혹은 생산의 현장을 의미하기 위해 정제된다. 따라서 좀 더 낮은 계층을 위한 핵심적인 물적 입지를 강조한다.

르페브르의 유형에서 세번째 범주는 '사적'으로 이름 붙여진다. 그는 보다 폭넓게 이것을 거주 영역으로 보았다. 이 현장을 '가정'으로 지칭하지만 르페브르에 의해서 인용된 프라이버시의 개념이 중세의

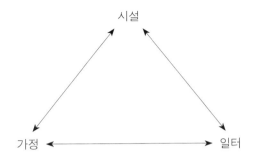

**그림 4-3 봉건 시대와 초기 자본주의 시대 '장애의 사회공간' 유형**
**르페브르의 책(Lefebvre, 1991)에서 수정.**

가내 공간에 단지 제한된 적용 가능성만을 가진 근대적 개념이기 때문에 여기서는 약간의 즉각적인 구체화가 필요하다.

그러므로 장애의 사회공간으로 르페브르의 일반적 유형의 구체화는 세 가지 핵심 결절인 시설, 일터, 가정으로 구현된다(그림 4-3).

모든 추상과 마찬가지로 그 구성은 구체적인 사회적 역사의 매우 일반적 그림을 구현한다. 따라서 적지 않은 상세한 내용이 상실된다. 주요 어려움은 유형이 축약하려는 역사의 범위에 있다.

봉건제와 자본주의의 역사 모두에서 가정과 일터의 개념적 분리는 특히 문제가 된다. 산업자본주의의 구체적인 사회공간적 조건만이 이 추상적 이분법에 대한 절대적인 지지를 제공한다. 봉건적인 소작농 계급의 사회공간은 가정생활과 노동의 비교적 친밀한 결합을 특징으로 한다(Mumford, 1961). 가정생활과 노동의 이 같은 친밀성은 급여 혹은 다른 보상을 대가로 한 근로가 소작농가의 생산 활동에서 중요하지 않았다는 사실에 의해 산업자본주의의 사례와 크게 구별된다.[8] 소농 가구는 외부세계와 제한적으로 연결된 다소 자급자족인 경제였다.

가내생활과 결합된 근로에는 산업자본주의의 사회적 관계를 특징짓는 급여(생산) 근로와 무급여(재생산) 근로 간의 공식적 구별이 없었다. 16세기경에 이르러 점차 해체되기는 하였지만 이 공간적 조화는 산업혁명에 의해 결정적으로 깨어졌다. 산업혁명은 궁극적으로 가내 생산영역과 급여 생산영역의 거의 보편적인 분리를 확립하였다(Buck, 1981; Mackenzie and Rose, 1983).

그러나 이 모델의 이와 같은 불균등한 적용은 두 역사적 배경 모두에서 사회공간의 분석적 구성으로서 모델의 일반적인 유용성을 떨어뜨린다. 가정과 근로 활동이 봉건적 사회공간에서 함께 공존했다는 일반적 가정은 (산업사회와 대비해서) 상대적 의미에서는 맞지만, 그것의 무비판적인 수용은 역사적 사회분석의 중세 경관 구성 파악을 어렵게 한다. 소작농가의 생산 활동은 가족의 작은 집을 넘어서 다양한 범위를 가졌다. 남성들의 일은 가정 외부의 장소에서 이루어지는 경향이 있었으며(그러나 집에서 그렇게 멀리 떨어지지는 않았으며 다른 말로 장원의 부속 토지, 즉 가족 차지[tenement]에서 이루어짐), 여성의 생산 활동은 집 주변에 집중되었다. 따라서 봉건적 노동의 성별 분업과 소작농의 소작지가 생산적인 활동의 한계라기보다는 중심이었다는 사실을 고려할 때, 가정과 근로의 이분법이 중세 배경에 대한 비판적 분석에서 유용하게 쓰일 수도 있다.

---

8) 주요 외적 규정은 소작농가가 제공해야 했던 십일조, 상속 재산, 의례 비용이었다.(Hanawalt, 1986).

## 사회적 초점

이 책에서 나는 봉건제와 자본주의의 예속 계급들에게 있었던 신체 결함의 경험에 중점을 두고 역사적 분석을 하려고 한다. 이것은 두 가지 이유 때문이다. 첫째, 억압받는 사람들과 계급들의 사회적 경험에 대한 나의 정치적 관심을 반영한다. 그들의 역사적, 그리고 당대의 경험들이 관리들의 무관심 또는 혹은 검열의 참담한 침묵으로부터 그들을 자유롭게 할 때 억압받던 사람들을 해방하는 조심성 있는 첫 걸음이 내딛어진다.

둘째, 예속 계급의 신체적 결함을 가진 사람들의 역사적 경험들은 어떤 깊이로도 연구되지 않았다. 이것은 역사·지리적 유물론에게 중요한 새로운 연구 분야임을 말해 준다. 사회공간적 변화의 가장 큰 영향을 느끼는 피억압자들의 경향은 진보적인 사회과학자에게 이 경험을 중요한 것으로 만든다.

앞으로 보겠지만, 나 역시 장애인의 역사·지리적 경험에 영향을 미치는 젠더 구조에 많은 관심이 있다. 여성주의적 역사·지리적 분석(예컨대 Mackenzie and Rose, 1983)은 자본주의로의 전환이 계급과 젠더 구조의 결합된 재구성을 통해 어떻게 이루어졌는지를 설명해 왔다. 장애 연구에서 이 이슈가 별로 연구되지 않았지만, 이 새로운 자본주의적 젠더 구조──가부장제──의 결과가 장애인들에게 분명히 큰 영향을 주었다. 나는 내 분석이 장애 여성과 남성에 대한 가부장제의 역사적 중요성을 밝힐 수 있기 바란다.

# 결론

이 장에서 나는 현재 늘어나고는 있지만 제한된 장애에 관한 역사적 문헌에 스며들어 있는 역사·지리적 통설에 대한 비판적 평가로 시작했다. 앞 장에서 개관한 역사·지리적 접근은 이 문헌의 상당 부분을 특징짓는 몇 가지 핵심 가정을 무너뜨린다. 이 장의 분석은 두 문제적인 통설, 즉 '무력화 이데올로기 명제'와 '걸인' 역사 관점에 초점을 두었다. 두 통설 모두 보편적으로 억압받는 체현의 형태로서 신체 결함에 대한 역사주의적 관점을 생산하는 경향이 있다. 그러한 가정은 역사·지리적 관점의 역동적인 사회적 존재론과 모순이 된다. 또한 일상생활에서 구조가 어떻게 경험되는지에 관한 현대의 이론적·경험적 이해와도 어울리지 않는다.

이러한 역사주의와는 반대로 이 책은 아날 학파 학자들의 접근을 기꺼이 끌어와 장애 연구를 위한 역사·지리적 방법론을 제안하였다. 아날 학파의 방법론은 사회적 행동을 결정하는 추상적 구조에 대한 평가와 개인들이 다양한 방법으로 그리고 여러 장소에서 이 힘을 어떻게 경험하는지에 대한 경험적 강조를 결합한다. 이 책의 접근방법은 또한 국가와 지역의 정치경제의 핵심적 변화들에 기초한 역사 분석을 구조화하는 방안으로서 생산양식 개념을 강조하였다. 구체적으로 말하면, 생산양식은 일련의 공통된 정치경제적 제도에 의해 결정되는 사회공간 세트를 의미한다. 이 책에서 나의 역사적 관심은 정치경제적 힘들이 다른 구조들과 결합해서 낮은 사회 계층에 속한 장애인들의 일상생활을 어떻게 만들었는지를 밝히려는 견해와 더불어 봉건제 사회와 산업자본주의 사회에 있다.

과거의 장애 경험에 관한 연구를 위해 기본적인 몇몇 역사지리적 배경을 정교화하였으므로 나는 이제 사례의 무대, 즉 봉건 유럽과 산업자본주의에 대한 경험적 분석을 하려고 한다. 뒤에 설명하겠지만, 방법론적으로 봉건제와 자본주의의 영국적 경험에 대한 두 사례 연구의 경험적 내용에 초점을 두고자 한다. 후자의 사례에서도 역시 또 다른 산업자본주의 맥락인 식민지 멜버른으로부터 경험적 자료들을 추출하려고 한다.

# 5장 _ 봉건 영국에서 장애의 사회공간

## 도입

이 장은 장애를 가진 신체가 봉건제에서 어떻게 사회화되었는가, 즉 어떻게 사회공간적으로 살아갔는가를 살펴보려고 한다. 경험적 분석은 영국의 중세적 맥락에 뿌리를 둔다. 폭넓게 '중세 영국'이란 용어는 노르만 정복(1066)과 16세기 사이의 기간으로, 그 시기 영국은 봉건적 생산양식이 지배적이었다(Bloch, 1962; Anderson, 1974a).

영국의 봉건제에 대한 경험적 연구의 초점은 두번째 사례 연구, 즉 산업자본주의와 개념적·공간-시간적으로 유용하게 연계된다(6장). 영국은 빠르게 봉건제의 사회-정치적 구조로부터 벗어났다. 그리고 산업혁명을 위한 중심적 무대를 제공하였다. 그래서 영국을 당연히 산업자본주의의 요람으로 간주한다. 실로 이러한 사실에 대한 인식은 맑스가 왜 자본주의 분석을 19세기의 영국에 집중하였는지에 대한 이유이기도 하다. 19세기 영국은 공장제 생산으로의 빠른 전환으로 부르주아 사회 관계의 초기 발달이 가속화되었다.

이 연구는 봉건제 경관 전체를 대상으로 하지 않는다. 앞의 장에서 명확히 한 것처럼 역사적 관심은 '하위 계층들'의 신체적 결함의 경험에 있다. 봉건제 영국은 도시화가 미약하였고, 대다수——90%의——소작농 계급이 농촌, 즉 촌락과 작은 마을에 살았다(Anderson, 1974a; Hilton, 1985). 농촌 지역에서 장애인들의 일상적 경험을 분석하기 위한 경험적 연구틀은 그런 맥락에서이다.

봉건제에서의 소작농의 가내 영역에 대하여 남아 있는 역사적 기록은 별로 없다. 이러한 역사지리적 사실은 소작농 생활에 대한 역사·지리적 분석을 어렵게 만든다. 그러나 사료의 부족이 봉건제 사회에서의 소작농 여성의 일상 경험을 재구성하려는 브루크(Brooke, 1978), 루카스(Lucas, 1983), 하나월트(Hanawalt, 1986), 라바지(Labarge, 1986)와 같은 여성주의자와 여타 역사가들의 시도를 막지는 못하였다. 불충분하고 산재된 경험적 증거에 직면하여 취해진 접근방법은 소작농가의 알려진 특징에서 일상 노동의 젠더적 특징을 추론하는 것이었다.

젠더와 마찬가지로 신체적 결함은 중세 연대기 저자의 눈을 피한 것 같다. 봉건제 영국에서 신체적으로 결함이 있던 사람들 대부분은 성직자, 귀족, 정부 관리에 의해 쓰인 연대기에 언급되기에는 아날 학파의 학자들이 생각하는 것처럼 너무나 평이한 삶을 산 일반 소작농 대중들 속에 있었던 것이 분명하다. 그러나 젠더 의식을 가진 중세주의자들이 보여 주듯이, 그와 같은 난점이 특성이 없는 일반 소작농 대중 내 특정 사회집단의 지위에 대한 경험적 분석을 불가능하게 하지는 않는다. 여기서 신체적 결함에 대한 분석은 아날 학파의 접근방법을 견지하면서 봉건제하에서 소작농 생활의 주요 무대를 재조명하고자 한다. 먼저 신체적 결함의 전제로서 중세 생활의 사회공간적 구조를 연역적으로 평가하고, 그것으로부터 가능했던 신체적 결함의 경험한계를 추론한다. 봉건적 생활의 일반적 무대(장원과 마을)에서 소작농들의 직접적인 '생활공간(가정과 일터, 그리고 공공시설)'으로 분석이 이어진다.

앞 장에서는 장애인의 역사적인 일상 경험을 다듬는 데 이용될 수있는 분석틀, 르페브르가 말한 세 가지 유형의 사회공간의 수정안을제시하였다. 이 장과 다음 장에서는 이 개념적 유형에 따라 경험적 자료를 선택하였으며, 봉건제 영국에 대한 그 다음의 사례 연구에서 일상적인 소작농 생활에서 가정과 일터, 시설의 성격의 의미를 밝혀 주는 1차, 2차 자료들을 도출하였다. 자료원은 노리치(Norwich, 1570)와샐리스버리(Salisbury, 1635)의 빈곤법 조사를 포함한다. 이것들은 중세 시대 몇몇 장애인들이 떠맡은 사회적 역할의 대강을 보여 준다. 이연구와 후속 연구에서 독자를 잠재적으로 산만한 기술적 토론에 빠지지 않도록 하기 위해 이 책에서 사용된 사료의 상세한 설명을 부록에모아 두었다.

이 장은 크게 두 부분으로 나뉜다. 먼저 봉건 영국의 소작농 사회의 폭넓은 물질적 맥락을 개략적으로 살펴보고 일상생활의 기본적인지형으로서 장원과 마을을 강조한다. 그런 다음, 세 현장, 즉 가정과 일터, 시설에 초점을 둠으로써 이들 소작농의 무대 내에서 신체 결함의사회공간을 분석하고자 한다.

## 일상생활의 물질적 맥락

### 정치-경제적 맥락

첫 밀레니엄의 말까지 봉건제 국가는 서부 유럽에서 정치적·사회적 조직의 주요 형태였다. 앤더슨은 봉건제 정체의 두 가지 중요 특징을 확인한다. "그것은 귀족의 사회적 우위 위에 세워진 국가였으며 토지 자산의 힘에 포박된 국가였다"(Anderson, 1974b: 41). 봉건제와 자본주의 생산양식의 중요한 차이는 전자에게 있어서 정치권력과 경제권력 사이에 어떤 공식적 분리가 없다는 것이다. 앤더슨(Anderson, 1974a)은 봉건적 질서를 경제적 수탈의 법률적 합성물로 본다. 봉건제의 정치질서는 경제적 잉여가 최초 소작농 생산자들로부터 추출되고 이어서 군주에게 충성을 하고 때로 재정적 지원을 하는 낮은 신분의 귀족과 높은 신분의 귀족의 계층적으로 구조화된 지배계급 간에 분할되는 과정의 연쇄적 토지 보유권에 의해 통합된다.

　봉건적 생산양식의 핵심적 특징은 토지와 '자연경제'(natural economy)에 의한 지배라는 것이다. 자연경제에서 노동과 노동의 생산물 어느 것도 상품화되지 않는다. 여기서 중요한 것은 자본이 ──자기 스스로 팽창하는 부로서── 봉건 사회에서는 거의 존재하지 않는다는 사실이다(Hilton, 1975; Le Goff, 1988; Wallerstein, 1983). 봉건 사회의 생산계급──소작농계급──은 특정한 사회적 관계에 의해 생산수단──주로 토지──에 속박되었다. 농노 제도──법률적으로는 '토지에 얽매인'(glebae adscript)을 의미한다──가 소작농 사회공간의 법적 환경이었다. 이것은 일반적으로 개인의 거주 장소에 대한 지정된 제약의 형태를 취한다. 중요한 점은 토지를 점유하고 경작하는 소작농 생산자들이 토지 소유자가 아니라는 것이다. 즉, 농지 자산은 거의 배타적으로 정신적이고 세속적인 대군주 지배 카스트의 소유였다.

노르만의 침입(1066) 이후 대략 4세기 동안, 봉건적 생산양식이 영국 전체에 걸쳐 지배적으로 지속되었다. 블로흐(Bloch, 1962: 244)의 견해에 의하면, 노르만의 업적은 영국에서 "이례적으로 엄격한 장원 체제"를 확립한 것이다. 장원은 중부 잉글랜드와 남부 미들랜드의 전형적인 봉건 라인을 따라 발달하는 경향이었으며, 다른 지역(특히 한계지역)에서 장원의 수입은 좀더 제한적이었다. 예를 들어 어떤 지역에서는 소작농민들이 (노동 서비스보다 오히려) 화폐 지대를 지방 영주에게 바치는, 사유지를 가진 자유 자산 소유자에 가까웠다. 앤더슨(Anderson, 1974a: 154)은 실제 사회구성체로서 중세 시대 영국은 사실 "다른 생산양식이 봉건제의 고유한 것과 얽혀지고 살아 있는" 복잡한 사회 체제였다는 점을 지적한다.[1] 봉건 영국의 하위 계급 대부분이 예속된 상태에서 살았지만, 일부는 노예이기도 하고 일부는 법적으로는 자유인이기도 하였다.

그럼에도 불구하고, 대다수 관찰자들은 이런저런 형태가 있지만 장원이 보편적이었다는 것에 동의한다(Postan, 1972). 중세 시골사람들 대부분은 마을이나 소촌과 같은 집단취락의 사회공간적 무대 속에서 살았다. 봉건적 토지 조직의 정치적·법적·경제적 특성이 공간에 따

---

1) 사실, 앤더슨(Anderson, 1974a)은 모든 중세 유럽에 이런 관찰을 확장한다.

라 다르더라도, 소작농 계층의 일상적 삶은 공통된 물질적 조건 —— 자급자족의 필요, 이동의 어려움, 지대와 생산수단에 대한 소작농 통제로서 한정된 잉여의 생산 요구와 같은 —— 의 존재에서 비롯되는 유사성을 갖는다. 이 유사성은 더 나아가 시장과 상품 생산의 일반적인 부재에 의해 강화되었다.

지금까지 대다수 소작농들의 생활 무대였던 봉건 농촌 사회에 거의 초점을 두었다. 도시 지역은 분명히 중세 경관의 중요한 부분이지만, 중세 용어에서 도시 지역은 시골의 중요성에 의하여 과도하게 가려졌다. 인구와 경제적 생산 모두에서 농촌 공간에 과도한 의미가 부여되었다. 힐튼(Hilton, 1985: 121)에 의하면 중세 유럽에서 인구의 대부분 —— 80~90% —— 이 경지 혹은 초지 영농에 종사하였다고 한다. 르고프(Le Goff, 1988)는 중세 시대 봉건적 생산의 중심은 장원 혹은 봉건영주였음을 강조한다. 전 시기에 걸쳐 규모와 경제적 자유 모두에서 지속적인 성장이 이루어졌음에도 불구하고 중세의 도시는 기본적인 물질적 수요를 봉건 영주의 영역에 여전히 의존하였다. 봉건 영국에서 도시에 대한 시골의 우위는 대륙에서보다 더 분명했다. 앤더슨(Anderson, 1974a: 161)에 의하면 중세 유럽에서 어떤 규모의 도시이든 실질적으로 독립적인 도시는 거의 없었다. 중세 시대 영국에는 그 밖의 서부 유럽에서 발달한 정치적 자치공동체가 전혀 없었다 (Anderson, 1974a).

이것이 농촌-도시 간 연계가 중요하지 않았다는 것을 의미하지는 않는다. 소도읍과 도시들은 궁극적으로 시골로 확산되는 상품 관계의 보육기로서의 매우 중요한 역할을 수행하였다. 맑스와 엥겔스(Marx and Engels, 1979)는 노동의 첫번째 분업으로 도시(제조업)와 시골(농업)을 말한다. 그들에 따르면, 이 사회공간적 모순은 봉건제로부터 자본주의로 전환의 추동력이 되었다(Neale, 1975). 산업혁명과 함께, 하층 계급의 일상생활 무대가 급속하게 소도읍과 도시로 옮겨갔다. 따라서 다음 장에서 산업자본 시기의 장애에 대한 논의는 도시를 주요 무대로 하게 될 것이다.

봉건제 ——특히 중세 영국——의 일반적인 물적 맥락을 개략적으로 살펴보았으므로 이제 소작농 공동체가 놓여 있었던 두 가지 기본적인 사회공간적 무대 ——장원과 촌락——에 대한 분석을 하고자 한다.

## 장원

전형적인 장원은 강력한 권력자(개인 귀족 혹은 종교 기관)가 소유한 주로 농경지인 대규모 사유지에 예속된 소작농에 의해 경작된다. 각 장원은 영주에 의해 (예속된 소작농의 노동력으로) 직접 경작되는 토지인 영주 직영지와 소작농의 소규모 혹은 중간 규모의 보유지인 소작지, 그리고 초지, 목장, 임야와 같은 공유지 등 세 부분으로 나뉜다. 장원의 생산은 주로 농업으로 약간의 목축 활동에 의해 보완되었다.

장원의 영지는 영주의 집사들(관리인과 집행관)에 의해 직접 관리되었고, 그들 자신 혹은 그들의 농노에 의해 경작되었다. 소작지는 버깃(보통 30에이커)이라고 알려진 토지 단위로 구획되었다. 영주는 (보통 영지에서 수행되는) 노동력의 제공, 어떤 경우에는 현물 지대 혹은 화폐의 대가로 소작농들에게 토지의 이용을 허용하였다. 대다수는 이

보다 적었고 일부는 더 많았지만, 한 개별 가족의 통상 보유지는 한 버 깃이었다(Hanawalt, 1986). 소작지의 소유권은 지배 영주의 손에 있었 지만, 버깃들 혹은 버깃의 일부는 소작농의 다음 세대에게 상속될 수 있는 관습적 보유였다.

다수의 장원들이 예속적 소작인 외에 공식적인 농노제 바깥에서 많은 법적 자유를 누리는 자유 토지보유자들의 소규모 공동체를 가지 고 있었다. 이들 소작농민들은 일반적으로 장원 내의 토지를 임차하거 나 소유했다. 이들은 비자유 소작인들이 소작지를 경작하는 것과 마찬 가지로 그들이 임차하거나 소유한 경지를 경작하였다. 실질적으로 말 해, 자유 토지보유자들의 자율성은 종종 실제보다 추상적이다. 그들의 일상적 삶은 예속된 그들의 이웃들에 비해 별로 더 나을 것이 없었다.

영주의 수입은 보완적인 잉여를 공급하는 소작농민들의 버깃과 함께 주로 직영지의 경작에서 얻어졌으며, 그곳에서 나는 모든 산물은 영주가 차지하였다. 여기에 더하여 영주의 부는 장원 농노들의 광범위 한 착취에 의해 보충되었다. 불법적인 처녀 능욕(legerwite)에서부터 맥주 양조에 이르기까지 각종 일상적 활동에 부과되는 요금과 벌금이 그것이다. 이것들은 장원의 법정에 의해 강제되었다(Duby, 1968).

그러나 장원 경제에는 상품 생산과 자본주의적 축적이 모두 결여 되어 있었다. 지배 영주들은 단지 최대한의 이윤 강탈에만 관심이 있 었다. "생산 증대를 위해 이윤을 재투자한다는 생각은 어떤 경우든 그 들의 마음속에 거의 없었다"(Hilton, 1975: 213). 또한 장원 경제는 종 종 미약하고 산발적인 화폐의 유통으로 특징지어진다(Kosminsky, 1956; Duby, 1968).

앞에서 설명한 것처럼, 농노제의 핵심은 소작농민들을 이동하지 못하게 하는 것이다. 영주는 그들에게 예속된 소작인들이 어디에 살고 어디로 여행하는지를 모두 통제하였다. 이러한 이동에 대한 법률적 제약은, 구멍이 전혀 없는 것은 아니지만 장원이 소작농의 사회공간을 둘러싼 일련의 강력한 경계였음을 의미한다. 브로델(Braudel, 1981)은 장원이 공간적으로 소작농민들의 작은 세계였음을 강조한다. 장원은 일상생활의 바깥 한계의 경계였다. 헐리히는 "장원이 영주 혹은 봉건 군주의 지배와 권위하에서 규율이 엄격한 소작농 공동체였다"라고 설명한다(Herlihy, 1968: 3, 강조는 원문).

르고프는 이러한 장원 세계의 모습을 보여 준다.

> 영주와 소작농은 그들의 수요를 장원의 틀에서 충족하였다. 특히, 소작농의 경우 가정 내에서 필요로 하는 것들 대부분을 충족하였다. 식료는 집에 붙은 채전과, 자신의 의무를 영주에게 지불하고 교회에는 십일조를 바친 이후 그에게 주어진 작은 농지로부터 생산되었다. 의복은 여자들이 가정에서 만들었으며, 간단한 도구——맷돌, 물레, 베틀——는 가족에게 귀속되었다.(Le Goff, 1988: 247)

시장이나 종교적 장소로의 간헐적인 여행을 제외하면 아마 많은 소작농들이 그들의 대부분의 생활을 장원의 영지 범위 안에서 해야만 했을 것이다. 장원은 소작농들에게 조밀한 사회관계의 구심적 중심지였다. 법적인 제약은 소작농민의 개인적 이동을 규제하였고 신체적인 능력이나 한계보다 더 중요하였다. 이런 이유로 많은 신체적 결함을 가진 소작농들이 그들의 이웃들과 유사한 일상적 상호작용의 영역을 유지하여야 했다.

## 촌락

봉건적 소작농 대다수는 작은 취락——촌락과 종종 300명에서 400명을 넘지 않는 소촌락——에서 살았다. 촌락은 소작농 생활의 중심지였다. 기즈와 기즈(Gies and Gies, 1990: 7)가 설명했던 것처럼 촌락은 "통합된 전체, 농업 생산을 위해 조직된 영구적 공동체"였다. 그러나 개별 촌락이 반드시 단일 장원의 유일한 취락 축이었던 것은 아니다. 빈번히 장원과 촌락이 일치하지 않았다. 봉건 영지는 종종 여러 개의 촌락으로 연결되었거나 그 반대였다(Kosminsky, 1956; Hanawalt, 1986). 어느 촌락의 주민인지는 서로 다른 장원의 소속 표식을 통해 구별되었을지 모른다. 여기에 더해 공동체의 착색은 분업에 의해서도 이루어졌다. 즉 모든 촌락민이 농업 활동에만 지속적으로 매달렸던 것은 아니다. 그들의 이웃에 대한 장인적인 서비스나 비숙련 노동력의 제공을 통해 많은 부가적인 수입을 올렸다.

그러나 촌락 내에서 가장 강력한 사회적 계층화의 힘은 자유민이든 농노이든 각 소작농가가 보유한 토지의 크기에서 나왔다. 토지는 기본적인 생산수단이었고, 따라서 토지의 소유 정도가 소작농민의 생활수준을 결정하였다. 대부분의 연구자들(예컨대, Postan, 1966, 1972; Hilton, 1975; Hanawalt, 1986)이 전형적인 봉건 촌락공동체가 부에 따라 크게 부농, 중농, 빈농 세 계층으로 구분되는 것으로 보았다. 코스

민스키는 대부분의 소작농민들이 중간적인 수준에 있었다고 생각한다. 즉, "영국의 주요 소작농 계층, 즉 버깃과 1/2 버깃을 가진 반자유민들은 부유하고 견실한 소작농이 아니라 봉건적 수탈에 의해 고생하는 중농 계층이었다"(Kosminsky, 1956: 240). 이러한 사회적 단층선 효과의 상쇄는 소작농민 촌락에 강한 집단적 성격을 부여하는 강력한 힘이었다. 힐튼(Hilton, 1975)은 소작농 공동체들 사이에 높은 수준의 사회적 응집을 확보하는 근본적인——촌락민 간의 목축이나 수확에서 서로 협력할 필요성과 같은—— 물질적 규정력을 조명한다.

하나월트(Hanawalt, 1986)는 촌락은 전형적으로 세 개의 지역으로 구분되는 동심원적 구조를 특징으로 한다고 보았다. 중심부는 소작농민들 가옥과 교회, 헛간, 채전의 군집을 포함하고, 중간 지대는 경지와 목초지(버깃과 영주 직영지 모두), 주변부는 삼림지대와 황무지의 험지였다. 공식적으로 전체 영역은 촌락민들이 매년 순회하거나 경계를 돌아다니면서 표시하는 풀밭이 경계가 된다(Hanawalt, 1986). 촌락민들은 다양한 규모의 장원에 속박되어 있었지만, 일반적인 소작농들의 "일상적인 상호작용의 범위는 촌락으로부터 반경 5마일 이내"였다고 하나월트는 믿는다. 울트도 영국의 봉건 촌락에 대해 "모든 이웃이 서로 서로 쉽게 걸어서 다닐 수 있을 만큼의 거리"가 "근린의 세계"였다고 보고 하나월트와 비슷하게 공간적으로 한정된 소작농의 세계를 강조한다(Ault, 1972: 15).

지금까지 봉건 영국에서 일상생활의 일반적인 근간을 살폈다. 이제 신체적 결함이 그 무대 속에서 어떻게 경험되었는지에 대하여 구체적인 질문을 하려고 한다. 앞 장에서 제시한 수정된 유형 분류체계(그림 4-3)에 따르면, 세 개의 핵심적 현장(가정, 일터, 시설)이 장애 소작 농민의 일상 경험의 틀을 형성한다. 각각의 현장은 촌락과 장원이 중첩된 무대 내에 위치한다.

물론, 그러한 개념적-경험적 틀이 장애인의 사회공간적 경험의 모두를 포괄하지는 않는다. 예를 들어 하나월트(Hanawalt, 1986), 르고프(Le Goff, 1988)와 같은 학자들은 이러한 유형 분류체계가 다른 중요한 촌락 활동 장소를 간과하고 있다고 주장할지도 모른다. 예를 들어 교회, 선술집, 장원, 초원 모두 봉건 촌락에서 중요한 활동의 결절이었다. 그럼에도 불구하고 그것들이 다음 분석에서 어떤 중요한 의미를 갖는 특징이 되지는 않는다. 여기서 주요 관심은 봉건제하에서 장애의 사회공간을 구성하는 보편적인 현상을 기술하는 것이 아니라 핵심적인 패턴과 관계를 기술하는 것이다. 따라서 이 유형은 경험의 핵심적인 상호 연관된 결절에 분석의 초점을 둔다.

## 신체적 결함과 일상생활

### 봉건제 영국에서 가정과 일터

가정과 근로의 공간적 차원

작업 공간과 가내 영역은 농가에 있어서 매우 중첩되는 공간이다(Mackenzie and Rose, 1983). 가족의 오두막은 생산과 재생산의 활동 모두의 축이었다. 소작농 경제에서는 임노동의 상대적 부재로 인해 농가경제 내에서 유급 노동과 무급 노동 간에 구분이 없었다. 가내 영역 역시 근로의 장소였으며, 소작농민의 버깃과 공유지의 일차적 산물들이 그곳에서 사용가치로 전환되었다. 니콜슨에 따르면, "가정은 일터였으며, 곡물, 우유, 가족, 양모와 같은 원료 상품이 그곳에서 생활필수품으로 전환되었다"(Nicholson, 1988: 33).

그러나 이 주장과 같이 소작농민에게 가정과 일터가 완전히 겹치는 것은 아니다. 몇몇 중요한 근로 장소들──가족의 경작지 버깃, 영주의 직영지, 공유지──는 가족들이 사는 오두막의 범위를 벗어나 있었다. 그러나 하나월트(Hanawalt, 1986)가 관찰한 것처럼 이들 외부의 근로 장소는 최대 거리가 수 마일 이내로 집에서 멀리 떨어져 있지 않았다. 몇몇은 그들 노동의 일부로 가까운 마을이나 시장에 간헐적인 방문을 했지만, 반복적인 일상 노동이 이 외부 근로 장소를 벗어나 이루어지는 일은 거의 없었다.

가족들이 사는 오두막에 인접한 토지는 크로프트(croft)라고 한다. 크로프트는 담장이나 도랑으로 구획되어 있는데 보통은 집, 채전, 광(barn)과 다른 옥외 건물을 포함한다. 크로프트의 크기는 상당히 다른데 물론 개별 가족의 부에 좌우된다.

일상 노동의 보상 형태──즉 지불되는 근로활동이냐, 지불되지 않는 근로활동이냐──가 명확히 구분되지 않았지만, 성별로는 구분되었다(Hilton, 1975; Labarge, 1986). 배타적인 것은 아니지만 남자들은 주로 농사일을 하고, 여자들만은 아니지만 대개 여자들은 아이들을 키우고 집안의 생필품을 만드는 일에 종사한다(Middleton, 1988). 이러한 성에 기반을 둔 일의 배분은 널리 퍼져 있었지만, 불변의 것은 아니다. 예를 들어 모든 가구원은 작물 수확과 같은 중요한 일에는 함께 도와야 했다. 세갤런(Segalen, 1983)은 쟁기질, 파종, 수확과 일차 생산물의 처리(예컨대, 옥수수 껍질 벗기기)를 포함한 광범위한 일에서 종종 여성과 남성이 서로 협력하였다는 사실을 강조한다.

이러한 성별 노동 분업은 여성과 남성의 근로 공간의 분리에도 해당하였다. 하나월트의 중세 검시관의 역할에 대한 광범위한 연구는 농가의 성별화된 근로-공간을 경험적으로 확인하여 준다.

> 남성과 비교해 여성이 당한 사건은 그녀들이 주택과 마을 주위에서 훨씬 많은 노동시간을 보냈다는 것을 말해 준다. … 그러므로 죽음의 장소는 여성의 주요 근로 영역이 가정이었으며, 남성은 들이나 삼림이었다는 것을 확인해 준다.(Hanawalt, 1986: 145)

그러나 남성과 여성의 근로 영역이 자주 중첩되었다는 점에서 이 공간적 구분이 지나치게 도식적이라는 세갤런(Segalen, 1983)의 경고에 주의해야 한다. 가정과 들판이 성별 근로 영역의 배타적 경계라기보다는 여성과 남성의 노동 각각에게 중심지였다고 생각해야 한다.

## 소작농가의 외적 맥락

농가는 시장이나 상품 관계에 대해서는 별로 관심이 없었다. 중세 시대 상품 관계는 주로 조금 큰 소도읍과 도시들에 한정되었다. 농촌의 생산은 대부분 촌락과 영주 공동체가 주로 필요로 하는 국지적 수요와 조건들에 입각하였다(Blaut, 1976s). 르고프(Le Goff, 1988: 222)는 중세 경제의 목적이 축적이라기보다는 자급자족에 있었다고 생각한다. 사실, 중세 신학은 부의 축적을 금지하고 하위 계층의 이상적인 사회적 단위로서 한 가족의 땅(terra unius familiae)──평균적인 가구를 지지할 수 있는 약간의 토지──를 점유하고 있는 소작농가를 옹호하였다(Le Goff, 1988).

힐튼(Hilton, 1985: 5) 또한 "그들의 경제적 생산 대부분이 자급과 재생산을 위한 것"이라는 점을 강조하면서 소작농 가족의 자급자족성을 지적한다. 중세 시대에는 생산자들이 (설사 그것들을 소유하지 않았더라도) 생산수단──주로 토지와 동물들──들을 직접 통제하였다. 소작농가가 거의 자급자족적이기는 하였지만, 외부의 요구로부터 완전히 단절되지는 않았다. 농가에 대한 가장 두드러진 외부 제약은 영주에게 의무를 바치는 것이었다. 강제 징수의 가장 일반적 형태는 노동력 제공이었다. (장원마다 다르긴 하였지만) 농노들은 일주일에 3일 정도 영주의 직영지나 집에서 직접 일할 것을 요구받았다. 거기에 더하여 소작농가는 십일조, 화폐 지대, 영주에게 내는 요금과 벌금, 행사 경비와 상속을 위해 소비의 일정 부분을 보류할 필요성 등 다양한 다른 외적 강제를 받았다.

완전히 그런 것은 아니지만, 소작농 경제는 현금이 거의 필요치 않았다. 범위가 국지적이고 거래 속도가 더디긴 했지만 시장이 촌락 내와 촌락 간에 존재해서 농가들에게 특별한 수요를 위한 제한된 양의 현금을 얻을 수 있는 기회를 제공하였다. 힐튼(Hilton, 1985)은 대부분의 소작농가가 지대, 세금, 벌금을 위한 재원을 마련하기 위해 그들의 생산물의 일부를 시장에 가져갔다고 지적한다. 그럼에도 불구하고 그는 이렇게 강조한다.

> 우리는 이들이 소규모의 자본주의적 농부들이었다고 상상해서는 안
> 된다. 의무를 지불하고 나면 현금은 거의 남지 않았다. 원료와 노동력
> 의 투입은 거의 가족 경제 내에서 제공되었다.(p.129)

생산물 일부의 판매와 더불어 노동력의 판매(주로 부유한 이웃에
게)와 장인적 서비스(목수, 대장장이, 기와장이, 피혁공 등)를 통해 현금
수입을 보충할 수도 있었다.

소작농가가 현금을 위해 팔거나 다른 상품과 교환할 것의 상당 부
분은 여성들이 집에서 생산하였다. 이 오두막 산업의 생산물들은 결
과적으로 그들 자신의 농가 소비를 위해 여성들에 의해 만들어진 사
용가치로 단지 좀 더 많이 생산되었을 뿐이다. 여성들에 의해 만들어
져 판매되는 오두막 상품에는 맥주, 빵, 도축 고기와 의복 등이 있었다
(Hanawalt, 1986; Labarge, 1986). 이와 같은 여성들의 보충적인 경제
활동은 농가가 자급 수준을 손상하지 않고 외적 의무를 충당할 수 있
는지 여부를 결정하는 데 중요하였다. 여성들 역시 지방영주들을 위해
아마와 양모 짜기와 같은 노동 서비스를 수행하였다(Duby, 1968).

요약하면, 소작농가는 대개 지배계급들에 의해 그들에게 부과되
는 특정한 수요를 만족시켜야 하는 자급자족적 단위였다고 말할 수 있
다. 이러한 의무 중 가장 중요한 것은 아무런 생산 활동을 하지 않는 토
지소유 계급이 소작농 계급이 생산한 잉여 산물을 징발하는 수탈이었
다. 또 다른 중요한 외부적 통제는 소작농민들이 축일 준수와 같은 특

정 종교적·문화적 전통을 따라야 하는 것이었다.

소작농가가 직면하는 두 가지 중심적인 경제 문제는 첫째, 소작농가의 생산물에 대한 외부적인 요구를 충족하는 것이고, 둘째, 자신의 자급을 유지할 필요성이다. 소작 생산자들은 대개 그들의 생활수준을 결정하는 데 자유로웠으며, (외부적 강제 외에) 유일하게 변하지 않는 것은 가족 구성원들을 위하여 적절한 쉼터와 최소한의 칼로리 섭취량 유지하는 것이었다. 덧붙여서 소작농 가족은 그들이 내적인 (재생산) 수요와 외적 의무 모두를 만족시키는 방법을 결정하는 데 있어서도 비교적 자유로웠다. 일상생활에서 이 두 가지 수요에 대한 다양한 대응이 개별 가구들에 의해 이루어졌다.

소작농가의 자급자족은 생산수준과 그것에 도달하기 위한 수단에 대한 자기 결정을 할 수 있는 힘과 일치하였다. 가족들은 그들의 수요 범위와 그것을 충족하는 방식에 대한 중요한 자기 결정을 행사할 수 있었다. 가내 경제를 설계하고 운영하는 데 있어 각 가족의 상대적 자율성은 이 분석에서 중요한 관심의 대상이다. 특히, 노동과정의 형태를 결정하는 데 있어 농가의 유연성은 신체적 결함을 가진 소작농민들의 잠재적 위치에 대하여 상당한 시사점을 갖는다. 이제 그 이슈로 눈을 돌리고자 한다.

## 가구 노동과정의 일반적 특성들

이하 논평은 소작농가의 노동력이 모두 '건실한' 가족 구성원에 의해서 단순히 구성되었다는 중세주의자들이 흔히 하는 가정에 반대된다. 하나월트(Hanawalt, 1986), 라바지(Labarge, 1986)와 같은 역사가들은 소작농 경제의 자급적 성격은 가구가 생존을 위해 **모든** 구성원의 생산적 기여에 의존한다는 것을 의미한다고 정확히 말한다. 그러나 소작농의 근로가 "모두 건강한 신체를 가진(able-bodied) 가족 구성원을 포함한 노동"이었다는(강조는 인용자) 라바지(Labarge, 1986: 163)의 주장은 확실히 잘못되었다. 여기서 라바지는 '건강한 신체'라는 근대적 개념을 그녀의 소작농가의 분석에 적용하고 있음이 분명하다. 이것은 문제가 있는 적용이다. 왜냐하면, 신체 능력에 대한 매우 다른 생각이 과거 역사 시대에는 유행할 수 있다는 현실적 가능성을 간과하고 있기 때문이다.

어떤 맥락에서든 소작농 경제의 중심적인 문제는 부양가족의 수와 생산활동에 참여할 수 있는 가족 수 간의 균형을 맞추는 일이었다. 이러한 전제조건은 질병에 기초한 의무 노역의 면제를 금한다는 영국 장원의 관습으로 실현되었다(Duby, 1968). 보편적 근로라는 책무는 소작농가들이 어떤 신체이든 비생산적인 것을 허용할 여유가 없었으며, 모든 가족 구성원은 적당한 일의 형태를 찾아야만 한다는 것을 의미하였다. 이것에 대한 증거로 하나월트는 장원의 기록들을 제시한다.

노인들은 그들이 할 수 있는 만큼 신체적으로 활동적이었으며 일상 근로에 참여하였다. 앞을 못 보는 늙은 여자조차 수확기에 아기 돌보기의 압박을 받을 수 있었다.(Hanawalt, 1986: 237)

사실, 봉건적 생산의 물질적 맥락이 각 가족 구성원의 신체적 능력에 맞는 일상 과제를 설계하는 데 있어 상당한 정도의 자유를 소작농

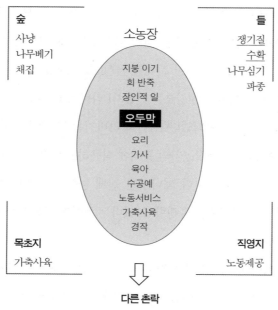

주:
위는 남성들에 의해 수행되는 일들.
아래는 여성들에 의해 수행되는 일들.
위의 밑줄은 남성과 여성 모두가 참여하는 일들.

**그림 5-1 소작농 노동의 성별 영역**

가에 허용하였다고 볼 수 있다.

　젠더의 관점에서 보면, 소작농가의 노동과정은 남성과 여성을 분리해서 분석되어야 한다. 소작농 노동의 사회공간이 두 개의 밀접하게 중첩된 영역 ——여성들의 집에 붙은 텃밭 중심의 활동과 남성의 들에서의 일 ——으로 구성된다(그림 5-1). 그러나 이 두 단계의 소작농 노동 성분 분석을 하기에 앞서. 양 근로 영역에 많은 공통의 속성이 있음을 알 필요가 있다.

첫번째 일반적으로 고려해야 할 점은 자본주의 시대의 시간성과 대비되는 봉건제에서 시간을 측정하는 상이한 양식이다. 저명한 에세이에서 톰슨(Thompson, 1974)은 시간에 대한 전산업사회의 이해가 기계적 과정보다 '자연적(즉, 생태적으로 기원된)' 리듬에 의존하였다고 설명한다. 소작농민들은 계절의 흐름과 하루의 지남, 그리고 작물과 동물의 성장을 통해 시간을 인식하였다(Le Goff, 1988). 인간성 그 자체가 생식력이나 출산과 함께 소작농민의 시간 감각에 중요한 리듬 차원을 제공하는 '자연 시간'의 일부분이었다.

이것은 일상생활의 시간성이 부분적으로는 인접한 유기체적 환경과 개인의 만남으로부터 나온다는 것을 말해 준다. 평균적인 소작농민에게 시간은 계절에 의해 드러나는 (그리고 자기 증명의) 조직된 원리였다. 즉, 그들은 시계와 같은 다른 어떤 외부적인 준거 표준을 가질 필요가 없었다(Thrift, 1990). 그 수가 제한된 이용 가능한 시간 측정 장치 ——해시계, 모래시계, 촛불——조차 부정확했고 자연의 변덕에 노출되었다(Le Goff, 1988).

중세의 시간성에 대한 한 가지 공식적이고 비유기체적 구속은 교회의 성찬식 달력이었다. 강림에서부터 오순절에 이르는 예수의 이야기를 따라 달력은 여러 축제와 축일의 준수를 명기하였다. 그러나 이것조차 준수의 패턴은 느슨했고 어느 정도 계절에 따라 결정되었다(Le Goff, 1988). 이 유기체적으로 기원된 시간성의 효과는 "중세 농촌지역에서 하루, 일주일, 일 년의 조직을 측정하는 것이 아니라 리듬 있게 만드는 것이다"(Thrift, 1981: 58).

폭넓게 말해, 근로일(日)은 계절의 전반적 제약과 종교적 준수, 야간 근로에 대한 공통의 금지와 같은 특정한 공동체 규약들에 의해 틀 지어졌다(Langenfelt, 1954; Mandel, 1968). 이러한 제약의 결과로 중세 시대 일하는 날의 지속과 날수가 다음 세기 농촌과 산업 프롤레타리아트에게 요구되는 것에 비해 짧고 적었다(Pahl, 1988). 이를 지지하는 입장으로 맨델(Mandel, 1968)은 에스피나스(Georges Espinas)의 저작을 소개하고 있는데, 에스피나스는 중세 시대 노동일이 평균적으로 일 년에 240일이었다고 추정한다.

그러나 이런 시간의 틀 내에서 소작농의 노동시간은 톰슨(Thompson, 1974)이 지적한 것처럼 과업 지향적이었다. 즉, 사람들은 단지 (어떤 경우든 자신이 결정한) 요구된 일이 끝날 때까지 일하였다. 따라서 소작농민의 노동시간은 당장의 유기적 규제와 주어진 과업의 영향력이 결합한 산물이다. 소작농민의 신체 자체가 시간성의 강력한 유기체적 원천임을 기억하는 것이 중요하다. 과업의 범위와 노동시간의 지속이 이것에 영향을 받는 것은 의심할 바 없다. 과업에 대한 자기 결정력은 개인들이 근로의 리듬과 자신의 신체적 능력을 조화시킬 수 있다는 것을 의미한다.

그러므로 소작농의 노동시간은 불연속적이고 갑작스러운 변화에 노출되어 있었다. 근로와 사회적 교제가 밀접하게 얽혀 있었으며, 나아가 그것은 노동의 지속에 대한 간헐적인 간섭과 불규칙성을 원천을 제공하였다. 그러한 노동시간의 셈으로 개인의 신체적 능력과 한계에 맞도록 자신의 근로 노력을 재단할 수 있었다는 것은 의심할 여지가 없다. 봉건적 시간성은 소작농의 노동과정에 '신체적 유연성'을 크게 부여하였다.

봉건적 노동과정은 응집과 상호 지지를 특징으로 갖는 소작농의 사회적 관계 속에 배태되었다. 하나월트(Hanawalt, 1986)는 소작농 공동체의 사회적 응집이 공동체의 생존을 확보하기 위한 물질적 필요성에서 비롯되었다는 견해를 피력하면서, 소작농 생활의 이러한 특징을 감정적으로 보는 것(중세 시대에 대하여 많은 낭만적 견해들에 공통되는 실패)을 회피하였다. 물질적 자원 관점에서 종종 불안정한 균형의 사회는 협력과 상호의존이 중요하였다.

일차적으로 가장 중요한 사회적 끈은 혈연적 유대였다. 소작농 사회를 낭만적인 것 ──이런 경우 확대 가족의 응집된 네트워크──으로 만들려는 유혹은 보다 복잡한 진실에 주목하고 거부되어야 한다. 세갈런(Segalen, 1983)과 하나월트(Hanawalt, 1986)는 전산업사회의 지배적인 가족 형태가 확대가족이었다는 근대 사회과학자들의 확산된 믿음과는 달리 핵가족이 중세 가구의 가장 일반적인 형태였음을 발견하였다. 하나월트(Hanawalt, 1986)의 연구에서 촌락민들은 확대된 친족보다 이웃에 더 밀접하게 의존하고 있다. 그러나 한 지붕 아래 거주하는 확대가족이 일반적이지 않았던 것은 아니다. 조부모와 함께 사는 핵가족이 가장 빈번한 형태였다.

소작농의 사회적 질서는 모두가 물질적 생존을 위해 기여하여야 한다는 암묵적 통제 가정에 기초하였다(Kumar, 1988; Malcomson, 1988). 어떤 경우에는 노동과정 내의 설계된 물질적 영역이 특정 형태의 생산자를 위하여 남겨졌다. 울트(Ault, 1965, 1972)는 중세 시대 지방의 농업 규칙은 이삭줍기(수확 후에 남은 곡식 모으기) 일을 신체 장애가 있는 마을 공동체의 구성원에게 특별히 남겨 놓았다. 이 저자는 이삭 줍는 사람이 하루에 베어 수확하는 사람만큼 곡식을 거두어들였을 것으로 추산한다(Ault, 1972).

소작농 생산에서 또 다른 중요한 일반적 실제는 토지를 경작할 수 없는 사람들이 토지를 다른 사람에게 다시 빌려주는 것이다. 또, 소작농 공동체적 구조는 가치가 있는 토지가 생산에 활용되지 않아서는 안 된다는 것과 촌락민들이 물질적으로 도움을 받았다는 것을 확인시켜 준다. 그러한 질서의 가장 일반적 형태는 그들의 자산을 이웃에게 빌려주고 생계의 일정한 형태로 보상을 받았던 과부들이다(Hilton, 1975; Labarge, 1986). 포스탄(Postan, 1966: 626)은 "자신의 토지를 경작할 수 없는 사람들——과부, 병약자, 나이 든 일족——"에게 있었던 이 같은 일들을 발견하였다. 하나월트는 허약한 랠프 베아몬즈(Ralph Beamonds)가 혈족의 한 남자에게 자신의 소작지를 양도한 영국 촌락에서의 특별한 사례 하나를 상세히 살폈다. 그녀는 차지인이 보유지를 경작할 수 없을 정도로 '허약할' 경우 공동체의 지도자들이 장원의 법정에서 만나 그 사람을 보살펴 주는 대가로 그 토지를 이웃에게 양도하도록 조정하였을 것이라고 주장한다(Hanawalt, 1986).


**남성들의 일**

소작농 남성들은 주로 농업과 가축사육에 종사하였다. 남성들의 일상 노동은 집을 벗어나 자신의 경작지, 마을의 공유지, 가까운 숲, 영주의 직영지에서 이루어졌다(그림, 5-1). 어쩌다 남성 가족 구성원들은 가구의 생산물의 일정 부분을 가까운 소도읍이나 마을, 혹은 시장으로 가져갔을 것이다. 따라서 남성 노동의 사회공간은 여성의 근로 영역보다 약간 넓었을 것이다.

남성 소작농민들은 마을 주민의 들과 목초지에서 다양한 일을 하였다. 어느 때나 수행하는 일의 유형은 주로 계절에 좌우되었으며, 쟁기질과 양털 깎기, 식재, 파종, 벌목, 초가집 엮기, 회 반죽 건물 칠하기와 같이 다양한 활동을 포함하였다. 수확은 마을 전체 공동체의 일이었다. 농사일과 동물 사육에 더하여 남자들은 종종 가족의 소농장 주변에서 마을을 위한 제빵, 목수, 대장장이와 같은 여러 장인적인 파트타임 일에 종사하였다. 이런 일들은 특히 농한기 12월과 1월에 남성들의 에너지를 소비하였다. (하나월트[Hanawalt, 1986]는 대부분의 남성들이 실제로는 이 시간에 난로 옆에서 쉰 반면 여성들은 분명히 계속 일을 했을 것이라고 한다.)

농사일과 가축사육은 모두 신체적 힘과 기민함의 결합을 요구하는 다양한 활동들이 혼합된 일이다. 신체적 결함은——즉, 혼자서 이동하는 데 심각한 어려움이 있는 결함 —— 농부가 이러한 옥외 노동에 참여하는 것을 어렵게 하였을 것이다. 소농장의 장인적 일에서도 마찬가지였다 할 수 있다. 두 경우 모두 소작농민이 각각의 노동이 어떻게 수행되어야 하는가를, 즉, 적용되는 에너지의 양, 쉬는 시간과 그 간격, 근로일의 길이와 생산성의 수준 등을 자유롭게 결정하였다.

계절적인 조건에 따라 최소한의 과업이 수행되었지만, 그럼에도 불구하고 남성 소작농민들은 그들 가구의 수요와 능력에 적합한 노동 과정을 구성하는 데 상당한 자율성을 가졌다. 이런 매우 현실적이고 실질적 의미에서 남성 소작농민 근로 체제의 신체적 유연성을 말할 수 있다.

## 여성들의 일

여성 노동의 대부분은 가족의 소농장에서 이루어졌으며, 전적으로 그런 것은 아니지만 상대적으로 앉아서 하는 일의 성격을 가졌다(그림 5-1). 여성들의 일은 주로 가족 노동력의 재생산과 가구의 직접적인 소비 수요를 위한 사용가치의 생산이었다. 여성들은 매일 음식 준비와 아이 돌보기에서부터 음식, 음료, 의복(이것의 일부는 팔 목적으로 생산되었다)과 가구의 소모품의 생산에 이르기까지 다양한 일에 종사하였다(Gies and Gies, 1990). 여성 가족 구성원들은 또한 소농장의 과일과 채소 가꾸기 및 소, 돼지, 여러 가금류를 포함한 소수 가축 돌보기를 통해 가정경제에 기여하였다(Labarge, 1986).

여성 노동이 전적으로 가정에 국한된 것은 아니었다. 즉, 여성들은 숲과 길에서 견과, 야생 과일, 허브와 푸성귀를 채취하였다(바닷가에서는 조개류를 채취하였다). 덧붙여 여자들은 7월 말에서 9월 초 들판에서 수확하는 일을 도왔다. 여성들이 남성보다 더 힘든 일은 한 것은 아니더라도 남성만큼 일을 했던 것만은 분명하다. 라바지는 이렇게 썼다. "농부의 아내는 그들 가족의 생계와 안위에 필수적인 일을 하는 전업 노동자였다"(Labarge, 1986: 161). 남성의 일에 비해 신체적으로 요구되는 것은 적었지만, 여성의 노동은 아마도 더 분절적이었고 다양한 과업으로 구성되었을 것이다. 따라서 여성들의 과업 체제는 집안 가축 돌보기와 같은 상대적으로 가벼운 노동에서부터 버터와 치즈 만들기 혹은 아마 치기 같은 훨씬 더 노력을 요구하는 것에 이르기까지 이질적인 신체적 요구를 하였다. 여성들에 의해 수행되는 일의 통제는 개인에 의해 상당한 정도의 자기 결정권을 가졌다. 노동일의 길이와 휴식 시간과 간격, 적용하는 에너지의 양 모두를 가내 근로에 종사하는 여성이 정할 수 있었다.

이런 것들을 고려하면, 신체적 결함을 가진 사람들(남성이든 여성이든)이 소작농의 가내 경제에 통합될 수 없었다고 믿을 만한 이유는 없다. 유연하고 앉아서 일하는 여성 근로의 업무 체제가 다양한 신체적 능력에 맞추어 만들어질 수 있었다. 근대적인 사고는 특정 노동과 그것에 대한 보상 혹은 사회적 중요성 간에 매우 다양한 상호성이 있었으며, 그것들이 중세 시대에 지배적이었음을 상기하여야 한다. 집안의 불 피우기와 같은 비교적 단순하고 신체적인 것이 요구되지 않는 일이 오늘날에는 평가하기 어려울 정도로 중요성을 가졌다. 충분한 양의 생산적 노동력과 먹여 살려야 할 식구 간의 균형을 유지하여야 했음을 기억한다면, 농가가 신체적으로 장애를 가진 가족 구성원에게 충분히 의미 있고 생산적인 일을 맡도록 유연적인 가내 노동체제를 활용하였음을 상상할 수 있다.

소작농민의 노동에 대한 고찰을 마치고, 이 장의 말머리에서 언급한 노리치(1570)와 샐리스버리(1635)의 빈곤한 사람들에 대한 조사를 살펴보고자 한다. 이하에서는 이 두 자료에 대한 검토를 초기 센서스부터 시작하려고 한다. 두 자료를 검토하는 의도는 근대 초기 무대에 등장하는 신체적으로 결함을 가진 사람들의 지위를 가난한 사람들 속에 위치시키는 것이다.

## 1570년 노리치에서 신체 결함

노리치의 빈곤 센서스에는 1570년 도시 인구의 대략 1/4이 되는 약 2,359명의 빈곤한 사람들이 있었던 것으로 나타나 있다. 그러나 이 센서스가 극빈자 조사는 아니다. 센서스에서 열거된 사람들의 대부분은 어떤 형태로든 고용되어 있었다. 이 센서스는 도시의 하층 계급을 폭넓게 포착한 것으로 보아야 한다.[2]

이 자료에서 46가구의 총 47명의 장애인을 확인할 수 있다. 이들 가운데에는 29명의 여성과 18명의 남성이 있었다. 신체장애인은 가난한 사람들 총수의 대략 2% 정도 된다. 신체적 결함을 가진 사람들은 조사된 인구에 비해 평균적으로 나이가 많았다(표 5-1).

노리치의 신체적 결함을 가진 가난한 사람들의 절반 이상이 센서스 조사 당시 일을 하고 있었던 것으로 기술되어 있다. 이들 중 대다수가 가족과 함께 혹은 세대 속에서 살았던 것으로 기록되어 있다(표 5-2). 일을 하지 않는 신체적으로 결함이 있는 사람들은 더 많은 비율로 가족과 함께 혹은 세대를 구성해서 살았다.

이러한 작은 표본을 다루는 데는 주의해야 하지만, 세대를 구성해 살면서 일을 하지 않는 신체장애인의 상당수가 매우 어리거나 늙었다는 사실은 흥미롭다. 여기서 노동의 '평범한' 생애 과정을 생각해 볼 수

---

2) 파운드(Pound, 1988)에 따르면, 조사 목록에 있는 열세 가족이 실제로 빈곤율을 높인다.

**표 5-1 신체적 결함을 가진 가난한 사람들과 전체 가난한 사람들의 연령 구조**

| 연령 | 신체 결함이 있는 가난한 사람들 명 | % | 전체 가난한 사람들 명 | % |
|---|---|---|---|---|
| 〈 16 | 3 | 6 | 926 | 39 |
| 16~59 | 23 | 49 | 1036 | 44 |
| 〉59 | 21 | 45 | 330 | 14 |
| 알수 없음 | 1 | - | 67 | 3 |
| 합계 | 47* | 100 | 2,359 | 100 |

출처: 파운드(Pound, 1971)의 자료에서 추출
[옮긴이] '신체적 결함이 있는 가난한 사람들'의 합계는 48명으로, 원서의 오류임.

**표 5-2 신체적 결함을 가진 사람들의 취업과 생활환경**

| | 가족과 함께 혹은 세대를 구성해 사는 경우(명) | 혼자 사는 경우(명) |
|---|---|---|
| 직업 있음 | 14 | 10 |
| 직업 없음 | 19 | 4 |
| 합계 | 33 | 14 |

출처: 파운드(Pound, 1971)의 자료에서 추출

있다. 즉, 나이든 이들은 과거에는 노동을 했었는데 은퇴를 했을 것이다. 그리고 어린 사람들은 후에 어떤 일에 종사하게 될 것이다. 덧붙여서, 인생의 어떤 단계에서 기술을 습득하였는지 텍스트를 통해 알 수는 없지만 고용되지 않은 몇몇 신체적 결함이 있는 사람들은 상거래 혹은 직업을 가진 것으로 묘사된다. 이러한 요소들은 센서스 자료에 대한 엉성한 독해가 신체적 결함을 가진 사람들의 노동 능력(잠재된 것이든, 드러난 것이든)을 과소평가할 수 있음을 말해 준다.

일을 하고 있는 것으로 조사된 장애인의 상당수는 여성으로 이들 모두 가내 생산에 종사하였다(표 5-3). 한 명을 제외한 모든 여성이 제

**표 5-3 신체적 결함을 가진 직업 있는 사람들의 성별 및 직업**

| 직업 | 명 |
|---|---|
| 여성 | |
| 실잣기 | 16 |
| 뜨개질 | 1 |
| 바느질 | 1 |
| 증류 | 1 |
| 소계 | 19 |
| 남성 | |
| 파이프 채우기 | 3 |
| 노동 | 1 |
| 꼬챙이 돌리기 | 1 |
| 소계 | 5 |
| 총계 | 24 |

출처: 파운드(Pound, 1971)의 자료에서 추출

조업 혹은 직물과 의류 수선에 종사하였다. 남성 중 세 명은 파이프에 담배 채우는 일에 종사하였다. 흥미롭게도 조사된 전체 인구에서 파이프에 담배 채우는 일이 주로 여성의 일이다. 20명 중 16명의 여성이 이 일에 종사하였다. 파이프에 담배를 채우는 일을 하는 네 명의 남성 중 세 명이 신체장애를 가졌다(모두 다리를 전다고 묘사되어 있다). 따라서 파이프에 담배 채우는 일은 보통 여자의 일인데, 아마도 이 일이 상대적으로 앉아서 하는 일이기 때문에 신체적 결함을 가진 남성에 의해 수행되었다고 할 수 있다.

일을 하는 가난한 신체적 결함을 가진 가난한 사람들 대부분은 여성이었다. 이것은 후기 튜더 노리치(Tudor Norwich)에서 여성 노동의 본질이 신체적 결함을 가진 이들의 참여를 배제하지 않는다는 것을 의미한다. 등재된 빈곤 여성의 2/3 이상이 지방의 직물산업의 방적 일에 종사하였다. 조사된 신체적 결함 여성의 반 이상이 실잣기 일 또는 그와 관련된 활동에 종사하였다. 아마도 가정에 기반을 둔 이 작업들의 성격이 작업을 하는 사람에게 어떻게 그들의 노동력을 수행할 것인가를 결정하는 데 있어서 상당한 유연성을 허용하였을 것이다.

조사된 신체적 결함을 가진 남성 중 단지 5명이 일을 하고 있었다. 실업 상태의 장애인 남성의 상당수는 일할 나이였다. 이런 상황에 대한 원인은 센서스 자료로는 알 수 없다. 아마 후기 튜더 노리치에서 상품 생산의 성장이 남성 근로 영역에서 가장 활기찼던 것 같다. 그 결과 1570년에 이르러 신체적으로 결함을 가진 남성 노동력이 여성보다 가치절하되었다. 농촌에서 노동기회의 부재가 신체적 결함을 가진 남성들의 고용 전망을 더욱 좁히는 데 기여하였을 수 있다.

추측건대 파이프에 담배 채우기의 가내적 성격이 장애인들의 참여로 이어졌을 것이다. 신체적으로 결함이 있던 남성들이 방적과 같은 다른 형태의 가내 노동에는 참여하지 않았다는 것은 흥미롭다. 이것은 아마도 남성들에게 여성들의 일 대부분을 금지한다는 당대의 성 이데올로기에 기인한 것 같다.

1570년 노리치에서 신체적 결함을 가진 가난한 사람들 중 절반 이상이 의미 있는 경제활동에 참여하였다. 일을 하지 않았던 사람들의 연령 구조는 다른 신체적 결함을 가진 사람들이 그 전의 센서스나 이후의 센서스에서는 취업해 있을 수 있음을 말해 준다. 따라서 후기 튜더 노리치의 신체적 결함이 있는 사람들의 물질 생산 참여가 엄격하게 배제되었다고 말할 수는 거의 없다.

## 1635년 샐리스버리에서의 신체 결함

샐리스버리 시 의회는 1635년 시의 가난한 사람들에 대한 조사를 시행하였다. 노리치 센서스의 다소 느슨한 빈곤 개념에 대하여 앞에서 논한 바는 여기에서도 동등하게 적용된다. 노리치와 마찬가지로 샐리스버리 조사도 한계 빈곤계층이라기보다 도시의 부유하지 않은 다수 시민들을 잘 묘사하였다고 볼 수 있다.

전체 249명을 포함한 총 108 가구가 조사되었다. 각 가구 구성원의 이름, 직업(있다면), 연령이 기록되었다. 취업한 사람의 주(週) 수입에 따라 각 가구에 지원되는 구호물자의 양이 결정된다. 가난한 사람들의 신체적 결함도 기록되었다.

20가구에서 20명의 장애인이 확인되었는데, 이들 중 9명은 샐리스버리의 베든 로우(Bedden Row) 구빈원에 살았다. 구빈원에 거주하는 장애인 중 한 명을 제외한 나머지는 모두 60세가 넘었다. 신체적 결함을 가진 사람은 조사된 전체 인구의 대략 8% 정도 되었다.

확인된 신체적 결함을 가진 사람들 중 절반 이상(13명)이 취업해 돈을 벌었다. 불행히도, 그들의 직업은 기록되어 있지 않다. 돈을 얼마나 벌었는지도 알 수 없다. 신체적 장애가 없는 가난한 사람들 다수는 본레이스 뜨기, 색종이 공예(quilling), 실잣기, 베짜기와 같은 가내 일에 종사하였던 것으로 기록되어 있다. 가난한 신체적 결함을 가진 사람도 그와 같은 활동을 통해 돈을 벌 수 있었다.

주 수입이 있는 것으로 기록된 13명의 신체적 결함을 가진 사람 가운데 7명은 구빈원의 거주자였다. 이는 일을 하는 신체적 결함을 가진 사람들의 연령 구조를 반영한다(표 5-4).

**표 5-4 취업 지위별 신체장애인의 연령 구조**

| 연령 | 취업자 | 실업자 | 계 |
|---|---|---|---|
| 〈 16 | 1 | - | 1 |
| 16~59 | 4 | 2 | 6 |
| 〉 59 | 8 | 5 | 13 |
| 합계 | 13 | 7 | 20 |

출처: Slack(1975)의 자료에서 추출

**표 5-5 장애인 및 비장애인의 주 평균 수입과 범위**

| | 장애인 | 비장애인 |
|---|---|---|
| 주 평균 수입 | 6.3d | 11.3d |
| 주 수입의 범위 | 1.5d ~ 10d | 2d ~ 3s |

출처: Slack(1975)의 자료에서 추출
주: 1s = 12d

 

신체적 결함을 가진 사람들의 주 평균 수입은 조사된 가난한 사람들의 평균보다 실질적으로 낮았다(표 5-5). 장애인의 수입 범위 또한 조사된 나머지 다른 사람들에 비해 훨씬 작았다.

노리치와 같이 이러한 작은 자료에서는 과잉 분석의 유혹은 피해야 한다. 이런 예에서 신체적 결함을 가진 사람들의 비율이 노리치에서 조사된 것에 비해 높지만 샐리스버리의 경우 더욱 그런 주의를 해야 한다.

샐리스버리 자료에서는 또 신체적 결함인의 다수(65%)가 의미 있는 경제활동에 참여하고 있다. 조사 자체는 교구 구빈을 받는 가난한 사람들에게만 관심이 있지만, 지원을 받지 않는 낮은 신분의 신체적 결함을 가진 사람들이 어떻게 노동시장에서 살아가는지를 아는 것은 흥미로울 것이다. 매주 수입을 올리는 이들 신체적 결함을 가진 사람들 모두가 조사 시기에 구제를 받았다. 그럼에도 불구하고 자료는 신체적 결함을 가진 사람들 대다수가 자신의 노동을 통해 그들의 지원에 기여하는, 상대적으로 배제되지 않는 생산과정이 있었음을 보여 준다. 구빈원에 있는 이들조차 공적 자선에 전적으로 의존하지 않았다. 독립적인 일을 통해 어떤 경우에는 주 수입의 절반 혹은 그 이상을 벌었다.

이제 봉건적 사회공간에서 신체적 결함의 세번째 주요 물적 현장인 시설로 눈을 돌려 보자.

## 봉건 영국의 시설

소작농 공동체가 어떤 이유에서든 자기 자신을 스스로 지지할 수 없는 구성원들을 도왔다는 것은 의심할 여지가 없다. 베이어(Beier, 1985)는 장원 사회가 중세 말까지 때로는 이면에서 국지적 지역사회 무대 내의 가난한 소작농민들조차 묶어 두고 유지했다는 것을 강조한다. 초기 색슨 구민법은 친족이 쉼터 또는 지원 수단이 없는 소작농민의 거주지를 정한다는 것을 확립하였다. 1066년 이후 노르만의 통치는 장원 공동체 내에 이런 형태의 연대를 강화하였다(Leonard, 1965).

봉건 영국이 이 마을에서 저 마을로 후원자를 찾아, 때로는 도둑질과 폭력을 행하면서 유랑하는 곤궁한 뿌리 없는 소작농 무리들에 의해 괴롭힘을 당했다고 보는 것은 일반적인 오해이다. 진실은 중세 영국의 사회공간이 비교적 조용했다는 것이다. 즉, 구걸의 실제 조류가 16세기까지 역사적 상투어가 말하듯이 사실 그렇게 심각하지 않았다. 근대 초기 그 체제 안에 부랑자와 걸인의 수가 대규모로 폭발적인 증가를 했다. 이 현상은 튜더 군주에게 매우 야만적인 반 구걸법을 제정하도록 하는 압력이 되었다. 걸인들이 봉건 영국을 배회한 것은 분명하지만, 그들은 상대적으로 소소한 현상이었다. 즉, 그것은 웨스트민스터, 더럼, 혹은 다른 종교 중심지로 여행하는 순례였다. 순례는 그 시기 일반적인 도보 여행자였다(Clay, 1909).

여기서 기본적인 관심은 지방 소작농 공동체의 시설 자원에 있다. 푸코(Foucault, 1979, 1988b)가 매우 자극적으로 묘사한 '대감금'(Great Confinement) 이전의 세기, 봉건 영국은 상당한 정도의 제도적 네트워크가 뻗쳐 있었다. 봉건 시대의 시설들은 규모, 기능, 위치(농촌/도시)와 소유권에 있어 매우 다양하였다. 대규모 수도원 병원, 순례자들을 위한 '환대의 집' 그리고 작은 일반 목적의 사설 구빈원까지 다양하게 있었다. 클레이(Clay, 1909)는 중세 영국에 750개가 넘는 병원(시설의 전 범위를 묘사하기 위하여 그녀가 사용한 용어)이 있었다고 추산한다. 매킨토시(McIntoch, 1991)는 약간 후기인 1388년에서 1598년 사이 운영되었던 가난한 사람들을 위한 978개의 거주 시설을 확인하였다.[3]

다양한 성격을 가졌음에도 불구하고 중세 병원들은 18세기 이후 세워진 근대적 시설과 질적으로 구분되는 점을 공유하였다. 봉건 시대 시설은 일반적으로 그것이 서비스하는 지역사회로부터 떨어져 있기보다 근접하여 있었다. 이 규칙의 한 가지 예외는 나병원인데, 이는 특별한 경우이다. 나병원은 늘 취락으로부터 멀리 떨어져 위치하였다

---

3) 물론 이 수치는 1530년대 수도원의 해산에 의해 복잡해진다. 사라진 수도권 센터를 대체하는 세속적 병원들이 설립됨에 따라 그 뒤 몇 십 년 간 새로운 시설들이 갑작스럽게 출현하였다.

(예, 도시의 성 바깥). 클레이(Clay, 1909)는 750개의 중세 병원 중 200개 이상이 나병환자를 돌보았다고 추정한다.

이런 점에서 한 가지 중요한 개념적-경험적 수정을 할 필요가 있다. 병리학과 사회적 중요성의 측면에서 나병은 이 연구에서 고찰되는 신체적 결함의 유형에서 제외한다. 지리학자들이 앞으로 나병을 가진 사람들의 구체적인 역사적 경험을 탐구하였으면 한다. 중세 지역사회는 나병이 다른 신체적 결함의 원인이 되는 조건과 다른, 전염되는 진행성의 병이라는 것을 잘 알고 있었다. 중세 시대 사람들에 의해서 나병이 구분되었다는 점에서 르고프(Le Goff, 1988) 같은 역사가들이 나병과 병으로 불구가 된 사람들을 뭉뚱그려 취급하는 경향으로 질병과 장애의 이슈를 뒤섞는 것은 불행한 일이다. 여기서 잠시 이러한 혼돈의 함의에 대한 고찰을 중지하는 것이 중요하다고 생각한다.

1348년 왕은 칙령으로 나환자들은 "남성의 성찬식에서 추방된다"고 선언하였다(Clay, 1909: 186). 마을의 지도자들은 지역사회의 전염 위험 때문에 나환자를 반드시 쫓아내야 했다. 그리고 이런 일이 규칙적으로 일어났다는 명백한 역사적 기록이 있다. 종종 오진이 있었을지도 모르지만, 그런 경우는 드물었을 것이다. 삼출성 상처와 같은 명확한 나병 증세는 이 병을 신속하게 신체적 결함과 구별하게 한다. 그러므로 봉건적 사회관계의 분석에서 나병의 일반화는 모든 불구자는 버림받은 자라는 역사적 설명을 유도한다. 이러한 접근방법은 앞의 장에서 확인한 바와 같은 장애 분석의 역사주의적 단점을 반영한다.

일반적으로 소작농 촌락은 보통 13개 이상의 침상을 가진 작은 사설 구빈원을 가지고 있었다(Clay, 1909; Hanawalt, 1986). 이러한 온

화한 시설들은 종교 단체에서부터 장인 길드에 이르기까지 수많은 단체들에 의해 제공될 수 있었다. 장원의 지주 역시 종종 장원에 소속된 소작인들을 위한 사설 구빈원을 유지하였다. 좀 더 큰 도시들에는 다양한 이름으로 알려진 사설 구빈원으로 '신의 집'(Maison Dieu) 혹은 구빈기도원(bedehouse)이 성당에 인접하여 운영되었다. 다른 경우에는 시 정부 혹은 (보통 장인 혹은 상인 자선가로 구성된) 조합 이사회와 같은 조직체의 후원하에 운영될 수도 있었다. 수도원들은 필요로 하는 사람들을 위해 중요하고도 부가적인 구제의 중심으로 기능하였다(Pound, 1988). 엘리(Ely)와 크로이랜드(Croyland), 글래스톤버리(Glastonbury)와 같은 수도원(Abby)은 가난한 사람들에 대한 그들의 자애로 유명해졌다(Leonard, 1965).

다소 후대이지만, 초기 스튜어트 샐리스버리의 구빈원은 규모와 운영 면에서 중세의 것과 본질적으로 유사하였다. 센서스 당시(1635), 베든 로우(Bedden Row) 구빈원은 46명을 수용하고 있었다——그들 중 9명은 신체적 결함이 있었다. 도시 시설들의 좀 더 큰 규모(이후 기준에 의해 완화됨에도 불구하고)를 반영하여, 이 경우 구빈원은 시 의회에 의해 유지되었다(Slack, 1975).

클래이(Clay, 1909: 15)는 대다수 병원들이 허약하고 나이 든 사람들을 위한 것이었다고 생각한다. 그렇다고, 그녀의 분석이 암묵적 일반성을 통해 인정하는 것과 같은 중세의 시설 수용 인구의 프로파일을 (나환자의 상당한 출현을 확인한 것 이상으로) 구체화하지는 못한다. 촌락의 많은 사설 구빈원의 경우, 병자나 노인, 정신이상자를 포함하여 스스로 돌볼 수 없는 사람들을 도왔을 것이라고 상상할 수 있다.

가정-일터 맥락에 대한 앞의 논의에서 나는 신체적 결함을 가진 사람들이 농가 생산에 가치 있는 기여를 했을 것이라고 주장하였다. 가족 단위로부터 고립되어 있을 때조차 신체적 결함을 가진 사람은 자신의 생산적 열정과 자신이 권리를 가지고 있는 토지의 차대와 같은 다양한 일반적 전략의 결합을 통해 스스로를 지지하였을 것이다. 이 주장은 신체적 결함과 사회적 의존 사이에 필연적인 역사적 연관이 있다는 생각에 이의를 제기한다.

신체적 결함을 가졌던 소작농민들은 장애에서 반드시 야기되는 것은 아니더라도 온갖 종류의 우연한 이유로 마을의 구빈원이나 좀 더 큰 병원의 주민으로 생을 마감했다—— 클레이(Clay, 1909)는 몇몇 시설 사례에서 '불구자'의 존재를 언급한다. 마을 구빈원을 통한 사회적 의존은 흔히 조건부로 이루어졌다. 촌락의 구빈원은 피수용자가 경제적 활동을 하는 데 자유롭고 자신을 지지하는 데 기여할 수 있을 정도로 오히려 느슨하게 운영되었다.

일부 소작농민들은 길드 구성원에게 제공되는 보호를 통해 구빈원에 가지 않았음이 분명하다. 도시와 농촌 모두에서 많은 길드가 다리 절단 손상이나 다른 신체 결함을 도와주는 재난 보험을 제공하였다(Hanawalt, 1986). 이후의 사회 형태와 비교해서 소작농 사회는 신체적 결함을 가진 사람이 독립적으로 생존할 수 있는 기회에 대한 방해물이 적었다. 그러나 소작농 사회가 이상적인 것은 결코 아니다. 생애의 일정 시점에 신체 결함을 경험한 일부 사람은 특정 환경(특히 갑작스럽게 경험하게 되었다면)에서 특별한 지원을 필요로 한다.

피난처로 마을 구빈원에 의지하는 사람들의 추방이 제도화되지 않았던 것은 분명하다. 구빈원은 촌락 사회공간의 큰 부분으로 존재하였다. 이는 물리적 근접성과 그곳 주민과 그들의 동료들과의 지속적인 유대 측면에서 증명된다. 촌락민이 일상적 사회 상호과정에서 사라지도록 시설을 숨기기에는 촌락공동체는 매우 작았고 매우 응집되어 있었다(늘 그것이 최상의 특징은 아니다). 구빈원의 주민들이 지역사회의 일상적 일에서 행위자로 여전히 남아 있었음이 분명하다.

물론, 프란체스코 교단과 도미티크 교단의 사상가들이 가난의 미덕, 빈번히 신체적 노쇠함마저 강조하던 시대에는 자애에 대한 의존이 반드시 사회적 낙인은 아니었다(Beier, 1985; Le Goff, 1988). 부유한 가족들은 개인적으로 그들의 가난한 이웃들을 도와주어야 한다고 생각되었다. 부자들은 사실, 선행이 '영혼의 건강'을 지킨다는 교회의 가르침에 따라 자선할 기회를 찾았다. 지방 수준에서 중세적 자선행위는 종종 궁핍한 사람들에게 부분적인 지원을 해서 빈자들이 사설 구빈원에 의지하는 잠재적 수요를 감소시켰다. 매킨토시는,

> "안락한 수단들을 가진 사람들은 음식, 의복, 잠자리, 낮은 임대료나 임대료 없이 집에 살 권리 혹은 노인이나 어린이들을 지명한 일자리의 형태로 그들의 이웃에게 도움을 제공하였다"라고 설명한다.(McIntoch, 1991: 2)

따라서 중세 마을의 사설 구빈원들이 수용인원을 거의 채우지 못했을 것이라고 상상할 수 있다. 연장 기간 중에는 종종 비기까지 하였을 것이다. 충분히 실증하는 것은 거의 불가능하지만, 이 주장에 대한

일부 증거를 래슬렛(Laslett, 1971)의 연구에서 찾을 수 있다. 그는 영국의 전산업시대 취락 100개에 대한 연구에서 약 7만 명의 전체 인구 가운데 단 335명의 사람들이 시설에 살았다는 것을 발견하였다. 이것을 토대로 전산업사회의 사설 구빈원이 소작농민들의 생활에 영향을 거의 주지 못하였다고 믿는 래슬렛에 동의하려 한다.

## 결론: 봉건적 사례의 숙고

이 장은 두 단계 분석을 통해 봉건 영국에서 신체 결함의 사회공간을 고찰하였다. 전반부는 본질적으로 장원과 촌락으로 구성되는 일상생활의 경계, 즉 소작농민의 사회공간을 설명하였다. 이것으로부터 연구의 다음 부분은 소작농가와 중세 제도에 초점을 두고 이러한 무대들에서 신체 결함의 물질적 맥락을 탐구하였다. 소작농 생활의 평범한 맥락 내에서 신체 결함의 경험을 분석하였다.

르고프(Le Goff, 1988)는 봉건 시대 많은 소작농민들이 신체적으로 결함이 있었다고 믿는다. 중세는 손, 발이 끊어진 신체장애인, 척추장애인, 갑상선 혹을 가진 사람들, 다리를 저는 사람과 마비된 사람들이 많았다고 말한다(Le Goff, 1988, 240). 이 주장에 대한 증거는 결핵과 같은 장애 유발 질병의 알려진 유행을 포함한다. 중세 시대 전반적으로 빈약한 소작농민의 식사, 그리고 제한된 의료 전문지식과 결합하여 이런 질병들이 신체 결함을 매우 일반적인 것으로 만들었음이 틀림없다. 신체 결함이 봉건 시대에 흔한 것이었다는 가설에 대한 추가적인 지지를 교회 영역에서도 찾을 수 있다(Clay, 1909; Le Goff, 1988). 성인(the Saints)들 ── 소작농층을 지지하고 소작농층의 정신적 모범인 ── 가운데는 신체적 결함과 연관된 사람들이 있었다(영국에서 이들은 성 자일스, 성 고드릭, 성 토머스였다). 장애인들을 지원하는 수많은 형제애적 종교단체 ── 성 앤서니의 형제들(the Brothers of St. Anthony)과 같은 것들 ── 는 신체 결함이 많았다는 또 다른 증거이다.

신체 결함의 편재성에 대한 이러한 가정이 중세 이래 보존된 기록들에서 신체 결함이 상대적으로 잘 보이지 않는 것을 설명하는가? 나는 감히 그렇다고 말한다. 신체 결함 자체는 아마도 봉건 시대 소작농민 사회공간의 일반적인 특성이었을지도 모른다. 신체적 결함의 용인을 의심할 바 없는, 즉 소작농민 생활의 평범한 요소였다. 그리고 그것은 영혼의 중요성을 바깥으로 드러내는 것이기도 하였다. 이것의 한 예가 클레이(Clay, 1909)가 만든 목록에 있는 중세 장애인들의 기적의 치유이다. 더욱이, 나병의 증거로 오해되었을 때 신체 결함의 특정 형태는 공동체 걱정거리의 초점이 되거나 더 악화되었다. 르고프(Le Goff, 1988)가 말한 것처럼, 생리적 지형은 선과 악의 화신 양자를 모두 의미하는 것으로 다양하게 받아들여지는 극단적 형태의 신체화와 함께 사회화의 불확실한 대상이었다. 중세 시대 신체 결함의 양성적 형이상학은 그것의 물질적 맥락의 상응하는 모호성을 의미한다. 르고프는 중세 세계가 정신적 세계와 세속적 세계가 융합된, 즉 "지상과 천상에 의존한 네트워크"에서 살아가는 사회공간이었다고 주장한다(Le Goff, 1988: 164). 이와 같이 오히려 신체 결함에 대해 개방된 정신적 대우는 신체 결함의 세속적 사회화를 반영하였다.

봉건 사회가 신체적으로 결함을 가진 소작농민들에게 단 하나의 불가피한 생활 경험을 받아들이게 강요하지 않았다는 것을 확실하다. 2장에서 개괄한 체화 유물론의 중심적 원리는 어떤 사회도 형상 혹은 어떤 다른 특징을 이유로 행위자들에게 사회적 경험을 완전하게 부과할 수 없다는 관점이다. 신체화의 특정 형태에 부과되는 사회적 제약(과 권리)은 사회마다 다르다. 이런 맥락에서 중세 영국에서 신체 결함을 둘러싼 특정 사회적 관계에 대하여 숙고함으로써 이 장의 결론을 맺으려고 한다.

소작농 사회의 물질적 구조는 신체적으로 결함을 가진 사람들에게 그들이 생활 과정을 결정하는 데 필요한 상당한 유연성을 허용하였음은 분명하다. 다른 말로 이것은 봉건 시대 신체 결함의 사회공간이 개인들이 자신을 위해 의미 있고 생산적인 생애를 만드는 것을 허용하였음은 물론, 심지어는 북돋우기까지 하는 구조적 유연성으로 특징지어진다는 주장이다. 이 분석에서 중요한 것은 소작농가들이 자신의 노동체제를 결정하는 데 있어서 갖는 자율성의 증거이다. 소작농 가족들은 노동과정을 설계할 자유를 가지고 있어서 각 가구는 생리적 자원과 노동과정을 조응할 수 있었다. 여기서 가구들 스스로 구성원의 노동에 대하여 결정할 재량권을 가지면서 개별 노동에 대한 외적 평가가 상대적으로 적었다는 것이 중요하다. 모든 가족은 자신의 생리적 프로파일에 의해 구별되었던 것처럼 각 가족의 노동체제 역시 개별적 형태를 취하였다. 그러나 모든 가족에게 공통으로 부과되었던 것은 각 가구가 자신의 전 신체적 자원들을 배치할 필요성을 가졌다는 점이다.

신체 결함의 사회공간이 일반 소작농층의 그것과 구별할 수 없었다고 주장하는 것은 아니다. 장애인들이 일상생활의 영역에서 제한을 받았다는 것이 틀림없는 한, 분명히 이 같은 신체적 차이를 가진 사람들의 분리된 사회공간을 정의할 수 있다. 소작농 생활의 물질적 맥락이 신체적으로 결함을 가진 사람들의 개인적 능력에 대해 이상적이지 않았더라도, 완전한 불능은 아니었다. 남자들의 근로 형태, 예를 들어 강함이나 이동능력과 같은 특정한 신체적 요구는 일부 신체적으로 신체 결함을 가진 사람들이 그 일에 참여하는 것을 배제하였을지 모른다. 따라서 신체적으로 결함을 가진 남성들이 자주 노동의 성 분업을 위반하여 여성들의 좌식 근로에 참여하였음을 상상할 수 있다. 이러한 위반이 사회적으로 문제가 되었다고 생각할 이유는 없다. 노리치의 조사에는 이런 일의 발생에 대한 제한된 경험적 증거가 있다.

소작농 활동의 일상 지형과 신체 결함 영역을 구별하는 또 하나의 특징은 시설에 대한 사회적으로 다양한 경험에서 나온다. 전술한 분석은 신체적으로 결함을 가진 소작농민들이 반드시 혹은 빈번하게 생존을 위해 시설에 의존한다는 관념과는 다르다. 그러나 신체 결함인이 일반적인 소작농층에 비해 시설화를 좀 더 많이 경험한다는 것은 의심할 여지가 없다. 여기서 고려할 점은 촌락 시설 구빈원의 사회적 다공성, 즉 촌락공동체의 일상생활과 거의 구분되지 않는 거주이다.

전반적으로 그 당시, 장애의 사회공간은 여전히 그 안에 뿌리를 내리고 있지만 봉건 시대 소작농층 일일 생활의 일반적 지형과 구분하여야 한다. 신체 결함 영역은 물리적 범위, 젠더 관계, 시설의 노출에 있어서 일반적인 사회공간과 다를 수 있다. 그러나 두 개의 지형이 서로 반대되는 것은 아니다. 신체 결함의 사회공간은 촌락과 장원 일상생활의 영역 바깥의 주변부라고 할 수 없다. 오히려 그것은 흔한 소작농 경관 내에 있었음이 틀림없다. 그러나 이것이 신체 결함을 가진 소작농민들의 일상생활 중 형태의 특이함 혹은 이질감을 부정하는 것은 아니다. 이것은 단지 이들 차이점이 언제나 소작농 생활의 회합 바깥에 장애인들을 위치시켰을 것이라거나 그들을 지역사회에 의존해서 부담을 주는 구성원으로 구별했다는 관념에 반대하는 것이다.

개별적 수준에서 소작농의 존재 구조에 대한 분석이 신체 결함이 있는 가족 구성원이 왜 제자리에 있지 않고, 그들 가구의 부양에 기여하였는지에 대한 물질적 이유를 드러내지는 않았다. 하나월트(Hanawalt, 1986)의 장원 법정 기록과 검시관의 두루마리 문서에 대한 검토는 소작농민들이 신체적 결함을 가진 영아를 죽였을 것이라는 영아살해에 대한 생각을 버리도록 하였다. 사람들은 신체적으로 결함이 있는 아이들이 자랐을 때, 그들이 자신들의 가구 생활에 기여하는 일일 섭생을 자기 자신을 위한 것에 한정하도록 하였을 것이며, 근대적 기준에 의해서 그것이 거칠게 강요되기조차 하였을 것이라고 상상한다.

3장에서 주장한 바와 같이 어떤 사회에서든 신체 결함의 사회공간을 미리 결정된 강제들의 총체라기보다는 오히려 소작농 생활의 물질적 질에서 나오는 가능성과 제약의 한정된 세트로 인식하는 것이 가장 바람직하다. 다른 시대와 장소들에서 쟁점이 되는 것은 신체 결함을 가진 사람들에 대한 제약과 기회의 상대적 강도이다. 봉건제에서 결함을 가진 소작농민의 신체는 사회공간에서 상당한 정도의 자율적 창조자였다. 자기 창조의 이러한 힘의 반정립으로서 불구는 소작농 생활을 둘러싼 물질적 구조의 속성도, 갉아먹는 것도 아니었다. 프레이저(Fraser, 1997a)가 우리를 상기시키듯이, 봉건적 사회관계는 개인성을 최고의 도덕적(물질적) 기준으로 끌어올린 그들의 자본주의적 계승자들과 달리 상호의존성에 의해 특징 지어졌다. '경제적 독립'이라는 부르주아지적 관념이 아직 출현한 것이 아니기 때문에 가난이 부끄러운 것은 아니었다. 봉건적 촌락 생활을 구성하는 복잡하고 층화된 의존성 내에서 신체적으로 결함이 있는 사람들은 '사회적 의존자' ──이 비열한 정체성은 자본주의적 사회 질서의 구성이다── 로 고립되지 않았었다.

이것이 봉건 시대 촌락 생활에 대한 일부 평가처럼 일종의 감상적 향수에 빠지는 것은 분명히 아니다. 물질적 관점에서 생활은 가끔 모든 소작농민들에게 힘들었고, 하비(Harvey, 1996)가 지적하였듯이, 촌락은 기회가 있으면 많은 사람들이 탈출하려 할 만한 답답하고 나태한 사회조직이었다. 요점은 불구(disability)에 대한 특별한 사회적 억압이 봉건적 사회 형태 속에서는 별로 발전하지 않았거나 심지어는 거의 존재하지 않았다는 것이다. 다음 장에서 소개하듯이 자본주의의 등장은 신체에 대한 새롭고 강압적인 사회화를 가져옴으로써 자기 결정의 이 같은 능력을 제한하였다.

# 6장 _ 산업도시에서 장애의 사회공간

## 도입

이 장은 한 가지 중요한 사례, 즉 식민지 멜버른에 초점을 두고 산업자본주의 사회에서 장애의 사회공간을 탐구한다.[1] 특히, 이 장의 목적은 장애인들의 거리 생활을 이러한 독특한 사회공간 속에 위치 짓는 것이다.

　왜, 거리에 초점을 두는가? 앞으로 보여 주겠지만, 산업주의 시대 장애인들에 대해 남아 있는 역사적 증거의 대부분은 보통 공식적 공공공간과 가내 영역 모두로부터 주변화되어 추방된 인물들에 대한 것으로 거리를 배경으로 하고 있다. 프롤레타리아와 룸펜 프롤레타리아 계급에 속한 장애인들에게 있어서 '거리'가 갖는 의미에 대해 탐구하고, 산업도시의 제도적 공간과 가내 공간 내에서 조용하게 지내는 '불평등

---

한 삶'을 조명하려고 한다. 이 장의 고찰은 3장에서 개괄한 사회공간의 개념에 다시 의존한다. 그러나 나는 산업도시에서 장애인들에게 거리가 얼마나 중요한지를 반영하기 위해 이 개념화를 네번째 결절, 즉 '거리'의 도입을 통해 수정하려고 한다.

왜, 식민지 멜버른에 초점을 두는가? 그 이유는 첫째, 이 역사적 무대에 상당한 경험적 친숙성을 가졌기 때문이며(Gleeson, 1993, 1995b를 보라), 둘째, 멜버른이 전형적인 산업도시이기 때문이다(Davision, 1978). 여기서는 후자의 토대를 약간 확장할 수 있을지 모르겠다. 빅토리아 식민지(지금은 주)의 수도, 멜버른은 1891년 인구가 거의 50만 명이었다. 19세기 후반 런던과 글래스고만이 멜버른의 과세 부과를 상회할 정도로 멜버른은 대영제국에서 최상위 도시의 하나였다(Briggs, 1968). 1890년대 초에 이르러 도시의 광범위한 제조업 부문은 남성 노동력의 약 30%를 고용하였다. 대부분의 산업시설과 프롤레타리아 노동력은 중심업무지구(CBD)를 둘러싼 교외의 안쪽 환상형 지역(inner ring)에 있었다(Lack, 1991). 이 산업적인 프롤레타리아 핵심 지구의 생활에 대한 단편적 역사 기록들은 '주변화된' 상당히 많은 장애인들의 존재를 암시한다.

이 장은 세 부분으로 나뉜다. 첫 부분은 (영국에 초점을 둔) 봉건제에서 자본주의로의 이행에 대한 폭넓은 설명으로 신체적 결함을 가진 낮은 사회 계층의 사람들에게 있어서 이러한 생산양식 변화의 의미를 조명한다. 두번째 부분은 산업도시에서 장애라는 현상의 위치를 설정한다. 이 장의 마지막 부분은 식민지 멜버른의 사례에 초점을 두고 산업도시에서 장애인들의 거리 생활을 스케치한다.

## 봉건제에서 자본주의로의 이행

자본주의는 발전의 연장으로 지리적으로 불균등 과정을 거친 이후에서야 유럽의 지배적인 생산양식이 되었다. 그것의 기원은 봉건제 자체의 초기 단계로 거슬러 올라간다. 14세기 영국에서는 사회공간을 강력하게 뒤흔드는 일련의 폭풍이 전쟁과 시민 소요, 기근, 역병의 형태로 밀려왔다. 이런 재난들은 오히려 보다 점진적인 그리고 불균등한 경제적 과정 ——특히, 시장의 확산——과 결합하여 영국의 정치-경제적 경관의 광범위한 변형을 가져왔다(Neale, 1975).

봉건제에서 자본주의로의 생산양식 전환은 사실 다양한 방식으로 일상생활의 여러 구조에 영향을 미쳤던 일련의 보다 구체적인 과정들의 산물이었다. 어떤 변화는 1530년대와 1540년대 남자 수도원들, 병원들, 대수도원들의 해산과 같이 갑자기 그리고 널리 이루어졌고, 반면에 장원 경제의 침식과 같은 것들은 보다 천천히 그리고 불규칙한 공간적 패턴으로 나타났다.

## 봉건경제의 쇠퇴

경제적 관점에서 봉건제에서 자본주의로의 이행은 오래고 복잡한 과정이었으며, 그것은 시장 발달의 핵심적 진화 단계들, 즉 그 중에서도 특히 중상주의와 산업주의에 의해 특징지어진다. 20세기부터 시장과 화폐의 성장은 소작농층 사이의 소규모 상품 생산 확장을 유도하였다. 17세기 후반에 이르러 상품 관계가 영국의 사회공간 위에 단단히 자리를 잡았다. 시장의 규모 및 범위 증가와 함께 화폐 경제의 성장은 의복, 음식, 음료수 같은 상품 생산 쪽으로 가구 에너지의 투입 비중을 늘리는 방향으로 농가를 유도하였다. 생산 초점의 이러한 이동과 함께 농가는 농가 자율성의 상당 정도를 포기하였다. 가구는 더 이상 자신의 물질적 필요의 생산에만 관심을 갖지 않았다. 그 이후 가구는 강력한 외부 힘 —생산물의 가치뿐만 아니라 노동의 가치까지 결정하는 시장—에 종속되었다.

상품 관계의 확대는 근로 패턴에 원천을 둔 사회적 신체화의 과정들을 심도 있게 변화시켰다. 특히, 이러한 정치경제적 변화는 그들의 가족과 가구에게 의미 있는 기여를 할 수 있는 장애인들의 능력을 감소시켰다. 시장은 농가에 가치 법칙에 기초한 근로 잠재력의 추상적·사회적 평가를 도입하였다. 즉, 노동력의 경쟁은 사회적 평균 필요 노동시간으로 나타났다. 이러한 생산성 규칙은 사회적으로 필요한 비율로 생산할 수 없는 어떤 누구의 근로 잠재력도 가치절하를 하였다. 가구들이 노동력의 경쟁적 판매에 점차 의존하게 되면서, '느리거나' 혹은 의존적인 구성원들을 돌보는 그들의 능력도 크게 감소하였다 (Mandel, 1968).

더욱이, 자본주의적 관계가 봉건사회의 보다 폭넓은 영역에서 강화되고 뿌리를 내리자, 그 추세는 상품 생산의 사회적 평균 필요 노동시간을 줄이도록 하였다. 생산성의 일반적 조건들이 향상됨에 따라 연이은 새로운 평균이 등장하는, 역사적으로 반복되는 과정이 나타났다고 할 수 있다. 그렇지만 노동과정과 기술발달 양자가 지속적으로 개조되는 사회공간적 진화의 물질적 맥락 속에서 각각의 역사적 '경로'

가 출현한다. 가치법칙에 의해 조형된 이 같은 물질적 발전은 암묵적으로 신체적 편향을 가정하였다. 즉, 이제 공간이 시장에 의해 가치가 매겨진 신체로부터 최대의 생산성을 확보하는 방식으로 조정되었다. 간단히 말해, 시장의 성장은 봉건 시대 장애인들의 노동과 사회적 기여를 가치화하였던 사회-문화적 맥락을 점차 파괴하였다.

그렇지만, 봉건적 소작농 경제의 침식은 오랜 기간에 걸쳐 이루어졌으며, 하층 계급의 격렬한 저항을 받았다. 18세기 초반까지 영국인의 대다수가 여전히 농촌에 살았다. 자본주의적 관계가 시골을 지배하였지만, 일상생활의 특정한 핵심 구조들은 봉건 시대 이래 여전히 변화하지 않고 있었다. 즉, 촌락은 소작농민들에게 계속해서 사회공간의 축이며, 그들 대다수가 여전히 그들의 고향 지역사회의 경계를 넘어 모험한 적이 거의 없었다(Genicot, 1966). 그리고 작은 오두막이 여전히 가족의 생산과 재생산활동의 중심지였다(Malcomson, 1988). 임금노동은 불규칙적이었으며, 종종 공급이 부족하였다. 하층 계급의 가족들은 (선대) 가내공업과 장인적인 일, 그들이 토지를 보유할 만한 행운이 있었다면, 경작과 가축 사육을 가끔 있는 유급 노동과 결합하여 생존하였다(Laslett, 1971; Middleton, 1988).

생산의 가내적 형태로서 공간적으로 확산된 선대 제도는 여전히 소작농 근로자들에게 상당한 정도의 자기 조절을 허용하였다. 상인들은 시골집에 사는 사람들에게 시간을 연장해서 일하도록 압박할 수 있었지만, 소작농민들이 이 시간을 어떻게 채울 것인가를 컨트롤할 수 없었다(Lazonick, 1990). 샤프는 "한 번에 연속적으로 얼마나 오랫동안 일을 하는가 혹은 한 단위의 일을 얼마나 빨리 완성하는가에 대한 근로자의 통제 정도에 따라 장시간 노동이 완화되었을 수도 있다"고 쓰고 있다(Sharpe, 1987: 207).

가내공업에 대한 의존을 통해, 많은 가구들이 여전히 그들의 내부적 근로체제를 구성원의 다양한 신체적 능력에 맞추어 구성하였을 것이다. 사실, 소작농 생산자들에게 선대에 의해 지속되는 자율성은 근로자들이 그들에게 제공된 원료를 훔친다고 불평을 하는 상인들의 속을 타게 하는 원인이었다(Doray, 1988). 상인 부르주아지의 대응은 특정한 장소에 근로자를 소규모 그룹으로 모이도록 해서 제조업단을 만들기 시작함으로써 생산의 공간성을 조정하는 것이었다. 근로자들이 (가내생산자로서 산출물에 대하여 대가를 받는 것이라기보다는) 명시적 임금 소득자가 되도록 하는 제조업 시스템은 다음의 산업혁명을 출현시킨 대규모 공장으로 가는 중간다리 역할을 하였다.

18세기까지 대부분의 농촌에서 하층 계급 가족들은 집약적이라기보다 조방적인 경제를 유지했다(Malcomson, 1988). 이것은 가구들이 임금노동에 대한 가족의 의존도를 최소화하기 위하여 넓은 범위의 부양 활동들을 접합시켰다는 것을 의미한다. 임금노동은 때때로 있는 것으로, 믿을 수 없었기 때문이다. 유급 노동과는 별개로 가족들은 수공업 활동을 하였다. 그리고 토지 접근에 의존하였기 때문에 생존을 위해 농사일과 가축사육 일을 하였다.

인클로저의 오랜 과정은 교환 관계의 자율성을 유지하려는 이 같은 노력을 점차 어렵게 하였다.[2] 농촌 상품 시장의 성장(특히, 양모 시

---

2) 인클로저는 봉건제 사회공간의 강력한 용매였다. 1500년까지 영국 토지의 약 45%가 사적인

장)은 경작지를 목초지로 전환하려는 토지 소유자들에게 대규모의 목축업을 매력적인 것으로 만들었다. 이러한 토지 합병들은 종종 강제 인클로저를 통해 이루어졌고 빈번히 종전 차지인의 퇴거를 수반하였다(Hilton, 1975). 소작농민들에게 방목, 연료, 원료에 대한 접근을 제공하였던 토지 공유권의 상실은 자신의 촌락과 대지로부터 강제 축출되는 것을 회피하려는 많은 사람들을 몰아세웠다. 농촌과 도시의 임금노동에 대한 그들의 의존도가 심화됨에 따라 이러한 해체가 결합된 효과는 점차 원형적인 프롤레타리아트 형태의, 토지를 보유하지 않은 사회 계층을 출현시켰다.

그럼에도 불구하고, 18세기 중엽까지조차 교환 관계가 농촌 가구 부문에게 있어 보편적 지위를 획득하지 않았으며, 가족들은 그들 자신의 사용가치 상당부분을 계속 생산하였다. 그러므로 신체 결함이 있는 소작농민들의 상황은 상품 관계의 자율성을 유지할 수 있는 가구의 능력에 따라 변화하였음이 분명하다. 물론 어떤 가구도 시장의 집요한 압력으로부터 자신을 봉쇄할 수는 없었다. 그러나 많은 가구들이 가내공업, 사적인 영농, 가축 사육, 공유지에 대한 권리 행사를 통해 교환에 대한 그들의 의존을 크게 낮추었을 것이다.

농촌 자본주의의 성장으로 신체 결함을 가진 사람들은 자신을 무력하게 만드는 강력한 힘에 직면하였음이 틀림없다. 그러나 소작농민의 사회공간의 성격은——특히, 시장 관계에 대항하는 요새로서 그들의 가정 일터를 유지하는 하층 계급의 능력은—— 사회적 가치잠식화

---

지배에 있었다. 2세기 후 농촌의 70% 이상에 인클로저가 이루어졌다(Beckett, 1990).

의 힘에 대한 보호를 신체 결함인에게 제공하였다. 그러나 이러한 성역은 오래 가지 않았다. 즉, 18세기 중엽 산업자본주의의 도래는 농촌 경관의 마지막 해체를 가져왔다. 그리고 그것은 신체 결함을 가진 사람들을 단지 장애를 가진 의존자로만 바라보는 사회공간으로 대체되었다.

## 의존성의 증대

사회-정치적 관계는 점진적으로 그러나 가차 없이 18세기 후반과 19세기 전반 프랑스와 영국에서 성취된 부르주아 민주주의적 형태로 진화하였다. 봉건사회의 사회적 유대는 자기 의지적이고 자유로운 노동이라는 이상에 기초한 새로운 사회적 관계에 의해 대체되었다. 이런 변화는 시장을 통한 노동의 질서를 강화하는 데 기여한, 빈곤과 경제적 의존에 대한 새롭고 공식적인 통설들과 연관되었다(Fraser, 1997a).

계승되던 빈곤 구제와 유랑에 대한 처벌과 관련된 관례들이, 영국에서 14세기 중반 이후, 과거에는 이 두 문제의 법률 제정에 별로 관심을 기울이지 않았던 국가에 의해 법제화되었다. 흑사병(1348~1349)에 의해 야기된 노동력 부족과 소작농민의 불안이 법적 수단에 의한 노동 강제를 재확립하려는 군주제와 관련되어 있음은 의심할 바 없다. 대부분의 수단들은——상품 가격을 안정시키려는 목적의 1349년 노동자법(Statute of Labourers)을 포함해서——점점 더 악성화하고 파괴적인 시장의 힘의 출현에 동요하는 소작농층에 의해 저항을 받았다. 14세기에 이르러 상품 관계의 부식 영향력이 명확해지면서 점차 봉건적 사회 기반(그중에서도 특히 농노제)이 해체되었다. 이것은 1530년 대 군주제의 해체와 결합하여 소속 구성원을 돌보는 지역사회의 능력 혹은 의지를 감소시킴으로써 전국에 걸쳐 의지할 곳 없는 궁핍한 빈곤 층을 크게 늘어나게 하였다. 16세기 튜더 왕가는 정직한 노동을 회피 하는 수단으로 범죄와 성가신 구걸, 기타 불법 행위들에 의존하는 떠 돌이 부랑자 무리가 넘쳐난다고 인식하였다(Beier, 1983; 1985).

빈민 구제에 관한 튜더 왕조의 마지막 입법은 현재 법적으로 강 화된 자본주의적 노동관계가 수행되는 국가에게는 법궤나 다름없다. 1601년 입법은 노동의 신체적 무능력에 기초한 의존성이라는 엄격 한 의미를 도입하고, '무능력자들'의 구제를 지원하기 위한 의무적인 지방 조세 체계(교구세)를 확립하였다. 이 법은 1834년 수정될 때까 지 본질적인 변화 없이 유지되었다. 따라서 신체 결함이 있는 사람들 은——적어도 법률적으로는—— 사회적 의존자로 확립되었다. 새로운 시장 질서에서 그들의 적절한 위치는 자신의 노동을 팔 수 없는 자들 에게 남겨진 경제적 주변부였다.

반대로 이 법은 또한 '튼튼한' 빈민들이 사회적 노동 재고에 남아 있도록 할 목적이 명백한 별도 명문을 두었다. 이러한 징벌 수단의 첫 째는 가혹한 감금 노동을 통해 게으른 자에게 벌을 주는 감화원(the House of Correction)을 지정 설립하는 것이었다. 엘리자베스의 법은 지방 수준에서 매우 천천히 그리고 불규칙적으로 시행되었으며, 이것 은 19세기 초반 새로운 산업 부르주아지에게 심각한 정치적 근심이 되 었다. 당시 빈민에 대한 규제가 퇴보되었으며, 사실상 상도에서 벗어 나 교구 구제 시스템이 하층 계급의 경제적 의존성을 막기보다는 실제로는 오히려 그것을 북돋았다고 주장된다. 의심할 바 없이, 18세기 빈곤법의 느슨한 적용은 오히려 성문화된 의존성의 함의를 희석함으로써 장애인들에게 혜택을 주었다.

그러나 이런 상태가 지속되지는 않았다——'의존성의 민주화'가 새로운 산업 부르주아지를 심각하게 불안하게 만들었다. 1830년대 그들의 지도자들은 튜더 법에 의해 확립되었던 독립-의존 이원주의를 재결정하려는 격렬한 캠페인을 벌였다. 그 노력의 결과 노동이 강제될 수도 있는 튼튼한 빈민과 '자애의 적합한 대상'으로 고려되는 장애 빈민을 엄격히 구분하는 새로운 빈곤법이 제정되었다.

## 산업도시의 성장

### 산업혁명

'산업혁명'이라는 용어는 역사의 평범한 문구가 되었다. 산업혁명은 18세기 후반 시작되어 19세기 후반 다른 생산 형태에 대하여 공장제의 궁극적 우위가 정점에 이른, 일반적으로 일련의 복잡한 사회-경제적 변형을 의미한다. 다음의 요약된 묘사는 19세기에 집중된, 이같은 변화의 풍부한 역사적 연속체로부터 추출되었다. 19세기 영국은 도시화, 식민지 확장, 공장제의 확산으로 급속한 사회공간적 변화를 경험하였다.

18세기 후반에 이르러 상품 관계에 의한 성장은 영국의 사회적 지형으로부터 봉건제의 주요 요소들 대부분을 제거하였다. 이제 산업자본주의의 단일 상부구조를 세울 수 있도록 토대가 깨끗이 정리되었다. 새로운 사회구성체의 확립이 가정, 일터, 시설의 친숙한 특징을 유지하였지만, 그것들의 조직과 기능은 산업자본주의에 의해 급진적으로 변형되었다. 물론 유급 근로와 재생산의 사회공간적 분리에 의해 새로운 프롤레타리아 경관은 이전의 봉건적 그리고 초기 근대 경관과 구별되었다(Berg, 1988). 프롤레타리아 사회공간의 이러한 특징은 장애인의 일상생활에 큰 영향을 주었다.

가내 공간으로부터 유급 근로 지형의 분리와 근대적 제도의 고조는 종종 모호하였지만 노동과 비노동을 위한 분명한 사회공간을 만듦으로써 가부장적 자본주의 근로관계의 주변화에 핵심적 역할을 하였다. 분리된 물질적 영역에서 노동과 비노동의 이러한 구획이 사회집단들의 세 가지 연속된 영토적 감금을 통해 실현되었다.

## 세 가지 감금

17세기 유럽에서 빈민의 '거대한 감금'에 대한 푸코(Foucault, 1979, 1988b)의 주장에는 영국의 제도사 언급이 별로 없다. 그러나 푸코의 사고는 신흥 산업자본주의의 역사적 맥락 내에서 본다면 영국의 사례와 보다 관련성을 갖는다. 17세기, 세 개의 '거대한 감금'의 첫번째 시작은 초기 산업자본가들이 공장에 근로자와 생산을 집중시키면서 명백해졌다. 노동 인클로저의 이러한 초기 움직임은 직접적인 생산자의 전반적 감금을 통해 달성되었다. 초기 제조업자들은 종종 여성, 어린이, 병자, 장애인, 노인을 근로자의 목록에 올렸다(Mandel, 1968). 나중에도, 최초의 공장들은 남성과 여성, 어린이 등 여러 노동력 공급원, 특히 산업가들이 저렴하고 '다루기 쉬운' 노동력 원천이라고 간주한 두 개의 후자 집단에 여전히 의존하였다(Briggs, 1959; Hobsbawm, 1968). 산업주의 초기, 비노동은 공장제에 대한 남성 장인 노동자들의 반대를 극복하는 수단으로 (암묵적인 국가 동의하에) 다양한 노동력을 초과 수탈하였던 자본주의적 제조업자들에게 큰 사회적 의미가 없었다.

더욱이, 초기 공장들과 후기 공장들은 대규모 가내생산 부문과 나란히 존재하였다. 사실, 가내생산은 19세기에도 팽창된 섬유산업의 기초로 남아 있었다(Lazonick, 1990). 그러나 1840년대에 이르러 초강력 직기를 가진 공장생산이 가내 시스템에 그림자를 드리우면서 후자의 급속한 쇠퇴를 가져왔다(Ashton, 1948). 따라서 노동과 생산력의 전반적인 인클로저는 산업혁명의 후기 단계에 이르러서야 이루어졌다.

본격적인 비노동의 인클로저는 1834년 빈곤법의 개정 결과로 시작되었다. 이 잔인한 법은 모든 '자애의 대상'을 구빈원의 새로운 국가적 체제에 수용한다는 것을 선언하였다. 이것에 대해, 뒤르켐은 "그때까지 분산되어 있던 정신이상자와 특정 유형의 병자들을 모든 지방과 모든 기관으로부터 함께 묶어 한 군데로 수용하였다"라고 지적한다(Durkheim, 1964: 188). 히긴스에게, 구빈원은 "무용지물의 우리"였다. 즉,

근로 윤리의 진정한 전당, 구빈원은 자신의 무익함을 자본에게 용인

받은 사람들——병자, 미치광이, 장애인, 실업자들을 공장보다 더 소름끼치는 환경에 가두고 본보기로 내세운 일종의 강제수용소였다. (Higgins, 1982: 202)

그렇지만, 드라이버(Driver, 1993)에 따르면, 새로운 법이 그 효과 면에서 모든 것을 완전히 통제하였던 것은 결코 아니다. 구빈원은 지방 수준에서 다양한 방식으로 만들어지고 운영되었다. 예를 들어 북부 영국의 어떤 지방은 새로운 법에 저항하였다. 입법의 좀 더 엄격한 칙령의 적용에는 상당한 변이가 있었다. 따라서 신체장애 노동력의 인클로저는 결코 보편적이지 않았으며, 지리적으로 불균등하게 진행되었다. 뒤에 공공과 자선단체들에 의한 병원과 장애인을 위한 목적 시설물의 설립으로 사회적 의존 경관이 상당히 확장되었을 것이다.

처음 출현한 이래, 부르주아지적 사회 형태(social form)는 신체 결함을 가진 사람들을 무능한 사람들로 만들고 여성 노동을 가치절하함으로써 노동관계를 재정의하였다. 19세기 후반 전반적으로 노동을 공장 내에 가두어 둠으로써 여성과 어린이, 신체 결함을 가진 사람들은 점점 더 비노동이라는 공통된 사회적 지위를 공유하게 된 반면, 근로의 많은 형태들이 장애가 없는 남성의 배타적 영역으로 더욱 인클로저되었다. 국가 정책과 사회적 태도 모두에서 비노동 범주 내부의 '무능한' 노동력(병자, 신체 결함이 있는 사람, 노인)과 '부적절한' 노동력(여성과 어린이) 간 구분이 있었다.

후기 빅토리아 시대 가치의 생산자로서의 남성과 노동력의 재생산자로서의 여성 간의 새로운 성별 노동분업이 부르주아지와 남성 프롤레타리아트 모두에게서 광범위하게 받아들여지기 시작하였다 (Hartmann, 1979; Mackenzie and Rose, 1983). 그럼에도 불구하고 어린이 노동은 19세기 후반 감소한 반면, 여성들은 점차 여성 노동을 금지하는 공장 입법과 낮은 유급 여성 노동자들과 경쟁하는 남성 장인조합의 반대에도 불구하고 상당히 오랫동안 다양한 산업적 직업에 종사하였다(John, 1986).

앞에서 개략적으로 설명한 세 가지 사회적 감금이 19세기 후반에 출현한 프롤레타리아 지형을 형성하였다. 이 새로운 사회공간은 가정과 일터, 일상생활의 시설(institution) 간의 분명한 기능적 차이를 도입함으로써 봉건적 소작농층의 사회공간과는 확실히 달랐다. 이러한 감금 역시 노동을 위한 새로운 산업적 일터를 보존하고 비노동을 위한 가내 그리고 시설 영역을 재구성함으로써 사회공간의 노동과 비노동 간의 분명한 구별을 실현하였다.

## 장애를 만드는 도시

### 비정상 신체의 생산

19세기 후반 산업적 영국의 주요 (유급) 생산 현장은 공장, 광산, 제철소, 조선소, 철도였다. 이러한 노동력의 새로운 인클로저는 19세기 영국의 스펙터클한 도시화로 나타난 인구 집중을 통해 이루어졌다. 산업주의의 첫번째 단계는 주로 섬유산업이 발달한 랭커셔에 때로 기존의 타운으로부터 성장한 신도시들을 낳았다(예를 들어 맨체스터는 1760년 17,000명이었던 주민 인구가 1850년 303,000명으로 성장하였다). 기존의 도시들도 팽창을 계속해서 1851년에는 농촌보다 도시에 사는 잉글랜드인이 더 많아졌다. 영국인의 거의 2/3가 거주민 5만 명 이상의 타운에 거주하였다(Hobsbawm, 1968). 1911년에 이르러서는 잉글랜드와 웨일스 인구의 거의 80%가 거주민 5천 명 이상의 타운에 살았다 (Wohl, 1983). 19세기 후반에는 도시-산업 프롤레타리아트가 하위 계급의 주요한 사회적 형태로 두드러지게 되었다(Hobsbawm, 1984).

장애를 만드는 산업도시의 한 가지 특징은 가정과 일터의 새로운 분리, 즉 봉건 시대에는 거의 없었던 사회공간적 현상이다. 가정과 노동의 이러한 부접합은 신체 결함을 가진 사람들을 일상생활에서 장애로 만드는 강력한 마찰을 일으켰다. 여기에 더하여, 산업 일터는 신체 결함을 가진 사람들을 포함해 '경쟁력 없는' 노동자들을 쓸모없게 만드는 방식으로 구조화되고 이용되었다. 기계화된 생산 형태의 증가는 '정상적인' (즉, 보통의 신체 결함이 없는 남성) 노동자의 신체를 가정하고 다른 모두를 쓸모없는 것으로 만드는 생산성 표준화를 도입하였다. 라이언과 토머스의 지적처럼, 산업주의의 도래는 과거 가내생산에 통합되었던 많은 장애인들에게 유급 노동의 종말을 의미하는 것이었다.

공장 노동의 속도, 강화된 규율, 시간 지키기와 생산 규범 ──이 모든 것들은 신체적 장애가 있는 많은 사람들을 통합하였던 좀 더 느리고, 좀 더 자기 결정적이고 유연한 노동 방법을 매우 좋지 않게 변화시켰다.(Ryan and Thomas, 1987: 101)

앤드류 유어(Andrew Ure)는 1835년 새로운 공장 규율의 목적은 복잡한 자동화의 변화하지 않는 규칙성에 자신을 일치시키기 위하여 과거 독립적인 노동자들이 "그들의 산만한 노동 습관을 버리도록" 훈련시키는 것이었다고 말한다(Ure, 1967: 13). 공장에 노동력을 가둠으로써 고용주들은 시간 엄수, 노동하는 시간과 일수, 결과의 적용에 관한 일련의 통일된 요구조건에 노동자들을 종속시킬 수 있었다(Adas, 1989). 이런 규제는 보통 엄격한 시간 지키기와 (지각, 규칙 위반, 느린 작업에 대한) 벌금, 움직임의 조직화, 정밀한 수행 기준들을 통해 강화되었다(Doray, 1988).

노동의 리듬에 대한 규제는 노동력이 보통의 신체 결함이 없는 형태로 공급된다는 것을 전제로 하였다(Rabinach, 1990). 1860년대 프랑스 유리 제품 제조업이 이런 전제를 실행한 전형적 예인데, 공장은 아래와 같은 형태에 기초한 과업을 수행한다.

> 신체적 강함(10명의 남성 노동자가 완전히 동시에 움직여 300kg 무게의 유리를 옮겨야 할 때와 같이)을 요구하는 협력 형태.(Doray, 1988, 13)

가치 법칙은 이러한 새로운 노동통제 없이는 공장 생산에서 효과적으로 작동할 수 없었다. 보편적인 노동 규율이 평균 노동시간의 확립과 강화를 위해 필요하였다. 일단 자리를 잡은 산업적 노동과정은 평균 노동시간을 점차 더 단축하는 데 이용될 수 있었다. 폴라드는 한 고용주가 평균 노동시간의 단축을 유도하기 위해 벌칙보다——아마도 노동력에 대한 그의 미숙한 견해에서—— 오히려 인센티브를 사용한 한 가지 역사적 예를 보고한다.

9세 이하의 어린이 300명을 고용하고 있는 한 실크 공장에서 가장 열심히 일한 소년에게는 베이컨 상과 감자 세 개의 점수가, 가장 열심히 일한 소녀에게는 인형이 주어졌다. 그러자 그들의 산출이 나머지 아이들의 규범이 되었다. (Pollard, 1963: 266, 강조는 인용자)

따라서, 그 당시[3] 맑스가 지적한 것처럼, 산업화와 도시화는 생산성의 평균적 급료로는 노동력을 팔 수 없었던 '무능력한' 사회계층, 즉 잡종 계급을 생산하였으며, 그들을 노동시장에서 배제한 일반적 결과, 많은 이들을 빈곤과 나쁜 건강, 짧은 수명, 사회공간적 주변화, 비공식 경제 부문에 대한 의존으로 인도하였다. 우리는 여기에 맑스가 그랬던 것처럼 과부, 노인, 고아, 병자 그리고 흥미롭게도 장애인이란 분명한 관점에서 그가 산업의 다중 지체자들과 희생자들이라고 불렀던 그런 개인들을 여기에 포함시킬 수 있을는지도 모른다. 그는 이 이질적인 사회집단을 룸펜 프롤레타리아트라고 하였다. 19세기 후반 가장 산업화된 국가에서 많은 '무능력한 사람들'(the incapable)이 푸코가 '배제의 공간'이라고 부른 곳, 즉 민간 자선단체와 지방자치단체, 중앙정부 기구에 의해 운영되는 구빈원, 병원, 보호시설 그리고 (나중에는) '장애인 요양원'이라는 새로운 시설 시스템에 유폐되었다.

돈(Dorn, 1994)과 데이비스(Davis, 1995) 모두 일련의 문화적·제도적 힘들이 신체 결함/신체 무결함의 이분법에 따른 강력한 신체적 정상 상태와 비정상 상태의 관념을 구축하기 위하여 어떻게 작동하였

---

3) 1870년대 초반.

는지를 보여 준다. 이러한 문화적인 물적 구성 ──점차 국가적 실천을 통해 강화됨──은 신체 결함이 있는 노동력의 정치-경제적 가치절하를 안정화시키고 강화하는 데 기여하였다. 사실, 19세기 의학에 의해 획득된 사회적 권위의 상당부분은 신체에 대한 담론들을 법령 따위로 공표하여 규범화하는 데 성공함으로써 성취되었다. 의학은 노동 무능력이 사실 어떻게 신체적 비정상 상태의 '자연적' 결과인가를 '설명하기' 위하여 새로 등장한 통계학과 합작하였다. 푸코(Foucault, 1979)가 관찰한 것처럼, 이 정치-경제적 힘과 문화-제도적 힘의 결합은 신체 본래의, 그리고 통일이 안 된 이질성을 통제함으로써 정치적 힘으로서의 신체를 약화시키는 데 기여하였다. 또한 반면에 신체를 산업적 리듬에 종속시킴으로써 경제적으로 유용한 힘으로서의 신체를 극대화하였다.

'허약함'과는 별개로, 신체적 비정상성은 또한 다양한 의학적·의사-과학적 담론들을 통해 유랑성과 범죄성과 같은 일련의 다른 역기능적 사회 속성과 궁극적으로 연결되었다. 데이비스(Davis, 1995)는 다른 문화적 담론과 실천들이 어떻게 신체적(corporeal) 정상성의 과학적 고정관념을 반영하고 강화하기 시작하였는지도 보여 준다. 물론, 엥겔스의 1844년 맨체스터의 하층 계급에 대한 대단히 힘든 조사가 생생하게 보여 주듯이, 신체적 정상성과 경제적 독립의 상호 의존에 대한 이상은 룸펜 프롤레타리아트 대부분이 다다를 수 없는 곳에 있었다. (맑스를 회상하는) 룸펜 프롤레타리아트의 '허약한 신체'는 산업자본주의의 혹독한 기대로부터 보호되지 않았다.

맑스는 공적 자선과 (가족을 포함한) 사적 자선 의존에 대한 룸펜 프롤레타리아트의 유일한 대안이 "야비한 생산양식 안에서 단지 그러한 것으로 간주될 수 있는 종류의 일들"에 기초한 불안정하고 비참한 형태의 독립이었음을 관찰하였다(Marx, 1981: 366). 맑스가 언급한 '비참한' 일들 가운데는——행인들에게 상품과 서비스를 행상하는—— 많은 노점상들이 있다. 노점상은 산업도시의 가로(thoroughfares)를 경제적 생산의 단순한 **통로**(conduits)가 아니라 **현장**으로 만들었다.

장애인들의 경제적 가치절하 혹은 맑스의 용어를 사용하면 '무능력'은 장애인들에게 특별한 사회공간적 형태를 취하였다. 이것은 도시의 특정 영역(때로는 도시 영역 바깥)을 주변화하는, 법칙이 아니라 일반적 경향으로 이해될 수 있다. 이런 방향으로 움직이는 힘은 구심적이기도 하고 원심적이기도 하며, 장애의 사회공간적 뼈대를 구성하는 세 가지 핵심적 현장, 즉 가정, 일터, 시설에 원천을 둔다.


## 신체 결함의 도시 사회공간

유급 일터는 주변화의 주요한 원심력이었다. 즉, 그것은 불구가 된 노동력의 가치절하가 실제로 실천되는 자리이며, 장애인 거절의 결절이다. 산업자본주의의 본보기적 현장——공장——의 경제적 중심성은 이 원심력에 도시적인, 따라서 과소평가될 수 없는 사회적 의미를 부여하였다. 장애인들에게 구심적인 핵심 현장은 시설이었다. 19세기 계획적이고 도덕적으로 교훈적인 공장의 풍자화(Foucault, 1979)의 편재성 증가는 여분의 노동력을 제도적 창고에 저장하기 위하여 끌어들이고, 그것의 촉수가 프롤레타리아 사회공간의 대부분 구석까지 도달하였음을 의미한다.

장애인 사회공간의 세번째 핵심 요소는 프롤레타리아트의 가정이었다. 가내 공간은 신체 결함의 물리적 기원에 분명히 중요한 현장이었다(맑스와 빅토리아 여왕 시대의 주석자들이 관찰한 것처럼, 신체 결함을 산업적 규모로 생산한 것은 공장이었지만). 그러나 가정은 모호한 현장이었다. 즉, 많은 가구들이 재빨리 그리고 거리낌 없이 그들의 장애 가족을 거부하고 시설이나 거리로 내보냈다. 전에는 효과적인 가정 내 관계의 맥락에서 장애인들은 산업주의의 원심적·구심적 조류에 저항할 수 있었다. 빅토리아 여왕 시대 많은 노동계급의 가족들은 때로 구빈원과 줄다리기를 하면서 장애인 친척에게 은신처를 제공하였다.

소위 '무능력한(incapable) 계층'에게 재택노동은 공장의 철저한 가치절하의 원심적 추세를 극복하는 하나의 공통된 전략이었다. 공장 생산으로의 이동은 재택노동, 특히 의류와 신발 산업의 재택노동을 증가시켰다(Pennington and Westover, 1989). (보통 공장 생산에 부속되어) 번성한 다른 재택노동은 성냥갑, 파라솔, 꽃, 브러시, 가방, 판지 박스와 같은 작은 물건 만들기를 포함한다. 대부분은 아니지만, 많은 재택노동자들이 저임금 장시간 노동을 하는 '노동착취'에 종속되어 있었다.

재택노동자들에게는 낮은 단가로 급여가 지불되었으며, 그것은 '느린 노동자'도 고용할 만하다는 것을 의미하였다. 산업가들은 공장법의 규제 조항을 피해 특정 비숙련 과제에 대하여 여성, 어린이와 신체 결함인 형태의 저렴하고 전투적이지 않은 노동력의 급수장에 수도 꼭지를 달았다. 공장법은 경내(enclosed) 노동 영역에만 적용되었기 때문이다. 재택노동은 따라서 그들 가구의 생존을 위해 기여하고자 하는 많은 신체 결함인의 수단이었음에 틀림없다. 페이비언 사회주의자 허친스(B. L. Hutchins)는 1907년 저임금 장시간 노동자들(sweated workers)이 "성별과 연령, 허약함, 조직과 지원의 부족 때문에" 이런 형태의 착취를 감당하였다고 관찰하였다(Pennington and Westover, 1989: 101에서 인용, 강조는 인용자). 주변적이라기보다 틈새적인 재택노동은 점차 무력화되는 급여 노동 환경에 직면한 신체 결함 있는 사람들에게 상대적으로 공통된 극복 전략이었음이 틀림없다.

　일터, 시설, 가정의 셋으로 유형을 나누는 양식은 산업도시의 신체 결함의 사회공간적 틀을 짜는 데 도움을 준다. 그러면 거리는 어찌 되는가? 거리가 어떻게 이러한 사회공간에 접합하는가? 거리는 이들 세 핵심적 공간 결절 사이에서 사회적 권력의 구심적·원심적 흐름을 수행하는 단순한 통로인가? 거리는 장애인들에게 중요한 자리인가?

　구체적으로 거리 ─단순한 뒷골목 슬럼이 아니다─는 장애인들에게 분명히 중요했다. 19세기 도시 논평들의 분석은 장애인들이 빅토리아 시대의 도시 거리, 특히 주요 도보 통행로에서 흔한 광경이었다는 것을 말해 준다. 장애인들은 첫째는 명백한 장애로부터 야기되는 차이에 대한 사회적 각인에 의해, 둘째는 거리에서 그들 존재의 성격에 의해 도보 대중과 구별되기 때문에 단순히 '주민'이라기보다는 '구경거리'가 된다. 예를 들어, 저널리스트와 문학가들에 의해 구축된 도시의 다양한 장면들에서 보통 장애 걸인 혹은 상인들은 모진 근대적 거리생활의 만화경 배경의 한 요소이다(Brown-May, 1995). 토머스 아처(Thomas Archer)라는 한 '하층 사회 저널리스트'는 1860년대 슬럼과 구빈원의 깊숙한 내부를 탐사하였다. 많은 장애인들이 도시의 불결함에 대한 그의 풍부한 묘사 속에 그려졌다(Archer, 1985). 그러나 당대 도시에 대한 기술들에서는 아처의 묘사처럼 장애인들이 거의 드러나지 않는다. 장애인들에게는 목소리가 결코 주어지지 않았다.

장애인들은 '도보통행자'가 아니었다. 그들에 대한 빈번한 보행금지는 그들에게 다른 형태의 거리생활 참여로 나아가게 했다. 더욱이 장애인들은 종종 구걸이나 소행상과 같은 매우 직접적인 경제적 이유로 거리로 나갔다. 따라서 그들은 거니는 소비자나 왔다 갔다 하는 사람들, 게으름뱅이 혹은 거리가 그들 존재의 직접적인 원천이 되지 않는 다른 사람들과 구별되었다. 거리는 장애인들의 사회적 차이 배제를 계속 반복해서 이야기하는 무대였을 뿐만 아니라 생존의 장소이기도 했다.

만약 장애인이 소상인 ──거리행상──과 반(反)상업의 상징 ── 걸인 ── 행위자로 빅토리아 시대의 도시 거리에 존재하였다면, 우리는 이것이 그들에게 부과된 억압적 구조의 실패와 성공을 가리키는 것이라고 말할 수 있을 것이다. 어째서 그런가? 거리의 사회에 매달림으로써 일부 장애인들은 시간이 지날수록 그들에게 점점 더 가중되었던 '보호시설에 가야 하는 의무'(푸코가 말한 것처럼)에 저항하였다. 그렇지 않으면, 장애를 가진 걸인으로 기억되는 다른 사람들이 사실 산업주의의 참담한 가장 낮은 계층으로 공공에 드러나는 것이었다. 이들에게 거리는 실제 '비장소'(non-place), 즉 죽기 전에, 시설화의 불가피한 순간들 이전에 단지 대기실로만 기능하는, 진실로 비참한 존재의 자리였다.

## 비천한 신체들

'비천함'이란 단어는 내버리는 행위, 즉 한 사람 혹은 집단을 배제하는 행위와 괄시받는 경험, 즉 비하의 경험을 모두 묘사한다. 크리스테바(Kristeva, 1982)의 연구에 기초하여 시블리는 정상성의 사회공간적 경계를 위협하는 것들을 '물리치려는, 도달 불가능한 욕망'과 '타인을 위협하는 것들의 리스트' 양자로 비천함의 지리적 개념을 개발하였다(Sibley, 1995: 18). 시블리의 비천함 개념은 19세기 자본주의 도시에서 장애인의 경험을 이해하기 쉽게 해준다. 그들의 '무능력'을 통해 장애인들은 경제적 계급 구조로 틀이 짜인 빅토리아 시대의 사회 질서를 위협하였다. 그러나 억압적 힘의 확산과 배제에 저항하고자 하는 많은 장애인들의 결정은 '타인을 위협한' 이들이 공공의 시야에서 ──도시의 거리로부터── 완전히 추방될 수 없었으며, '배제의 공간'의 안전한 제도적 경계 내에 있었음을 의미한다. 빅토리아 시대 도시 거리에서 장애인의 존재는, 시블리가 그랬던 것처럼, 비천함의 의례, 즉 억압하는 자와 억압받는 자 간의 일종의 쉽지 않은 (그리고 불안정한) 휴전이었다. 여기서 신체적 비천함이란 사고는 돈의 '동의하지 않는 신체' 개념을 반영한다. 그는 동의하지 않는 신체를 특히 그것이 위치하고 있는 '지방과 연관된 규범들에 저항하는' 형태로 정의한다.

돈(Dorn, 1994: 14)은 '17세기 유럽은 기괴한 것이 사라진 공공 영역을 생산하였다'라고 생각한다. 이 관찰에 중요한 진실이 있음은 틀림없다 ──19세기 후반 영국에서 위생과 도시계획 개혁 운동은 거리, 질서 관념, 신체적 정상성에 대한 의학적 담론으로부터 유래된 청결을

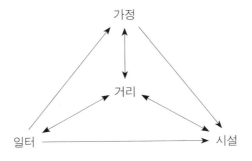

그림 6-1 산업도시에서 장애의 사회공간

도시의 공적인 공간에 부과하려고 하였다. 공공 지역에서 비정상 신체를 위한 장소는 점차 없어졌다. 비정상 신체의 존재는 정상적인 대중의 도덕관과 건강에 위협을 줄지도 몰랐기 때문이다. 그럼에도 불구하고, 돈(Dorn, 1994)은 장애인들이 거리와 박람회장과 같은 틈새적인 공공 공간에 의존해 공공 영역의 이러한 위생화에 오랫동안 저항한 방식을 간과하였다. 돈 자신은 서커스 촌극에서 기괴한 신체의 전시가 어떻게 더 넓은 공공에서 신체적 비정상의 나머지 접촉을 막아 왔는가를 지적한다.

거리의 경우, ──촌극에서 매우 강력한── 비천한 현실은 많은 장애인들이 그곳에서 어느 정도 사회-경제적 독립성을 성취하였다는 사실에 의해 경감되었다. 그 당시 거리는 비천함과 그것에 대항하는 저항이 실천되던 장소이다. 거리는 장애인을 추방하고 끌어당기려는 원심적·구심적인 다양한 힘들이 단순히 수행되던 곳은 아니었다. 오히려 거리는 저항과 전복의 능력을 가진 장애인들의 다양한 일대기와 긴장 관계의 모습들을 드러낸다. 대략 거리는 공공의 가정과 같았다.

가정 역시 저항과 비천함이 공존하는 자리였기 때문이다.

산업도시의 거리가 장애인들에게 중요하다는 관점에서 역사적 배경의 경험적 실제를 좀 더 잘 반영하기 위해 4장에서 제시한 사회공간의 유형을 수정하는 것이 필요하다. 이것은 우리에게 남겨진 빅토리아시대의 거리 생활에 대한 다양한 이미지들로부터 장애를 이해할 수 있는 사회공간의 새로운 개념적 프리즘을 생성한다(그림 6-1). 전반적으로 거리는 장애인에게 저항과 비천함이 공존하는 장소였지만, 그러나 언제나 그렇지만은 않았던 것 같다.

## 식민지 멜버른

### '남반구의 맨체스터'

식민지 멜버른은 19세기 영국 자본주의 발전의 폭넓은 맥락 내에 존재한다고 할 수 있다. 도시의 식민지적 정치경제는 거의 모든 방법으로 제국의 모국 산업화 과정을 열렬히 배우려는 로컬 부르주아지의 끊임없는 노력에 의해 지배되었다.[4] 문화적 식민주의는 토착민의 이중적 예속과 공식적으로 인가된 영국 숭배에 의존하였다. 백인 정착 이후 원주민 문화는 급속히 억압되었으며, 어떤 경우에는 소멸되었다. 반면

---

4) "내발적 산업혁명의 동시 발화보다 오로지 외부 점화에 의존함으로써 식민지 멜버른은 맨체스터와 버밍엄의 패턴에서 출발한 고전적인 산업 모듈의 도시성장 버전이었다."(Davision, 1978:6)

에 식민지 부호들은 영국적 문화의 모방에 사로잡혔다. 식민지 환경에 의해 변형되었지만, 지역의 다수 관찰자나 외국인들은 멜버른을 영국과 같은 산업적 도시 경관으로 만들려는 이러한 모방의 성공이라고 말한다(그것을 부정하는 사람들도 있음에도 불구하고). 예를 들어 콜링우드 시내에서 열렬히 지방을 선전하는 사람들은 그들이 '남반구의 맨체스터'를 만들었다고 의기양양해했다(Barrett, 1971). 자랑이 일반화되어 원래 사람들의 도피처에 불과했던 장소를 모방의 대상이 되는 산업자본주의 지형으로 창조하였다고 떠벌리는 다른 지방의 엘리트 —— 이들 다수는 영국 이주민들이었다 —— 에 의해 그런 선전이 반복되었다.[5]

## 사회공간에 대한 세 가지 견해

이러한 식민지 멜버른에서 장애인들의 사회공간은 어떠했을까? 좀 더 구체적으로 장애인들은 도시의 거리 생활을 어떻게 경험했을까? 식민지 멜버른에서 장애의 사회공간에 대한 분석은 도시의 경제적 하위 계층 장애인들이 사회공간적 주변화를 경험하였음을 보여 주었다. 공적 의존과 사적 의존 형태를 피하기 위하여, 그리고 그렇지 않으면 더 악화될 수 있었기 때문에 많은 장애인들이 거리 행상과 같은 주변적인 경제 활동을 수행하도록 강요받았다는 것을 의미한다. 나는 여기에 장애의 사회공간의 세 가지 뚜렷한 차원 —— 일터, 보호시설, 가정 —— 을 밝히는 세 가지 대표적인 자료 출처를 제시하였다(부록을 보라).

---

5) 메트로폴리스 내의 또 다른 산업지구 푸츠크레이(Footscray)가 1891년에 이르러 '남부의 버밍엄'으로 이름을 날렸다.

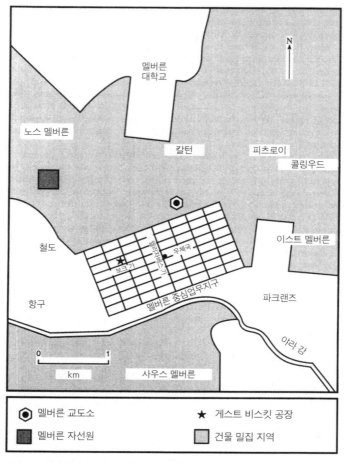

멜버른
대학교

N

노스 멜버른

칼턴

피츠로이

콜링우드

철도

우체국

엘리자베스가

보크가

이스트 멜버른

항구

멜버른 중심업무지구

파크랜즈

야라 강

0          1

km

사우스 멜버른

◉ 멜버른 교도소          ★ 게스트 비스킷 공장

■ 멜버른 자선원          ■ 건물 밀집 지역

그림 6-2 식민지 멜버른의 중심업무지구와 그 부근

　　이 사회공간의 첫번째 창은 비스킷과 과자를 만들었던 큰 제조업체인 게스트 앤 컴퍼니(Guest and Company)가 남긴 일련의 공장 기록이다. 회사의 주 공장은 빅토리아 시대 거의 대부분 중심업무지구에 있었다(그림 6-2). 이 기록들——주로 고용계약서(1889~1891)——은

그림 6-3 멜버른 자선원, 1900년

평균적인 생산성과 기준을 강요하고, '느리고' 신체적 결함이 있는 근로자에 대한 고용주의 불관용을 가져온 기계화된 노동과정을 보여 준다. '너무 느리다', '쓸모가 없다', '주의 깊지 않다', '불안정하다'라는 이유로 노동자들을 해고한 많은 기록이 있다. 노동자들에게는 속도와 능숙함 그리고 복종이 요구되었다. 연구기간 중 해고 사유로 장애가 언급된 한 사례가 기록되어 있다. 1889년 6월 4일, 주임은 '솜씨 없고 마비된 손'이라는 언급과 함께 한 15세 소년의 해고를 적었다. 게스트 공장에서 노동과정에 신체 결함 노동자들을 허용한 적이 있었는지 의심스럽다. 적어도 중요한 기간에는 허용되지 않았을 것이다. 맥캘만(McCalman, 1984: 31)이 좀 더 전반적으로 관찰한 바에 의하면, 멜버른의 "공장 시스템은 느린 노동자를 수용할 여지가 없었다".

공장 내부의 노동 리듬과는 별개로 대부분의 장애인들을 산업노동력에서 배제하는 외부적인 압력 사항들이 있었다. 1890년대 전반의 게스트 앤 컴퍼니 사의 피고용인 자료에 대한 분석은 집에서 일터로의 왕복 통근거리가 평균 6km였음을 보여 준다. 이런 정도의 이동능력에 대한 기대는 노동체제의 내적 원심력에 더하여 장애인들을 배제하는 명백한 추가적 요인이 되었다. 우리는 하루의 시작과 끝에 멜버른 시내 거리에 쏟아지는 노동자의 무리 중에 장애인을 거의 볼 수 없었다고 가정할 수 있다.

멜버른의 보호시설 경관 역시, 시설과 구빈원의 구심적 흡인이 있었음을 보여 준다. 18세기 후반, 이 도시에는 17개의 주요 보호시설과 다수의 소규모 실내 자선 장소가 있었다. 도시의 큰 자부심의 원천은 잘 지어진 걸작 구빈원, 멜버른 자선원(the Melbourne Benevolent Asylum)이었다. 그 자선원은 중심업무지구에서 북쪽으로 수킬로미터밖에 되지 않는 곳에 위치하고 있었다(그림 6-3). 멜버른 자선원과 같은 시설은 구빈법의 적용을 받는 극빈자들조차 궁전 같은 집에서 산다는 식의 풍요롭고 문명화된 땅이라고 하는 빅토리아의 이데올로기 구성을 지지하는 데 도움을 주었다(Gleeson 195b). 그러나 자선원의 현실은 야만보다 나을 것이 없었다. '박애의 집'에 입장이 허락된 행운을 가진 이들 빈곤한 장애인들의 그곳 생활은 전반적으로 비참하고 부족하였다.

1851년 멜버른 자선원이 문을 연 이후 수천 명의 사람들이 멜버른 자선원의 문을 통과하였다. 마치 회전문과 같이 어떤 이는 여러 번, 또 어떤 이는 단 한 번 드나들었다. 보호시설에 들어서는 순간은 공공 공간으로부터 영구적인 출구가 되었다. 자선원은 무엇보다도 사회적 그리고 물리적 죽음의 장소였다. 1860년에서 1880년 사이 멜버른 자선원 입소 기록은 이 당시 피수용자(597명)의 상당수가 장애인이었음을 보여 준다(표 6-1).

표 6-1 장애 유형별 신체적 장애 남성과 여성의 수, 1860~1880

| 장애 유형 | 남성의 수 | 여성 수 | 계 |
|---|---|---|---|
| 장애* | 14 | 6 | 20 |
| 사지 손상 | 11 | 7 | 18 |
| 수족 마비 | 2 | 3 | 5 |
| 반신불구 | 1 | 2 | 3 |
| 하반신 마비 | 4 | 0 | 4 |
| 중풍 마비 | 264 | 52 | 316 |
| 부분 마비** | 31 | 6 | 37 |
| 신체 장애 | | | |
| 어깨 | 1 | 0 | 1 |
| 팔 | 9 | 4 | 13 |
| 손 | 7 | 3 | 10 |
| 등 | 20 | 16 | 36 |
| 옆구리 | 26 | 11 | 37 |
| 엉덩이 | 17 | 9 | 26 |
| 다리 | 44 | 8 | 52 |
| 무릎 | 6 | 8 | 14 |
| 한 발/두 발 | 4 | 1 | 5 |
| 합계 | 461 | 136 | 597 |

출처: 멜버른 지원자 및 피수용자 등록, 1856~1890.

* '장애인', '불구자', '절름발이'로 표시된 피수용자를 포함한다.

** '부분적으로 마비된' 것으로만 묘사된 사례들을 포함한다. 신체 특정 부분의 마비를 가리키는 경우 관련된 장애 범주에 관찰 기록을 포함하였다.

도시 속에 보호시설 군도(群島)가 성장함에 따라 거리 생활의 이질성도 점차 사라지고 더 많은 룸펜 프롤레타리아 하층 계급들이 교도소 같은 경관 속에 갇히게 되었다. '거리의 폐물'을 위한 첫번째 항구적 피난처는 감옥이었다. 사법부가 '신체적으로 무능력한' 사람들을 생존할 수 있게 해준다는 인간적 제스처로 다수가 '불구자'(cripples)로 묘사된 거리의 부랑자들을 규칙적으로 감옥으로 보냈다는 증거가 있다(Lynn, 1990).

장애 혹은 정신질환을 가진 가난한 사람들 가운데 '도움을 받지 못하는' 사람들은 시설의 보호가 필요하다는 이유로 사법 당국에 의해 빈번히 감옥에 수감되었다. 장애를 가진 가난한 사람들이 거리에서 감옥으로 가는 통상적인 통로는 부랑죄로 체포되는 것이었다. 이것이 언제나 처벌을 위한 수단으로 의도되지는 않았다. 경찰은 궁핍한 빈민이 그들의 관심을 끌었을 때, 일반적으로 동정심을 가지고 부랑법에 관한 그들의 권력을 행사하였다. 문제는 보호시설이 늘 과밀했기 때문에 치안판사들이 부랑 빈민들을 도시의 감옥에 넣는 것 외에 선택의 여지가 별로 없었다는 것이다. 1863년 익명(아마도 의원일 가능성이 높음)의 한 기고문이 도시의 한 주요 신문에 그 문제를 간명하게 기술하였다.

빅토리아는 도시의 젊음을 생각하면서 자신의 공공 시설을 자랑스러워할지 모른다. … 그러나 우리 정부가 수행한 것만큼 수혜를 받지 못하는 일부 불행한 계층들이 있다. 지체장애인들, 질환자들, 불행한 과부들, 궁핍한 어린이들이 충분한 보살핌을 받지 못하고 있다. 불행한 불구자들이 부랑자로 취급받고 단순히 생계를 제공한다는 이유로 감옥에 보내지는 것은 정당하지 않다. 불편해도 현재 있는 곳에 머물게 하는 것이 유일한 인간적 방법이다. 자신의 생활을 위해 신체적으로 돈을 벌 수 없는 사람들에게 제공할 만한 포괄적이고 종합적인 법률 수단이 없다는 것이 현실적으로 정말 더 큰 문제다.(*The Argus*, 1863년 10월 22일자)

위에서 기술한 하층 계급들에 대한 부르주아 '원조'의 영국적 패턴은 식민지 무대에서도 대부분 반복되었다. 프롤레타리아 가내 공간에 대하여 가장 잘 알려진 봉사 조직은 여성들의 '자선 협회'였다. 보통 프로테스탄트의 복음주의적 연대로 묶여진 이들 결사체는 궁핍한 노동 계급 가족들의 가정을 방문하는 '여성 자원봉사자들'로 구성되었다. 이들의 원조는 제한적이었지만 '조언'은 아끼지 않았다. 구성원은 지위가 낮거나 혹은 중간인 부르주아 여성들로부터 선발하였다. 일반적으로 의사, 기업가, 부목사의 부인들이었다. 식민지 멜버른에는 1880년까지 이런 여성 자선 협회가 26개 있었다(Kennedy, 1985).

이들 가운데 가장 크고 영향력이 컸던 것은 멜버른 여성자선협회(the Melbourne Ladies' Benevolent Society)였다. 19세기 후반 내내 이 협회는 도시의 옥외 자선 ——즉, 가정 방문——의 주요 기관이었다. 장애의 사회공간을 볼 수 있는 세번째 중요한 창은 멜버른 여성자선협회가 남긴 봉사 기록이다.

1855년부터 여성자선협회의 봉사활동 장소가 중심업무지구와 네 곳의 인접한 교외에 마련되었다. 전체는 40개의 좀 더 작은 구역으로 구분되었는데, 각각에 속한 여성 자원 봉사자들이 있었다(그림 6-4). 1890년대 여성자선협회의 활동 지역은 대략 150,000명에 이르는 사람들의 가정이었다. 이 지역들에는 광범위한 슬럼 구역과 많은 룸펜 프롤레타리아트, 즉 과부와 가장에 의해 버려진 가족들, 노인들, 병자와 장애인들이 있었다.

여성자선협회의 여성 자원봉사자들은 산업 노동계급의 집안 생활과 공공 생활에 대한 매우 풍부한 설명을 우리에게 남겼다.

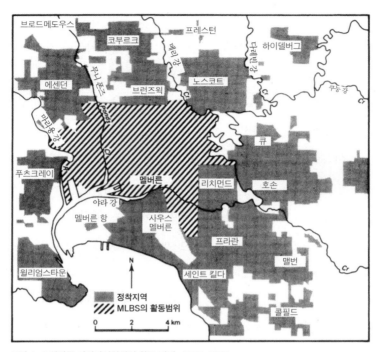

그림 6-4 멜버른 여성자선협회의 활동 범위, 1855-1900

1849~1900년의 기록은 협회가 장애인 친척이 있는 많은 가족들을 돌
보아주었다고 하고 있는데, 그 중에 1,004명의 장애인(틀림없이 적게
셈)을 확인할 수 있다(표 6-2). 흥미롭게도 장애 유형이 멜버른 자선원
이 기록한 것과 거의 일치하였다. 사실, 이 두 개의 자료 모두에서 확인
되는 몇몇 개인들은 보호시설과 가정 사이에 서로 잡아당기는 구심적
흡인이 있었음을 보여 준다. 변변치 않고 짧은 기간이지만, 이와 같은
옥외 자선은 많은 가족과 장애 개인들이 보호시설의 구심적 흡인에 저
항하는 데 도움을 주었다.

**표 6-2 진술된 장애 유형별 지체장애 어린이와 성인의 수, 1850~1900**

| 장애 유형 | 어린이 수 | 성인 수 | 계 |
|---|---|---|---|
| 불구 질환 | 60 | 107 | 167 |
| 장애 질환 | 3 | 33 | 36 |
| 사지 손상* | 3 | 76 | 79 |
| 사지 불능* | 1 | 36 | 37 |
| 사지 허약* | – | 4 | 4 |
| 기형 | 8 | 5 | 13 |
| 마비 | 10 | 179 | 189 |
| 지체장애 | 8 | 58 | 66 |
| 척추 질환 등** | 31 | 21 | 52 |
| 내반족 | 1 | 1 | 2 |
| 무도병 | 1 | – | 1 |
| 만성 질환 | – | 7 | 7 |
| 장기 부상*** | – | 18 | 18 |
| 총 장애인 | 126 | 545 | 671 |
| 치유 가능 장애**** | 3 | 330 | 333 |
| 장애인과 치유 가능 장애인 총 수 | 129 | 875 | 1,004 |

출처: 『멜버른 여성자선협회 의사록』, 1850~1900
\* 사지의 일부가 손상된 사람들을 포함한다.
\*\* 다리와 엉덩이의 질환을 가진 사람들을 포함한다.
\*\*\* 부상으로 최소한 6개월 동안 장애가 있는 사람들을 포함한다.
\*\*\*\* '나쁜 상태의' 다리 절음과 부분적으로 그런 원인을 가진 사람들을 포함한다.

　　그럼에도 불구하고 가정과 때때로 가족에 매달리는 것은 공공 공간으로부터 장애인의 배제를 종종 의미하였다. 멜버른 여성자선협회의 기록은 많은 장애인들이 그들 자신의 생존을 위해 힘든 가사노동에 종사하였음을 보여 준다(그런 사람들은 거리에서 거의 볼 수 없었다). 많은 사례 기록 중 하나는 이렇게 보고하였다.

다리가 불편한 늙은 과부가 침대 위에 다리를 올려놓고 셔츠 바람으로 일을 하고 있다.[6]

이는 힘든 일을 하는 본능적 세계를 기록한 다른 현존하는 단편들에서도 확인된다. 예를 들어 수석 공장 감독관이 1891년 의회에 제출한 보고서는 두 명의 야외 근로자의 애처로운 다음 사연을 전달한다.

이 두 소녀는 부모와 살고 있다. 그들 부모에게 생활비를 주면서 … 한 소녀는 불구자라고 공장 일꾼들의 손가락질을 받는다.[7]

수석 감독관은 이 불구 소녀가 공장 근로자들로부터 굴욕을 당한 이후 집에서 거의 나오지 않는다고 적고 있다.

그 대신에 일부 장애인들은 집을 자선단체와 가계 총수입을 보완하는 수단으로 행하는 길거리 행상과 구걸의 근거지로 활용하였다. 아래 사례처럼 자선협회는 '근검'과 '독립'의 위대한 빅토리아 시대 신들을 기쁘게 하기 위한 모든 시도를 웃으면서 기꺼이 하였으며, 때때로 장애인들이 다양한 거리 행상으로 자립할 수 있도록 도와주었다.

1873년 자선협회는 얼마 전에 장애를 가지게 된 한 남성이 물건 행상으로 자립할 수 있도록 도와주었다.

---

6) 『멜버른 빅토리아 주립도서관의 라 트로브(LaTrobe) 관에서 개최된 멜버른 여성자선협회 의사록』(1891. 1. 27.).

7) 『빅토리아 식민지의 의류 무역과 연관된 '노동착취제'에 관한 최고 공장감독관의 보고서』, V.P.P. 1891, 제3권 138호.

훌륭한 부부, 남편이 다리가 부러졌으나 제대로 맞추어지지 않았으며, 시장에서 자리를 잡을 수 있을까 염려하고 있다.[8]

한 여성의 곤경에 관한 한 여성 자원봉사자의 보고서는 17년 후에도 이 현실이 여전히 지속되고 있음을 보여 준다.

의족을 한 남편, 채소를 사기에도 부족한 돈 … 네 명의 아이들.[9]

그러한 상황의 여성이 과일이나 꽃 장사를 쉽게 하는 바구니를 갖게 되는 것은 때로 경제적 독립의 수단이었다.

[아무개]는 과일 파는 바구니를 얻고 싶어 했다. 한 팔의 장애가 그녀의 장사를 방해했기 때문이다.[10]

다른 신체 결함이 있는 사람들은 거리의 음악가 생활을 하기도 했다. 자선 협회는 그런 경우 종종 악기 구매를 도와주었다. 예를 들어, 1875년 자선 협회는 다음과 같이 보고한다.

손자가 딸린 그 과부는 불구자로 음악가였다. 그녀는 플루트를 사는

---

8) 『멜버른 여성자선협회 의사록』(1873. 12. 18.)
9) 『멜버른 여성자선협회 의사록』(1890. 1. 14.)
10) 『멜버른 여성자선협회 의사록』(1868. 11. 3.)

데 도움 받을 수 있기를 갈망한다.[11]

어떤 신체 결함인들은 거리의 행상, 자선과 병행해 무뢰한 양아치 생활로 생존했던 것 같다. 1891년 한 자원봉사자는 피츠로이(Fitzroy) 여성에 대한 후원을 이렇게 보고하였다.

그녀의 남편은 불구자이다. 하지만 커피 노점을 가지고 있다. 그들은 천박하게 저축심이 없는 사람들이었다 ─ 말다툼하고 시끄러운.[12]

사람들은 대개 이런 혼란스러운 이야기를 들으면 혀를 끌끌 차는 소리를 들을 수 있다. 이런 경우 도움이 지속되지 않았다는 것이 당연히 기록되어 있다. 그러나 실제로는 대부분 여성들이 그들의 기록에 나타나 있는 만큼 단호하지는 않았다. 왜냐하면 두 달 후 그녀는 난폭한 커피 행상에 관한 다음과 같은 고민되는 보고서를 작성할 수밖에 없었기 때문이다.

방문했을 때 모든 것이 집 밖으로 치워져 있는 것을 발견하였다. 커피 노점이 마당에 있었다. [아무개] 부인은 그들이 그 노점에 대해 지불할 수 있는 것이 전혀 없다는 것과 [아무개] 남편에 대한 보증 기간이 끝났다는 말을 경찰서의 경장에게서 들었다.[13]

---

11) 『멜버른 여성자선협회 의사록』(1875.12.7.)
12) 『멜버른 여성자선협회 의사록』(1891.3.24.)
13) 『멜버른 여성자선협회 의사록』(1891.5.19.)

**표 6-3 일하는 장애인들의 직업**

| 직업 | 개수 |
|---|---|
| 거리 행상[*] | 5 |
| 바느질 여성 | 4 |
| 짐꾼[*] | 2 |
| 음악가[*] | 2 |
| 거리 악사[*] | 2 |
| 서기(필사) | 2 |
| 커피 노점상[*] | 2 |
| 우산 수리 | 1 |
| 사무직 | 1 |
| 세탁 여성 | 1 |
| 꽃 만들기[**] | 1 |
| 꽃 팔이[*] | 1 |
| 부츠 마무리 직공[**] | 1 |
| 넝마주이[*] | 1 |
| 장난감 제작 | 1 |
| 방앗간 일꾼 | 1 |
| 인쇄업 | 1 |
| 사환 | 1 |
| 셔츠 제조업[**] | 1 |
| 양철공 | 1 |
| 뜨개질[**] | 1 |
| 신문팔이[*] | 1 |
| 돌봄이 | 1 |
| 성냥팔이[*] | 1 |
| 총계 | 36 |

출처: 『멜버른 여성자선협회 의사록』, 1850-1900
주: [*]는 거리 직업, [**]는 옥외노동자

자료 분석을 통해 자선협회의 도움을 받는 36명의 장애인이 어떤 형태이든 유급 노동을 했었다는 확실한 결론을 내릴 수 있다(표 6-3). 이들의 다수가 거리 행상이나 바깥일을 했던 것은 분명하다.

## 거리 풍경

슬프게도 이런 단편적 사실 외에 멜버른의 장애인 거리 행상의 생활을 엿볼 수 있는 기록은 거의 남아 있지 않다. 하지만 다른 장애인 장사꾼들의 목소리를 기록한, 거리 생활에 대한 한 영국인 관찰자의 논평이 있다. 이들은 산업 룸펜 프롤레타리아트의 생활을 그늘지게 하는 비천함에 대하여 강하게 말한다. 헨리 메이휴(Mayhew, 1968a, 1968b)는 20세기 중반 런던의 저명한 슬럼 저널리스트로 빅토리아 시대 도시의 거리 장애인들(그들 중 다수는 남성)을 잠시이긴 하지만 전면에 내세웠던 몇 안 되는 관찰자 중 한 사람이었다. 메이휴는 장애인을 완전한 노동력 상실로 인해 "거리로 내몰린 계급의 하나"로 간주하였다(Mayhew, 1968a: 329, 강조는 원문). 그의 조사는 스케치와 짧은 대화, 그리고 자신의 논평 형태로 이들의 독특한 거리 생활의 단편들을 기록하고 있다.

런던의 슬럼 거리와 빈민굴 탐사 중에 메이휴는 새를 파는 한 불구자에게 왜 일을 하느냐고 물었다. 그의 대답은 다음과 같다.

> 아버지는 나를 가두어 두는 것이 더 좋다고 생각하지 않습니다. … 나는 새를 좋아합니다. 계속해서 그럴 겁니다. 처음에는 새들이 나와 같다고 생각했어요. 새들은 감옥에 갇혀 있고, 나는 불구자죠.(Mayhew, 1968b: 68)

그는 메이휴에게 자신의 아버지가 죽었을 당시 그가 구빈원에 들어갔었다고 말한다.

그림 6-5 육두구 열매 강판 거리 행상

오, 나는 그곳을 증오합니다. 나는 구빈원에서 바보이거나 바보로 불
리는 것보다 차라리 ——나를 두려운 야수로 만드는 절름발이가 낫습
니다.(Mayhew, 1968b: 68)

미래에 대한 그의 생각은 암울하였다.

그림 6-6 한 다리의 횡단보도 청소부

나는 구빈원에서 내 생이 끝날 때까지 불쌍하고 굶주린 불구자일 것 이라고 느꼈습니다.(Mayhew, 1968b: 68)

메이휴는 이어서 많은 장애인들이 참석한 일일 반대 집회에서 육 두구 열매 강판을 파는 애처로운 모습의 장애인을 만났다(그림 6-5). 모든 장애인 거리 행상들과 걸인들이 속기 쉬운 행인의 동정을 유발하기 위해 실제로는 거짓된, '건강한' 부랑자라는 빅토리아 시대 중산층의 완고한 의심을 인식해서 그 행상은 "나는 불구자로 태어났습니다"라고 쓴 두드러진 표지판을 목에 걸고 있었다. 육두구 열매 강판 행상은 메이휴에게 그의 친척들이 그를 장애인이라고 경멸하고 내다 버렸다고 말하였다. 메이휴는 그의 살아가고자 하는, 그리고 움직이려는 의지를 격려하였다.

그 다음, 메이휴는 "장애인이 되는 것보다 외딴 곳에서 죽임을 당하는 것이 더 낫다"(Mayhew, 1968b: 488)는 말 외에 다른 말은 거의 하지 않는 다리가 하나인 횡단보도 청소부를 인터뷰한다(그림 6-6).

이 장면들은 저항과 비천함을 다양하게 증명한다. 그것들은 식민지 멜버른에서 틀림없이 일상적으로 재생산되었을 것이다. 멜버른의 장애인 거리 장사꾼들 다수는 대부분 집이 없거나 여관, 피난소 또는 그와 유사한 한계적인 수용시설 영역 내에서 방랑 생활을 했었을 것이기 때문에 여성자선협회의 기록에 빠졌을지도 모른다.

중심업무지구는 부르주아 거리 생활의 활기찬 무대였으며, 쇼핑 아케이드와 갤러리, 극장, 호화로운 호텔들로 유명하였다. 도시는 남반구의 '파리' 혹은 '시카고'로 다양하게 불렸다(Davison, 1978). 도시는 대영제국에서 전기 가로등이 켜진 첫번째 도시의 하나였으며, 부르주아지와 프롤레타리아트의 흐름이 뒤섞인 야간 활보는 빅토리아 시대 논평자들에게 매력과 관심의 대상이었다. 거리 생활의 흐름은 도시와 그것에 인접된 지역의 거리를 차지한 많은 걸인과 거리 행상(street trader)과 언제나 교섭하였을 것이다(Kennedy, 1982). 늘어난 군중을 실어 나르기 위해 1860년대부터 말이 끄는 트램(나중에는 전차)과 같은 일련의 대중교통수단이 진화하였고, 그것은 도로교통의 속도를 증가시킴으로써 통행하는 사람들(travelers)과 어슬렁거리는 사람들(strollers)을 구분하였다. 이런 것들은 많은 장애인들이 거의 접근할 수 없는 교통 형태였다.

1880년대 도심부의 중요한 상업 통로였던 보크 가(Bourke Street)는 틈새적인 거리 경제의 중심지였다. 과일에서부터 성냥까지 모든 것들을 파는 행상들의 일상적인 숙주였다(밤에는 매물이 신체—주로 여성들—로까지 확대된다). 이들 소상인들은 거리의 음악가와 연예인 무리들과 좋은 자리, 보통 거리의 모퉁이와 같이 거리 교통의 흐름에서 최대 마찰과 혹은 가시성을 가진 지점을(Brown-May, 1995) 놓고 경쟁하였다(Kennedy, 1982). 스웨인(Swain, 1985)은 마지막으로 체포될 때(그녀의 아이들과 헤어졌다)까지 도시의 거리에서 노래를 부르고 성냥을 팔아 1890년대 초반까지 살았던, 부분적인 시각장애인인 독신 엄마 아다(Ada)의 이야기를 들려준다. 스웨인은 "아다는 이상하지 않았다. 왜냐하면, 도시에서 많은 비슷한 소녀들이 신체적 혹은 정신적으로 장애가 있었고 혼자였기 때문이다"(Swain, 1985: 99).

존 프리먼(John Freeman)은 그의 『멜버른 생활의 빛과 그림자』(*Lights and Shadows of Melbourne Life*, 1888)에서 동정심과 시혜를 이끌어 내기 위해 그들의 불구 아이들을 보여 주는 여자 걸인들을 묘사하고 있다. (어떤 이는 그런 목적에서 장애 아이들을 '빌려왔다'라고 말하기까지 한다.) 프리먼의 거리 구걸과 장사에 대한 산문 묘사에는 장애인 행상과 음악가들에 대한 여러 언급이 있다. 1887년의 한 기사는 연예인들의 흥행을 보기 위해 분주한 거리 모퉁이에 모여든 군중을 기록하였다. "최고 인기는 '집시 엘리자'(Gypsy Eliza)라고 불리는 이른바 행운의 이야기꾼과 흉하게 생긴 남자이다"(Brown-May, 1995: 28에서 인용). 이 장애 연예인의 익명성에 주목하라.

부르주아지 가운데 많은 이들이 공공 거리에서 계급들의 이런 규제받지 않는 교섭과 도덕적 유형에 분명히 깜짝 놀랐다. 멜버른의 프롤레타리아 미덕의 자천 수호자인 자선기구회(the Charity Organization Society)는 이러한 일상적인 거리 흥행에 의한 도덕적 위협에 관심을 가졌다. 1890년 자선기구회의 보고서는 "노인, 어린이, 훈련 받은 자, 훈련 받지 않은 자가 거리에서 뒤섞이고 경쟁하는 광경"에 대한 반발이다.

이들 무정한 자유방임 챔피언들이 철저히 자본주의적인 이 집합체를 매우 혼란스럽다고 본 것은 이상한 일이다. 좀 더 별난 수준에서 메이휴의 동료인 앤드류 할리데이(Andrew Halliday)는 자신의 빅토리아 시대적인 결벽증을 부두교 지식으로 위장한다. 즉, "팔이나 다리 없이 무릎으로 기어 다니는 사람을 보고 심하게 공포를 느끼거나 심지어 상처를 입는 민감한 여성들에 대한 기록이 그 예다"(Mayhew, 1968d: 433). 사실,

> 내가 아는 한 사례는 팔, 다리가 없는 사람을 보고 난 뒤 가족 중 한 여성에게서 모든 면에서 그녀를 놀라게 한 대상과 아주 비슷한 아이가 태어났다는 것이다. 그 아이는 팔, 다리가 없었다. (Mayhew, 1968d: 433)

같은 논평에서 할리데이는 경찰이 "이런 소름끼치는 걸인들이 거리에 우글거리지" 못하도록 하여야 한다고 권고한다(Mayhew, 1968d: 433, 강조는 인용자)

할리데이의 은유적 표현은 불구 걸인들이 공중보건을 직접적으로 해치는 해충이라는 것을 암시하면서, 공중에 드러난 불구 신체는 마음속에 악마를 불러낼 수 있다는 빅토리아 시대 지배 계급들의 극단적인 천대의식을 가리킨다. 물론 할리데이 혼자만의 염려는 아니다. 거리의 정화는 후기 빅토리아 시대 부르주아지 다수의 이상이었다. 질병에 대한 염려는 사회적 차이에 대한 두려움과 함께 혐오스럽고 오염된 '대상'은 공공의 보건을 ── 도덕적·물리적으로 ── 적절하게 보호하기 위하여 제도적 공간들에서 제거되어야 한다는 '거리 위생 상태'를 위한 새로운 캠페인, 즉 사회적 차이의 공포로 모아졌다.

세기가 흘러갈수록 멜버른 시 당국은 노점상(street trading)과 부랑자에 대한 전반적 통제를 강화하여 결과적으로 보호시설의 구심적인 흡인을 강조함으로써 이런 종류의 염려와 여타 요청들에 때맞추어 대응하였다. 브라운-메이는 멜버른에서 "거리 생활은 일탈적이고 병적인 것이라는 혐의를 두고 보게 되었고, 따라서 규제와 통제가 요구되었다"라고 지적한다(Brown-May, 1995: 30).

불구의 거리 걸인에 대한 관리들의 불관용이 시간이 지날수록 강화되었음에도 불구하고, 불구의 거리장사꾼에게는 아마도 그 반대였던 것 같다. 결국, 관료집단은 질서 있는 거리 장사가 이동이 불가능하고 '무능력한' 노동력에 의해 제기되는 문제를 점잖고 인간적으로 해결하는 방책이라고 믿게 되었다. 흥미롭게도, 이러한 '인간적' 관점의 수용을 북돋운 것은 자선기구회, 즉 멜버른 자선의 도덕적 수호자이었다.

> 마침내, 자선기구회가 정부와 지방의회 및 경찰이 거리 구걸은 금지
> 하고, 거리 판매에는 허가증을 주고, 일정한 위치의 노점 '권리'는 '신
> 체적 장애를 가진 사람들에게 거의 배타적으로 부여한다'는 시각으
> 로 전환하도록 하였다. (Kennedy, 1985: 209)

1890년대, 자선기구회는 "멜버른의 장애인용 첫 신문 가판대 박
스에 불구자를 두었다"(Kennedy, 1985: 199). 잘 감추어진 신문 가판
대 박스 안에 신체장애의 거리 장사꾼들을 가두어 두는 것은 다음 세
기 공공 영역으로부터 장애인들을 마지막으로 몰아 낸 보호 작업장의
서곡이었다.


## 결론

봉건제에서 산업자본주의로의 이행은 궁극적으로 유럽의 하층 질서
사회공간을 재조형한 오랜 갈등의 싸움 이후에야 이루어졌다. 19세기
초에 이르러 영국의 봉건적 농촌 사회는 대부분 점차 도시화된 프롤레
타리아 생활세계로 전환되었다. 도시화된 프롤레타리아 생활세계에
서는 상품관계의 규칙이 인간관계의 전통적 문화 형태에 그림자를 드
리우게 되었고 결국 그것을 대체하게 되었다. 새로운 산업적·정치-경
제적 질서, 즉 정상성과 사회적 의존성에 대한 새로운 문화적-제도적

구축과 그것의 사회적 체현은 신체 결함 노동력의 가치를 평가절하하였다.

이러한 폭넓은 변화를 통해 형성된 장애의 사회공간은 결함을 가진 신체에 대한 구심적(포섭) 압력과 원심적(배제) 압력이 이루어지는 동적이고 쉴 틈 없는 경관으로 인식된다. 구체적으로 이 공간은 사회적 주류로부터 장애인들을 지속적으로 구축(驅逐)하려는 것과 이러한 주변화 경향에 대한 장애인들의 저항을 특징으로 한다. 구축하려는 힘은 세 가지 사회공간적 핵심 결절에서 나온다. 즉, 가정과 일터(특히, 공장)로부터 나오는 원심적 압력, 보호시설의 구심적 당김이다. 이런 흐름들에 의해 설정되는 벡터에 대한 저항은 언제나 있었다. 가장 성공적인 반작용은 요인들의 결합이 ——특히, 효과적인 연대의 존재와 가내 성과급 형식의 작업 가능성 —— 저항의 자원을 공급하는 가정에서 아마도 발생하였을 것이다.

거리는 저항이 장애인들에 의해 실천되는 추가적인 틈새적 장소를 제공하였다. 공공 간선도로에서 그들의 존재에 대한 기록은 배제적 권력에 대항하는 빈번한 불복종뿐만 아니라 산업자본주의에서 모든 '위협적인 타자들'을 완전히 쫓아내려는 억압 구조의 작동불능을 드러낸다. 물론 거리는 무엇보다도 장애인들이 비천해지는 장소이다. 그곳에서 장애인들은 공공에 완전히 전시되는 경험을 하기 때문이다. 이 사실은 가치절하된 모든 신체들이 그들을 위해서 지어진 적절한 보호시설 공간 안에서 안전하게 모여 산다면, 도덕적 질서의 이익이 더 잘 충족되었을 것이라고 생각하는 부르주아 개혁가들을 혼란스럽게 만든다.

장애인들은 개인적 자율과 사회적 포섭을 위한 투쟁 속에 산업도시의 거리로 나아갔다. 최근의 장애 사회운동과는 상당히 다르고, 비록 고립적이기는 하여도 이러한 빈번한 투쟁들이 배제적 사회 질서에 대항하는 반란의 형태를 구성하였다. 육두구 열매 강판을 파는 메이휴의 불구자는 구빈원의 극빈자로 사느니 차라리 거리에서 죽겠다고 선언함으로써 무슨 일이 있어도 무서운 보호시설에 저항하려고 하는 많은 장애인들의 결정을 환기시켰다(Mayhew, 1968a: 332). 사실 그는 어느 날 마침내 그가 장사하는 장소에서 굴복했을지도 모른다. 그러나 자율성의 이러한 그림자와 파편들을 실제의 자유와 사회적 포섭과 혼돈해서는 안 되기 때문에, 우리는 저항에 대해 찬사를 보내는 것으로 끝내서는 안 된다. 많은 장애인들에게 거리는 투쟁의 장소인 동시에 천대의 장소이었다. 우리는 저만큼 떨어져서 슬픔 없이 이러한 고통스러운 전기를 기억할 수 없다. 현대의 관찰자에게 있어서 성찰의 이 계기는 산업도시 내에서 결코 수동적이지 않지만 조용히 지나갔던 '균등치 못한' 어떤 삶들에게 경의를 표하는 것이다.

3부

현대의 장애 지리학

# 7장 _ 장애와 자본주의 도시

## 서론

이 책의 마지막 부분인 3부에서는 현대 자본주의 사회의 장애 문제를 설명하고자 한다. 이 장과 이후 두 장에 걸쳐 다루어지는 사회지리적 문제는 모두 주요 도시 밖에서 일어나고 있는 것이긴 하지만, 서론에서 설명했던 것처럼, 여기서 관심은 도시 맥락에서의 장애에 관한 것이다. 향후에는 비도시적인 상황도 장애지리학의 대상이 될 것이라고 기대한다. 넓은 의미에서 도시에서의 장애를 설명함으로써, 비도시적 환경으로까지 확장될 수 있는 분석을 제공하기를 희망한다. 물론 그런 분석적 확장을 위해서는 여기서 사용된 개념의 재설정이 필요하며, 농촌 및 소규모 정주지역에 사는 장애인들이 직면한 뚜렷이 다른 여건에 대한 경험적 언급이 필요할 것이다.

　이 장의 목적은 장애의 도시 지리, 특히 현대 및 근현대 서구사회에서 장애인들의 억압적 경험을 이해하기 위한 잠재적 틀을 제안하는 것이다. 이 장에서는 특정한 사회 공간적 경험으로서 장애가 어떻게 자본주의 도시의 결정적인 특징이 되는가를 검토할 것이다. 그중에서도 특히 ——신체적 결함이 있는 사람의 억압적인 경험인—— 장애가 자본주의 도시의 담론적·제도적·물질적 차원에서 깊이 각인됨을 논의하고자 한다.

앞의 두 절에서는 '장애 억압' 현상에 대해 설명한다. 여기서는 정치경제학적·문화적·공간적 차원에서의 장애 억압에 대해 설명할 것이다. 그 뒤에는 일련의 서구사회에서 장애인과 장애인 동맹(allies)이 시민권, 환경 접근성과 같은 핵심적인 정책이슈에 초점을 맞추어 왔던 그들만의 도시사회운동을 통해 이러한 경향에 어떻게 반대해 왔는지를 간략히 살펴보고자 한다. 마지막 절에서는 현대 서구 도시에서 장애가 되는 형태와는 대조적인 ——억압적이지 않고 포용적인 사회공간인—— '탈장애 환경'을 위해 필요한 것에 대해 개략적으로 논의함으로써, 공간 생산에 대한 또 다른 전망이 전달될 것이다. 특히 국가정책 내에서 장애를 만드는(disabling) 이데올로기와 관례에 대응하는 것이 이러한 정치적-윤리적 원칙의 목표이므로, 이후 두 장에 걸쳐서 이 분석의 규범적인 근거를 제공할 것이다.


## 사회적 억압으로서의 장애

### 장애 억압(Disability oppression)

최근 서구 장애운동의 결과로 생산된 방대한 정책과 이론 연구에 의하면, 장애인이 사회적 불리함이라는 일상적 환경에 직면해 있다는 것은 분명하다.[1] 현대 사회과학 문헌에서 나오는 일부 용어 ——특히 '장애차별주의'(disablism)와 '비장애 선호를 통한 차별주의'(ableism) ——들은 이러한 불리함과 차별적 구조, 또한 이를 생산하는 관례 등을 묘사하기 위해 만들어졌다(Chouinard, 1977; Imrie, 1996a 참고). 물론 신체적 결함이 있는 사람들은 그들의 장애를 단순하게 합한 것 이상을 경험하는데, 장애차별/비장애 선호를 통한 차별에 대한 그들의 개인적 경험은 사회적 정체성 및 집단 관계의 차이에 따라 특정한 방식으로 형성되기 때문이다.

현대 장애 지리학에 관한 이 글에서, 서구 사회에서 결함 있는 신체(impaired bodies)의 강압적 사회화를 표현하는 여러 가지 방식들보다 나는 장애 억압이라는 용어를 사용할 것이다. 비장애 선호를 통한 차별(ableism)이나 장애차별주의(disablism)와 같은 용어들은, 다른 잘 알려진 사회적 굴곡에 관한 특정한 장애인들의 억압적 경험을 설명하는 데 유리하다. 그러나 아주 뚜렷이 구별되는 이 용어들은 어떤 상황에서는 장애인 정체성의 특이성을 과도하게 강조할 수도 있다. 또한 그렇게 함으로써 문화와 정치경제학에서 발생하는 광범위한 사회적 억압 경향과 장애 사이의 관계를 과소평가할 수도 있다.

장애에 대한 사고와 사회적 억압의 연결을 통해, 여타 경시 구조와 깊숙이 중첩되어 있는 부당함의 특이한 형태로서, 이러한 불리한

---

1) 이 연구를 개략적으로 보기 위해서는 올리버(Oliver, 1991)와 스웨인 외 편(Swain et al., 1993)을 참조할 것.

형식의 이중적 특징을 전달한다. 나아가 2장과 3장에서 설명한 유물론자들을 포함하는 많은 장애 이론가들은 장애를 다른 정복의 형태와 밀접하게 관계가 있는 사회적 억압의 한 형태로 설명해 왔다(예컨대, Abberley, 1987; French, 1993a; Morris, 1991; Oliver, 1990; Swain et el., 1993). 올리버(Oliver 1996)는 많은 장애 연구자들의 최근 관점을 살폈는데, 이는 성, 젠더, 인종으로 정의되는 '억압된 신체'와 같이 광범위하고 억압적인 사회화가 체현된 형태의 하나로 장애를 인식하는 것이다.

## 장애 억압의 다섯 가지 측면

영(Young, 1990)이 주장한 다차원적 현상으로서 억압의 개념은 사회적 차별의 형태로 장애의 (특히 경제적으로) 이례적 특성을 명확히 하는 데 유용하다[2]. 하비(Harvey, 1993)는 억압에 대해 더욱 이해하기 쉽게 다음과 같이 다섯 가지 억압 유형을 설명하고 있다.

1. 착취(exploitation): 노동의 결실이 한 집단에서 다른 집단으로 이전되는 것으로, 예를 들면 노동자가 잉여가치를 단념하고 자본가에게 양도하는 경우나 가정에서 여성의 노동 성과가 남성에게 이전되는 경우.

---

[2] 돈(Dorn, 1994: 100~104) 또한 장애 억압을 설명하는 데 있어서 영의 개념이 유용하다는 것을 발견하였다는 점에 주목한다.

2. 한계화(marginalisation): 잠재적으로 심각한 물질적 결핍으로 이어지거나 심지어 근절될 수도 있는, 사회생활에의 참여 배제.

3. 무기력함(powerlessness): 다른 사람들의 의견을 존중하는 데 필요한 자아의식, 권한, 지위 등의 부족.

4. 문화 제국주의(cultural imperialism): 우세한 문화의 사회생활의 경험이나 해석을 억압받는 집단에게 부과하는 행동에 대한 고정관념.

5. 폭력(violence): 사람들을 해치고 모욕하거나 파괴하려는 동기만으로 이루어지는 간헐적이고 이유 없는 실제 공격과 그에 대한 두려움.

광범위하지만 건설적으로 영의 개념을 비평하면서, 프레이저(Nancy Fraser)는 추가적으로, 나아가 보완적으로 개념적 스펙트럼의 형태로 억압을 설명하고 있다. 이 스펙트럼은 사회집단에게는 두 가지 상반되는 부당함을 기정사실화하는 것인데, 그 중 한 쪽은 정치경제에서 발생된 분배적 부당함과 그에 따라 요구되는 재분배적 구제책이며, 다른 한 쪽은 선진 자본주의 사회의 '문화-가치판단 구조에서 궁극적으로 유래하고', 그에 따라 문화적 재평가를 통해 구제되어야 한다는 식의 문화적 오인의 부당함이다(Fraser, 1997a: 18)[3]. 현대 프롤

---

3) 최근 프레이저(Fraser, 1997b)와의 격렬한 의견 교환에서, 영(Young, 1997)은 이전에 그녀의 연구에 대한 프레이저의 이전 비판은 건설적이라기보다는 잘못 판단된 것이라는 점을 명확히 했다. 그러나 내 생각에 영은 자신의 부당함에 대한 공식화에 있어서 몇 가지 애매함이나 취약함을 설명하고 있는 프레이저의 비판의 핵심을 놓쳤다고 본다.

레타리아트는 분배의 부당함을 당하는 집합적 주체의 가장 명확한 사례를 보여 주는 반면, 동성애 집단──혹은 어떤 '경멸당하는 섹슈얼리티'든──은 문화적 오인의 경우를 가장 잘 표현한다고 프레이저는 믿는다. 물론 프레이저는 이런 종류의 '순수한 집단'이 있다는 것은 의심하고 있으나, 이 스펙트럼은 다른 집단에게 가장 많은 영향을 미치는 억압의 유형을 규정함으로써, 유용한 체험적 역할(heuristic role)을 한다. 확실히 프레이저의 관점은 이 주요한 두 가지──재분배적/문화적── 억압 형태는, 비록 이들 간 상호의존의 강도는 논의되는 사회적 집단에 따라 다양하다 하더라도, 구체적인 사회 환경 속에 뒤엉켜 있다는 것이다.

프레이저에 따르면, 더욱 복잡한 정치-민족 이슈는 그녀의 개념 스펙트럼의 중간에 위치하는 '양가적'(bivalent) 집단의 경우여서, '정치경제와 문화에서 동시에 유래하는 부당함'을 경험하고 있다고 한다(Fraser, 1997a: 19). 젠더와 인종처럼 장애(disability)란 영이 주장한 억압의 다섯 가지 측면을 모두 가지고 있는 양가적 집단이라는 것이 나의 주장이다. 그러나 나는 장애를 프레이저 스펙트럼의 한 쪽 끝인 재분배 쪽에 더 가깝게 배치하는 선택을 할 것인데, 이는 특히 1과 2, 즉 착취와 한계화의 형태가 체현되어 있기 때문이다. 따라서 부분적으로는 차별적인 주류 문화와 정치구조를 통해 장애인들의 물질적 착취와 물리적 한계화가 이루어지고 재생산된다. 서구 사회에서 장애인은 적어도 소수 인종 및 소수 민족이 자주 경험하는 것과 같은 방식처럼 대놓고 체계적인 폭력 상황을 접하게 되지는 않는다. 그러나 여전히 많은 제도적 틀에서 제공되는 서비스의 특징인 비인간성과 신체 결함에 대한 의학적 치료의 잔인함은 둘 다 선진 사회에서 여전히 행해지고 있는 장애인들에 대한 폭력 행위의 확실한 예이다. 게다가 장애인은 시설 및 커뮤니티 내 주거 시설 안에서 빈번하게 성적 학대와 물리적 폭력의 희생자가 되고 있다.

다음의 두 부문에서는 현대 서구 사회에서 장애인들이 직면한 억압의 일반적인 상황에 대해 묘사하고자 한다. 이어서 이 양가적 억압이 도시에서 어떤 특정한 형태를 띠는지에 대해 고려할 것이다.

## 경제적 억압

### 장애에 따른 노동 분업(The disabling division of labour)

국제적인 사회과학 문헌에서는 장애인들이 건강한 삶과 사회 참여를 유지하는 데 필요한 기초적인 물질적 및 문화적 자원의 부족을 빈번하게 경험한다고 한다(Alcock, 1993). 신체적 결함이 있는 사람들이 직면한 억압은 노동시장에의 참여, 물리적 접근, 사회서비스 이용, 소득수준, 정치 참여 등의 면에서 고유한 특징을 가지기 때문에 다른 형태의 사회경제적 불리함과 구별될 수 있다.

신체적 결함은 개인의 경제적 비용에 대한 별개의 틀을 강요하는데(Berkowitz and Hill, 1989), 이 중 많은 부분(예를 들면 교통비 지출)이 사회조직의 차별적 형식으로 인해 악화된다. 이러한 '장애 비용'(costs of disability)에는 개인적으로 필요한 장비와 부속품에 들어가는 비용뿐 아니라 결함 있는 사람들에게 필요한 특정한 의료서비스, 사회서비스, 교통서비스 이용에 관한 지불도 포함될 수 있다. 그러한 비용에 대해 정부나 다른 기관으로부터 보상이 이루어지고 있지 않기 때문에, 이는 유급 고용이 된 운 좋은 장애인들의 순수입을 급속도로 감소시킬 수 있다. 사실상 이러한 감소는 많은 장애인들이 공식적인 고용 시장에 들어가려고 하는 노력도 줄어들게 한다. 그 이유는 첫째, 그들은 비용을 공제하고 난 뒤의 순임금이 낮거나 심지어 마이너스가 될 수도 있기 때문이며, 둘째는 고용으로 인해 장애인들이 연금, 기타 복지 및 보험 관련 지원을 받을 수 있는 자격이 줄어들게 되기 때문이다.

결국 많은 고용주들은 신체적 결함이 있는 사람들을 고용하는 것을 꺼리는데, 그런 노동자들은 생산적이지 못하거나 작업장의 리듬에 지장을 주는 직업적 장애가 있을 것이라는 두려움 때문이다. 그런 개인적 두려움은 종종 근거가 없는 반면[4], 이들은 경쟁적인 상품 노동시장에서 체계적으로 장애인의 노동 잠재력을 과소평가해 왔다는, 많은 장애 연구자들이 (예컨대, Oliver, 1991; Pati and Stubblefield, 1990) 제기한 더 광범위한 이슈도 무시한다. 라이어코위츠(Liachowitz, 1998)와 올리버(Oliver, 1991) 두 사람은 19세기 유럽에서 이러한 가치절하(devalorisation)와 도시화의 성장 간 역사적 연계를 찾아냈다. 이 책의 이전 장에서 논의되었던 것처럼 이러한 도시화의 동력은 '느리거나' '무능력한' 노동자들을 배제시키는 산업 노동 시장에 기반한 작업장과 전체 도시를 만들었던 생산양식인 경쟁적 자본주의의 성장이었다. 따라서 현대 자본주의 도시의 경제는, 비장애 노동력을 기준

---

4) 브리스토(Bristo, 1995)는 미국 장애인법(Americans with Disabilities Act, 1990)에서는 많은 고용주들에게 장애인을 위하여 작업장에 물리적 거처를 마련할 것을 요구하고 있으며, 69%는 이를 이행하는 데 비용이 들지 않는다는 것을 발견했다고 보고한다.

으로 다른 모든 형태의 가격을 정하는 것을 지속함으로써, 차별적인 산업 노동시장의 유산을 드러낸다.

서구 사회에서는 장애인의 노동시장 참여와 유급고용 비율이 모두 매우 낮게 나타난다. 예를 들어 영국에서는 1980년대 후반에 노동 연령대에 해당하는 2백만 명의 장애인 중 31%만이 유급으로 고용되어 있었다(Oliver, 1991; Barnes, 1992a; Jenkins, 1991를 참조할 것). 놀랍게도, 1994년 미국의 국가 통계에서도 16세에서 64세 사이에 있는 장애인의 고용률이 31%로 같은 비율인 것으로 나타났다(*New York Times*, 1994년 10월 23일자, 18면). 패티와 스터블필드(Pati and Stubblefield, 1990)에 따르면, 미국에는 일할 수 있는 능력을 가진 장애인이나 실업상태에 있는 장애인이 약 1천만 명 있다(Berkowitz and Hill, 1989도 참조할 것). 반스(Barnes, 1992a)가 인용한 수치에 따르면 1980년대 동안 영국에 있는 장애인들은 비장애인에 비해 실업 상태가 될 가능성이 3배나 높게 나타났다.

호주의 자료 역시 교훈적이다. 1993년, 15~64세 사이 '핸디캡이 있는' 사람들의 노동 참여율은 46%로 추산되었는데, 이는 총 인구의 경우 74%가 노동에 참여하고 있다는 사실과 비교된다(Australian Bureau of statistics, 1993). 국가 전체 노동력의 11%가 실업상태인 것과 비교하여, 노동력이 있는 핸디캡을 가진 사람들 중에서는 21%가 실업 상태에 있다[5]. 이는 많은 장애인이 보호와 지원을 해주는 가족이나 친인척 관계에 의존적이라는 것을 의미한다. 의존적인 장애인 배

---

5) 이 수치는 소수점 첫째 자리에서 반올림한 것이다.

우자, 부모, 혹은 아동을 돌보기 위해 많은 보호자들이 노동 시장을 떠나야 했다. 1993년 주 보호자의 (노동) 참여율은 60%밖에 되지 않았다. 게다가 보호의 부담은 이런 점에서 여성에게 더 심하게 돌아가, 여성 주 보호자의 노동력 참여율이 남성의 75%밖에 되지 않았다 (ABS, 1995). 유급고용 상태에 있는 보호자들 중에도 많은 수는 그들이 일할 시간을 줄이거나, 어떤 경우에는 직장에서의 지위가 낮아지게 되는 상황에 놓이게 되었다(Brown, 1996).

인종 관련 이론가들은 자본주의 사회에서는 계급착취 과정에 더하여 '인종에 따른 노동 분화'가 존재하고 있다고 주장한다(Fraser, 1997a). 나는 자본주의의 사회적 생산관계는 장애에 따른 노동분업 (disabling division of labour)으로도 특징지을 수 있다고 주장한다. 이전 장에 나왔던 푸코의 논의를 상기하면서, 이 장에서는, 신체의 내재적이고 다루기 힘든 이질성을 교육하며, 또한 산업화 장단의 노예가 되게 하는 것을 통해, '신체'의 경제적 극대화를 추구해 왔던 특정한 역사적 메커니즘으로 이 분업을 설명한다. 이는 역사적으로 장애인 노동력의 가치절하와 연관이 있는데, 이러한 상황은 오늘날까지 계속되고 있다.

따라서 상대적으로 적은 수의 고용자들에게는 공개 고용환경 속에서 저임금 직종이나 보호 작업장(sheltered workplaces)에서의 착취가 기다리고 있다(Alcock, 1993). 예를 들어 호주에서는 1990년에 보호 작업장 고용자의 53%가 주당 20달러(호주달러) 이하를 버는 것으로 조사되었다(Ronalds, 1990). 나아가 영국은 현재 전일제로 일하는 장애인들이 동일한 조건에 있는 비장애인들보다 주당 약 4분의 1

정도 적은 임금을 받는다. 더 열악한 것은, 장애를 가진 여성노동자는 장애를 가진 남성 노동자보다 주당 약 3분의 1 정도를 더 적게 번다는 것이다. 이는——놀랍지도 않지만—— 장애의 상대적 억압을 결정함에 있어서 젠더가 중요한 역할을 한다는 것을 암시하는 것이다(Barnes, 1992a). 캐나다 자료에도 매우 유사한 내용이 있는데, "1991년 장애를 가진 15~34세 여성의 소득은 같은 연령대의 장애를 가진 남성 소득의 68.7%"라고 쓰여 있다(Chouinard, 1997: 381).

## 빈곤과 장애

노동시장에서의 배제 및 노동착취에 대한 결과로서, 대체로 장애인들은 여타 사회적 약자 집단에 비해 더 가난한 경향이 있다(Oliver, 1991). 앨코크(Alcock, 1993: 175)는 "빈곤은 장애의 친한 친구다"라는 그로브스(Groves)의 글을 인용하며, 이를 지지하기 위해 그는 영국 성인 장애인의 4분의 3이 주 수입원으로 국가 연금에 의존하고 있다고 보고한다. 나아가 앨코크는 다양한 '장애 비용'이 복지 수급자 계층의 생활수준을 크게 떨어뜨릴 수 있다고 주장한다. 베르투 등(Berthoud et al., 1993)의 연구에서는 영국 장애인 중, 특히 다양한 복지수당 수급자의 빈곤율이 높다는 점을 발견했다. 이 학자들은 장애 비용을 설명하는 생활수준 측정 기준을 사용했는데, 특히 약 45%의 장애인이 빈곤선 이하인 것으로 조사되었다. 나아가 베르투 등(Berthoud et al., 1993)은 다양한 복지수당은 대부분의 수급자들이 그들의 생활비를 충당하기에 불충분하다고 결론내리고 있다. 슈나드(Chouinard, 1997)는 한 조사에서 캐나다의 한 주인 온타리오 주에 사는 장애인의 약 80%

가 가난하다고 한다.

　글렌디닝(Glendinning, 1991)은 대처 정부가 당선된 이후 신우파 사회정책 시기에 장애인의 보건, 고용, 복지 서비스의 양과 질이 엄청나게 줄어들었다고 주장한다. 대조적으로 버크하우저(Burkhauser, 1989)와 허스트(Hurst, 1995)의 비교연구에서는 북유럽 및 서유럽 국가(특히 네덜란드)의 장애인은 상대적으로 관대한 사회보장 제도와 고용정책 덕분에 같은 시기 영국 장애인들보다 훨씬 잘 살았다고 설명한다. 또한 1980년대 장애인 고용에 관한 정부정책에 대한 런트와 손턴(Lunt and Thornton, 1994)의 비교 연구는 미국과 호주 정부의 계획에는 갈채를 보내고 있으나, 영국의 법제도와 프로그램에는 비판적이다. 분명히 장애인의 서비스 부족과 정책의 범위가 국가에 따라 시기적으로 매우 다양하게 나타나고 있다.

## 무능력함과 문화적 제국주의

### 결함에 대한 사회적 가치절하

문화적 가치절하는 장애인이 경험했던 빈곤의 주요한 한 차원이다. (억압의 다른 형태인) 이성애주의(heterosexism)에 대한 프레이저(Fraser, 1997a)의 논의를 적용하면, 장애인은 결함 없는 체현 형태를 우월하게 여기는 문화적·정치적 규범의 권위적 해석으로 인해 고생한다. 자본주의가 성장한 이래, 비장애선호라는 문화적 규범은 국가, 시민사회, 경제 내에서 제도화되어 왔다.

　앞 장에서는 초기 자본주의 국가가 새로운 복지 및 사회정책 영역에서 어떻게 장애를 야기하는 의존/독립 구조를 개발했고 적용했는지를 보여 주고 있다. 대부분의 서구사회에서 장애인의 접근을 오랫동안 거절해 왔던 핵심 제도인 공교육이 여기에 추가되어야 한다(Harris et al., 1995). 이러한 형태의 문화적 배제는 서구 사회에서 일반적으로 낮은 장애인들의 교육 성취도에 반영되는데, 예를 들어 1991년 캐나다 성인 장애인의 대학 졸업장 취득이 장애를 가지지 않은 사람들의 절반 수준이었다(Chouinard, 1997). 호주에서는 최근 정부 조사에서 주류 학교에서 장애학생에 대한 '끔찍한' 차별의 증거를 발견했다(*Canberra Times*, 1997년 4월 4일, 1면).

대체로 능력과 경제적 독립에 대한 공식적인 구축은, 성공의 정도는 제각각이나, 장애인들을 무력하게 만들고, 국가에 대한 물질적 의존성을 공고히 하려고 애써 왔다. 20세기 후반 복지국가의 성장과 함께, 장애-의존 교육이란 서비스 의존적인 사람들을 위한 '인간적인 보호'라는 더 광범위한 영역 내에 있는 틀이었다(Pinch, 1997). 최근 수십 년간, 보호에 대한 복지주의자 모델은 많은 서구사회에서의 장애인운동으로 도전받게 되었다. 이러한 비판은 이 장의 마지막과 다음 두장에 걸쳐 토론될 것이다.

## 장애 이미지(The disabling imaginary)

셰익스피어(Shakespeare, 1994)는 장애를 사회적 모델로 보는 사람들이 문화적 표현 문제를 무시해 왔다고 주장했다. 그는 서구사회의 이미지 및 결함에 대한 검토를 통해, 문헌, 영화, 대중매체 등과 같은 역사적이고 현대적인 문화 형식이 어떻게 '정상적인' 신체에 대한 장애 표현을 영속시켜 왔는지를 설명한다(Barnes, 1992b; Dorn, 1994; Gartner and Joe, 1987; Harvey, 1997; Holden, 1991; Ingstad and Whyte, 1995; Morrison and Finkelstein, 1993도 참조할 것)[6]. 기이하고, 무력하거나 혹은 과장된 불구와 같은, 신체적 결함에 대한 억압적 고정관념을 촉진함으로써, 이러한 문화적 표현은 장애인의 자긍심을 침해하고 신체적(corporeal) '비정상성'(abnormality)으로 사회적 편견을 강화시킨다(Thomson, 1997). 대중의 의식에 만연해 있는 이러한 환원주의적 고정관념은 또한 장애인의 신체가 성별, 젠더 및 인종적 특징을 가진 복잡하고 농축된 실제라는 것을 거부한다. 물론, 장애에 대한 표현은 신체적 결함이 있는 노동력에 대한 경제적 가치절하와 그로부터 나오는 분배의 불평등을 강화시킨다. 일부 도시에서는 장애에 대한 고정관념은 신체적 결함이 있는 장애인이 공공장소에 접근하는 것을 제한했던 법으로 성문화되어 있었다. 최근까지 많은 미국 도시는 장애인을 공공장소에서 사라지게 만든 '추한 법'(ugly laws)을 가지고 있었다(Gilderbloom and Rosentraub, 1990). 시카고 조례에 다음과 같이 쓰여 있다.

> 이 도시에서 도로나 다른 공공장소에서 용인되기에 부적절한 사람이거나, 보기 흉하거나 역겨운 대상으로서, 질병이 있거나 지체 장애가 되었거나(maimed), 신체가 손상되었거나 혹은 어떤 형태로든 기형

---

6) 이는 장애 이미지에 대한 최근 문헌의 매우 적고 따라서 대단히 부분적인 표본이다. 다른 문헌들도 셰익스피어의 논문과 이 책 2장의 인용들에서 발견될 수 있다.

이 있는 사람은 누구도 공공의 시선에 스스로를 노출시켜서는 안 된다.(Gilderbloom and Rosentraub, 1990: 281n)

이러한 추방(proscriptions)이 현대적 감정을 기이하고 공격적인 것으로 보이게 할 수 있음에도 불구하고, 여전히 장애에 대한 이미지는 차별적 표현과 새로운 형태를 띠는 관습에 지속적으로 영향을 미친다. 장애를 가진 신체의 비참한 상태가 사회로 전달되는 것은——물리적인 공공 공간보다는—— 현재는 대중 문화적 공간을 통해서이다[7]. 셰익스피어가 말한 것처럼 현대 문화에서 명백한 신체적 결함에 대한 고정관념을 가진 많은 이미지가 신체적 나약함과 신체의 이질성에 대한 사회적 두려움을 무심코 드러내는 것처럼 보인다.

인간은 죽음에 대한 두려움, 자신의 신체성(physicality)과 죽음에 대한 불안감을, 이러한 인간의 모든 어려운 측면을 상징하는 장애인들에게 투영시킨다. … 장애인은 희생양이다. 장애인은 다르다거나, 비용이 많이 든다거나, 불편하거나 이상하다는 것은 공평하지 않다. 이는 장애인들이, 계몽주의 이래 스스로를 완벽할 수 있고, 전지전능하다고 생각하는 사람들인 서구사회 인간존재의 자아개념이나 질서에

---

7) 버틀러와 볼비(Butler and Bowlby, 1997)는 현재 서구 도시의 공공 공간은 지난 세기 역사적 동질성보다는 신체적 다양성에 대해 덜 관대하다고 시사한다. 도로 등과 같은 주류 공공 영역에서, 이러한 주장은 아마도 사실일 것이나, 현재 도시에서는, 신체적 순응에 대한 저항이 규칙적으로 발생하는 곳인 '게이 지형'과 같은 신생 공간을 유념하는 것이 중요하다고 생각한다. 물론 저항할 때 공간의 일시적 점령을 제외하면, 장애인은 도시생활의 공적 영역으로부터 광범위하게 한계화되어 있다.

대한 위협을 상징한다는 것이다. (1994: 298)

'다루기 힘든 차이'에 대한 문화적 반감은 적어도 부분적으로는 자본주의 정치경제와 부르주아 사회 제도의 역사적 발전에서 생긴 것이다. 푸코가 설명한 것처럼, 이러한 사회 세력은 신체의 정치적 유순함과 경제적 유용함을 최대화하기 위하여 인간 형태의 선천적 이질성을 징계하는 것과 결탁해 왔다.

결함에 대한 장애적 표현은 르페브르(Lefebvre, 1991)에 이어 루딕(Ruddick, 1997)이 그 '사회적 이미지'를 칭한 것의 예이다. 사회적으로 형성된 대중적 (불)인식 형태는 언급되는 대상을 직접 반영한 것이 아니며, 이는 루딕의 연구에서 홈리스 청소년과 같은 사회적으로 배제된 집단일 수 있다. 오히려 여기서 '이미지'란 논의되는 대상을 둘러싼 담론에 의해 생산된다. 그러한 사회적 이미지는 영속적으로 정해지는 것은 아니며, 지속적으로 재협상된다(Iveson, 1997). 장애인은 스스로 최근 몇 년 간 오랫동안 주류 문화에 만연해 있던 신체적 결함에 대한 비천한 표현에 이의를 제기해 왔다. 이러한 저항의 한 예로는 장애인들이 불구(cripple)나 '불구자'(crips)와 같은 신체적 결함에 대한 비천한 용어를 재책정하거나 평가복원한 것이다. 이러한 재책정에 대한 최근 예로, 미국에서 만들어진 한 다큐멘터리에서는 주요 문화 시설에 입장하기 위한 장애인들의 투쟁을 다루는 것을 통해 '불구 문화'(crip culture)를 다루었다. 영국에서는 다이렉트 액션 네트워크(Direct Action Network) 소속의 '전투적인 장애인들'이 정부청사 밖에서 '전통적인 자선 캠페인에서 다루어지는 훌륭하고 순종적인 타입으로서

의 장애인 이미지에 손으로 욕을 하면서' '동정은 꺼져'(Piss on Pity)
라고 쓰인 티셔츠를 입고 시위하였다(Daniel, 1998: 22)[8].

장애의 핵심에 있는 배제와 한계화의 개념은 사회 공간적 경계와
그 한계를 암시하기 때문에 본래적으로 지리적이다. 장애를 설명하기
위한 연구에서 우리는 사회 공간적 현상으로서 이러한 억압의 동학에
접근해야 한다고 생각한다. 다음 부문에서는 장애 억압의 도시적 맥락
에 대해 논의하고자 한다.


## 장애를 야기하는 도시

### 도시 억압(Urban oppression)

장애 억압은 도시에서 특징적인 형태를 취한다. 어떤 일반적인 도시
적 특징——특히 도시 디자인, 도시 고용 패턴과 토지이용 배분——은
장애인에 대한 사회적 차별을 자리 잡게 한다. 장애인 및 그들을 대변
하는 자와 가끔은 정부도 도시에서의 주요한 장애 억압 차원을 확인
해 왔는데, 하나는 물리적인 접근 불가능성이며, 다른 하나는 시설화
된 사회적 보호 형태에 따른 사회 공간적 배제이다.[9] 이러한 억압의 측

---

8) 「필수적인 신호: 불구 문화 과거를 말하다」(Vital Signs: Crip Culture Talks Back)라는 이 다큐
   멘터리는 노던 미시간 대학(Northern Michigan University, Marquette, MI 49855, USA) 영어
   학과의 데이비드 미첼과 샤론 스나이더가 제작하였다.
9) 이러한 주장을 지지하고, 일반적으로 서구 사회에서 이러한 차별의 침투성을 강조하는 방

면이 다른 도시에서 특정한 사회공간적 형태를 취하는 반면, 그럼에도 불구하고 그들은 자본주의 사회에서 장애인의 경제적·문화적 가치절하에서 공통의 기원을 가진다. 농촌 및 지역에서의 장애 경험이 새로운 지리학으로 등장하면서, 이러한 광범위한 억압 구조가 어떻게 별개의 상황에서 공간 생산을 좌우하는가에 대해 보다 정교화하는 것도 가능할 것이다. 1장에서 언급한 것처럼, 여기서의 관심은 어떻게 장애 억압이 대도시 지역에서 나타나는가에 관한 것이다.

## 물리적 접근 불가능성

자본주의 도시에서 강력하게 장애를 야기하는 특성은 접근이 불가능한 설계이다(Imrie, 1996a). 이는 도시의 물리적 배치가——거시적 토지이용유형과 건물의 내부 설계를 다 포함하여—— 장애인의 이동에 필요한 사항을 고려하지 않음으로써 장애인을 차별하고 있음을 의미한다. 현실적으로 말해서, 이 차별은 다음과 같은 형태를 취한다.

- 휠체어나 목발과 같은 이동에 필요한 보조 장비의 효율성을 떨어뜨리거나 쓸모 없게 하는 (거리, 도랑, 포장 등) 도로면의 파손

---

대한 양의 문헌이 있다. 이 문헌의 전체를 여기서 조망할 수는 없지만, 유용한 출발 자료로는 스웨인 외(Swain et al., 1993, 영국), 보건·주택·커뮤니티 서비스 부서(Minister for Health, Housing and Community Services, 1991, 호주) 및 이스트 베이의 풍성한 인간 위원회(Eastern Bay of Plenty People First Committee, 1993, 뉴질랜드) 등이 있다. 런트와 손턴(Lunt and Thornton, 1994) 또한 15개 선진 국가에서 장애와 고용에 대한 권위 있는 개관을 제공한다.

을 포함하는 장애인의 이동에 대한 물리적 장벽.

- 손으로 여닫는 문이나 계단을 이용할 수 없는 사람들의 입장을 배제시키는 건물 건축.
- 운전자나 승객이 신체적 결함이 없다는 것을 가정하고 있는 대중교통 및 개인교통 양식.
- 일반적인 시각 및 청각 능력을 가정하고 제작된 공공정보(예: 신호체계) 형태.

위의 리스트가 모든 것을 망라한 것은 아니며, 현대 서구 도시에 있는 건축물의 보다 일반적인 차별 형태의 일부를 지적한 것이다.

서구 도시의 독특한 형태, 경제, 문화, 계획 정책을 감안하더라도, 장애인들이 제기한 국제적으로 폭넓은 접근 불가능성에 대한 우려는 이것이 도시생활에 만연해 있는 특징이라는 것을 뜻한다. 한(Hahn)이 관찰한 바에 따르면 "용이함 혹은 편안함에 의하면, 대부분의 도시는 비장애인뿐 아니라 거의 누구도 닮을 희망조차 없는 물리적으로 이상적인 사람을 위해 설계된 것이다"(Hahn, 1986: 273).

장애인에게 만연한 이 핸디캡은 (예를 들어 대중교통의 연착, 도로의 막힘, 이상 기후, 만성적인 혼잡 등과 같은) 비장애인에게 거슬리는 일상적인 도시 마찰 그 이상이 된다. 오히려 차별적인 설계는 사회 억압의 원인이고 비판적 징후인데, 이는 완전한 도시생활에 필요한 장애인의 능력이 줄어들기 때문이다. 더 특별한 것으로, 현대 자본주의 도시에서의 이동 제약은 중요한 일자리의 기회를 얻고자 하는 사람에게 심각한 방해가 되며, 따라서 이는 빈곤의 위험이 높아지는 것과 연계된다. 또한 접근이 불가능한 건조환경은 장애인들이 정치적 활동에 참여하고 감성적 연대를 유지할 수 있는 능력을 줄어들게 한다. 따라서 한(Hahn, 1986: 274)이 이러한 접근 불가능성을 "민주적 자유 및 장애를 가진 시민에 대한 평등 원칙"에 대한 위협으로 보는 것은 놀랄 일도 아니다.

라이어코위츠(Liachowitz, 1988)와 앨코크(Alcock, 1993) 모두 현대 자본주의 도시가 그들의 물리적 접근 불가능성과 차별적 노동시장을 통해 장애를 반영하고 자리잡게 한다고 주장한다. 앨코크(1993)는 비장애적 신체 중심의(able-bodied) 세상에 살기 위해서는 추가 비용이 든다고 주장하면서, 접근 불가능성과 빈곤 간 관계에 특별히 주목하고 있다(Alcock, 1993: 188). 접근 불가능성은 또한 장애인이 주류 소비활동에 참여할 수 없다는 것을 의미하며, 따라서 상품과 서비스를 적정한 가격에 구매할 능력이 감소되는 것이다. 이러한 상품과 서비스에는 주택, 교육, 교통, 금융 등 도시에서의 주요 소비 항목도 포함된다(Oliver, 1991).

대부분의 서구 정부는 접근이 불가능한 건조환경 및 교통 시스템의 생산을 막거나, 적어도 줄이기 위한 계획 및 건축 규제의 형태를 작동시키고 있다. 그러나 임리(Imrie, 1996a)가 영국 사례에서 보여 줬던 것처럼, 이러한 규제는 종종 제대로 지켜지지 않는다. 인권법은 포괄적인 환경 설계를 보장하기 위해 정부가 시도하는 또 다른 규제 통로이다. 최근 몇 년 간 많은 서구 국가는 일상적인 사회생활과 건조환경에 대한 장애인들의 접근을 증진시키기 위한 목적으로 다양한 형태의 국가 장애 권리 법률을 입법화해 왔다. 그러나 다시 차별적 설계에 대응하는 인권에 기반한 접근이 상당한 정치적·제도적 한계를 가지고 있다는 것을 보여 주는 증거가 있다. 9장에서는 이러한 환경 접근성에 대한 규제를 상세하게 설명할 것이다.

## 사회 공간적 배제

공공의 도시공간 내 접근 불가능성 문제에 더하여 장애인들은 현대 서구 도시에서 그들이 선호하는 생활환경을 선택함에 있어서도 장애를 경험한다(Dear, 1992; Steinman, 1987). 장애인이 직장 및 선호하는 거주지를 획득하는 과정에서 경험하는 제약을 줄이기 위해 노력하는 대부분의 선진국 정부에서, 이 두 영역의 사회 공간적 부당함은 어려운 정책적 도전을 나타낸다. 고용 부문에서의 장애인 배제가 주택 부문에서도 똑같이 일어난다는 것은 놀라운 일도 아니다. 올리버(Oliver, 1991)는 현대 영국 도시에서 장애인은 수입에서의 박탈과 비표준화된 주거형태에 대한 필요를 무시하는 주택시장의 차별효과 때문에 주거 빈곤에 시달린다고 주장한다. 유사한 문제가 호주(Campbell, 1994; Le Breton, 1985)와 미국(Dorn, 1994; Harrison and Gilbert, 1992)에서도 나타난다. 예를 들어 1993년에 호주에 거주하는 13,500명의 장애인이 필요에 맞지 않는 주거와 서비스의 일시적 중단 등을 경험했던 것으로 추산되었다(*Canberra Times*, 1997년 11월 21일자 3면).

빈곤과 접근 불가능성, 부적절한 주거의 결합은 장애인이 주요 도시에서 사회생활을 할 능력을 감소시키는 결과를 가져왔다. 길더블룸과 로젠트룹(Gilderbloom and Rosentraub, 1990: 271)은 미국의 여러 도시에서 장애인이 "제한적인 주거공간에 갇히게 되며, 장애인을 고려하지 않은 교통 시스템으로 도시의 자원에 대한 접근이 불가능해진다"라고 주장하고 있다. 이 연구자들에게, 이러한 도시는 장애인에게는 "보이지 않는 감옥"과 마찬가지다. 게다가 주류 도시생활에서 여성의 체현을 통제하는 강력한 젠더 규범은 장애인 여성이 공공장소에서 "이중적 핸디캡"이 됨을 의미할 수 있다(Butler and Bowlby, 1997; Parr, 1997b).

1980년대 후반 미국의 국가 장애위원회(United States National Council on Disability)는 장애인의 생활방식에 대해 설문조사를 수행하고 다음과 같은 충격적인 결론을 내렸다.

사회생활과 레저 경험을 다루고 있는 조사결과는 소외되거나 고립된 장애인에 대한 정신이 번쩍 들게 하는 그림을 그린다. 장애를 가진 사람의 대다수는 영화와 연극을 보러 가지 않으며, 음악회도 가지 않고 스포츠 활동도 하지 않는다. 장애를 가진 사람 중 상당수는 결코 음식점에 가지 않으며, 교회나 유대교 예배당도 가지 않는다. 장애를 가진 사람들의 사회활동 및 여가활동에 대한 비참여 정도는 걱정스럽다. (Harrison and Gilbert, 1992: 18에서 인용, 강조는 인용자)

역사적으로 국가가 지원하는 서비스는 장애인을 사회·공간적으로 고립시키는 주요 원인이 되어 왔다. 20세기의 대부분은 대규모 시설에서 장애인들을 위한 요양 '보호'(care)와 '보호된'(sheltered) 고용을 제공해 왔다. 장애인들의 시설화에 대한 억압적 경험은 특히 물질적 궁핍, 잔인하고 비인간적인 형태의 '보호', 프라이버시와 개인적 자유의 부족, 가족 및 친구들과의 이별 등으로 특징지어졌다(Horner, 1994; Shannon and Hovell, 1993).

장애인을 위한 사회화된 보호 형태인 시설의 실패는 무엇보다도 제2차 세계대전 이후 서구 국가의 도시사회정책의 골격이 되었던 복지주의의 부적절함을 드러낸다. (물론 많은 나라에서 시간이 흐르면서 개선되었다고 하나 여전히) 시설은 장애인에게 최소 수준의 물질적 지원만을 분배해 왔을 수 있다. 또한 시설은 사회생활의 주류로부터 장애인들을 사회·공간적으로 배제시켜 왔으며, 따라서 이 사회집단의 무기력함(powerlessness)과 정치적 비가시성을 공고히 하고 있다. 이 장의 마지막 부분에서 영(Young, 1990)의 보호에 대한 복지주의자 모델 비평에 대해 고려하며, 또한 그녀의 비판이 대안적인 정치적 윤리적 이상인 탈장애 정의(justice)에 끼친 잠재적 기여에 대해 살핀다.

복지주의자들의 보호 방식의 부적절함을 인식하고, 서구 국가는 장애인 지원의 탈시설화를 시도해 왔다. 이것은 통상적으로 대규모 요양시설의 폐쇄와 소규모로 흩어진 커뮤니티 보호 센터로의 대체에 관한 것이다. 다음 장에서 나는 이러한 정책 개혁의 한계에 대해 충분히 설명하고자 한다. 여기서는 대부분의 서구 국가에 사는 많은 장애인이 질이 낮고 부적절한 형태의 주거시설에 남아 있다는 것만 이야기하고자 한다. 예를 들어 미국의 경우 "2백 5십만 명 이상의 장애인이 약 1,400억 달러의 국가적 비용이 드는 요양원과 다른 시설에 채워져 살고 있다"고 돈은 보고한다(Dorn, 1994: 211).

북미의 탈시설화에 관한 사회지리학은 마이클 디어(Michael

Dear)와 제니퍼 울치(Jennifer Wolch)의 경관 연구에서 완전하게 기록되어 왔다.『절망의 경관』(Dear and Wolch, 1987)에서는 서비스에 의존하는 집단과 그들을 돕기 위해 설계된 관련 시설이 군집되어 있는 새로운 도시의 '의존 구역' 건설을 추적했는데, 보통 이 구역은 쇠퇴해 가는 도심지역에 입지하고 있다(디어[Dear, 1980]와 조지프와 홀[Joseph and Hall, 1985]이 수행한 토론토에서의 군집에 대한 연구를 참조할 것). 이 두 연구와 함께 이후 연구인『악의적 방치』(Wolch and Dear, 1993)에서는, 빈약한 공적 기금과 커뮤니티 반대가 상당수의 탈시설화된 사람들을 어떻게 홈리스나 신흥 의존구역 내에서 '게토화'되도록 해왔는가에 대해 강조했다. 밀리건(Milligan, 1996)의 최근 분석에서는 이러한 북미의 경우를 스코틀랜드에 적용할 수 있는가를 실험했다. 탈시설화된 사람들이 스코틀랜드에서 사회·공간적 배제로 고생하고 있으나, 이러한 한계화는 다른 입법 제도, 정책구조와 서비스 공급형태의 중재로 인해, 일반적인 북미경험과는 벗어나 있다고 밀리건은 결론지었다.

탈시설화 계획의 주요 약점 중 하나는 도시계획 정책 및 규제와 일치되는 정도가 부족하다는 점이었다. 많은 서구 국가에서는 계획이나 건축규제로 인해 커뮤니티 보호 네트워크를 구축하는 과정이 느려지거나 어떤 경우에는 실제로 중단되기도 했다. 이러한 정책적 다양성의 딜레마는 다음 장에서 다루어진다.

## 저항의 공간

미국, 캐나다, 영국, 호주 등과 같은 국가에서 장애 억압에 대한 저항은 지난 수십 년간 증가해 왔다. 이러한 저항의 상당부분은 도시에서 일 어났으며, 억압적인 구조와 제도에 대한 장애인의 분노와 좌절을 극적 으로 표현하는 것이었다. 서구에서 도시가 대중 정치 생활의 대세임과 동시에 그러한 억압에 기여해 왔던 많은 시설의 중심점이 된다는 점을 인식하면서, 장애인들은 저항 시위의 주요 목표로 대도시 지역을 겨 냥해 왔다. 나아가 장애인은 그들 시위의 영향력과 관심을 극대화하기 위하여, 지역과 국가의 수도와 같은 정치적 도시에 활동의 초점을 맞 추어 왔다. 돈(Dorn, 1994)이 설명하는 것처럼 미국에서 장애 운동의 일반적 특징은 법원이나, 정부청사, 대중교통 시스템과 같은 장소의 공공 공간을 극적으로 점유하는 방식이었다.

특히 '접근 가능한 대중교통을 위한 미국 장애인'(the American Disabled for Accessible Public Transportation: ADAPT)이라는 단 체는 그 단체 소속의 활동가들이 휠체어에서 내려 워싱턴 중앙청 앞 에 있는 거대한 석조 계단을 기어서 올라가는 행동 등과 같은 공간적 인 저항 정치를 선호해 왔다(Dorn, 1994: 160). 이 전략의 최근 예로는 1997년 11월 초 백악관 입구에서의 ADAPT 시위였다. 국가 간병인 보 호 정책을 위해 벌인 이 시위로 92명의 활동가가 체포되었다. 거의 비 슷한 시기에 ADAPT 시위자들이 워싱턴에 있는 연방정부 교통부 건 물을 다섯 시간 동안 폐쇄시킴으로써, 도시 간 버스에 대한 접근성을 높이기 위한 그들의 투쟁 효과를 극적으로 높였다.[10]

호주 장애 활동가들도 유사한 전략을 사용했는데, 그들은 1997년 7월 시드니 총리관저를 에워싸고 '국가 인권 및 동등한 기회 위원회'의 예산 삭감에 항의했다. 이 시위로 전국적으로 언론의 높은 관심을 받았으며, 한 라디오 뉴스에서는 이에 대해 "총리실 밖에서 무장 경비와 휠체어를 탄 시위자 간 교착상태"라고 극적으로 표현하였다(ABC 라디오 뉴스 리포트, 1997년 7월 4일). 그 다음 달에는 멜버른에 사는 장애인들이 총리실 밖에서 그들의 휠체어로 컴퓨터를 망가뜨리는 시위를 벌였다. 이 시위는 장애인의 사회적 필요에 대한 대응으로서 기술적 지원——특히 개인용 컴퓨터——의 공급을 강조하는 새 공공정책을 목표로 하였다. 시위 대변인의 주장처럼, 기본적인 지원 서비스에 대한 신자유주의 정부의 예산 삭감은 기술적 원조로는 해결할 수 없는 장애인의 사회적 위기를 만들어 냈다. 즉 "인터넷이 위기에 대한 대응을 할 수 없으며 사람들은 위기에 대한 대응이 필요한데, 이는 아직도 많은 사람들이 위기 상태에 빠져 있기 때문"(ABC 라디오 뉴스 리포트, 1997년 8월 18일)이라는 것이다.

그러나 이것이 장애운동이 공공 공간에서 극적인 활동의 형태만을 취했음을 의미하지는 않는다. (거대한 도시) 사회운동의 틀로서, 억압에 대한 장애인의 조직화된 저항은 주요 정당 내에서 활동하는 것을 포함하여 다양한 정치적 수준에서 이뤄져 왔다. 그러나 공식적인 정치 영역을 포함하는 주류 권력으로부터의 장애인 한계화가 공공 공간에

---

10) 이 정보는 1997년 11월 15일 GEOGABLE 리스트서버를 통해 보내진 ADAPT 언론 공개 자료에서 얻었다.

서 이러한 직접적 행동을 하도록 부추겼다. 프레이저(Fraser, 1997a)의 용어를 빌리자면, 다양한 서구 국가에서 장애인 운동은 스스로를 '공공 영역'의 차별적·헤게모니적 구성에 반대하는 '하위주체의 대항공론장'(subaltern counterpublics)으로 만들어 왔다. 그러나 이러한 대항공론장은 여러 국가에서 상당히 다양했는데, 특히 특수한 문화적·제도적·법적 상황이 반영되어, 국가적·지역적 옹호자 집단이 사용했던 전략이 다양했다.

여기서는 다양한 국가적 장애운동의 역사나 자세한 현대적 프로필을 제공하려는 의도는 없다. 장애 사회 운동의 역사적 고찰은 이미 연구되어 있는데, 예를 들어 샤피로(Shapiro, 1993)의 미국 연대기와 캠벨과 올리버(Campbell and Oliver, 1996)의 영국 연대기 등에 나와 있다. 그러나 영어권 국가에서의 국가적인 장애운동 사이의 포괄적인 특징의 차이에 대해 간략히 지적하는 것은 중요하다고 생각한다. 정치적 접근과 성취된 사회적 이득에서의 이러한 차이는 장애 억압에 저항하는 전략의 한계를 드러나게 한다. 특히 이렇듯 장애운동 경험이 서로 다른 것은 9장에서 더 자세하게 다룰 이슈인 권리에 기반한 저항 모델의 한계가 드러난 것이라고 믿는다.

돈(Dorn, 1994) 및 임리와 웰스(Imrie and Wells, 1993a)가 지적한 것처럼, 미국과 영국의 장애운동은 상당히 다양한 옹호전략을 추구하는 경향이 있다. 미국의 장애운동은 1960년대 시민권 운동의 광범위한 분출에서 유래하여 오랜 기간 동안 전투적인 권리에 기반한 코스를 따라왔다. 대조적으로 영국의 장애인 운동은 캠벨과 올리버의 용어를 사용하자면 개인의 권리 추구에는 초점이 덜 맞추어져 있으며, 사회 정책적 이득을 얻는 것에 좀 더 초점이 맞추어져 있다. 개인적 권리가 제시된 성문법의 부재는 영국에서 권리에 기반한 옹호 모델의 매력이 줄어들게 했다(Imrie and Wells, 1993a). 게다가 영국에서 조직화된 자선단체는 옹호 집단이 반차별 투쟁의 선두에 있는 미국의 경우보다 진보적인 장애관련 입법을 위한 투쟁에서 더 큰 역할을 해 왔다(Dorn, 1994).

임리와 웰스(Imrie and Wells, 1993a)는 미국의 경험과 달리 영국의 장애운동은 정치적 보수주의와 사회적 순응주의의 특징을 가진다고 주장한다. 영국 장애운동의 일부 핵심적 회원은 이러한 표현에 대해 논쟁을 벌일 것이다. 예를 들어 올리버는 미국 운동의 정치경제적 태도에 대해 비판적이다[11]. 특히 그는 장애인들의 개인적 권리 추구와 "독립생활"(independent living)에 초점을 맞추는 후자의 경향에 대해 비판하는데, 이는 기본적인 사회구조 변화를 지향하는 집합주의적 접근방법에 비해 더 급이 낮은 것이라고 여긴다.

영국에서의 독립생활이 의미하는 바와 미국에서 의미하는 것에는 늘 차이가 있었다. 미국에서의 독립생활이란 자립(self-empowerment), 개별적 권리 및 자유의 땅, 용감한——그러나 모두 쓸 데 없는——개인의 고향 등과 같은 개념으로, 법·제도적으로 인정만 된다면 개인은 독립적일 수 있다는 것을 의미한다. 영국에서는 대조적으로, 독립

---

11) 돈(Dorn, 1994) 역시 미국의 장애운동은 영국 장애운동에서의 비판적인 사회이론적 공감이 부족하다는 것을 정확하게 관찰하고 있다.

생활이란 서로에 대한 집단적 책임을 수반하며 집합적 조직을 의미한다. 독립생활은 개별적인 자립에 관한 것이 아니라 개인이 서로 돕는 것에 관한 것이었다. 이 개념을 받아들이게 되면 … 당신이 살고 있는 사회의 근본에 대해 질문하기 시작할 것이다. 근본적인 변화 없이 장애인인 우리가 필요한 모든 서비스를 받고 완벽한 시민권을 가지고 영국에서 살아갈 수 있다고 생각한다는 것이 이상하다. 사람들을 사회 변두리에 넣어두고 살짝 건드리기만 하는 것에 대해 우리는 실제로 이야기하지 않는다. 장애인이 영국사회 모든 부문에서 역할을 수행하기 위하여, 이 사회는 근본적으로 변해야 할 것이다.(Campell and Oliver, 1996: 204에서 인용, 강조는 추가됨)

호주와 뉴질랜드에서 장애운동은 주로 국가정책 체제 수행을 통해 향상된 시민권과 사회구조 변화라는 두 가지 모두를 획득하는 것을 목표로 하는 '혼성적 전략'(hybrid strategy)을 추구해 왔다. 호주의 경우, 소득과 고용 차원에서 장애빈곤을 해소하고자 주정부와 연방정부가 주도했던 일련의 법적 활동 및 프로그램 활동을 평가해 보면, 후자의 전략이 1980년대에 부분적으로 성공했다(Gleeson, 1998). 그러나 글을 쓰는 시점에(1998년 초), 새로운 보수적인 주정부 및 연방정부가 들어서고 경비 절감이 의제가 되면서 이 정책은 점차 약해지게 되었다.

대부분의 영어권 국가에서는, 비록 강도와 효과는 상당히 다양하지만, 장애인이 차별받지 않도록 보호하는 국가적 차원의 시민권에 대한 법률이 생겨나게 되었다. 「미국장애인법」(The United States Americans with Disability Act, 1990)은 가장 강력한 권한을 담은 법률일 것이다. 반면 어렵게 만들어진 영국의 「장애 차별법」(British Disability Discrimination Act, 1995)은 상당히 취약한 장애인 보호 장치이다(Butler and Bowlby, 1997). 뉴질랜드에서의 장애차별은 1993년 「인권법」의 제정을 통해 다루어진 반면(Stewart, 1993), 호주에서는 1992년에 「국가 장애차별법」(Disability Discrimination Act)이 통과되었다(Yeatman, 1996). 권리에 관한 법률 문제는 9장에서 다시 다루고자 한다.

나는 문제 있는 집단에 대한 특정한 불평등 이론과 해방의 기준을 제공하는 것을 통해, 저항투쟁을 안내할 수 있는 정치적-윤리적 원칙의 틀이 도시사회운동 안에서 필요하다고 주장하고자 한다. 이는 모든 형태의 장애 억압에 대한 목표로서 광범위하고 폭넓은 윤리적 이상과, '사회운동'을 의미하는 광범위한 현상을 이루는 집단 및 개인적 투쟁 등과 같은 다양한 시공간적 상황 모두에 적용될 수 있는 부수적 원칙의 틀을 모두 요구한다. 나는 장애를 야기하는 사회적 영역의 하나인 공공정책의 장에서 변화하는 정치에 초점을 맞추고 평가하는 것을 지원할 수 있는 하나의 윤리적 원칙에 대해 서술한다.


## 탈장애 정의


### 불확실한 정의(Justice)

앞의 논의에서 나타난 것처럼, 현대 서구 도시와 사회에서의 장애인은 다면적인 사회억압의 형태를 견딘다. 이 억압의 집요함은, 서구 국가에서 장애인을 '돕기' 위한 공공과 민간의 오랜 노력의 역사에도 불구하고, 많은 개혁주의자의 전통으로 여겨지는 기본적인 정치-윤리적 근간을 기소하는 것처럼 보인다. 따라서 하나의 중요한 영역인 공공정책에서 장애인들의 해방투쟁을 지원할 수 있는 새로운 정치-윤리적 원칙의 핵심을 뽑아 내기 위하여, 나는 사회정의 자체의 포괄적 문제에 대해 비판적 시각을 가지고 시작할 필요가 있다고 생각한다. 만약 정의가 신체적 결함이 있는 사람이 직면한 이질적 억압에 대한 안티테제라면, 정치적·제도적 처방은 서구사회에서 장애인이 그 처방으로 거부해 왔던 필요를 전체적으로 설명해야 한다. 이 책에서 앞으로 나올 것처럼, 서구 국가에서 최근 정의에 대한 기존 접근방식은 장애 억압의 다양성과 이러한 불이익의 형태를 제거하기 위해 필요한 깊고 상호 연관된 사회공간적 변화의 장 둘 다를 인식하는 데는 실패해 왔다.

## 분배 정의의 한계

정의에 대한 보편주의자의 이상에 대한 비판(Young, 1990)에서, 영은 사회적 우세와 억압이라는 사실은 진보적인 사회운동에 대한 핵심적인 정치적-이론적 관심으로서 물질 분배를 대체해야 한다고 주장한다. 영에게, 롤스(Rawls, 1971)의 영향력 있는 표현처럼 확실히 인정받은 정의로운 '복지주의자' 개념은 오해의 여지가 있는 사회 존재론에 대해 전제하게 되는데, 이는 물질 분배의 수혜자(혹은 그 반대)인 추상적인 '시민 주체'를 정의함으로써, 인간의 차이라는 요소를 간과하는 것이다. 영이 보여 주는 것처럼, 제2차 세계대전 이후 자본주의 복지국가의 분배 정의에 대한 정치적·제도적 실행은 보편적인 수혜 프로젝트라고 할 수는 없으며, 사실 지배적인 신분, 특히 백인 중산층 남성의 경제적·문화적 특권을 간직하는 것이었다.

복지주의 프로젝트에서 이른바 배제된 많은 사회집단 중에서, 영은 '한계적 신분'을 여성, 동성애자, 빈곤층과 장애인으로 규정한다. 영은 한계화된 "집단은 동일한 정도 혹은 동일한 방식으로 억압되지 않는다"고 언급한다(Young, 1990: 40). 따라서 분배 정의는 서구 복지국가라는 특정한 사회적 경험에 뿌리내린 하나의 정치적 원칙으로서 해체된다. 나아가 영이 논의하길 이런 고도로 분화된 형태의 정의는 과거 불평등을 양산하는 깊은 관계를 포함하는 정치적·경제적 생활의 많은 영역을 탈정치화시켰다(Young, 1990). 최근 등장하는 많은 비판적 장애연구 문헌은 복지주의에 대한 영의 비판에 동의하고 있다(예컨대, Oliver, 1990). 예를 들어 맥팔레인(A. Macfarlane)은 영국에서 "장애인들은 역사적으로 어떤 종류의 논의 속에도 자신들을 포함시킨 적이 없는 사회 속에서 생존해 왔다. 이는 서비스 공급에 있어서 완전히 부적절한 형태를 초래했다"는 것을 발견하였다(Macfarlane, 1996: 7). 확실한 건 제도적 '보호'(care)는 장애인이 참고 견디는 서비스(혹은 냉대) 중 하나라는 것이다. 원거리에 있는 제도적 시설에의 감금은 문화적 배제와 오랫동안 장애인이 경험해 왔던 무시당함의 부당성에 대한 핵심적 특성으로 현재까지도 남아 있다.

복지국가에 대한 영의 비판은, 정의 이론을 모두 생략하기보다는 이를 넘어서고자 시도하면서, 롤스주의자의 분배 패러다임과의 건설적 연계를 찾는다. 영의 논의는 이러한 사회정의 개념은 사회에서 분배정의가 결과에 초점을 맞추는 것과 이를 생산해 내는 불균등한 권력관계를 고려하기를 꺼리는 것 둘 다에 의해 제한된다는 것이다. 유사하게 프레이저(Fraser, 1995:84)도 복지국가의 재분배 정책을 "상당히 많은 이면의 정치경제 구조를 변화시키지 않고 국가의 잘못된 분배로 난 상처를 치료하려는 긍정적 치료제"라고 표현한다. 잘해야 복지주의는 그 중에서도 지불 이전, 다양한 사회적 지원 메커니즘, 치료 프로그램 등을 통한 장애인 억압에 대한 단순한 보상일 뿐이다. 그러나 그러한 '긍정적 치료제'는 장애인의 억압에 대한 원인을 설명해 줄 수 없으며 장애와 사회적 의존 간 관계를 체계화함으로써 그들의 불리함을 실제로는 더욱 악화시킬 수 있다.

영은 또한 분배의 원칙이 사회의 물질적 자원의 공정한 할당만을 설명하기 때문에 너무 협소하다고 주장한다. 영은 음식이나 쉼터와 같은 물질적 필요보다 인간의 근본적인 요구인 사회참여 및 성, 인종, 장애와 같은 공유된 특성에 기초한 억압으로부터의 자유를 포함하는 더 많은 필요가 담겨진 확대된 존재론을 주장하였다. 그러나 '분배 패러다임'에 대한 영의 비판은 그 자체로 협소해지며, 분배정의 관점을 희화화해 버리기 쉽다. 롤스(Rawls, 1993)는 '차이의 정치학' 틀 내는 아니지만 정의의 문화적 이슈의 중요성을 인식해 왔다. 프레이저(Fraser, 1995:71n)가 지적했던 것처럼 "롤스는 … 공정 분배를 위해 가장 좋은 것으로서 '자존감이라는 사회적 기반'을 다룬다"고 지적한다. 더 광범위하게 분배정의에 대한 몇몇 핵심적 주창자들이 제도적 배분의 문제와 사회적 융합 이슈 둘 다에 주었던 상당히 비판적 태도를 영의 평가에서는 간과하고 있다. 몇 가지 예를 통해 이 점을 실증할 것이다.

　첫째로 도열과 고프(Doyal and Gough, 1991)의 영향력 있는 연구는, 그들의 분석에서 중점적으로 계획된 수요 충족 시스템에 관한 주장을 고려해 볼 때, 분배 패러다임 틀 내에 위치시킬 수 있다. 도열과 고프의 제도화된 수요 충족 시스템에 대한 지지는 현대 복지국가에서의 실천에 대해 상당히 미묘하고 비판적이다. 그들은 '수요충족의 최적화를 성공시키려면 사회정책을 형성하기 위한 중심적 계획과 민주적 참여 둘 다 필수적인 요소'라고 강조한다(Doyal and Gough, 1991: 297). 유사하게 도시계획에서 분배정의를 강력하게 주장하는 맥코넬(McConnell, 1981)은 롤스의 사회에 대한 초보적인 합의주의자(consensualist) 관점을 비판하고, 대부분의 서구 민주주의의 제도적 체계에서는 많은 사회적 약자집단을 제외시켜 왔다고 주장하였다. 또한 지리학자인 배드코크(Badcock, 1984)는 도시 불평등에 대해 종합적인 분석을 하고, 복지주의적 접근방법의 한계를 넘어설 수 있는 (재)분배 정의를 주장했다. 요컨대, 복지국가에 대한 영의 비판이 의심할 여지 없이 진실성을 가지고 있으나, 동시에 분배 패러다임을 주장하는 이론가들이 제기한 이러한 제도적 실패에 대한 상당한 비판적 평가를 간과했다는 것도 명백하다.

　프레이저(Fraser, 1995, 1997a) 역시 사회정의에 대해 전반적인 분석을 하였는데, 이 분석에서 문화적 이슈에 주목하지 않은 분배 패러다임을 비판하는 한편, '차이의 정치'로의 새로운 전환에서 나타나는 본연의 정치적 위험도 지적하고 있다. 프레이저는, 어떠한 상황에서는, 사회적 차이를 강조하는 것은 (예를 들어 국가나 민족 집단에 근거한 정치적 정서로서) 사회평등과 인권의 이상 모두를 무시할 수 있다는 점을 인식한다. 따라서 물질적 정의와 문화적 정의를 모두 강조하는 새로운 분배 패러다임을 주장하면서, 프레이저는 "오직 평등의 사회 정치와 일관성 있게 결합될 수 있는 문화적 차이의 정치에 관한 버전만"을 받아들일 준비가 되어 있다(Fraser, 1995: 69).

분배 패러다임에 대한 영의 비판은 어느 정도 사회정의의 제도화된 형태에 대한 포스트모더니스트와 페미니스트적 비판을 끌어낸다. 포스트모더니스트들은 그러한 윤리원칙이 서구 자본주의의 시공간 상황이 아닌 경우에는 의미 있게, 또는 적어도 자애로운 방식으로, 적용될 수 없다고 주장함으로써, 복지주의자의 정의는 일련의 중요한 한계가 있다는 것을 찾아냈다. 나아가 포스트모던한 경향을 어느 정도 가지고 있는 페미니스트는 공적 영역 내에서 불공평하게 남아 있는 주류 사회정의이론을 비판해 왔다(Hekman, 1995; Smith, 1994), 이 중 길리건(Gilligan, 1982)과 트론토(Tronto, 1987, 1993)는 일상생활에서 도덕적 의사결정을 하는 "국지적이고 친근한" 상황에 익숙한 사람들——특히 여성——의 경향을 인식한 대안적 '보호 윤리'를 주장해 왔다. 따라서 페미니스트들은 추정된 보편적 정의이론의 결정적 한계를 두 가지 더 제시해 왔는데, 하나는 사회를 공공영역으로 그릇되게 축소시킨 것과, 보호와 같은 정서적·윤리적 가치를 도덕적 논의에서 배제시킨 점을 들었다.

'보호의 윤리'가 사회의 정치적 원칙으로서의 사회정의를 대체할 수 있다는 생각에 대해 많은 반대가 생겨났다. 첫째는 여성이 점차 공식적 참여자가 되고 있는 가정 영역 밖에서(예를 들어 임금노동, 공공 및 민간 조직 등) 정서적 관계가 어떻게 의사결정을 위한 도덕적 기초를 제공할 수 있는지가 명확하지 않다. 게다가 부정의의 근원은 국지적으로 특수한 경우는 거의 없으며, 전체 사회, 나아가 세계적 차원에서 경제적 착취와 인종차별주의와 같은 구조적인 불리함의 근원에 영향을 받는다(Mendus, 1993). 다른 연구자들은 보편적인 정치적 기준이 부재한 상황에서 문화적 지역분파주의와 궁극적으로는 심지어 민족과 인종갈등에 대한 공포까지 정당화하는 보호의 윤리 가능성을 지적해 왔다(Tronto, 1987, 1993).

하비(Harvey, 1993)는 영의 연구(Young, 1990)를 이용하여, 사회정의와 같은 보편적인 것에 대한 포스트모더니스트의 비판에 신중하게 대응해 왔다. 하비는 (탈정치화된) 도덕적 상대주의 관점에 반대하지만, 또한 동시에 인간의 사회적 차이에 대한 비판적 요소를 무시함으로써 '타자'(others)를 한계화시켜 왔던 많은 모더니스트의 윤리적 형태의 한계를 인식한다. 주류 정의 이론에서 과거에는 가족을 부정의가 일어나는 잠재적 자리로서 단순히 가정함으로써 많은 여성들을 '메타-윤리적' 범위에서 배제시키는 결과를 가져왔다는 컨스(Kearns, 1983), 페이트맨(Pateman, 1980)과 같은 페미니스트 철학자들의 주장에 대해 하비는 의심할 여지없이 동의한다.

그들의 다양한 이론적 차이에도 불구하고, 영(Young, 1990), 프레이저(Fraser, 1995, 1997a)와 하비(Harvey, 1993, 1996) 모두는 다양한 사회적 동맹과 관점을 이용하는 포용적 정의 개념이라는 사고를 지지하고 있다고 말할 수 있다. 정치 윤리에 대한 이러한 접근은 도덕적 인생관을 강요하는 확실한 모더니스트 접근방식 경향을 피하는 것 같다.

중요하게도 세 명의 학자 모두는 선험적인 도덕적 형태를 부인하며, 그들의 정의에 대한 처방은 억압과 사회적 배제의 구체적 형태에 대한 신중한 평가 자료가 된다.

## 탈장애 정의

대략 당시 새로운 사회정의의 형성은 프레이저(Fraser, 1995)와 영 (Young, 1990)의 논의를 분배 패러다임에서 다양한 비판적인 기존 논의와 결합하는 것으로 나타날 수 있다. 프레이저(Fraser, 1995: 69)가 표현한 것처럼, 이러한 새로운 비판적 사회정의는 '서로 약화시키기보다는 서로 지원해 주는 문화적 인식과 사회 평등 형태'의 이상과 결합해야 한다. 프레이저와 영 둘 다 정의는 개인과 조직이 주류 사회생활에 의미 있는 방식으로 참여할 능력이 갖추어져야만 얻어질 수 있는 것이라고 주장한다. 명백하게 '탈장애'(enablement)는 물질적 수요를 충족시키는 것 이상을 의미하는데, 문화적 역량강화는 사회적 참여와 동일한 정도의 필수조건으로 인식된다. 따라서 나는 물질적 재분배와 상호 의존적 정치 이상인 문화적 인식 둘 다 똑같이 강조하기 위하여, 이러한 새로운 윤리 형성을 '탈장애 정의'라는 용어로 제안한다.

특별히 이러한 새로운 분배 정의는 장애 억압의 문화적-정치적 형태로부터 자유의 필요성을 주장하는 반면, 물질적 수요를 보장하기 위해 모두의 권리를 유지해야 한다(Wilmot, 1997: 44~72). 탈장애 정의는 모든 개인과 집단이 그들의 기본적 수요를 충족시킬 수 있는 자격이 부여된다는 그러한 사회적으로 성문화된 약속에 초점을 맞춘다.

중요하게도, 이러한 수요는 두 가지 차원을 가지는 것으로 보인다.

- 물질적 충족(예를 들어 사회의 평균 소비 유형으로 정의되는 음식, 주거지, 개인적인 항목 등에 대한 최소한의 접근).
- 사회-문화적 참여(예를 들어 정서적인 사회적 유대, 정치적 통합, 문화적 존중).

이러한 정의 기준은 적어도 신자유주의적 개인주의가 상상하는 의미로서 장애인의 '독립'을 추구하지 않는다. 오히려 탈장애 정의는 사회적 존재론과 이것으로부터 모든 사람들과 친밀한 집단의 상호 의존성이라는 목적을 강조한다. 이 입장은 자본주의에서 불평등한 권력 관계를 유지시키는 데 사용되어 왔던 개인주의와 자립 관련 이데올로기에 대한 과거의 급진적 비판을 반영한다(Jary and Jary, 1991). 이는 국가의 복지예산 부담 경감을 열망하는 신자유주의 국가에 의해 추진되어 온, 서비스에 의존하는 사람들의 독립에 대한 이상이라며 장애를 가진 연구자들이 맹비난했던 보다 최근의 비판을 체현한다. 올리버(Oliver, 1993)는 장애인들은 개인적 독립보다는 오히려 문화적 존중과 사회적 융합을 원한다는 점을 지적하였다. 즉 모든 주체가 지역 정서에서부터 국가 제도에까지 규모별로 놓이는 상호관계 네트워크에 좌우되거나 이를 통해 구성된다는 피할 수 없는 사실을 인식하는 것이 목표라고 하였다. 진짜 질문은 어떤 유형의 (상호) 의존성이 탈장애 정의와 부합하는가이다. 명백하게 ——공공정책 및 시장 원리의 역사적 산물인 —— 국가 서비스에 대한 장애인의 경제적 의존성은 정의에 대한 요구를 충족시키지 않는다.

　마지막으로 위에서 제시된 두 가지 '정의에 대한 테스트'란 프레이저(Fraser, 1997a)가 다양한 억압 형태에 영향을 받은 집단의 해방을 위해 꼭 필요하다고 여기는 이가적(bivalent) 치료제를 의미한다. 이 점은 장애 억압에 대한 투쟁에서 문화적 역량강화가 결정적 역할을 한다는 점을 분명히 한 모리슨과 핀켈스타인(Morrison and Finkelstein, 1993)에 의해 지지된다.

　물론 필요한 조건이 있다. 특히 정의의 지리적 차원이 고려되어야 한다. 다른 정치적 이상과 같이 정의는 사회 공간적 관계 내에서 이루어져야 한다. 그렇다면 탈장애 정의의 환경이란 무엇일까?

## 탈장애 환경을 지향하며

### 급진지리학과 정의

1970년대에 (현재 우세한) 복지적 관점의 주창자들은 사회정의의 문제를 지리분석에 적용하였다(예컨대, Smith, 1977). 이러한 새로운 사회적 평등에 관한 강조는 인문지리에서 우세했던 실증주의에서부터의 중요한 탈피로 나타났다(Johnston et. al., 1994). 이런 점에서 복지지리는 사회지리의 초기 중요한 '급진적' 자극을 표현했다. 그러나 복지지리에는 중요한 개념적·정책적 한계가 있었고, 이러한 관점은 공간 생산을 좌우하는 물질적·이데올로기적인 구조의 분배적 결과에만 초점을 맞추는 경향 때문에 비판받아 왔다(Badcock, 1984; Johnston et. al., 1994). 이는 복지주의자들이 주장하는 평등 개념에 정책적·개념적 한계가 있다는 프레이저(Fraser, 1995)와 영(Young, 1990)의 비판과 동일한 것이다.

대조적으로, 그 이후 급진적인 사회지리의 전통은——특히 역사·지리적 유물론—— 탈장애 정의의 공간적 개념 형성으로부터 더욱 유망한 개념적 기초를 제공한다. 이러한 점에서 급진적인 사회지리학의 핵심적 통찰은 억압과 배제가 공간의 사회적–문화적 생산으로부터 생겨난다는 시각이다. 3장의 분석을 상기해 보면, 이러한 존재론은 사회와 공간을 상호 의존적으로 구성된 동학으로 본다. 중요한 건, 삶의 물리적·사회적 맥락으로서 '환경'도 물질이 재배치되는 단순한 표면이라기보다는 인간사회의 유물로 가정된다는 것이다. 따라서 이러한 공간 존재론은 자본주의 사회에서 공간을 생산하는 구조의 정의(혹은 부정의)를 복잡하게 한다. 영이 지적한 것처럼, 자본주의 도시는 부정의가 다양하고 상호의존적인 형태로 생산되어 왔던 공간이다. 급진적인 탈장애 정의는 따라서 모든 사람들의 사회적 능력을 자유롭게 하는 환경을 생산한다는 광범위한 정치적·윤리적 목표를 전제로 할 것이다. 달리 생각하면, 탈장애 정의는 개별적인 물질적·비물질적 수요가 충족되는 (예를 들어 포용, 감정, 자유) 것과 같은 의미 있는 방식으로 사회생활에 참여하고자 하는 모두의 능력을 보장해 줄 수 있는 공간과 장소의 생산을 요구한다.

보호의 윤리가 메타윤리 형성의 필요성을 대체할 수는 없는 반면, 많은 페미니스트들이 탈맥락화된 정의의 개념을 맹비난해 왔다는 비판을 명심해야 한다. 탈장애 정의로 인식한 것은, 물질적 복지, 사회참여와 문화적 존중에 대한 보편적 수요는 감성적·사회적으로 독특한 사회적 연대, 집단 간 동맹, 환경 조건으로 규정되는 다양한 사회공간적 규모에서 실현되어야 한다는 것이다. 이런 의미에서, 보호 윤리는 물질적 분배와 사회참여에 대한 획일적인 메커니즘보다는 상황적으로 적절한 필요를 강조함으로써 정의에 모순된다기보다는 보완한다.

윤리적 맥락성도 또한 정의의 보편적 개념을 완강히 반대하는 일부 공동체주의자들의 중요한 테마였다(Smith, 1994). 샌델(Sandel, 1982), 왈저(Walzer, 1983) 등과 같은 공동체주의자들은 독특한 맥락 의존적이고 도덕적인 틀의 근원이자 윤리적 실천을 위한 가장 적절한 민간 영역으로서 (다양한 사회적-공간적 규모로 정의되는) '커뮤니티'를 강조해 왔다. 근래에는 공동체주의 사고라는 희석된 형태는 서구 사회 (영어권) 국가 내 정치적 담론에서 영향력 있는 역할을 수행해 왔다. 예를 들어, 좌파와 우파 정당과 사상가들은 '복지 다원주의' 버전을 추진해 왔는데, 이는 일부 핵심적인 정치경제적 장에 대한 의견(예를 들어 공공 영역의 시장화)은 다르지만, 그래도 사회서비스 공급을 위한 참여적이고 탈집중화된 구조를 위한 수단으로서 커뮤니티에 대한 강조를 공유한다(Clapham and Kintrea, 1992 ; Jary and Jary, 1991).

특히 신자유주의자들은 국가 기관의 이른바 무책임과 완고함과는 대조적으로 도덕적 책임과 효과적인 사회적 융통성의 중심으로서 '커뮤니티'를 위해 싸워 왔다. 그러나 신자유주의적 공동체주의의 실제 의제는 사회 서비스 공급과 같은 도덕에 기반한 행동에 들어가는 비용을 국가에서 지역공동체와 개인(특히 여성)에게 전가하는 것이다(Jary and Jary, 1991). 사회적 지원에 자원을 제공하는 커뮤니티와 개인의 능력 불균등으로 인해, 이러한 비용과 서비스에 관한 책임의 재할당은 필연적으로 분배적 부당함을 악화시킨다. 맥락적 윤리의 언어로 말함에도 불구하고, 이러한 공동체 정의의 형식은 탈장애 정의와는 명백히 상반된다.

## 장애 환경의 변혁

탈장애 정의가 장애인에게 의미하는 것은 무엇일까? 탈장애의 목표는 최소한 "현재 환경보다 더 넓은 범위의 인간의 능력을 수용하는" 새로운 사회공간의 창조를 요구한다(Hahn, 1987b: 188). 따라서 장애를 가진 학자나 활동가는 자본주의 사회에서 장애인의 신체적 결함보다는 능력을 강조하는 탈장애 환경의 창조를 요구해 왔다(예컨대, Hales ed., 1996과 Swain et. al, 1993을 참조). 코커(Corker, 1993)에게 '탈장애적 환경'이란 모든 거주자가 사회적 독립을 이루도록 하는 것을 목표로 하는데, 이는 특히 장애인들이 의존적 위계관계 내(예를 들어 보호하는 자와 보호 받는 자)에서보다는 상호 의무의 네트워크 내에서 그들의 요구를 충족할 수 있도록 역량을 강화하는 것일 수 있다. 핀켈스타인과 스튜어트도 공공정책의 큰 변화를 통해 장애인들의 사회-문화적 해방을 상상하면서 이 주제를 반복적으로 언급하고 있다.

> 이 새로운 세계에서는 … 장애인을 위한 서비스는 '지원'이라는 면에서 고안되어야 하며, 비장애인들의 더욱 만족스러운 삶을 위해 공공시설(체신, 철도, 상수도 및 전기 등)이 만들어진 것과 동일한 방식으로 탈장애 역할을 획득할 것이다. 그와 같이 그들은 사회 참여와 시민권 모두 탈장애화할 수 있는 필수적인 공공 지원 네트워크의 한 부분을

형성한다.(Finkelstein and Stuart, 1996: 171)

완전한 시민권과 사회적 독립성이라는 상호 보완적 이상은 장애인이 주류 정치의 장과 주요한 경제 영역, 특히 노동시장 내에 통합될 것을 요구한다(Kavka, 1992 참조).

하비(Harvey, 1996)가 논의한 것처럼 물질적·구상적·상징적 해방의 공간을 창조하기 위해 시도하는 다양한 형태의 공간투쟁을 통해 광범위한 사회변화가 실현된다. 따라서 '탈장애 환경'은 특수한 수요(예를 들어 주거, 교육, 직업)가 장애인의 역량을 강화시키는 지방정치 영역 수준부터 사회적 차이로 인한 인간의 억압과 배제를 중단시켰던 전체 사회 수준까지 다양한 규모에서 이루어진다. 이러한 변화 발생은 지리적으로 매우 경쟁적임에도 불구하고, 장애인 운동——혹은 '하위주체의 대항공론장'(subaltern counterpublics)——은 도시 내에서 억압구조에 반대하여 발생한 특수한 탈장애 환경의 좋은 예이다. 만약 전체적으로 사회 수준이 일정해졌다면, 탈장애 환경에 대한 이상이 현재 거부되고 있는 물질적 수요, 문화적 존중, 정치적 발언권을 장애인에게 돌아가게 할 것이다.

따라서 초반에 설명했던 탈장애 정의의 광범위한 정의는 장애인을 위한 보다 구체적인 용어로 다음과 같이 다시 설명될 수 있다.

- 적절한 지역 혹은 국가적 맥락에서 사회적으로 정의된 물질적 수요의 만족.
- 사회-정치적 참여와 문화적 존중.

- 사회공간적 포용.

자본주의의 특징 ——상품관계 ——을 규정하는 것이 경제적인 평가절하와 이에 따른 장애인의 사회적 억압을 나타내 왔다는 것을 고려하면, 정의를 위한 이러한 조건이 순전히 비현실적이라는 반대가 있을 수 있다. 이러한 비판 ——흔히 모든 '급진적인' 정치 운동을 향한 비판 버전 ——에 대한 첫번째 대응은, 많은 장애인들이 가장 심오한 사회공간적 변화가 그들이 참고 있는 억압을 치료할 것이라고 그들 스스로 주장해 왔다는 것이다. 예를 들어 핑거는 탈장애 근무 환경의 실현은 자본주의 노동시장의 근본적인 변화, 그중에서도 경제유용성의 새로운 사회적 측정(measurement)에 대한 가치의 법칙을 대체하는 것을 포함하는 변화를 요구한다고 주장한다.

인간 가치의 척도로서 '생산성'과 '지불되는 급료'에 반대할 필요가 있다. 아이 키우기부터 장애 권리를 위해 일하는 것까지 모든 종류의 노동과 일하는 방식으로 가치를 정하는 사회를 위해 일할 필요가 있다.(Finger, 1995: 15)

위에서 제시되는 정의의 기준은 지지 포럼(예컨대, Disability Alliance, 1987a, 1987b; Eastern Bay of Plenty People First Committee, 1993; Ronalds, 1990; UPIAS, 1976)과 이론적 논의(예컨대, Abberley, 1991a, 1991b; Morris, 1991; Oliver, 1990, 1996; Swain et al., 1993)를 통해서 서구 국가에서 장애인의 동등한 해방적 수요를 반

영한다.

그러나 전통적 비판이 늘 탈장애 정의와 같은 변형적 원칙을 겨냥한다는 유토피아주의의 문제제기에 대해 이러한 응답은 적절한 대응은 아니다. 실제 '시장 승리주의' 시대에 장애 억압의 핵심적 요소를 없애는 것에 대한 명백한 어려움이 있는 상황에서, 어떤 실천적·정치적 목적이 급진적 사회과학자와 활동가에게 원칙으로 제공될 수 있을까?

탈장애 정의와 탈장애 환경이라는 부수적인 이상은 국가 정책 영역에서 급진적인 정치적 실천을 위한 기초를 마련할 수 있다는 것이 이 글의 주장이다. 이러한 광범위하고 명백한 이상은 공공정책 영역 밖에서는 시사하는 바가 있다. 그러나 물질적인 분배의 강조, 공간적 포용 및 시민권은 국가 영역에서 특히 강력한 울림의 힘을 가진다. 게다가 일부 학자들은 국가가 탈장애 정책과 법안을 시행함으로써 장애 억압에 대항하는 주도적 역할을 해야 한다고 주장해 왔다. 예를 들어 올리버와 반스(Oliver and Barnes, 1993; 275)는 국가는 "현재의 차별적 복지 공급을 중단하고 진정으로 탈장애가 될 수 있는 공급의 형태로 전환해야 한다"고 주장한다. 중요하게도 탈장애 원칙은 사회 억압의 원인과 결과를 설명하는 전통적인 공공정책의 틀을 문제화한다. 특히 탈장애 정의의 원칙은, 사회적으로 억압받는 사람들의 안녕(well-being)에 영향을 미치는 국가의 제도적 실천에서 정책적 양보를 조사하고 도출하는 데 사용될 수 있기를 바란다. 이후 두 개의 장에 걸쳐 사람들의 가치에 대해 논의하고자 한다.

**결론**

이 장은 현대 자본주의 도시에서의 장애에 대한 경험을 고찰하였다. 이 장에서는 자본주의 사회의 광범위한 사회적-문화적 배열로 인해 발생하는 사회적 억압의 뚜렷한 형태로서 장애를 채택한다. 프레이저의 표현으로, '장애 억압'은 정치경제적 어려움과 문화적 오인이 체현된 이면적인(bivalent) 불리함 형태로 설명되었다. 노동시장에서의 배제, 빈곤, 사회문화적 가치절하 및 사회공간적 한계화 등을 포함하는 장애 억압의 일부 핵심적 차원이 설명되었다.

6장에서 설명된 것처럼 19세기 산업도시에서 물리적 결함이 있는 사람들의 상황은 종종 끔찍했으며 완전히 불가능한 것은 아니었으나 그래도 장애라는 사회적 억압에 저항하기 어려웠다. 현재 서구사회에는 장애인에게 더 나은 물질적 조건이 갖추어져 있으나, 그래도 아직 현대 도시에서 사회문화적 조직과 그 물리적 형태를 통해 신체적 결함에 대한 탄압이 계속되고 있다. 그러나 과거와는 달리, 장애인은 최근에는 스스로 장애 억압에 대해 드러내고 저항하는 다양한 국가적·지역적 차원의 사회운동을 조직해 왔다. 이러한 저항은 대도시에서 광범위하게 그리고 배타적이지 않게 발생해 왔다.

이 장의 마지막 부분에서는 모든 장애인을 위한 탈장애 정의를 요구하는 정치-윤리적 원칙을 개략적으로 소개하였다. 그러한 이상은 시민권과 사회공간적 포용의 질문, 책임에 대한 핵심적 타당성 문제, 자본주의 국가의 활동에 초점을 맞춘다. 정도는 다양하지만, 모든 국가는 장애 억압에 대항하는 장애인이 사회운동에서 벌이는 시위에 대응해 왔다. 설명했던 것처럼 많은 국가는 이러한 사회정치적 압력에 대해 특정한 법률을 통해 장애인의 인간권리보호를 증진함으로써 대응해 왔다. 또 다른 대응방식에는 다양한 국가와 도시에서 장애인들이 경험하는 불이익을 없애거나 줄이기 위한 다양한 정치적 양보와 발의를 포함한다. 그러나 이렇듯 많은 국가의 법적·정책적 대응은 도움이 되지 않으며, 심지어 역행하기 때문에 가끔씩 장애인들에게 심하게 비판을 받았다. 다음 두 개의 장에서는 최근 몇 십 년 간 대부분의 서구 국가에서 착수되어 왔던 대부분의 장애정책 중 두 가지 넓은 차원의 계획을 차례로 다루고자 한다. 이 두 계획 사례에서 정책 실천에 관한 분석을 통해 탈장애 정의 수요에 대한 이 계획의 달성 정도를 측정할 것이다.

# 8장 _ 지역사회 보호: 정의의 환경?

## 서론

이 장에서는 선진 자본주의 사회에서 하나의 국가 정책 실천 영역인 사회적으로 의존적인 사람들을 위한 지역사회 보호 네트워크의 확립에 대해 설명하고자 한다. 이 논의에서 '지역사회 보호'(community care)는 선진 자본주의 국가에서 국가 사회정책의 일반적 특성이 된 서비스 원칙인(Heginbotham, 1990; Lerman, 1981; Mangen, 1985; Prior, 1993) '장기 요양 보호나 시설보호의 대안으로서 커뮤니티 내에서 이루어지는 개인의 보호'를 의미한다(Jary and Jary, 1991; 99). 대부분의 서구 국가에서 지역사회 보호는 대규모 인적 서비스 시설의 폐쇄나 축소를 포함하는 사회적 지원의 탈시설화 계획을 통해 달성되어 왔다(Bean, 1988; Kemp, 1993; Smith and Giggs, 1988). 지역사회 보호는 분산되고 소규모인 주거지에서 서비스를 제공함으로써 공적으로 의존적인 장애인의 복지를 개선하기 위해 이루어졌다(Parker, 1993). (예컨대, Lakin and Bruininks, 1985; Perske and Perske, 1980 같은)

지지자들의 설명처럼 지역사회 보호정책은 필수적으로 사회적 지원의 기존 양식에 대한 인간화(humanisation)이다. 이 정책은 사회적 보호의 질을 높이고 대규모 시설의 특성인 개인의 자유를 제한하는 것을 줄이며, 의존적인 사람들을 더 넓은 커뮤니티로 재통합시키기 위해 논의한다.

1970년대 이래 (특히 영어권 국가에서) 복지국가가 재편됨에 따른 결과 중 하나는 많은 수의 자발적, 비영리 단체로 구성된 다양한 비정부 복지 서비스 부문에 의해 그러한 '보호'의 공급이 증가되고 있다는 것이다(Smith and Lipsky, 1993; Wolch, 1990). 스미스와 립스키(Smith and Lipsky, 1993)에 따르면 국가에 의한 복지사업의 '민간위탁'은 공급자가 이윤을 위해서든 이타주의 때문이든 간에 관계없이 민영화된 형태이다. 예를 들어 영국에서는 이러한 지역사회 보호에 대한 지방화되고 여러 공급자 중심인 접근법은 1989년 영향력 있는 백서인 『인간 보호하기: 향후 10년을 위한 지역사회 보호』에서 '복지 다원주의'로 열심히 묘사되었다(Jary and Jary, 1991). 호주와 뉴질랜드 정부역시 최근 들어 다공급자 모델을 선호해 왔다(Lyons, 1995; Fougere, 1994).

지역사회 보호 정책이 장애인에게 탈장애 정의를 가져다주지 못하지만, 원거리의 비인간적인 시설에서의 사회공간적 배제라는 그들이 경험하는 억압의 한 차원을 줄어들게 할 수는 있다. 이에 따라 이 장에서는 지역사회 보호는 잠재적으로 탈장애 공공정책의 출발이 된다는 전제로부터 분석을 시작하고자 한다(Doyal, 1993). 이 장에서의 목적은 지역사회 보호 정책이 수립되어 있는 서구 국가의 지역사회 보호 네트워크의 실현을 위한 사회-정치적 잠재력을 측정하는 것이다[1]. 이 사회-정치적 관점은 다음과 같이 설명될 수 있다.

지역사회 보호는 당연한 것으로 여겨지는 사회참여와 자유에 대한 인간의 권리에 따라 이전 형태(시설 환경)보다 더 나은 의존 경관을 생산하고자 하는 국가의 시도를 의미한다. 이러한 관점은 주류의 거주 환경 내에 재가 지원 프로그램의 성공적 설치에 좌우된다. 그러나 이 전망은 자본주의적 상품관계, 국가 이데올로기와 실천, 시민사회의 사회문화적 태도 등을 포함하는 다양한 구조적·제도적 동학으로 조건지어진 전반적인 사회공간의 생산 내에서 실현되어야 한다. 따라서 이러한 보다 넓은 과정은 사회복지 주체와 국가 조직이 지역사회 보호의 사회적 공간을 생산할 가능성을 조건으로 한다.

이 장에서는 이러한 더 광범위한 조절과정이 지역사회 보호의 정책적 실천에 미치는 효과를 설명할 것이다. 이 평가를 통해 많은 장애인이 시설화된 '보호' 환경 내에서 경험했던 부당함을 감소시켜 왔던 이러한 정책 실천의 상대적인 성공을 고려할 것이다. 내가 보여 주는 것 같이, 특히 국가적 맥락에서 지역사회 보호 실천에 대한 연구는, 인근 주민들이 보호시설을 반대하는 것과 사회정책의 관심을 수용하는 데 있어서 계획 체계의 무능함 및 신자유주의 정부에 의한 사회정책의 구조적 변화 등을 포함하는 정책 목표의 실현을 방해할 수 있는 몇 가

---

1) 지역사회 보호에 관한 나의 분석은 필수적으로 하나의 정치-윤리적 원칙인 탈장애 정의에 의해 구성된 경험 연구이다. 지역사회 보호의 이상에 관한 더 자세하고 윤리적인 분석을 위해서는 윌못(Wilmot, 1997)의 핵심적인 책을 참조하기 바란다.

지 문제점을 밝힌다.

이 장은 다음과 같이 구성되어 있다. 첫번째 절에서는 시설보호의 새로운 경관을 만들어 낸 탈시설화 과정을 검토한다. 이후 세 개의 절에서는 지역사회 보호에 대한 주요한 사회-정치적 위협으로서 입지 갈등, 부적절한 계획 체계 및 복지국가 재구조화를 순서대로 고찰한다. 이 장은 선진 자본주의 사회에서 장애인을 위한 탈장애 환경을 마련하기 위한 지역사회 보호정책의 능력을 검토함으로써 결론을 도출한다.

## 탈시설화

대부분의 서구 국가들은 20세기 들어 장애인을 위한 요양 '보호'와 '보호 시스템을 갖춘' 고용을 제공해 왔던 대규모 시설의 규모를 줄이고 많은 경우에는 아예 문을 닫고 있다(Pinch, 1997; Shannon and Hovell, 1993). 장애인들이 겪은 시설에서의 억압적 경험은 그 중에서도 특히 물질적 궁핍, 짐승취급 및 비인간화된 '보호' 형태, 위험하고 비위생적인 주거조건, 프라이버시와 개인적 자유의 부족, 가족 및 친구들과의 격리 등으로 종종 나타난다(Dear and Wolch, 1987; Horner, 1994). 시설의 개혁과 개선이 이루어졌던 수십 년 간에도 서구 국가 전역에서 이러한 비인간적인 조건과 관행이 없어지지 않았으며, 여전히 폭력은 우울할 정도로 발생한다.

예를 들어 호주에서는 1996년 뉴사우스웨일스 주정부가 실시한 지적 장애인, 신체 장애인을 위한 요양보호시설 조사에서 공공 및 민간 시설 둘 다에서 '학대 문화'가 자리잡고 있다는 증거를 찾아냈다 (*Sydney Morning Herald*, 1996년 11월 30일자, 3면). 이 보고서는 직원 및 같은 시설 거주자에 의한 거주자들의 성적·신체적 학대에 대한 끔찍한 설명을 하고 있다[2]. 같은 해 4월, 호주의 멜버른의 노인 공공시설 중 한 곳에서 발생한 화재로 9명의 지적 장애인이 사망하면서 요양시설의 위험성이 확실히 드러나게 되었다(*The Australian*, 1996년 4월 10일자, 1면). 이후 화재에 대한 공식적인 조사에서, 장애인 시설 거주자를 대표하는 부모협회는 이 재난을 노후한 화재 안전장치와 훈련이 제대로 되지 않은 직원 탓으로 돌렸다. 동시에 빅토리아 주 OPA(Office of the Public Advocate) 지부가 발견한 것은 정부가 장애인을 위한 안전한 요양 서비스를 공급하기 위한 의무를 무시해 왔다는 것이다. 한 주요 멜버른 신문의 이후 조사를 통해서 그 주 내 장애인을 위한 주요 다른 시설에서도 유사한 결함을 발견하였다(*The age*, 1996년 5월 13일자, 1면). 장애인을 위한 공공시설이 공식적으로 방치되었던 10여 년간 9명이 죽음에 이르렀다는 것을 발견했던 주 검시관(State Coroner)이 1997년 정부의 시설관리에 대해 결정적인 비난을 하였다 (*Canberra Times*, 1997년 10월 18일자, 4면).

장애인 보호의 사회화된 형태로서 시설의 실패는 무엇보다도 정

---

2) 일 년 뒤, 뉴사우스웨일스 기관에서 조직적인 학대가 있었다는 놀라운 혐의가 있었다. 여기에는 장애인 거주자를 끈으로 묶어 놓고 개사료를 먹인다는 혐의도 포함되었다(*Sydney Morning Herald*, 1997년 11월 27일자 3면).

의의 복지 이상(welfare ideal of justice)의 부적당함을 드러내는 것이다. (오랜 시간 많은 나라에서 분명히 개선되어 왔던) 시설은 장애인에 대한 최소한 수준의 물질적 지원이 배분된 것이라 할 수 있었으나, 장애인이 주류의 사회생활로부터 사회공간적으로 배제됨으로써, 그들이 정치적으로 미미한 존재가 되고 힘을 잃게 하는 것을 견고히 했다는 것은 확실하다. 올리버와 반스는 다음과 같은 점을 관찰하였다.

> 국가복지가 장애인의 기본적 인권을 보장하지 않는 것이 장애인의 권리를 빼앗고 침해하는 복지 공급과 관행을 통해서만이 아니다. 장애인이 살고 싶은 곳을 선택할 수 있는 권리를 용인하지 않는 격리된 요양시설의 공급도 이러한 경우에 포함된다.(Oliver and Barnes, 1993: 267~268)

결과적으로 서구 국가의 정부는 장애인을 위한 시설지원을 지역사회 보호 네트워크로 대체하고자 시도해 왔다(Bennie, 1993; Lerman, 1981; Prior, 1993). 지역사회 보호는 통상적으로 소규모의 분산된 주거단위의 네트워크로 활동하게 된다. 이들은 도움이 필요한 사람들에게 서비스를 제공하는 '사회적으로 안정된' 주거환경을 공급하기 위한 목적을 가지고 있다(Wolfensberger, 1987). 개혁을 위한 자극이 여러 곳에서 이루어졌는데, 부분적으로는 시설보호의 부적절한 상태를 인식하면서이기도 하고(치료적 및 재정적 관점 모두에서), 상당 부분은 1960년대 이후 국가적·지역적으로 다양한 차원의 장애인 사회운동이 정부에 가한 정치적 압력이 작용했기 때문이기도 하다. 예를 들어 미국에서 지역사회 보호 프로그램으로의 전환은 시설이 보호의 목적에 부합하지 않는다는 법원 판결에 따라 급하게 이루어졌다(Gilderbloom and Rosentaub, 1990).

　탈시설화는 사회정의의 의미를 옹호하는 사람들에 의해 서비스 의존적인 사람들이 자신의 소중한 생활환경을 유지한다는 기본적인 인권의 회복으로 여겨지면서 촉진되었다(Oliver and Barnes, 1993; Shannon and Hovell, 1993; Wilmot, 1997). 서비스 이용자에게 탈시설화는, 더 넓은 커뮤니티에서의 행복을 보장하기 위해 필요한 장애인의 자유를 최소한으로 제한하는 보호환경을 의미하는, '거의 제약이 없는 주거환경'에 대한 권리를 약속해 왔다(Shannon and Hovell, 1993). 이런 의미에서, 탈시설화 지지자들은, 서구 사회의 주류 주거환경 내로 서비스에 의존하는 사람들을 재통합하는 것과 관련하여, 사회보호의 사회공간적 배치가 급진적으로 변화함으로써, 이러한 정책이 장애인을 위한 복지주의의 부적절함을 설명한다고 주장한다(Swain et al., 1993).

　그러나 일부 서구 국가의 정책적 경험에서는 지역사회 보호 프로그램이 커뮤니티의 반대, 관료적 불확실성, 재정적 보수주의에 의해 방해를 받았다(Dear, 1992; Grob, 1995). 특히 탈시설화는 지방 정책 차원에서 요양복지 사회 프로그램과 (가끔은 애매하게 정의되는) 도시계획 규제에 대한 지역사회의 반대 형태로 장벽에 직면했다. 게다가 구조적 수준에서, 신자유주의 정부에 의해 이루어진 사회복지 서비스 전달체계의 최근 변화란 지역사회 보호를 강조하는 치료 및 인권에 대한 이상이 이윤창출 논리에 의해 (없어지지 않았다면) 가려지게 되는 것을 의미한다(Glendinning, 1991; Oliver and Barnes, 1993). 이러한 방해에 대해 일련의 서구 사회의 정책 경험을 참고하여 간략히 검토하고자 한다.

## 님비의 위협

님비(NIMBY: Not In My Back Yard) 신드롬의 형태로 지역사회 보호시설에 대해 만연해 있는 반발인 비판적인 사회 동학은 장애인의 정의를 보장하기 위한 탈시설화 능력을 제한한다(Dear, 1992). 영(Young, 1990)은 지역사회 보호시설에 대한 지역적 반발을 장애인에 대한 부당함이 이루어지는 주요 원천으로 인식했다.

요양원에 대한 님비적 반발에 관한 많은 초기 연구는 탈시설화가 적어도 30여 년간 진행됐던 북미에서 이루어졌다. 월퍼트(예컨대, Wolpert, 1976), 디어(예컨대, Dear, 1977, 1981, 1992)와 공동연구자(예컨대, Dear et al., 1977; Dear et al., 1980; Dear and Taylor, 1982), 스미스(예컨대, Smith, 1981, 1984, 1989) 등의 선구적 연구는 탈시설화 정책의 진행과정을 도표로 만들고, 도시에서 입지에 대한 갈등의 특정한 형태인 님비 현상에 대한 비판적인 지리적 분석을 발전시켰다는 점에서 중요하다. 최근에는 님비 현상과 그에 대한 학문적 관심 모두 영국(예컨대, Burnett and Moon, 1983; Locker et al., 1979; Moon, 1988), 호주(예컨대, Foreman and Andrews, 1988), 뉴질랜드(예컨대, Gleeson et al., 1995; Shannon and Hovell, 1993) 등 서구 국가 내에서 증가하였다.

님비에 대한 지리적 분석 및 입지갈등은 대부분 정신질환을 가진 사람들을 위한 시설에 대한 반응에 집중되었다. 나는 이러한 문헌이 장애인과 그들을 위해 공급된 지원시설을 둘러싸고 있는 입지적 갈등의 특이성을 완전히 평가할 수는 없다고 주장한다. 이러한 많은 입지 갈등 연구 결과는 장애의 문제와 관련이 있으나, 물리적 결함이나 정신질환에 대한 지역의 특정한 수용 유형에 대해서는 더 많은 분석이 필요하다. 대부분의 서구 국가에서 이러한 이슈의 구별은 장애에 대한 지원과 정신의학적 보호를 위해, 가끔은 겹치기도 하지만 분리된 정책 체제가 반영된다. 이 주제는 결론 부분에서 다시 언급될 것이다.

디어와 테일러(Dear and Taylor, 1982)가 보여 준 것처럼, 님비 현상이란 다양한 범주의 서비스 의존적 사람들에 관한 대중적 두려움이 복잡하게 얽혀 있는 것이다. 따라서 시설이 필요한 특정 집단에 대한 지방, 지역사회의 특정한 두려움의 결합을 나타내는 것 같다. 대부분의 님비 논의에서 생기는 적어도 하나의 공통된 우려가 있는데, 이는 재산가치이다. 님비라는 감정은 부분적으로 자본주의 토지경제를 구축하는 재산에 대한 깊은 이해관계에서 나온다. 이러한 사실은 입지갈등이 지역사회 보호로의 전환을 방해하는 역할을 한다는 입장을 설명하는 데 도움을 준다(Gleeson and Memon, 1994). 워커(Walker, 1981)가 설명한 것처럼 자본주의 사회에서 상품화된 주거용 토지는 주택소유자(또한 주택판매자)의 사회적 이해관계에 강력한 영향을 끼친다. 주택소유자는 상품화된 토지에 대한 사용가치(거주지로서)와 교환가치(잠재적 매매가)의 이중적 특성을 모두 가진다. 소유한 주택에 대한 교환가치는 대부분의 가구에서 핵심적인 재산 가치로 측정된다. 대부분의 가구에서 핵심적 재산으로서 주택은 자본 투자 및 축적된 자기자본의 저장소로서, 또한 이윤(자본이득) 창출처로서 중요한 이중적 역할을 담당한다. 따라서 주택의 교환가치는 자본주의 사회에서 많은 가구의 사회적 이해에 결정적인 영향을 미친다.

입지갈등은 종종 (주거환경의 '질' 혹은 '특징'으로 추정되는) 주거의 쾌적성에 대한 위협으로 인식되는 토지이용에 대한 주택소유자들의 방어적 대응으로 표현되기도 한다. 실제로 '주거의 쾌적성'이라는 개념은 자본이득(이윤)을 만들거나 가치를 저장하는 능력을 가진 상품으로써 토지에 대한 관심을 심각하게 언어화한 것이다(Walker, 1981). 이런 관점에서 본다면, 쾌적성과 이를 위협할 수 있는 토지 이용에 대한 주택소유자들의 예민함이란 그들의 주요한 자본 소유물인 주거용 토지의 교환가치를 지키는 데 관심을 가지고 있는 상품구매자이자 소유자로서 그들의 깊은 사회적 이해관계에 대한 외형적 표현일 뿐이다. 따라서 님비라는 감정은 계급의 가치가 깊이 내재된 현상적 형태로, 소위 그들의 주요한 경제적 자산에 대한 교환가치를 지키고자 하는 주택소유자들의 관심을 뜻한다(Walker, 1981; Plokin, 1987).

다른 토지이용과 다른 주거점유 유형에 대해 반대하는 주택소유자가 많이 집중된 지역에서 유해하다고 인식되는 시설의 '침입'에 대해 저항하는 것과 유사하다(Dear and Taylor, 1982; Dear, 1992; Plotkin, 1987). 이러한 저항은 그들의 동네에 원치 않는 시설이 들어오는 것을 막는 집단행동을 통해 토지소유자들의 중요한 공동의 이해 ——주택의 교환가치 보호—— 를 추구하는 형태인 님비라는 형태를 띠게 될 것이다(Beamish, 1981). 이러한 집단적 님비 행동은 지방 정부의 개발통제 체계를 통해 가장 자주 추구된다(Burnett and Moon, 1983; Moon, 1988; Locker et al., 1979).

미국(Dear and Wolch, 1987), 캐나다(Joseph and Hall, 1985; Taylor, 1988), 호주(Gleeson, 1996c), 뉴질랜드(Shannon and Hovell, 1993)와 같은 나라의 연구자들은 님비와 같은 대응은 요양원 건설에 대한 정치적·법적 저항을 만들어 냄으로써 탈시설화 전체 과정에 위협이 된다고 논의해 왔다. 디어와 울치(Dear and Wolch, 1987)는 북미 서비스 기관이 지역 요양원을 위한 입지기준의 한 부분으로 '회피 전략'을 사용함으로써 님비가 퍼지는 것에 적응해 왔다고 주장했다. 회피 전략의 결과는 종종 저소득의 쇠퇴하는 도시 내부 동네인 '저항이 가장 적은 장소'에 보호 네트워크가 집중하는 것——혹은 '게토화'——으로 나타났다. 회피 전략은 뉴질랜드 서비스 기관들도 동일하게 사용해 왔다.(Gleeson et al., 1995)

서구 국가에서 최근 일련의 법원 판결은 님비 감정의 항구적인 정치경제적 가능성(잠재력)과 장애인의 주거지 선택을 제약하는 능력을 실제로 보여 주었다. 1995년 9월, 영국의 고등법원에서는 지방 보건 당국이 요양원을 건설한 곳의 인근 주민들에게 그들의 재산가치가 떨어지는 부분에 대한 보상을 해줄 것을 판결했다. 이 판결의 광범위한 영향이 즉각적으로 명확하게 나타나지는 않았으나, 보건 당국은 이 결정에 따른 재정적 효과로 인해 영국의 모든 지역 보호 프로그램이 위험해질 것이라고 우려했다(The Times, 1995년 9월 21일자, 2면). 애석하게도, 영국 법원의 결정은 요양원이 중장기적으로 거주지의 재산 가치에 영향을 미치지 않는 경향을 보인다는 많은 외국의 지리적(예컨대, Dear and Taylor, 1982; Wolpert, 1978), 사회과학적 증거(Consulting Group, 1992)를 무시하고 있는 듯하다.

1995년에 또한 미국 대법원은 장애인 요양원을 주거지역으로부터 배제시키는 토지이용 조례를 적용할 수 없다고 판결했다. 이 법원은 배타적 토지이용이 연방 주택법의 반차별 조항하에 보호를 받는 인권을 침해했다고 판결했다(AAMR News and Notes, 1995년 5/6월호, 1면). 그러나 지플과 앤저(Zipple and Anzer, 1994)는 배타적 토지이용의 결과를 얻기 위하여 여타 규제 조항 ── 주로 건축법 ──으로 전환함으로써 어떻게 지방정부가 이러한 판결을 예견했었는지를 일찍이 설명했었다. 미국의 경험을 근거로 볼 때, 주요 인권 법이 님비 차별로부터 장애인을 보호하는 데 충분하다고 결론내리기 어려울 수 있다.

님비 현상은 요양원 같은 서비스 시설의 입지 자유를 제한하고 왜곡시키는 과정에서 우선적인 권력을 행사한다. 많은 경우 기관들은 님비와 같은 적대감에 대응하는 권한과 전문 지식이 부족하다고 느끼며, 그들의 최후 수단인 회피 전략은 서비스 의존적인 장애인들이 커뮤니티 생활을 위한 수없이 많은 상황에서 배제되는 것을 의미한다. 따라서 님비 활동은 이상적인 지역사회 보호에서 담아야 할 치료권과 인권 모두를 위협한다. 많은 장애인들이 겪고 있는 환경 불평등을 줄여 나가기 위한 온건하지만 중요한 전략을 지역사회 보호가 제공한다면, 님비 감정은 영(Young, 1990)이 사회 억압의 특성으로 정의했던 것처럼 차이에 대한 일종의 편협함을 표현한 것이다.

## 계획 상황

### 도시계획과 님비

지역사회 보호시설에 대한 지역주민의 적대감은 모든 정부 차원에서의 혼란이나 관료적 소극성에 의해 자극되었다. 특히 영어권 국가 지방정부의 사회정책 및 토지이용정책 기능의 불명확함(de Neufville, 1981)이 의미하는 것은 계획이란 특권을 가진 주민의 이해라는 퇴행적 도구였다는 것이다(Forester, 1989). 토지이용계획을 위한 명확한 사회적 의제가 부족했기 때문에 이러한 지방정부의 실천방식은 지역 토지 경제학에서 강력한 이해관계의 '정책 포로'가 되었다. 주택소유자를 포함하는 그러한 기득권의 이해는 쾌적성과 토지가치를 위협할 수 있는 시설이나 사회집단을 배제시킴으로써 그들의 경제적 이익을 지킬 수 있는 토지이용규제를 만드는 것에 관심이 있다(Plotkin, 1987).

님비 반응은 흔히 지방정부 계획의 규제적 틀 내에서 명료하게 나타나는데, 요양원이 '법적' 주거용도가 아니라는 것에 근거하여 요양원을 금지하는 배타적 용도 지역제를 이루기 위한 적대적인 지역사회가 시도하는 형태로 가장 빈번하게 나타난다(Benjamin, 1981; Dear and Laws, 1986). 지방정부 계획가는 지역사회 보호시설의 입지를 정하는 데서 발생하는 복잡한 사회적 갈등을 중재해야 하기 때문에 필연적으로 이러한 님비 논쟁에 휘말린다(Jaffe and Smith, 1986). 따라서 계획가는, 사회정책 및 도시계획 관련 연구에서는 거의 인식되지 않지만, 지역사회 보호 네트워크를 구축하는 데 중요한 역할을 한다.

디어(Dear, 1992)가 설명한 것처럼, 님비 현상은 단순히 재산상 이익을 위한 관심 그 이상을 표현한다. 님비 현상은 서비스에 의존적인 사람들의 개인적 속성과 그들을 지원하는 시설 및 서비스 프로그램의 특성 모두를 염려하는 대중적인 마음속에 있는 고질적이고 복잡한 두려움을 반영한다. 이전 장의 분석을 상기해 보면, 안전하고 만족할 만한 형태의 체현이라는 지배적인 구조에 부합하지 않는 '다루기 어려운 신체'(unruly bodies)에 관한 불안함이라는 상상의 장애에 대한 하나의 강력한 표현이 님비라는 사고의 틀이다. 이런 점에서 볼 때 님비 현상은 현대 서구 사회에서 장애를 야기하는 체현의 사회화를 강화시키는 것을 도왔던 강력한 문화 유물론적 힘으로 부각된다.

토론토의 님비 갈등에 대한 디어와 테일러(Dear and Taylor, 1982)의 철저한 연구에서는 지역사회의 두려움은 서비스 시설, 서비스 이용자, 서비스 프로그램 혹은 이 중 일부 혹은 모두가 합쳐진 것에 초점을 두고 있다고 설명하였다. 님비 행동에 대한 이 연구 및 여타 심층연구(예컨대, Freudenberg, 1984; Mowrey and Redmond, 1993; Plotkin, 1987)는 왜 '주인'(host) 지역사회는 특정 유형의 토지이용에 두려움을 가지는지를 설명하기 위해 사회심리학, 사회학, 정치경제학 및 철학 내에서 다양한 이론적 틀을 도출했다.

**계획과 사회정책**

님비 감정에 대한 동기의 복잡성 때문에 서구 국가에서 도시 계획가들은 지역사회 보호의 특성과 이러한 사회정책에서 설명하는 인권과 정의의 문제 모두를 인식할 필요가 있다. 이를 위해 영(Young, 1990)은 계획 기관이 사회집단의 사회 공간적 배제를 없애고 다양성을 배양하는 규제적 실천을 채택하도록 적극적으로 권유했다. 영에게 '입지 선택을 제한하는 지역지구제'는 장애인에 대한 부당함의 제도적 근원의 표현이었다(Young, 1990: 255). 게다가 이러한 통합적 목적은 지방 수준에서의 개발 통제에 단순히 적용된 원칙으로서 도시 및 지역계획의 전략적 목표가 되어야 했다.

> 지역계획 결정은 격리와 기능화를 최소화하고 다양한 집단과 활동이 서로 간에 함께 이루어질 수 있도록 돕는 것을 목표로 해야 한다. (Young, 1990: 255)

계획가들은 서비스에 의존적인 사람들과 그들을 지원하는 시설에 대한 대중적인 두려움의 크기와 복잡성을 이해하도록 훈련되는가? 뉴질랜드에서의 최근 연구는(Gleeson and Memon, 1994, 1997; Gleeson et al., 1995) 그 나라의 계획가들이 상당 부분 지역사회 보호 시설과 연관된 님비 갈등에 관한 불확실성과 탈시설화의 정책적 상황에 대해 인식하지 못하고 있다고 말한다. 대부분의 서구 국가에서 공식적인 계획 교육에 사회이론과 사회정책이 거의 포함되지 않기 때문에 이러한 연구결과가 뉴질랜드의 독특한 상황은 아니라는 것은 의심할 여지가 없다(McLoughlin, 1994). 확실히 영국과 영국 식민지였던 국가에서는 지방정부에서 사회정책과 개발규제 기능이 분리되어 있는 것이 '도시 및 농촌'(town and country) 계획 체계의 핵심적 특징이기 때문에 그러한 훈련이 직업적으로 부적절한 것으로 여겨진다(Cullingworth, 1985). (드 노프빌[De Neufvill, 1981]이 미국의 계획 체계에 대해서도 유사한 평가를 하였다.) 키어넌(Kiernan, 1983)은 캐나다 지역계획체계 내에서 일했던 경험을 고려하여, 캐나다의 계획이 그들 업무의 정치적 특성과 사회정의를 위한 시사점 모두를 부인했다고 결론내리고 있다.

> 이러한 탈정치적 계획 이데올로기는 계획이 사회적 문제를 일으킬 수 있다는 부정적 효과에 대해서 암묵적으로 거부하고 있기 때문에, 그것을 경감시킬 수 있는 의식적이고 긍정적 방식으로 개입하는 계획의 잠재력 또한 의식하지 못하게 될 것임에 틀림없다. 따라서 이러한 개념화는 계획가를 사회변화 과정에서 잘 해봐야 부적절한 역할로, 최악의 경우는 매우 유해한 역할로 몰아넣는다.(Kiernan, 1983: 74, 강조는 인용자)

키어넌이 말한 것처럼 계획이 실제로 사회적으로 취약한 사람들의 이해에 해를 끼칠 수 있는가? 지역 요양원을 둘러싼 님비 갈등의 경우에는 그런 것 같기도 하다.

계획은 자본주의 사회의 공간생산이 안정화되고 토지 경제 내에서 축적을 통한 이익을 안정화시키는 중요한 국가 규제 체계이다(Scott, 1980). 따라서 영어권 국가에서 빈번하게 발생하는 도시계획과 지역사회 보호 정책 간 이러한 불일치는 성공이나 탈시설화에 대해 심각한 영향을 미친다. 공간의 (규제된) 사회적 생산과 탈시설화 과정의 적절한 통합은 지역사회 요양원의 자유로운 입지 원칙을 담고 있는——계획, 보건, 환경 및 건축규제 등—— 건축 환경을 관장하는 모든 정책 체제를 보장해 줄 것이다(Gleeson, 1996c). 정책 통합의 목표는 호주에서 1990년대 초반에 좋은 결과를 기대하며 추구되어 왔다. 이 당시 중앙정부는 주요 도시에서 일련의 협력을 통한 새로운 지역사회 보호 프로젝트를 가져온 탈시설화 과정을 포함하는 도시계획[3] 프로그램을 확대했다(National Capital Authority, 1996). 그러나 이러한 고도의 혁신적인 정책 협력 시도는 신자유주의 정부가 국가 공간계획을 모두 후퇴시켰던 1996년 초에 실패했다.

관찰된 것처럼 대부분의 영어권 국가에서 이러한 정책통합 달성의 실패는 지역사회 보호에 적대적인 이해관계로 인해 지방 수준에서 계획의 '점유'를 더욱 취약하게 만들었다. 미국(예컨대, Kindred et al., 1976; Steinman, 1987), 캐나다(Dear and Laws, 1986), 영국(Burnett and Moon, 1983), 호주(Gleeson, 1996c), 뉴질랜드(Shannon and Hovell, 1993) 내에서, 이러한 시나리오에서 일반적으로 관찰되는 계획은 제도적 관행의 영역이 되는데, 이는 주류 지역사회의 적대감이, 특권을 가지고 있고 거주지 선택을 통한 사회참여라는 장애인의 권리는 줄어드는 곳에서 나타난다. 비록 상위 지방 정부(supra-local) 수준에서 요양원에 대한 토지이용 제약을 없애기 위한 시도가 있었으나, 지방 지역사회는 다른 건축물 규제에 의지하여 이러한 보호조치를 극

---

3) 이는 '더 나은 도시 프로그램'(Better Cities Program)으로 알려져 있다.

복할 수 있다.

그런 시설을 배제하기 위해 건축규제를 적용시킴으로써 요양원에 대한 대법원의 판결을 피해 왔던 미국에서 이러한 문제가 더욱 명확하게 드러났다. 요컨대 관찰된 문제점은 사회 공간 생산을 좌우하는 공공정책 영역 내에서 그들의 지역사회 보호 프로그램이 보호받는가를 정부가 확인하는 데 실패했다는 것이다. 디어와 울치(Dear and Wolch, 1987), 조지프와 홀(Joseph and Hall, 1985) 같은 연구자들이 미국과 캐나다에서 발견해 왔던 것처럼, 이러한 실패는 부유하고 의사표현을 분명히 하는 동네가 계획규제를 서비스에 의존하는 사람들을 위한 주거시설을 배제시키는 데 이용하는 것을 가능하게 했으며, 이는 공간적·사회적으로 지역 보호 네트워크의 불균등한 개발을 낳았다. 이 장 후반부에서 이러한 입지갈등 이슈가 좀 더 다루어질 것이다.

**사회정책 재편**

**신자유주의 의제**

선진 자본주의 국가에서 지역사회 보호의 이상과 도시규제의 현실 간 모순은 장애인들의 탈장애 환경을 실현시키는 것을 명백히 저해하고 있다. 그러나 지역사회 보호의 더 큰 위협은 사회정책 영역 그 자체 내에서 나타나는데, 1970년대 후반 이후 특히 시간과 장소를 가리지 않고 '신우파' 정권의 계승이 성공한 영어권 국가(주로 미국, 영국, 뉴질랜드)에서, 서구 복지국가의 심각하고 방대한 재구조화가 일어나고 있다는 사실이다(Johnson, 1993; Thompson, 1990). 이러한 변화는 대체로 신자유주의 정치철학이 근거가 되었는데, 이는 특히 공공 복지지출의 실질적 감소, 보편적 공공지원에서 특정한 취약계층만 지원하는 방식으로의 전환, 의료와 복지서비스의 민영화 등과 연관된 것이다(Barretta-Herman, 1994; Loader and Burrows, 1994). 영국이나 미국과 같은 국가에서는, 이러한 복지 재구조화 과정이 많은 지역에서 프로그램 탈시설화의 소개와 지역사회 보호 네트워크의 개발이 동시에 일어나고 있다.

유럽과 북미에서 지역사회 보호에 대한 많은 비판을 보면, 신자유주의 정부가 이 정책을 복지서비스 공급 비용을 줄이는 전략으로 활용해 왔다고 주장한다(Bennie, 1993; Dear and Wolch, 1987; Eyles, 1988; Jary and Jary, 1991; Morris, 1993a). 적절하고 대중적으로 지원되는 지역사회 보호 네트워크의 개발 없이 발생하는 탈시설화가 이루어지고 있으며, 따라서 그러한 정책은 정부가 제도화된 사회지원에 대한 정치적으로 민감하고 비싼 그들의 의무를 줄이기 위한 변명으로 이용되어 왔다고 비난한다. 따라서 지역사회 보호를 위한 여러 정부의 열정의 지속성에 대해 장애운동을 하는 사람들은 의문을 품어 왔다. 전 장에서 설명한 것처럼 신자유주의 공동체주의적 수사학을 개발함으로써 여러 국가 및 지방정부는 더욱 받아들이기 어려운 실체를 진보적 사회정책으로 가장해 왔는데, 특히 보호에 드는 비용을 국가로부터 개인, 가족, 지역 커뮤니티로 전가시킨 것이다.

영국의 클래펌 등(Clapham et al., 1990)은 지역사회 내에서 보호의 부적절성(예컨대, 자금과 전문적 서비스 측면에서)과 지역사회에 **의한** 보호(예컨대, 친구, 자원봉사자, 친척 등에 의한)의 위태로운 상태에 대해 폭로해 왔다. 후자는 최근 몇 십 년간 지역 보호 역할을 수행할 것으로 여겨져 온 공동 네트워크(예컨대, 친척, 친구, 이웃 관계)의 역할이 증가하고 있음을 언급한 것이다. 클래펌 등(Clapham et al., 1990)은 영국 정부가 '보호의 부담'을 공공 부문에서 자원봉사 부문과 대부분이 여성인 비공식적인 (무급) 돌보미로 전가시키는 데 탈시설화를 사용해 왔다고 주장한다.

많은 국가에서 장애인의 독립적 생활 선택에 대한 전액 지원이 실패한 것은 많은 여성들에게 억압적 결과를 가져왔다. 장애 연구에서 페미니스트 연구자들은 지역사회 보호가 너무 자주 가족 보호 및 많은 여성에게 불공평하게 부과된 가정에서의 부담이 더 커지게 되는 것을 의미한다고 지적한다(예컨대,, Morris, 1993a, 1993b; Parker, 1993). 이전 장에서 설명한 것처럼 가족 중에 있는 장애인을 보호하는 책임은 일반적으로 여성이 진다. 나아가 보호의 의무는 종종 여성 보호자들이 그들의 직업 수준을 떨어뜨리거나 직장을 그만두도록 하는 것을 의미한다. 이런 의미에서 지역사회 보호가 가족보호로 축소된 것은 장애인과 여성 보호자들에게 이중적 의존의 덫을 만드는 것이다. 사회 구조적 세력의 확실한 틀——노동시장의 불능, 신보수주의적 사회정책 및 가부장적 가족 관계——이 여성의 남성에 대한 의존성을 강화시키고 장애인의 비장애인 친척이나 친구에 대한 의존성을 강화시키는 상황을 만든다. 이중적 의존 관계 내에서의 생활은 보호자와 장애인 수혜자 모두에게 인생의 변화와 타협해야 하는 듯하다. '친구나 친척을 무임금의 보호자로 이용한다는 것은 장애인이 사회에 완전하게 참여하거나 개인적으로 동등한 역할을 할 수 없다'는 것으로, 이는 장애인 수혜자에게는 탈장애 환경이 아니다(Morris, 1993a: 27).

1988년 아일리스는 영국이 "지역사회 보호전략을 개발하려는 욕구가 영국의 재정위기와 우연히 일치했다는 점에서 시기적으로 운이 나빴다"고 분석했다(Eyles, 1988: 53). 아일리스는 1980년대 영국 정부가 지역사회 보호 인프라의 전적인 개발과 정신보건 부문에서의 프로그램에 대한 재정지원에 실패하여, 퇴원했던 많은 환자들의 재입소와 다른 서비스 이용자들의 심각한 사회경제적·치료적 압박을 초래하였다고 주장했다. 이러한 문제는 1980년대부터 1990년대 초반까지 미국의 수많은 연구자들에 의해 지적되어 왔던 미국의 지역사회 보호 네트워크의 부족이 상당히 반영되었다(예컨대, Dear and Wolch, 1987; Grob, 1995; Smull, 1990; Wolch and Dear, 1993). 더 최근 영국은 '국민건강서비스'(NHS)와 지역사회 보호법(HMSO, 1990)을 제정하였는데, 이에 근거하여 잉글랜드와 웨일스 전 지역에서 2년 이내에 지역사회보호계획을 수립하도록 하였다(Martin and Gaster, 1993).

그러나 법 및 이전 보고서에서 '개별적 임파워먼트(empowerment)'와 '양질의 보호'를 권고하는 수사학적 관심에도 불구하고, 자원부족, 이용자 배제, 비공식적 보호자의 부담 증가, 열악한 서비스 공급 등을 포함하는 영국의 지역사회 보호 네트워크에서의 오래된 문제점을 다양한 분야의 전문가들이 지적해 왔다(예컨대, Abberley, 1993; Baldwin, 1993; Bewley and Glendinning, 1994; Ford, 1996; Parker, 1993; Smith et al, 1993). 한 장애인 활동가는 다음과 같이 주장한다.

독립, 선택, 통제에 관한 정치적 수사학이 동반되고, 그것을 생산할 수 있는 시장의 힘에 대한 믿음으로 뒷받침된 지역사회 보호법은 불필요한 의존성으로 우리를 엮어 놓은 체인을 끊는 데 실패했다. 이는 장애인에게는 어떠한 권한도 주지 않았다(Davis, 1996; 127).

호주에서는 낮은 수준의 훈련, 높은 순환율, 낮은 수준의 윤리의식 등을 포함하는 활동가들의 문제점이 국가의 지역사회 보호 네트워크에서 심각하게 부족한 것으로 인용되어 왔다(*Sydney Morning Herald*, 1997년 1월 28일자, 1면). 1996년 뉴사우스웨일스에 있는 중앙정부의 지역사회 서비스 국장은 지역사회 (장애인) 주거시설은 '배낭여행객들이 다음번 여행지로 가기 위해 몇 달 동안 돈을 벌기 좋은 곳'이 되어 왔다는 것을 발견했다(*Sydney Morning Herald*, 1996년 11월 30일자, 3면). 윌모트(Wilmot, 1997)는 영국의 법령은 커뮤니티 가치를 거의 다루지 않으며 개인의 선택에 대한 가치에 더 관심을 가진다고 믿는다. 이 주장을 뒷받침하기 이해 이전 보수당 정부의 지역사회 보호 의제는 '자조와 가족보호에 대한 강조의 증가, 시장의 확대와 사회적 관계의 상품화'를 강조했다는 워커의 관점(Walker, 1989)을 인용하고 있다(Wilmot, 1997: 31). 윌모트가 지적한 것처럼 "처음 의제(자조와 가족보호 강조)는 반드시 지역사회와 관련될 필요가 없으며, 지역사회 보호의 대안으로 기능할 수 있었다"(Walker, 1989). 반면 뒤의 두 가지는 지역사회와 상반되는 것이다. 게다가 뷰리와 글렌다이닝(Bewley and Glendinning, 1994)은 지방의 지역사회 보호계획 실행에 참여해 왔던 영국의 장애인들 사이에 분노와 냉소가 증가했다고 전했다. 이는 관찰자들에 따르면, 많은 이용자들이 지역사회 보호 정책 환경을 탈장애 정치적 환경이라기보다는 장애를 만드는 환경으로 경험한다(George, 1995 참조).

신자유주의 시대에 '개선된 자원 이용'이라는 목표는 이제 많은 선진 자본주의 국가에서 이뤄지는 사회정책 담론의 케케묵은 의무조항이다. 그러나 영국(예컨대, Eyles, 1988: Jary and Jary, 1991), 뉴질랜드(Kearns et al., 1991, 1992; Kelsey, 1995), 미국(Dear and Wolch, 1987) 등과 같은 나라에서는 공공기관에서 제공되는 서비스의 질과 범위보다 비용절감에 우선권을 둔 것이 지역사회 보호 네트워크가 사회적으로 의존적인 사람들의 필요에 부응하기에 충분한 규모가 되지 못한 주요한 이유였다고 주장되어 왔다. 영국의 루이스와 글레너스터(Lewis and Glennerster, 1996)는 1990년대 새로운 지역사회 보호 전략의 주요 목표가 사회보장 지출을 억제하는 것이었다고 주장한다. 탈시설화와 대체적 지원 네트워크의 불충분한 조달이 의미하는 바는 지역사회 보호가 장애인들의 사회참여와 물질적 안녕을 위해 필요한 종류의 탈장애 환경을 공급하는 것이 상당히 어려울 것이라는 점이다.

예를 들어 조지프 로운트리 재단(Joseph Rowntree Foundation)이 수행한 영국의 지역사회 보호주택에 관한 최근 연구는 장애인에게 개방된 주거지 선택에 대해 암울한 그림을 그렸다. 로운트리 재단의 연구에서는 지역사회 보호를 위해 이용되었던 많은 수의 사회주택이 '선택의 여지가 없는 사람들에게 음식을 제공하는, 낙인찍히고 잔여적인 부문'으로 강등되었다고 한다(*Guardian*, 1997년 7월 2일, 사회 9면). 장애인이 시설에서 (장애인 활동가들이 투쟁해 온 탈장애 거주시설이라고는 볼 수 없는) '범죄의 위협에 노출된 저급한 아파트' 같은 주거시설로 이동한다는 증거가 빈번하다. 다시 말해서 정부의 재정적 압박은 이러한 주택 문제의 주요 원인과 동일시되었다. 로운트리 재단은 다음과 같이 이야기하고 있다.

> 지역사회 보호정책은 비장애인이 더욱 독립적으로 생활하고 그들 자신의 삶의 과정을 직접 관리한다는 것에 관한 주장을 담은 것이다. 이러한 주장은 재단의 주택 및 지역사회 보호 프로그램에서 발견한 결과와는 다르다. 저급한 주거시설, 무계획적인 지원 서비스에 대한 재정운영, 가족이나 시설로부터 이사하기를 원하는 사람들을 위한 주택의 부족, 제한된 범위의 특정 서비스 공급에 대한 의존 등이 나타나고 있다.(Joseph Rowntree Foundation, 1997: 1)

캐나다에서 코머드(Cormode, 1997)는 온타리오의 신자유주의적 성향의 주정부가 최근 장애인이 이용가능한 수송서비스 사용을 제한하는 새로운 기준을 도입했다고 보고했다. 이러한 변화의 주요 이유는 비용 삭감인 것으로 보이는데, "새로운 서비스 기준을 적용하게 된 공식적인 이유는 주정부의 예산이 제한되었기 때문이다"(Cormode, 1997: 389).

부족한 재원 위협은 지역사회 보호에서 인적 서비스의 상업화가 증가하고 있다는 잠재적 문제와 관련되어 있다. 많은 선진 자본주의 국가에서 장애인을 위한 지역사회 보호시설은 점차 자원봉사조직과 영리단체에 의해 공급되어 왔는데(Jary and Jary, 1991), 이는 많은 정부가 인적 서비스에 대한 외주를 더 선호하게 되는 결과를 가져왔다 (미국의 경우, DeHoog[1984]와 Demon and Gibelman ed.[1989] 참조; 영국은 Lewis and Glennerster[1996]와 Allen ed.[1992] 참조). 미국(McGovern, 1989), 영국(Allen, 1992; Leat, 1995; Malin, 1987; Smith et al., 1993), 뉴질랜드(Abbott and Kemp, 1993; Le Heron and Pawson, 1996) 등과 같은 곳의 국가적 상황에서 지역사회 보호의 전환은 계약을 하는 형태로 전환하는 것, 또한 공공서비스 공급자 대신 자원봉사 및 영리조직으로 대체되는 것과 일치한다.

집중되고 대중적으로 공급되는 보호에서부터의 전환은 다양한 사회정치적 이해관계자들에 의해 지지되어 왔다. 이들은 탈집중화되고 '공동체적(다시 말해, 지방 차원의 비국가적)'인 보호를 위한 임파워먼트의 이득을 강조해 왔던 장애 활동가 및 사회정책 연구자에서부터 (예컨대, McGovern, 1989; Smith et al., 1993), 외주하청으로부터 생기게 되는 효율성, 개선된 재정 책임과 소비자선택의 기회증진 등을 강조하는 신자유주의 이론가까지도(예컨대, Savas, 1982; Foldvary, 1994) 포함한다. 계약체계가 가지는 주요 조직적 특성은 인적 서비스의 공공 구매자와 이러한 상품의 민간 공급자(예컨대 자원봉사 및 영리단체) 간 기능적·재정적 분리라는 것이다(Allen, 1992). 이러한 개인 서비스 계약에 대한 '자금제공자-서비스공급자' 모형은 영국(Baldwin, 1993; Browning, 1992)과 뉴질랜드(Blank, 1994; Fougere, 1994)에서 지난 10년 간 국가의 보건 체제 재구조화의 핵심이 되어 왔다.

1980년대 미국 중앙정부와 지방정부 모두가 주도한 '자원봉사주의'로의 전환에 대한 울치의 평가는 자발적 및 영리 단체 공급자 간 조직적 수렴이라고 짚어 낸다. 울치에 따르면 영리단체와 비영리단체 간 서비스 계약을 위한 경쟁 증가는 많은 자원봉사단체 및 자선단체로 하여금 현실적으로 기업가 정신을 채택하고 시장조직 구조를 따라하게끔 만든다. 이러한 비영리 부문의 '시장화'는 자원봉사단체가 다른 조직적 목표(크레이머[Kramer, 1986] 이후 울치[Wolch, 1989: 216]가 이를 "목표의 굴절"이라고 언급한 과정임)보다 경제적 효율성을 우선시한 것이 반영된 것이다. 이는 그중에서도 특히 그들의 서비스에 시장가격을 적용하는 것(예컨대, 이용자 비용)을 이끌었다(Smith and Lipsky, 1993 참조).

## 보호의 민영화: '죽음의 도박'?

만약 이러한 계약체계가 자원봉사 부문의 개인 서비스 공급자 사이의 이윤추구나 최소한 재정적 효율성을 더 강조하는 것에 관심을 가지게 한다면, 이러한 지역사회 보호로의 전환이 가지는 시사점은 무엇일까? 블라덱(Vladeck, 1980)이 꼼꼼하게 문서화한 미국의 민간 요양원에 관한 기록에 하나의 충고성 이야기가 나온다. 1980년까지 민영화된 미국의 요양원 사업은 —— 표면상으로는 17,000개 이상의 허약한 노인을 위한 '지역사회 보호' 네트워크임 —— 사용자의 건강과 안녕을 심각하게 위협하는 존재로 표현될 정도로 악화되었다. 블라덱의 설명은 요양원 관리자에 의한 조직적인 '환자에 대한 무시, 무관심과 물리적 학대'로부터 생겨난 일련의 참상을 알리고 있다(Vladeck, 1980: 4). 그는 이러한 악화는 정부의 감독소홀(이 산업 예산의 약 3분의 2가 공공에 의해 지원받은 것임)과 민간 시설 운영자의 '재정적 속임수'가 결합된 탓이라고 했다. 민간 시설 운영자 중 상당수는 이윤을 극대화하기 위해 요양원 거주자들에게 심각한 모욕도 기꺼이 가하고 있었다 (Vladeck, 1980). 블라덱이 결론내리고 있는 것처럼 "미국 요양원 정책의 경험은 대중적 관심이 있는 다른 영역에도 적용될 수 있는 유용한 교훈을 주고 있다"(Vladeck, 1980: 5).

1997년까지 여러 미국 요양원에서의 상황이 블라덱의 연구가 있었던 1980년 이후 많이 개선되지 않았다는 증거가 나타나고 있다. 한 저명한 장애 활동가는 현대 요양원의 충격적인 상태를 다음과 같이 이야기했다.

나는 저소득층 의료보장제도의 지원을 받는 한 요양원에서 일하고 있었던 두 여성과 이야기를 했는데, 그들 말로는 거기 있는 거주자/입원환자는 말 그대로 굶어죽어 가고 있었다. 이 여성 중 한 명은 자신이 사온 음식으로 배고픈 사람들에게 주었다가 해고당했다. 거기 있는 사람들은 거의 목욕을 하지 않으며, 그들의 몸에는 심각한 욕창이 있다고 말했다. 누구도 성생활을 할 수 없으며 (고용인에 의해 강간당하는 경우는 예외임) 생일에 맥주조차 마실 수 없다.[4]

1990년대 ADAPT 활동가는 주정부와 연방정부가 장애인을 위한

---

4) 이 정보는 ADAPT의 마샤 콜맨(Marsha Coleman)이 들려주었으며, 1997년 11월 15일 GEOGABLE 메일링 서비스로 게시되었다.

대리 시설로서 요양원을 활용하는 정책방향에 반대하는 시위를 벌이고 있다(Dorn, 1994). ADAPT는 저소득층 의료보장 제도 기금의 상당 부분이 요양원에서부터 장애인이 독립적으로 생활할 수 있도록 돕는 간병인 보호 프로그램으로 다양화되어야 한다고 주장해 왔다. 1997년 11월, 미국 하원은 국가 차원의 개인 지원 정책을 수립하고, 그로 인해 장애인들의 주거지 선택권을 상당히 높일 수 있는 법안(H.R. 2020)을 논의하였다. 그 법안에 찬성하는 ADAPT의 시위에 450명의 시위자들이 "요양원에서 죽느니 차라리 감옥에 가겠다"라고 쓰인 플래카드를 들고 있었다[5].

게다가 1988년에 이미 캘리포니아에서 민간이 공급한 요양원의 문제가 장애인을 위해 특별 설계된 새로운 지역사회 보호시설에서 재생산되고 있다는 것을 보여 주는 증거가 나타났다. 당시 『LA타임스』에서 수행한 지적 장애인을 위한 지역사회 보호시설 조사를 통해 "국가 전역에서 민간이 운영하는 시설에 살고 있는 장애인들에 대해 광범위한 형태의 치명적인 유기, 신체적·성적 학대와 재정적 착복"이 드러났다(Los Angeles Times, 1989년 1월 8일자, 1면).

극단적이고 충격적인 증거들을 가지고, 이 신문은 "환자를 민간이 운영하는 시설에 배치하는 것은 … 죽음의 도박일 수 있다"고 결론 내렸다(Los Angeles Times, 1989년 1월 8일자, 1면). 장애인의 부모와 보호자는 이러한 약탈에 대해 의심 없이 인식하게 되었으며, 이 신문에서는 "자신의 자녀를 민간이 운영하는 요양원이 아닌 국가가 운

---

5) 이 정보는 1997년 11월 15일 GEOGABLE에서 게시한 ADAPT 보도 자료에서 얻은 것이다.

영하는 병원에 두기 위해 투쟁"하는 형태로 대응했다고 보도했다(*Los Angeles Times*, 1989년 1월 8일자, 1면). 서구사회 전체에서 지역사회 보호 프로그램에 대한 적절한 지원과 운영의 실패는 탈시설화에 대한 대중적 지지가 줄어들게 하였으며, 심지어 새롭게 향상된 제도적 시설을 설립해 줄 것을 요구하는 장애인 단체도 생기게 하였다(Gleeson, 1996c).

끝으로 장애 서비스에 대한 이윤추구적 공급으로 생겨날 수 있는 이러한 문제에 대한 가벼운 검토가 호주에서도 최근 이루어졌다. 1997년 1월 지적장애아동을 위한 한 민간운영시설이 60명의 입소자를 '심각한 위험'에 빠뜨렸으며 그들의 안전을 보장할 수 없다는 협의를 받게 되었다(*Sydney Morning Herald*, 1997년 1월 28일, 1면)[6]. 뉴사우스웨일스 지역사회 보호 서비스 부서가 작성한 보고서에서는 대부분 '극도로 열악한' 운영이 이루어졌던 시설에서 발생한 일련의 인권침해 사례를 보여 주었다. 이 보고서는 다음과 같이 진술하고 있다.

그곳에 거주하는 사람들의 안녕과 발전, 보호와 안전 대신 심각하게 기준 이하의 보호를 제공하는, 지리적으로 고립된 서비스이다. 이러한 기준 이하의 보호는 그들을 위험에 빠뜨리고 그들의 요구에 맞는 체계적 공급에 실패하고 있다. 이러한 서비스에서 규칙적으로 발생

---

6) 비록 이전에 이 시설을 운영해 왔던 영리 단체(Kanowana Pty. Ltd.)가 현재 행정서비스를 공급하기 위해 계약하였고, 또한 토지소유자였음에도 불구하고, 이 시설은 1994년 이후로 줄곧 오버린 사(Oberlin Ltd.)라는 자선단체가 후원해 왔다(Community Services Commission, 1997: 1).

하는 일 중 많은 것이 외부인을 소름끼치게 했으나 거주자와 직원들은 이러한 일들을 날마다 일어나는 일상생활의 한 부분인 양 당연하게 다루고 있다.(Community Service Commission, 1997: 1)

비판가들은 이러한 시설을 '아동을 위한 지옥'으로 불렀으며, 지적 장애인을 위해 뉴사우스웨일스 의회는 이를 폐쇄할 것을 요구했다. 지역사회 보호 서비스 부서에서는 한 명의 개인이 (서비스 관리와 서비스 질 분배에 영향을 주는 이해의 갈등관계가 명백한) 시설의 소유자이면서 동시에 시설 관리자가 된다는 사실을 비판했다.

## 경고성 이야기: 뉴질랜드의 신자유주의 혁명

그러나 지금까지 장애인 서비스 하청이 번창했던 국가에서 이러한 교훈을 받아들이거나 심지어는 주목하고 있다는 증거는 거의 없다. 1984년 이래 급진적인 신자유주의 재구조화 프로그램에 영향을 받고 있는 나라인 뉴질랜드에서는(Kelsey, 1995) 최근 지속적인 공공정책 변화로서 보건 및 복지 부분에서 서비스 공급의 재구조화가 시도되어 왔다(Blank, 1994; Boston, 1992; Shannon, 1991). 보건 및 복지정책 분야에서 이러한 변화에 대한 비판은 판매자-공급자의 분리와 하청에 의한 서비스 제공이 증가했다는 데 있었다(Fougere, 1994; Le Heron and Pawson, 1996). 미국의 경험을 관찰한 것을 토대로 파우거(Fougere, 1994)는 고정적으로 지역사회 보호 서비스를 이용하는 많은 저소득층에게 특히 중요한 영향을 미치는 의료 비용 증가를 두려워했다[7].

'영리'단체가 가까운 미래에 지역사회 보호시설을 공급하는 데 있어 상당 부분을 담당하게 될 듯하다. 글리슨 등(Gleeson et al., 1995)은, 민간 공급자들이 서비스 제공에서 규모의 경제를 실현시키고자 큰 '요양원'의 공급을 통해 이윤을 극대화하기 위해 시도하며, 이러한 발전이 지금까지 (대부분의 시설 이용과 비슷하게) 통상적 규모였던 뉴질랜드 내 지역사회 보호시설의 특성을 변화시킬 수 있다고 주장했다. 뉴질랜드 의료서비스에서 새로운 계약적 방식에 관한 파우거의 지적처럼 "경쟁은 서비스 공급자로 하여금 구매자의 눈에 가장 띄지 않는 질적인 측면에 돈을 아끼게 할 수 있다"(Fougere, 1994: 157). 실제로 이용자들이 활동가나 보호자를 통해 의사를 전달할 수밖에 없기 때문에, 지역사회 보호에서 그러한 '질에 대한 감독'은 어려운 일일 수 있다.

호주와 미국의 지역사회 보호 정책 경험을 상기하면서 베니는 다음과 같이 경고하고 있다.

'민간 운영자'가 입주자의 보조금에 전적으로 의존하는 입주시설의 공급자가 될 수 있도록 하는 관행은 병원의 특징인 규모의 경제와 연계된 많은 문제를 재생산해 왔다. 이러한 '기업가'는 계약 방식에 따른 보조금을 받는 것이 아니기 때문에, 외부의 감독이나 평가가 거의 없다. 많은 경우 최소한의 편안함만 제공하고 지원서비스가 부재한 구조를 가진 대규모 숙박시설로 운영된다. 이러한 상황에서 거주자에 대한 착취가 이루어진다고 널리 알려져 있다.(Bennie, 1993: 20)

---

7) 뉴질랜드의 많은 장애인 지원 프로그램은 보건부(Ministry of Health)가 지원한다.

영국에서 핀켈스테인과 스튜어트는 "시설이 문을 닫는다는 것은 보호의 제도적 접근이 '지역사회 보호'라는 장치하에 지역사회로 전환되었다는 것"을 의미한다고 관찰했다. 볼드윈(Baldwin, 1993) 또한 영국에서 지역사회 보호 서비스 기준에 대해 자세하게 비판하였다. 한편 리아(Rea, 1995)는 영국에서 복지 자원봉사주의에 대한 광범위한 평가를 하였으며 이러한 접근은 지역사회 보호 서비스 공급에서 "건강하지 못한 다원주의"를 부추긴다고 주장했다. 리아에게 있어서 경쟁은 "건강하지 못한" 원칙이었는데 이는 효과적인 대인 서비스 공급에 있어서 필수적인 조건인 장기적인 조직 간 협력을 잠식하기 때문이다(Hoyes and Means, 1993 참조).

뉴질랜드의 신자유주의적 재구조화 과정은 이 나라의 도시 및 지역계획 체계에 영향을 미쳤는데, 이는 1990년대 초반 새로운 법안인 '자원관리법 1991'(Resource Management Act 1991)의 제정으로 변화된 것으로, 그중에서도 다양한 방식으로 토지이용 규제를 자율화하는 법이었다(Memon and Gleeson, 1995). '성과 용도지역제'(performance zoning)에 기반한 토지이용 규제의 이러한 유연적 체계로의 전환은 겉으로 보기에는 영(Young, 1990)의 비차별적 계획 체계의 이상을 실현한 것처럼 보인다. 그러나 더 자세한 분석에 따르면 이러한 뉴질랜드 계획의 변화는 사회공간적 분리를 최소화하기 위한 배려라기보다는 탈규제화된 토지이용체계를 향한 신자유주의자들의 욕망을 반영한 것이다(Gleeson and Memon, 1994, 1997). 다시 말해서 이러한 변화의 주요 목표는 개발업자의 입지적 특혜를 증가시키며 동시에 공공규제로 발생하는 거래비용을 감소시킴으로써 자본의 수

익률을 증진시키는 것이다. 다시 말해 사회정책적 이상이 계획정책 및 실행과 다르다는 점은 교훈적이다.

1994년에 참여했던 새로운 계획체계에 관한 연구에서 유연적 토지이용 규제는 지역사회 보호서비스 공급에 상당한 영향을 미칠 것이라는 점이 부각되었다(Gleeson and Memon, 1997; Gleeson, et al., 1995). 이 법하에서 새로운 지역지구제 체계는 지역의 요양원을 완전히 탈규제화하였고, 서비스 공급자에게 개방하여 그러한 시설의 범위와 특성을 결정할 수 있게 하였다. 많은 경우 이러한 전환은 지역사회 보호서비스의 공급을 자유롭게 함으로써 장애인에게 이익이 되게 할 것이다. 이 장에서는 공공과 자원봉사 단체가 공급한 소규모 요양시설 서비스에 대해 언급하고자 한다. 이런 시설은 장애인 거주자들의 자존감과 자율성을 강조하는 곳이다. 그러나 이와 같은 변화가, 뉴질랜드의 사회 복지정책 체계가 신자유주의적으로 재구조화되면서 지역사회 보호 부문으로 유입된 새로운 민간 부문의 서비스 공급자에게도 이익이 될 것이라는 점은 명백하다. 탈규제는 지역사회 보호 시설의 특성과 질에 대한 어떠한 공공계획 규제로부터 민간 관리자를 자유롭게 할 것이며, 나아가 상당한 양의 민간 부문 지역사회 보호 시설의 개발도 부추기게 된다.

만약 대량의 민간 시설이 생기게 되면, 많은 도시 지역사회는 '미니 시설'이라는 이유로 이러한 시설을 반대할 수 있으며, 따라서 합법적인 주거용도로 자격을 얻지 못할 것이다. 그러나 새롭게 자유화된 계획 규제는 요양원을 포함한 대부분의 개발 공고 대상의 범위를 축소시켰으며, 이는 지역 주민들이 이러한 상당량의 '미니 시설'에 대해 건립이 끝난 이후에야 알게 될 수 있게 했다. 이러한 시나리오 안에서 기존 주민의 반발과 사후에 발생하는 입지갈등이 생길 가능성이 크다.

뉴질랜드의 지역사회 보호에 대한 새로운 계획적 상황이, 영의 포용 도시에 대한 핵심 비전인 차별 없는 지역사회 삶과는 다른 경제적 다양성을 촉진한다는 것은 명백하다. 뉴질랜드의 계획 개혁은 지역 주민이 님비 행동을 통해 탈시설화를 좌절시킬 가능성은 감소시킨 반면 지역사회 보호 서비스의 질과 특성을 통제할 수 있는 지방 및 광역 정부의 역량도 심각하게 감소시켰다. 대조적으로 탈장애 주거 서비스를 장려해 왔던 진보적인 계획 정책은 지역 요양원의 특성과 질 관리를 위해 신중히 결정된 기준을 맞추는 시설들에 대해서는 입지의 자유를 보장할 것이다. 과거의 계획 규제가 지역사회 보호 서비스의 질에 대해 별다른 영향을 끼치지 못한 반면, 이 토지이용의 완전한 탈규제는 이번에는 새로운 민영화된 시설이라는 모습으로, 장애인의 재시설화를 위한 외피로 지역사회 보호가 이용되는 것을 막는 개발규제에 대한 더 자세하고 탈장애적인 접근을 사전에 차단한다.

이베슨(Iveson, 1998)은 영이 경제 권력의 불평등 문제를 회피하려는 것처럼 보이는 비차별화된 다양성 시각을 채택한 계획체계를 고무시킨다고 하면서 신랄하게 비판한다. 계획에 대한 동시다발적인 신자유주의적 개혁과 지역사회 보호의 결합이 사회적 통합보다 경제적 다양성을 우선시한 규제 시나리오를 만들어 낸 뉴질랜드의 사례에서 그의 비판이 증명되는 듯하다.

요약하면 서구 국가에서 현재 발생하고 있는 민간에 의한 지역사회 보호로의 전환은 많은 지방 지역사회에서 우려와 적대감의 대상이

될 것임이 뻔한 주거지역 내에 대규모의 '보호' 시설을 만들 것을 지지함으로써 의존적인 장애인의 거주지 선택을 악화시킬 수 있다. 이러한 사회적 갈등은 이후 지역사회 보호의 생존능력을 위협하며 장애인에 대한 사회적 낙인의 증가 가능성을 높인다. 나아가 이러한 퇴보적 전환은 광범위한 규모에서 도시 및 지역계획에서 토지이용 규제의 탈규제화에 의해 강화될 수 있다.

## 결론: 정의의 한계

이 장은 국가 정책 실천 영역 중 하나인 지역사회 보호에 대해 탈장애 정의의 관점에서 고찰하였다. 지역사회 보호 그 자체만으로는 장애인을 위한 정의를 제공할 수 없다는 것이 인식되었다. 우선 이 정책 영역은 서비스에 의존해야 하는 장애인에게만 적절한 것이므로 다른 수단으로 (예컨대, 직업이나 친인척 네트워크) 생존할 수 있는 사람들의 생활에 직접 관련되는 건 아니다. 둘째, 주거에 대한 사회복지 프로그램은 노동시장과 주요 정치의 장으로부터의 배제를 포함하여 장애인이 직면한 특수하고 중요한 부정의를 설명할 수 없다. 그렇더라도 지역사회 보호는, 많은 장애인들이 사회적 의존성의 표현인 제도적 공간 안에 감금되는 등 과거부터 직면해 왔던 특수한 부당함을 감소시킬 수 있는 가능성이 있다고 인식된다.

이어서 이 분석은 선진 자본주의 국가 내에서 지역사회 보호 정책에 대한 일련의 추가적 위협을 검토했다. 이러한 문제에는 지방 지역사회가 요양보호 프로그램에 대해 빈번하게 반대하는 것(님비 현상), 계획규제와 지역사회 보호정책의 실천 간 마찰, 신자유주의 정부에 의한 국가 의료 및 복지 활동에 대한 광범위한 재편도 포함된다.

지역사회 보호는 서비스 의존적인 집단에게 중요한 생활공간에 대한 넓어진 선택권을 제공함으로써 많은 장애인들의 부당함을 어느 정도 조정하려는 약속을 담고 있다. 그러나 이러한 약속의 실천은 새롭고 사회적인 탈장애 보호 공간을 생산할 국가 정책 실행에 좌우된다. 앞의 분석에서 지적된 것처럼 이러한 새로운 보호 경관의 생산에는 상당한 구조적 장애가 있다. 특히 님비 감정의 성행과 정부가 사회정책 및 도시계획 규제를 통합하려던 시도의 실패는 이를 대체했던 이러한 보호의 새로운 형태가 '거주자'를 사회적으로 고립시키고 집중시키는 것을 의미할 수 있다(Kearns, 1990; Laws and Dear, 1988 참조). 실제 최근 북미 경험에서 의미하는 바는 한마디로 탈시설화란 초시설화(trans-institutionalisation)라는 것으로, 이는 서비스 의존적인 사람들이 전통적인 시설에서 감옥, 주류병원 혹은 도심의 '서비스 게토(ghettos)에 집중된 포화상태에 있는 시설 지역으로 이주한다는 것이다(Bennie, 1993; Dear and Wolch, 1987; Grob, 1995; Wolch and Dear, 1993).

나아가 지역사회 보호의 통로를 막고 있던 사회정치적 장애는 정부가 전체적인 규모로 탈시설화를 착수하는 것을 막아 왔다. 이 장에서 설명했던 것처럼 이러한 상황이 국가에 의해 만들어진 장애물이라는 사실이 더 유감스럽다. 호주의 빅토리아 주에서 적어도 정부의 재정적 보수주의가 원인이 되었던 일련의 정책 수행에서의 차질은 탈시설화 과정을 느려지게 한 듯하다. 이에 대한 증거로서 주정부는 최근 새로운 시설을 설립할 것을 결정하였는데, 이는 지난 20년 간 빅토리아에서 지어지는 최초의 시설이다. 표면상 이러한 변화는 현재 350명을 수용하고 있는 오래되고 노후한 시설의 문을 닫을 것이라는 긍정적인 발전이 보이는 부분이다. 그러나 모든 거주자들이 탈시설화되는 것은 아니며 많은 사람들은 구시설이 있던 부지 위에 건설된 새로운 105개의 침상이 있는 '공동 보호' 시설로 배치될 것이다. 지방의 장애인 단체는 이러한 결정에 격분했으며, 1997년 후반에 '빅토리아 기회평등법'(Victorian Equal Opportunity Act)에 따라 정부에 이의를 제기했다(Ripper, 1997).

신자유주의 노선에 따라 의료 및 복지 서비스를 재편했던 나라에서 주거지역에 대규모 시설을 설립한 상업적인 서비스 공급자의 전망은 지역사회 보호로의 전환이 단순히 제도적 공간의 재생산을 포함한다는 것을 의미한다(Bennie, 1993; Elliget, 1988). 이 경우 지역사회 보호는, '개선된 자원의 이용'을 추구하는 대인 서비스 재편을 통해 공공지출을 줄일 것을 요구하는 신자유주의적 이해만 반영된 '탈장애 환경'을 의미한다. (이 열망은 적어도 부분적으로는, 분배적 혹은 문화적 목표보다 효율성이라는 관심사를 강조하면서, 민간의 사회서비스 공급을 위한 이론적 사례를 만든 최근의 경제적 분석에서 드러났다[예를 들어 Foldvary, 1994]).

앞의 논의에서 지역사회 보호에 대한 몇 가지 강력한 정치경제적 제약을 발견하였다. 이는 장애인을 위한 복지주의자의 정의를 제약하는 것을 줄이거나 극복하려는 목표를 가진 정책관행이었다. 앞에서 설명한 것처럼, 그러한 구조적 장애가 일부 장애인에게 불리함을 악화시키거나 확고하게 하는 의존적 경관 형성의 조건이 된다는 것은 위험하다. 그러나 이는 장애인이 경험한 사회 공간적 부당함을 완화하기 위한 전략으로서 지역사회 보호가 쓸데없음을 의미하는 것은 아니다. 오히려 앞에서의 논의는 대부분의 자본주의 국가에서 현재 작동되고 있는 지역사회 보호의 해방적 한계점을 설명하였다. 실제 지역사회 보호의 해방적 한계점은 이러한 정책실행의 형태가 사회공간 생산의 조건이 되는 더 깊은 과정까지 이끌어지기 전까지는 도달되지 않을 것이다. 이 장에서는 도시 토지이용 규제와 지역사회 보호 간 더 큰 통합의 필요성을 강조함으로써, 지역사회 보호와 구조적 과정 간 관계에 대해 적어도 한 가지는 보여 주고 있다. 신자유주의 사회정책으로 발생한 위협은 경제 관료로부터 국가 이데올로기의 통제를 빼앗고, 결과적으로 공공정책에서 인간의 가치를 복원하고자 하는 더 넓은 정치적 관여를 필요로 한다.

# 9장 _ 도시 접근성 규제

## 서론

이 장에서는 접근성 규제(regulation)에 관한 사례연구를 통해 장애에 대한 도시지리학을 탐구하고자 한다. 앞의 사례연구에서처럼 경험에 근거한 이 연구에서는 어떻게 구조적·제도적·상황적 조건이 상호작용을 하여 특정한 차원에서 장애가 발생하고 재생산되는가를 설명하기 위해 역사지리적 분석방법을 사용할 것이다. 이 사례에서 접근성 규제의 영역 ——접근권 법(access laws), 건축기준, 권리에 기반한 보장(rights-based guarantees) ——이 자본주의 도시의 접근 불가능성의 근원에 대한 견해를 통해 비판적으로 검토될 것이다. 또한 이 장에서 이러한 억압의 형태가 제도적·정치적 관행을 통해 재생산되고 도전을 맞게 된다는 것을 설명하고자 한다.

대부분의 서구 국가는 도시에서 모두의 물리적 접근성을 높이기 위한 법과 법률(codes)을 제정해 왔다(Imrie, 1996b). 이러한 규제는 (장기간 무시되어 왔던) 이동에 대한 장애인들의 특수한 필요를 인식하는 것이다(Napolitano, 1996). 상당량의 평가 연구에서는 서구 국가 내에서 정책의 일관성, 설계기준의 적절성 및 일치성과 같은 이러한 법을 발의하는 방식을 다룬 반면, 이러한 규제 체제가 어떻게 실행되어 왔는가에 대한 사회 이론적 분석은 거의 없었다. 특히 이러한 규제의 이행과 이에 대한 정치경제적 상황에 대한 문제는 거의 연구되지 않았다.

임리(Imrie, 1996a)는 중요한 최근 논문에서 북미와 영국의 접근권 규제에 대한 비교연구를 거쳐 더 방대한 국제적 맥락으로 이 분석을 확대시켰다. 이러한 임리의 비교연구는 상당히 방대했지만, 그의 분석에서 지리적 배제 역시 상당하다(또한 이해할 만하다). 임리 자신도 인식한 것처럼 국가의 장애인 정책 실행에 대한 사회과학적 이해는 대부분 "미국, 영국, 스웨덴 및 1~2개의 서구 유럽 국가"에서 제한적으로 이루어진다(1996a: 176).

예를 들어 지금까지 호주와 뉴질랜드 두 나라는 장애 정책적 측면에서 국제적으로 중요한 발의를 해왔지만, 이 두 나라에서 접근권 규제에 대한 비판적·이론적 분석은 없었다(Gleeson, 1998). 뉴질랜드에서 접근권의 문제는 최근에는 일단의 시민단체와 정책 연구자들에 의해서 이뤄져 왔다(예컨대, Cahill, 1991; Wrightson, 1989). 그러나 뉴질랜드의 포괄적 접근성 규제에 관한 비판적 분석이 지금까지는 없었다.

이전 장에서 다루어진 것과 관련시켜 보면, 과거 10년간 뉴질랜드는 신자유주의 노선에 따른 공공정책 체제의 급진적인 변화를 경험했다. 공공부문 감축, 행정적 유연성, 탈규제를 강조하는 것으로 정의되는 정책 환경 내에서 새로운 접근권 규제가 제정되어 왔다. 이러한 신자유주의적 개혁의 심오함과 그들이 만들어 낸 공공정책 환경의 특이성은 외국 상황에 대한 연구로부터 생긴 접근권 규제에 대한 이해가 뉴질랜드의 경우에 순조롭게 적용될 수는 없다는 것을 의미한다. 그러나 많은 서구 국가에서 공공부문 개혁에 있어서 신자유주의적 처방의 영향력이 증가한다는 점에서, 뉴질랜드는 규제의 변화를 분석하기 위한 가치 있고 유익한 환경을 제공하고 있는 듯하다(Kelsey, 1995). 뉴질랜드에서 시행된 접근권 규제 방식에 대한 비판적 검토는 그러한 전면적인 구조적 변화를 경험하지 않았던 다른 국가 상황에도 적절하다는 결론을 제공할 수도 있다.

이러한 부적절함을 인식하면서, 자본주의 도시에서 접근권 규제에 대한 사회정책학적 맥락을 검토하는 것이 이 장의 목적이다. 특히 뉴질랜드 더니든이라는 한 도시 지역에서의 규제에 대한 사례연구를 통해 자본주의 도시에서 발생하는 법 이행의 문제와 다른 연구에서 다루어진 접근권 법 준수에 관한 주요 이론적 문제를 이 장에서 알아보고자 한다. 이 사례연구를 위한 데이터는 1995년에 획득한 원자료와 2차 자료에서 얻어진 것이다. 주요한 1차 정보 출처는 일부 장애인을 포함하여 뉴질랜드에서 접근권 규제에 대한 직접적인 지식을 가지고 있는 20명에 대한 인터뷰이다[1]. 이러한 탐구적 분석은 절대 완전하지 않으며, 특수한 자본주의 도시에서 접근권 규제를 형성하는 힘을 더 잘

1) 이 연구는 오타고 대학(University of Otago)의 연구비 지원을 받은 것이었다. 두 명의 연구보조원인 메건 턴불(Megan Turnbull)과 리아 맥베이(Leah McBey)는 사례연구에서 데이터를 모으고 녹취하였는데, 이들의 귀중한 도움에 대해 고맙게 여긴다. 이 연구에 정보를 제공한 사람들의 유용한 협력에도 감사를 표한다.

이해하기 위해서는 추가적 경험 연구가 필요하다.

이 장은 다음과 같이 구성되어 있다. 첫번째 부분에서는 접근성에 관한 약간의 비판적 연구를 간략히 재검토함으로써 연구의 이론적 맥락을 개략적으로 정리한다. 그런 뒤에는 접근성 규제에 관한 뉴질랜드의 법적·정책적 현황을 소개한다. 뒤이어 더니든 사례연구에 대해 간략히 요약하고자 한다. 마지막 부분에서 이 연구의 이론적·정책적 함의에 대해 고려한다.

## 장애 공간의 생산

### 정책 상황

대부분의 서구 국가에서 접근성 부재의 문제에 대응하기 위한 시도로 특정 형태의 건축법 및 계획법을 가지고 있으나 그러한 정책이 일반적으로 차별적 도시 설계를 줄이거나 막는 데 실패하고 있다는 것을 보여 주는 증거가 늘어나고 있다(예컨대, Bennett, 1990; Gilderbloom and Rosentraub, 1990; Imrie, 1996a, 1996b; Vujakovic and Matthews, 1992, 1994). 접근권 입법은 그 법의 제정에 대해 그다지 철저하지 않은 경향을 가지고 있는 개발자본과 정부에 의해 반대되기도 한다. 최근 영향력 있는 미국 기업은, 휠체어 접근권을 마련하기 위한 사업을 요구하는 미국 장애인법(ADA)은 사적재산권에 대한 불필요한 제한이며 5차 개정된 미국 헌법에 대한 위반이라며, 연방정부의 입법부에 맞서 대응해 왔다(Helvarg, 1995).

영국에서는 임리와 웰스(Imrie and Wells, 1993a, 1993b)는 1980
년대 대처정부가 어떻게 계속해서 접근성 기준에 대한 중앙정부의 규
제를 완화시켜 왔으며, (접근권 조례를 강화하기 위한 주요 책임을 감당
하는) 지방정부 사이에서 법적인 자발주의 형태를 조장해 왔는가 하는
것을 보여 주고 있다. 이들은 많은 지방정부가 그 후에 접근성 책임에
대해 정책적 우선권을 두지 않았으며, 자원도 배분하지 않았다고 주장
한다. 이러한 접근권 정책에 대한 국가적 무기력은 부분적으로 지방의
성장 위주의 정치 분위기와 그에 따라 불필요한 건축 규제가 이동이
자유로운 개발 자본을 겁주어 쫓아낼 수 있다는 개별적인 시의 우려
탓이다(Imrie and Wells, 1993a, 1993b). 지방정부에 의한 점진적인 예
산삭감은 지방정부의 전반적인 규제 능력을 감소시켰다.

보다 최근의 분석에서 임리(Imrie, 1996a)는 영국에서 접근권 문
제에 대한 의식이 지난 10년 동안 지방정부 차원에서는 증가한 반면
사회적 목적을 위하여 건축 환경을 규제하는 시의회의 역량 변화는
계획과 건축규제에 대한 중앙정부의 탈규제에 의해 엄청나게 약화되
어 왔다는 것을 보여 준다. 환경부는 지방정부가 개발규제 차원으로
서 접근권을 사용했던 것을 막았던 일련의 지침과 규제를 통해 규제적
자발주의에 대한 분위기를 촉진해 왔다. 나아가 상업적 로비에 밀려,
1995년 초반 영국 정부는 법을 준수하는 데 들어가는 시간과 돈의 규
모를 제한함으로써 사업 부문에 대한 새로운 접근권 규제의 효과를 완
화하고자 하였다. 한 활동가는 이를 "종합적이지도 법적으로 시행가
능하지도 않은 절반짜리 조치"라고 설명하였으며, "많은 고용주들은

장애인을 배제시키고 차별하는 데 자유로울 것이다"라고 주장하였다 (*Guardian*, 1995년 1월 13일자, 7면).

영국의 경험도 반영하여 토머스(Thomas, 1992)는 정책의 실행(혹은 비실행)을 통해 접근권 법을 약화시키는 빈번한 공공 계획가 성향을 묘사하기 위해 일리치(Ivan Illich)의 '장애 전문가' 개념을 적용했다. 토머스에 따르면 계획가는 접근권 법과 그 법을 제정함에 있어서 무기력하거나 심지어 의사방해가 되는 것에 대해 정보가 없는 경우가 종종 있다. 이전 장의 분석을 상기해 보면, 이러한 반동적 경향은 국가의 사회정책 실행과 도시계획의 분리로 야기된 문제의 또 다른 사례라는 것은 의심의 여지가 없다.

## 접근성 이론화하기

접근성은 공간 과학에서 거의 이론화되지 않았다. 지리학 내에서 장애인의 접근권 이슈에 대한 인식을 독자적으로 분석한 것을 발견하기는 어렵다. 그러나 지리학자는 여성과 같은 다른 사회집단이 경험하는 접근권 문제에 대해서는 주요 연구를 해왔다(예컨대, Fincher, 1991; Rose, 1989). 지리학 밖에서는 예를 들어 도시계획(예컨대, Bennett, 1990)이나 건축학(예컨대, Lebovich, 1993; Leccese, 1993; Lifchez and Winslow, 1979; Kridler and Stewart, 1992a, 1992b, 1992c)과 같은 분야에서 현대도시에 사는 장애인이 직면한 접근 불가능성 문제에 대한 연구가 일부 있다. 최근 몇 십 년간 건축학 분야에서 '장애물 없는' 디자인을 추구해 왔던 새로운 활동가 로비와 전문가 포럼에서 접근권 주제에 대한 관심이 커져 왔다(예컨대, Wrightson, 1989). 이러한 연구가 접근권 법안 및 포괄적인 건축조례의 형태로 장애 문제를 다루는 공공의 도시정책에 영향을 미쳐 왔음은 확실하다. 그러나 접근권에 관한 문헌의 주요 약점은 물리적 설계의 문제로 장애에 대한 사회적 억압을 축소시키고자 하는 경향이 잦다는 것이다.

실제로 장애 연구 내에서 사회문제에 대한 일반적 논의는 장애를 유발하는 주요 요인으로 여겨지는 건축환경의 배치 내에서의 조잡한 물질주의를 표현하는 경향이 있었다. 이런 견해에서 공간은 물질적 대상이라는 무생물적으로 설정된 환경으로 축소되었으며, 그것의 사회적 의미는 분석에서 사라졌다. 이러한 암시적이고 놀라운 형태의 공간인 도시는 그것을 만들어 낸 사회구조의 형태에서 벗어난 단순히 정태적인 모형이 되었으며, 장애의 문제는 접근권의 딜레마로 축소되었다.

도시 지리학적 분석은 접근 불가능성의 근원에 대한 논의를 확대하는 데 기여할 수 있다. 실제로 탈장애 잠재력은 결국 새로운 접근권 문제에 대한 연구를 통해 그려져 온 듯하다(예컨대, Gant, 1992; Gant and Smith, 1990; Golledge, 1993; Gleeson, 1997; Imrie, 1996a, 1996b; Imrie and Wells, 1993a, 1993b; Olson and Brewer, 1997; Vujakovic and Mathews, 1994)[2]. 이러한 분석은 장애인의 이동 경험 및 이동 전략에서부터(Grant, 1992; Grant and Smith, 1990; Vujakovic and Mathews, 1994; Matthews and Vujakovic, 1995) 도시 접근성

---

2) 장애를 야기하는 지도학적 실행이라는 프라이(Fry)의 다소 고립된 초기 연구는 매슈스 및 부야코빅(Matthews and Vujakovic, 1995)에 의해 수행되었던 장애 지도그리기 조사의 중요한 후속편을 제공하였다.

수준을 결정하는 정치경제적·규제적 힘에 작동되는 역할(Gleeson, 1997; Imrie, 1996a, 1996b; Imrie and Wells, 1993a, 1993b)에 이르기까지 접근 불가능한 공간 생산의 여러 측면을 모두 검토해 왔다. 그러나 다음 장에서 더 자세하게 이 주제를 더 많이 다룰 수 있을 것이다.

최근 골리지(Golledge, 1990, 1991, 1993, 1996)의 영향력 있는 연구에서도 현대 서구 도시에서 장애인의 접근 불가능성에 대해 비판적으로 검토하고 있다. 그러나 그는 역사지리학적 접근에서부터 시작한다. 골리지는 장애인이 '왜곡된 장소'에 거주한다고 논의한다(예컨대, Golledge, 1993: 64). 사실 그는 장애를 가진 개인의 압축된 시공간 프리즘과 일치하는 고유한 '장애의 세계'를 상상한다(예컨대, Golledge, 1993: 65). 또 다른 최근의 장애지리 연구에서 부야코빅과 매슈스(Vujakovic and Matthews, 1994: 361)는 장애인의 "뒤틀리고, 접히고, 찢어진" 환경적 지식에 대해 강조하면서 이러한 사회공간적 존재론을 반복한다. 이러한 접근은 사회모델과는 대조적인데, 이는 이것이 소위 '장애의 세계'가 주로 사회적 현상이라기보다는 오히려 장애를 가진 신체의 부족함에 따른 병리학적 태생을 가지는 것으로 보이기 때문이다. 이러한 부족함은 공간의 사회적 배치로 초래된 것이 아니라 과장된 것이다. 장애인의 접근권을 높이기 위한 환경 변경은 "장애를 보상하기 위한 노력"으로 설명된다(Golledge, 1993: 64, 강조된 인용자). 여기서의 명백한 함의는 장애가 사회적으로 만들어진 한계라기보다는 심리적으로 정해진 부족함의 틀이라는 것인데, 이는 사회가 환경설계에서의 양보를 통해 개인에게 보상하고자 하기 때문이다. 역사지리학적 관점에서 나온 이러한 존재론은 기본적으로 결함이 있으며 장애의 사회공간적 생산을 간과한다(Dorn, 1994; Wolpert, 1980 참조).

최근 접근 불가능성의 지리적 이론화는 장애에 대한 지리적 분석에 관해 발행된 최초의 주요 연구로 『장애와 도시』(*Disability and the City*)라는 임리(Imrie, 1996a)의 연구에 의해 상당히 많이 진행되었다. 이러한 경험 자료가 대부분 영국에서 얻어진 것이며, 미국 것은 약간이기는 하나, 이 책에서는 어떻게 (접근성이 떨어지는) 장애 도시가 생산되는지에 대한 국제적 분석을 시도한다. 장애인의 기본적인 수요를 무시한 건조환경을 만드는 과정에서 핵심 주체와 기구가——특히 정부(중앙 및 지방정부), 건축 전문가(계획가, 건축가, 건축업자)—— 수행한 역할이 이 분석의 중심이 된다. 이 논의의 많은 부분은 영국의 지방정부가 수행한 정책에 대해 저자가 직접 조사한 주요 자료에서 나온 것이다.

임리는 사회 억압의 형태로서 장애에 대한 광범위한 이론적 의식과 함께 도시의 접근 불가능성이라는 정책에 기반한 분석에서 시작한다. 이 안에서 접근 불가능성과 대부분의 장애인들이 공유하는 다른 차원의 대규모 사회억압 경험을 연계하기 위해 그는 증가하는 비판적 장애 사회학을 검토한다(예를 들어 빈곤과 정책적 한계화). 이 광범위한 이론적 틀은 임리가 장애인을 위한 공공정책에 관한 중요한 구조적 제약으로 고려한 정치경제적——지방의 성장정책에 대한 지배력 및 탈규제를 중심에 둔—— 주제를 포함한다. 그리고 난 뒤 임리는 접근 불가능성의 근원과 장애를 야기하는 도시 설계에 대응해 왔던 법적·제도적 계획(initiatives)에 초점을 맞추어 건축 환경에 대한 규제를 고려한다. 앞서 살펴본 것처럼 임리는 영국의 접근권 정책의 수행에 있어서 규제의 영향력이 거의 없었다고 본다.

　마지막으로 임리는 접근성을 증진시키기 위한 건축 환경의 생산을 대체하는 정치적 프로젝트를 고려한다. 그가 지적하는 것처럼 더욱 포용적인 규제 정책을 개발하기 위하여 영국에서 장애인과 협의하고자 하는 지방정부의 시도는 지금껏 권장되어 온 적이 없다. '자문 형태의 접근'에 대한 한계가 많은 반면 장애인에 의한 보다 급진적이고 혁신적인 정책 전략은 신자유주의가 만연한 시대에는 결코 명확하지 않다.

## 정책적 함의

시장 사회에서 접근권 법에 대한 이러한 이론적 비판의 정책적 함의는 무엇일까? 첫째, 관찰된 실행 사례로부터 볼 때 일부 제도적·사회정치적 힘이 접근권 입법의 효과를 잠식하는 것이 명확해 보인다. 이러한 힘은 장애인을 노동자이자 소비자로 여기지 않는 상품 관계, 공적 공간을 장애가 있는 공간으로 건설하는 차별적 문화의 관행, 지방정부의 예산문제와 자본주의 토지경제는 통합적 설계와 같은 잠재적인 사회적 목표를 넘어 이윤을 강조한다는 사실 등을 포함한다.

　나아가 접근권 법이 완전히 적용된다 하더라도 장애인이 경험한 사회억압을 감소시킬 능력은 자본주의 사회 체계로 인해 심각한 구조적 한계를 가진다. 접근권 법이 물리적으로 결함을 가진 많은 사람들의 일상생활에서 이동 마찰을 줄여 주기 때문에 큰 가치를 가지는 것인 반면, 장애를 일으키는 환경을 생산하는 보다 깊이 있는 사회·공간적 동학을——예를 들어 상품노동 시장이나 토지경제학 등을—— 설명하지는 않는다. 예를 들어 더 나은 건축기준과 새로운 이동양식은 물리적으로 결함이 있는 사람들의 노동력을 독자적으로 재평가하지 않을 것이다. 이 전략은 장애인들의 일상생활에서의 마찰을 줄일 수 있으며 이를 위해서 방어되어야 함은 틀림없지만 장애에 대한 동적인 사회·공간적 억압을 해결하지는 않을 것이다.

프레이저(Fraser, 1997a)의 분석을 적용해 보면, 접근권 규제는 불이익을 당하는 사회집단에게 어떠한 자원의 '표면적 재배분'의 취약함을 반영한다(프레이저는 특히 여성을 위한 긍정적인 실행 정책을 염두에 두고 있으나, 그의 관찰은 접근권 법에서도 동등하게 유효하다). 프레이저가 지적한 것처럼 그러한 전략은 잘 해야 개량적이고 부정의를 생산하는 사회조직의 하부 유형을 연관시킬 수 없었다. 이는 "발생한 깊은 구조를 온전히 놔두는 것은 … 지속적으로 표면적인 재배치가 이루어지도록 하는 약점"이었다(Fraser, 1997a: 29). 따라서 프레이저에 따르면 건축 환경에서 접근권 개선이 지속적으로 침해되거나 없어진다 하더라도 놀라서는 안 된다.

국가 규제에 대한 '구조적 제도적 한계'라는 이 주제는 이후 진행될 뉴질랜드의 접근권 규제에 관한 사례연구의 이론적 배경을 형성한다. 그러나 말 그대로 사물의 존재를 일상생활 속에서 구체적인 형태로 느끼는 것과 같은 방식으로 문화적·물질적 구조를 설명하고 측정할 수 없다(예를 들어 '시장'은 개별적인 교환 행위와 돈이라는 형태로 경험될 수 있다)(Sayer, 1992). 따라서 뒤이어 나올 경험적 분석에서 명확하게 나타나는 것처럼 뉴질랜드에서 장애 규제에 미치는 정치경제학적 요인의 영향력은 확정되기보다는 적용된다. 만약 이후 연구에서 본 사례연구에서 제시한 경험적 '그림'을 발전시킬 수 있다면, 여기서의 적용은 아마도 강화될 것이다.

## 뉴질랜드의 접근권 규제

### 세계 최고의 접근성 입법인가?

지난 20여 년 동안 뉴질랜드 정부는 신체 장애인을 고려한 건축 환경의 접근성을 개선하기 위한 목적을 가진 일련의 법과 규제를 발표해 왔다. 이러한 법적·행정적 발의는 접근권 입법을 점차 강화시켜 왔으며, 이는 1993년 전국 차원의 건축가 컨퍼런스에서 뉴질랜드가 "세계 최고의 접근성 입법을 가지고 있다"는 주장으로 이어졌다(*Dunedin Star Midweek*, 1993년 11월 10일자, 1면). 다른 접근권 측면에 관한 법과 법률(codes)은 확실히 복잡하고 미로와 같은 국가 규제의 영역을 만들어 왔다. 따라서 현재 논의에서 이러한 규제 영역에 대해 철저한 설명을 하려는 시도는 의미가 없을 것이다. 접근권 규제 대부분은 1991년 건축법(BA)과 1993년 인권법(HRA)라는 두 가지 법령 안에 들어 있다. 현재 분석 목표를 위하여, 이 두 입법 체계에 대한 개략적 요약으로 충분할 것이다.

## 1991년 건축법

최근 개정된 건축법(s.47A)에서는 건물 접근성이 세 가지 방식으로 측정될 것이라고 규정한다. 첫째는 건물은 반드시 '합리적이고 적합한 접근로'를 공급해야 한다는 것이며, 다음으로는 이러한 접근권은 장애인이 그 건물에서 '일하거나 방문하는 것'을 가능하게 해야 한다는 것이다. 마지막으로는 접근성은 장애인이 '그 건물에서 일상적 활동과 과정을 수행하는 것'이 가능해야 한다는 것이다. 이러한 조항들은 통합적인데, 곧 건축법상 접근가능하다고 판단되기 위해서는 이 세 조항 모두를 만족해야 한다. 이 규제는 기존 건물의 실질적인 변경뿐 아니라 새로운 건물 및 연결된 공간(예를 들어 인도와 연결된 차도 등)에 모두 적용된다. 건축법상 접근성 기준은 공공 공간(모든 곳은 아님)에만 적용되며, 민간이 소유한 주거지 내, 소규모 산업용 건물, 다양한 농업용 건물 및 여타 소규모 구조물은 이 법에 대해 예외이다. 따라서 이 규제가 아마도 뉴질랜드 도시의 건축 환경 중 일부에만 영향을 미칠 것이라는 지적은 중요하다.

건축법은 공공 건축물의 접근성을 규제하기 위한 정교한 체계로 만들어져 있다. 우선 건축법령의 적용 및 그 접근시설 공급에 대한 감독 책임은 중앙정부 기구인 건축 산업 부서(Building Industry Authority: BIA)에 있는데, 이곳은 통제관련 문건을 해석하고, 규제를 적용하는 데에서 발생하는 소유자와 지방정부 간 간격을 좁히는 데 있어서 준사법적 권한을 가지고 있다.

건축법은 구(district)와 시(city) 차원의 지방정부에 의해 관리된다. 이러한 지방정부는 건축설계 기준뿐 아니라 안전성, 화재방지, 접근성 및 에너지 효율성 등을 포함하는 실질적 입법 형태인 건축법령을 취한다. 이 법령은 유연한 '실행 통제'에 기반해 있어서, 구체적인 방식으로 설계기준에 영향을 주지는 않는다. 건축업자는 이 법령에서 명시한 설계를 따라야 한다. 건물의 건설과 사용에 대한 건축법령에 의거하여 지방정부는 동의를 한다. 법령 실행에 근거한 접근방식을 고려하면, 지방정부는 건물소유자가 스스로 이러한 활동을 하게 하는 책임이 있는 게 아니라 법을 이행했다는 증거를 확인할 책임이 있다. 지방정부에 고용된 건축 공무원은 건물 소유자가 이 법령을 준수하는지를 확인할 책임이 있다. 이 건축공무원은 법 이행을 감독하기 위하여 건물의 신·개축 시 실사를 해야 할 수도 있다.

기존 건물 구조나 이용을 변경할 때 법 이행 여부가 주로 불명확한 영역으로 나타난다. 첫째, 소유자는 건물의 이용을 변경하고자 할 때, 해당 지자체에게 알릴 의무를 가진다. 새로운 용도에서도 이 건물이 여전히 지자체의 접근시설 공급 기준을 만족해야 한다. 그러나 건축법 조항은 용도를 변경한 후에 그 구조는 반드시 "합리적으로 실행 가능한 정도"(46조 2항의 a)로 법령을 준수해야 한다고 표현함으로써 법 이행에 융통성을 허용하고 있다. 동일한 기준이 기존 건축물 변경에도 적용된다.

일반적으로 지자체는 건축법령을 수정하거나 권리포기를 결정할 권한을 가진다. 그러나 접근권 통제에 대한 권리포기는 건축산업부서(Building Industry Authorities)만이 부여할 수 있다. 중요한 것은 신규 건물에만 제한이 적용되며 지방정부가 기존 건축물에서 접근권 문제에 대한 권리포기를 승인하기 위해 빠져나갈 구멍이 있다는 것이다. 이 법은 지방정부가 건축법령을 위반한 것에 대해 처벌할 수 있는 몇 개의 수단을 제공한다.


## 1993년 인권법

1993년 인권법은 접근성 규제에 대한 추가적 절차를 제공한다. 이 법 령은 뉴질랜드에서 기존 인권법에 추가하고 강화한 것이다[3]. 인권법 은 모든 법이 인권법 원칙에 동의하는가에 대한 체계적 검토가 끝나는 1999년까지 연기되기는 했으나, 실제로 건축법을 포함한 다른 어떤 법들보다 우선된다고 여겨진다. 인권법의 시행은 인권위원회의 책임 이다.

인권법은 모든 형태의 사회적 차별에 대한 전면적 보호를 제공하 지 않는다. 스튜어트는 "모든 법안은 모든 차별을 금지하지는 않는다. 어떤 특정한 지역에서 (장애를 포함한) 특정한 분야에서의 차별을 금 지한다"고 지적한다(Stewart, 1993: 8). 여기서의 차별 분야는 성, 결혼 여부, 인종, 피부색, 연령, 종교 및 정치적 신념, 장애를 뜻한다. 장애인 에게 이러한 금지는 다음과 같은 사회적 영역에 적용된다.


- 고용
- 공공장소에 대한 접근

---

3) 1971년 인종관련법과 1977년 인권위원회 법임.

- 교육
- 재화와 서비스의 공급
- 주택 및 주거시설

결정적으로 인권법은 (이미 설명된 것처럼) 주택 및 기타 서비스를 공급하는 민간 영역에까지 접근성 법령을 확장할 수도 있다. 인권법하에서 차별은 필수적으로 인간에 대한 덜 우호적이고 불평등한 대우[4]를 의미한다. 따라서 접근이 불가능한 주택설계(특히 상업용 거주시설)는 사람들이 불공평하게 다루어지는 방식이라고 주장될 수 있다. 장애인이 어떤 장소, 시설, 운송수단 등에 접근할 수 있도록 보장하는 분야가 현재 분석에서 매우 중요하다. 누구든지 어떤 장소나 대중 교통수단을 이용하거나 접근하는 것을 거부하는 것은 불법이다.

그러나 건축 법령과 마찬가지로 인권법은 실행의 문제에 있어서 다소 애매한데, 이런 점에서 실제로 이 두 법은 애매한 장황함이 있다는 점이 유사하다. 금지된 차별 기반에 더하여 '예외'조항이 병행되어 있다. 예를 들어 인권법은 공공장소와 대중 운송수단으로의 접근에 대한 차별을 금지하고 있지만, 접근성을 보장하기 위하여 "특수한 시설이나 서비스의 공급을 요구하는 게 합리적이지 않은 곳"을 제외하고 있다(강조는 인용자). 매우 '합리적인 주거시설'에 대한 예외 조항도 고용, 주택 등과 같은 여타 잠재적인 차별 영역에도 적용된다. 판례법에

---

4) 만약 '특수한 수요'에 부응하기 위한 의도로 장애인을 다르게 대우했다면 법을 어긴 것이 아니다.

서 이미 명시된 이러한 인권법의 잠재적으로 모호한 측면은 법령의 제정과 실행을 복잡하게 만들고 이에 따라 약화시킬 가능성이 있다는 것이 명백하다(Stewart, 1993)[5].

　　인권법의 참신함을 고려해 볼 때, 뉴질랜드 도시의 차별적 디자인을 감소시킬 가능성이 벌써 드러나 있다(인권법하에서 장애인이 취한 발의는 이후에 검토된다). 현대 뉴질랜드에서 건축법과 관련 법령은 공공 건축물 및 공간에 대한 접근성을 보장하기 위한 주요한 법적 행정적 수단으로 남아 있다.

## 국제적 맥락에서 뉴질랜드의 접근권 틀

많은 점에서 이러한 뉴질랜드의 이원론적 접근권 구조는 미국 스타일의 권리에 기반한 접근방법(인권법)과 지방정부가 관리하는 건축규제에 기초하고 있는 더욱 전통적인 영국의 규제적 접근방법이 결합되어 독특하다. 예를 들어 이동성을 떨어뜨리는 단순한 '설계 실패'라기보다는 기본적인 인권 침해로 접근 불가능성을 강조함으로써, 또한 접근권 문제를 주택, 고용, 사회서비스 영역에서의 관련 문제와 연계함으로써, 인권법에서 장애인 강조는 장애법이 있는 미국에서 취한 철학적 접근방식을 반영하고 있다(Imrie, 1996a). 미국 법령은 당시 인권법과는 달리 매우 특별하게 개인적인 접근권을 보장하는 것을 지방계획 및

---

5) 배제의 또 다른 중요한 영역은 인권법에 순응하지 않아도 되는 정부의 면책권이다. 국가는 지역사회의 다른 일원들과 같은 방식으로 이 법을 지킬 의무가 없다. 이 사실은 방대한 지역사회에서 상당한 우려의 원인이 되어 왔다.

건축법 규제와 연계시켜 왔다. 대조적으로 영국에서 접근권은 건축설계의 쟁점으로 남아 있으며, 새로운 장애차별법에만 부분적으로 소개되어 있다. 뉴질랜드의 (건축법 내) 새로운 주요 접근권 규제는 영국의 접근방식을 반영하며 또한 유사하게 관대한 법 제정 태도를 반영한다.

뉴질랜드의 이러한 이원적 접근법이 미국이나 영국 중 한 곳의 규제보다 더욱 강력한 규제 체제를 만드는가? 이 질문에 대해서는 여기서 답변을 할 수 없으며 국가 차원의 접근권 체계에 대한 방대한 종합적 연구의 대상이 되어야 할 것이다. 그러나 곧 이어질 분석에서는 뉴질랜드에서 이 두 나라 각각의 규제적 접근의 효율성에 대해 심각한 의문을 제기할 것이다.

## 더니든 사례연구

### 현황

더니든은 뉴질랜드에서 다섯번째로 큰 도시지역으로 인구는 1996년 기준으로 119,612명이다. 더니든 시의회(Dundin City Council)는 여러 업무 중 더니든 도시지역에서 토지이용계획 및 건축규제의 일차적 책임을 지방정부에게 제공한다. 1970년대 후반 이래로 더니든은 인구 정체 및 오래된 경기침체를 경험하고 있다(Horton, 1996: Welch, 1996). 이는 같은 기간 동안 경제적으로 더 나아지고 인구도 빠르게 증가했던 뉴질랜드의 대도시들과는 대조적이다. 경기침체는 더니든 시의회의 세입기반을 심각하게 악화시켰다(Horton, 1996).

1988~1989년 지방정부 입법 개혁은 의회를 자본 이동 요청과 세계화에 따라 급격하게 변화된 국가 경제 상황에서 투자를 위해 경쟁할 수 있는 기업단위로 변형시키고자 시도했다(Pawson, 1996; Welch, 1996). 거버넌스에서 이러한 전환은 지방정부가 드물고 매우 이동성 있는 투자자본을 끌어들이기 위한 의도를 가진 '홍보 기관'으로 바뀌어 왔던 북미와 유럽에서의 변화와 매우 유사하다(Harvey, 1989b; Logan and Molotch, 1987). 이러한 '도시 기업가주의'로 정의되는 특징은 '친기업' 환경(예를 들어 낮은 거래비용)을 제공함으로써 투자자들에게 가치를 더할 수 있는 상품으로서 도시의 판매를 위한 포장이 되어 왔다.

침체되는 지역경제를 관리해 왔던 더니든 시의회는 '기업'(예를 들어 소득을 가져오는) 목표에 관한 기업가적 초점이 도시에서 특히 건축물 건설 분야에 투자 활성화를 자극할 수 있다는 희망으로 새로운 구조적 변화를 받아들였다. 실제로 파우슨(Pawson, 1996: 291)의 설명에 따르면 더니든은 '뉴질랜드의 도시 거버넌스에서 가장 먼저 기업가주의의 사례'를 제공했다. 웰치는 1980년대 중반 더니든 시의회는 "경제발전 활동의 협력자이자 조력자이며 또한 긍정적인 도시이미지의 생산자"라는 두 가지 기업적 역할에 초점을 맞추기 시작했다고 주장한다(Welch, 1996: 292).

따라서 1980년대 후반까지 '경제 활성화'는 더니든 시의회의 행정적·정책적 최우선 고려대상이 되었다. 이러한 정책의 강조는, 만약 다른 '기업' 목표와 프로그램이 제공된다면, 소득창출 활동과 사업에 드는 거래비용 최소화 둘 다 우선권이 주어져야 한다고 가정한다. 과거 10년 간 더니든 시의회는 선전문구의 미사여구를 통해 새로운 '기업가 정신'을 표현했는데, 이는 투자를 위한 '친기업' 장소로서 도시를 강조하고자 하는 국가적 차원의 광고 캠페인과 같은 것이었다. 그럼에도 불구하고 밝은 미사여구와 캠페인 슬로건이 계속되는 경제침체와 사회적 쇠퇴의 일반적 두려움을 참는 것 위에 덮여졌다.

## 접근권 정치

최근 몇 년간 더니든 장애인 단체는 지방정부가 건축법의 접근성 기준을 실행하는 데 실패했다고 주장해 왔다. 예를 들어 1993년 11월 지방 장애정보서비스 단체에서는 더니든의 장애인 커뮤니티가 더니든에서 접근권 규제의 실행에 대해 큰 실망을 했다고 보고했다. 이 서비스 단체는 시의회의 법 집행 시도를 '피상적인 전시행정'이라고 묘사하면서 더니든 시의회가 건축법령을 적절하게 관리하는 데 실패했다고 비난했다(*Dunnedin Star Weekender*, 1993년 11월 21일자). 다른 곳에서도 더니든 장애인 활동가들은 더니든 지방정부가 건축기준 심의에 재원조달을 적게 함으로써 그들의 접근성 정책의 책임을 방치해 왔다고 주장했다(*Otago Daily Times*, 1994년 9월 11일자 5면). 장애인 의회(DPA)의 더니든 지부의 한 유명한 회원은 "만약 실행하지 않는다면 건축물 접근권에 관한 최고의 입법도 다 의미 없는 것"이라고 주장했다(*Dunedin Star Midweek*, 1993년 11월 10일자 1면).

　1993년 후반 일부 언론에서 활동가들의 불만을 보도한 이후, 더니든 시의회의 한 건축규제 관리자는 공공연하게 "자원이 광범위하게 과장되고 왜곡되어 있다"고 인정했다. 그는 "[건축법상] 요구사항에 대해 합리적으로 실행할 수 있는 경우에만 실행되고 있다"고 언급함으로써, 접근권 쟁점에 관한 공식적인 무대책에 대해 변명했다(*Dunedin Star Midweek*, 1993년 11월 10일자 1면, 강조는 인용자). 이 관리자는 이후 시의회가 "언제나 순회 중인 단 한 명의 고위 직급의 건축 심의관"으로 최선을 다했었다고 언급했다(*Dunedin Star Midweek*, 1993년 11월 10일자 1면). 이 관리자가 이후 시인한 것에 따르면 그는 비록 건축입법에서는 요구했던 것임에도 불구하고, 시의회가 특정한 상업 기관에서 주요 건물 개조 시 엘리베이터 설치를 요구하지 않았다는 것을 인식했다. 당시 그는 '이 장소가 휠체어를 타야 할 필요가 있는 장애인이 여전히 접근할 수 있는 곳'이라는 의견과 함께 더니든의 장애인 커뮤니티를 안심시키고자 시도했다. 그렇게 함으로써 이 입법의 포괄적 목적과 충돌했던 고도로 선별적인 장애의 개념을 설명하였다.

이후 더니든의 주요 3차 교육기관인 오타고 대학의 장애 코디네이터와 교환한 서신에서 건축규제 관리자는 다음과 같은 내용을 발견하였다.

모든 건축물이 100% NZS 4121을 따른다면, 우리 도시는 더 살기 좋은 도시가 되었을 거라는 데 동의합니다. 그러나 많은 수의 건물이 기존 건물이고 근본적인 설계상 제약이 있기 때문에 … [이를] 설치하는 것이 늘 가능한 것은 아닙니다[6].

즉, 더니든 시의회는 접근권 입법을 전체적으로 시행하지 않기로 결정했는데, 이는 기존 건축물의 특성으로 이를 적용하기 아주 힘들기 때문이다. 사실 이 법은 지방정부에게 접근 통제를 적용함에 있어서 이러한 재량권을 부여하지 않는다.

그리고 그 관리자는 장애인이 더니든 시의회의 접근권 법 실행(혹은 비실행)에 만족하지 않는다면, "이 대안이 모든 사람들을 위한 필수적 시설을 공급하지 않는 기관을 가르치려는 것은 아니다"라고 간단히 설명했다. 이것이 말하는 바는 시장의 '보이지 않는 손'이 사회적 차별을 해소하기 위해 설계된 법률을 보완할 수 있다는 터무니없는 신고 전파 가정하에, 규제적 실행을 대신하여 '소비자의 힘'을 이용하라고 제안했다. 뉴질랜드의 장애인은 심각한 경제적 빈곤으로 고생하고 있으며(Cahill, 1991 참조) 소비패턴을 바꿈으로써 그들이 경험하는 차별에 대응할 수 있다고 기대되지 않는다. 같은 편지에서의 흥미로운 의견으로, 그 관리자는 더니든 시의회 "심의관은 어떤 상황에서는 관료라고 할 수 있을 정도로 법령을 감시한다"고 주장했다. 나아가 "모든 소유자는 장애관련 법령(sic)의 필수조건에 동의하지 않으며, 어떤 프로젝트는 그 요구사항 때문에 더 진행되지 않았다"고 했다.

더니든 시의회가 접근권 기준의 실행에서 고압적이라는 논평은, 건물 규제 심의를 위한 자원이 부족하다고 동의된 바, 받아들이기는 어려운 것 같다. 그러나 일부 건물 소유자들이 접근권 규제에 반대하

---

6) 1993년 12월 23일자로 시의회 건축규제 관리자가 오타고 대학 장애 코디네이터인 도나-로즈 맥케이(Ms. Donna-Rose Mackay) 씨에게 보낸 편지임. 맥케이 씨가 사본을 제공함.

고 이러한 규제가 특정 개발을 방해한다는 그 관리자의 관찰은 건축법령의 준수와 실행을 방해하는 더 방대한 긴장을 드러내는 것일 수 있다. 접근권 규제가 개발을 막았다는 감정은 의심할 여지없이 도시의 경제침체에 대한 더니든 시의회의 불편한 우려와 더니든을 '친기업' 환경으로 만들고자 하는 바람으로 가득 찼다.

1994~1995년 기간 동안 지방 신문의 일련의 기사들(예컨대, *Otago Daily Times*, 1994년 2월 11일자, 5면; *Dunedin Star Midweek*, 1994년 10월 12일자, 3면)은 접근권 문제는 도시의 장애인 커뮤니티를 지속적으로 분노하게 했다는 것을 명확히 해왔다. 1995년 핵심 정보제공자와의 인터뷰에서 드러났던 정치적 상황은 여전히 심화되고 있었다.

### 이해집단의 견해

장애 활동가 조직의 리더 7인(모두 장애인임)과의 인터뷰에서 방대한 단면이 나타났다. 그들은 자신의 접근 경험과 관련된 정보자이고 회원이나 친구들의 견해를 전달받은 정보제공자이다. 조직 리더들과의 인터뷰 내내 몇 가지 주제가 지속적으로 나타났다.

첫째는 모든 정보제공자들이 이 법의 설계와 더니든 시의회를 포함한 시의회의 실행에 따른 문제의 결과로서 건축법이 원래 취지만큼 효과적이지 않았다고 느꼈다(비록 후자의 실행에 관해서는 다양한 의견이 있지만). 이 법에서는 문구 표현의 모호성과 복잡성, 스쿠터 이용자 같은 특수한 집단의 필요를 파악하는 데 실패하는 등 많은 부족함이 발견되었다. 더욱 중요한 우려는 특히 "합리적으로 실행 가능한"이라는 문구와 같은 건축법 문구에서의 망설임인데, 몇몇 정보제공자가 이를 이 법에서의 주요 허점이라고 지적했다. 이와 관련하여 일부 정보제공자가 제기한 비판은 법 실행을 하지 않아도 되는 면제의 기회가 될 수 있다는 것이다.

면제는 사람들이 법이나 기준을 지키지 않아도 되도록 하며, [더니든에서는] 면제를 받기가 아주 쉽다고 알고 있다. 이는 전체 시스템을 비웃는 것이다.

이 비판은 이 법의 모호하고 관대한 문구로 인해 지방정부가 이 법을 해석하고 실행함에 있어서 문제를 제기했다. 이 법률의 비실행은 결정적인 문제로 보이며, 모든 정보제공자는 더니든 내에서 이 법이 실행, 집행되지 않는 특정한 사례들을 개인적으로 알고 있었다. 바, 술집, 음식점, 가게 등과 같은 신축이나 개축된 상업용 건물과 관련된 경우 상당부분은 장애인용 화장실 시설 등이 제공되지 않았으며, 이러한 접근성이 떨어지는 시설은 많은 장애인들이 이용불가능하게 만들었다. 대학 장애인 활동 조직(University Disability Action Group)의 회장은 학생회관 건물에 새로운 화장실 건축을 포함하는 다음의 사례를 언급했다.

이 대학은 이 법을 준수하지 않아 문제가 되는 학생회관 내 새로운 화장실에 대해 들었다고 알고 있습니다. … 문제가 있다고 판명되자마자 더니든 시의회로부터 "원하지 않는다면 꼭 설치할 필요가 없다. 우리가 편지든 뭐든 아주 어렵다는 의견을 주겠다"는 말을 들었습니다.

그 대학의 장애담당관은 그 사건과 그에 대한 그녀의 대응도 기억했다.

심지어 여기 대학에서도 법령에 맞지 않는 화장실이 있었는데 더니든 시의회는 "면제해 주겠다"고 했어요. 전 고개를 저었죠. 우린 옳게 만들어야 한다고 말했어요. 만약 면제를 받아들인다면 난 비밀을 공개할 거예요. 아직 이 문제가 해결되지 않았어요. 이 화장실을 쓸 수는 있어요, 들어갈 수 있으니까요. 문제는 문을 열면 ─ 문이 똑바로 잠기지 않기 때문에 ─ 다른 사람에게 당신이 그 안에서 하는 일을 다 보여 주게 되죠.

이 정보제공자는 더니든 시의회가 경사로를 없앨 것을 승인하게끔 한 한 음식점에 관한 또 다른 '끔찍한' 사례를 설명했다.

아주 가파른 경사로가 있었는데, 그래도 똑바로 서 있을 순 있었죠. 그런데 그들이 거기에 계단을 만들 수 있겠냐고 물었어요. 왜냐하면 그 경사로와 … [기존] 계단이 불안정해서라고 했죠. 안정적으로 만들기 위해서 경사로 부분을 뜯어냈어요. 그래서 휠체어가 접근할 곳이 없어졌죠. … 우린 그들이 거길 예술적으로 꾸미고 싶어서 그렇게 했다는 걸 알아요. 시내에는 휠체어로 갈 수 있고 휠체어 장애인이 이용할 수 있는 화장실이 거의 없어요.

더니든 시의회의 법 시행이 실패했다는 인식과 민간 부문에서 이 법을 따르기를 꺼려하는 데에는 몇 가지 이유가 있다. 법 자체가 가진 문제는 차치하더라도 이러한 부족에 대한 더니든 시의회의 인식에는 취약한 직원교육, 잘난 체하거나 차별적인 직원의 태도, 장애인 단체와의 상의 부족, 건축 심의에 대한 미흡한 자원배분(인력이나 재정부문 모두) 등을 포함한다. 더니든 시의회 건축물 규제 절차에 대한 내부 지식을 가지고 있는 한 정보제공자는 시의회가 그 법의 실행 기준을 극단적으로 취하고 있다고 암시했는데, 계획의 신청단계에서 '형식적으로 허가'하고 건축 이후에 법을 이행했는가를 감독함으로써 법 위반사항을 개선하기에는 너무 늦은 것일 수 있다는 것이다.

계획 허가를 위한 신청이 들어오면 건물의 변경이 이루어지거나 신축한 건물이 모두 들어서고 실수가 나타나기 전까지는 이를 지나치는 경향이 있다 … 그들은 일에 대한 엄청난 부담하에서 업무를 수행하고 있는데 … 이는 제한된 인원과 재정적 한계 때문이다.

몇몇 정보제공자들은 민간 부문에서 법 이행을 하지 않은 이유가 이윤에 대한 관심 때문이라고 보았다.

그 사람이 일반에게 서비스를 제공하는 자신을 어떻게 보는가로 되돌아가는 것이다. 이는 비단 돈의 문제인가 아니면 법의 문구의 문제인가? … 우리는 법 문구에 관심을 가질 수 있을 것인가? 불행히도 많은 경우 돈이 큰 부분이다. 가장 저렴하게 공급할 수 있는 방식이 있다면, 그대로 할 것이다.

대부분의 정보제공자는 법을 적용하려는 시의회의 실행이 건축 심의를 위한 더 나은 직원 훈련 및 재원 확충을 통해 나아질 수 있다고 생각했다. 또한 응답자 중 한 명은, 면제에 대한 공고 및 제3자의 이의 제기권을 포함하여, 개방적 계획 결정 과정을 조건으로 하는 면제를 쟁점화하기 위해 건축법을 개정해야 한다고 제안한다.

국가 장애인 서비스 공급자인 더니든 관리자는 활동가들의 우려가 많다는 점을 확인했다. 이 관리자는 또한 토지 경제의 주요 주체들이 접근권 통제를 이행하도록 명령할 수 있다는 그의 믿음을 은연중에 밝혔다.

접근성을 갖춘 건물을 지을 때 드는 돈의 규모에 대해 논의할 때, 건물을 짓기 원하고 더니든 시의회 내에서 영향력이 있는 개발업자들이 가지는 재정적 압박에 대한 문제가 있습니다. 개발업자의 태도는 이렇습니다. "당신은 전체 인구에 비해 아주 적은 비율의 인구에 대해 이야기하고 있고, 그걸로 내게 돌아오는 이득은 없습니다".

그들 중 세 명의 시의회 정보제공자(두 명의 건축규제 담당 공무원과 한 명의 건축규제 관리자)는 그 입장에서 더니든에서 접근권 규제의 성공이라는, 보다 더 긍정적인 견해를 분명히 했다. 이런 규제의 실행

영역에 대한 공무원들의 전문가적 애착이 그리 놀랄 만한 것은 아마도 아닐 것이다. 게다가 그들의 상대적으로 낙관적인 태도 또한 장애인들이 실제 어떻게 건축 환경을 이용하는지를 외관만 보고 오해하는 시의회 공무원들에 대해 장애인 활동가들이 지적하는 많은 비판적 논평의 맥락에서 고려될 수 있다. (많은 활동가들이 토지소유자가 법을 이행했는가에 대한 감독에 있어서 장애인들이 큰 역할을 했다고 주장하는 이유였다.)

두 명의 건축 공무원은 특히 이 법의 효율성에 대해서 긍정적이었다. 둘 다 그 법의 표현방식이나 공공이 이용할 수 있도록 만들어진 형태에 대해 특정한 문제가 있다고 생각하지 않았다. 두 공무원 모두 자원의 제약을 문제로 보지 않았다. 그 중 한 명은 이렇게 말했다. "우리는 늘 바쁘지만 그게 인생이잖아요. 하지만 그게 우리가 [법령의 기준을] 대강 훑어볼 정도라는 건 아니에요." 이는 관리자의 의견과는 대조적이다.

> 아뇨, 우리는 인력이 충분하지 않아요. 우리는 사람을 쓸 수 있어요—임시로요. 우리가 실제 필요한 사람은 계획 심의관이에요. 현장에 있는 사람이죠. … 우리는 우리가 해야 할 일을 계속하기 위해서는 … 더 많은 … 잘할 수 있을 거예요[7].

접근권 규제 공무원 두 명 모두 법의 불이행은 거의 없으나 아주

---

7) 이는 어쨌든 이전 신문기사에서 더 명확히 나타나고 있다. 초기 논의를 참조할 것.

가끔씩 눈에 띄게 된다고 생각했다.

> 저는 간간이 사람들이 법을 이행하려고 노력하게끔 합니다. 그들은
> 통상적으로 아마도 재정적 자원이 없는 소규모 개발업자이고, 기존
> 건축물의 제약 내에서 일하는 사람들입니다. … 우리는 '가능한 한 합
> 리적으로' 법 이행이 이루어지도록 시도하는 그 조항에 아주 약간 재
> 미를 느낍니다.

그러나 이 세 명의 공무원의 이야기 모두에서 두 가지 사실이 나
타난다. 하나는 이들 모든 정보제공자는, 시의회가 건물소유자와 개발
업자가 늘 이 접근권 규제를 이행한다는 데 대한 확신이 없다는 것을
여러 가지 방식으로 인정하고 있다. 이 문제는 특히 '약간의' 변경을 할
때 더 정확하게 나타나는데 이런 경우는 대부분 소유자에 의해 감춰진
다. 그런 경우 시의회는 일반대중이 법의 불이행에 대해 정보를 제공
하는 것에 의존하게 된다. 이에 대해 규제 담당 공무원 중 한 명은 '만
약 불만이 생기면 그에 대해 대응할 수 있지만 그 법을 준수하고 [변
경]이 정확하게 이루어졌는지를 확인하는 것은 건물 소유자의 책임'
이라고 지적한다. 다른 공무원은 "우리에게 보고하지 않고 … 일을 하
는 악덕업자가 몇 명 있어요. 트랙을 따라가다 보면 그 어딘가에 벌어
진 일에 대해 책임을 져야 할 누군가가 있죠".

두번째는 이 세 명의 정보제공자 모두 '타협'이 시의회의 법 시행
에 있어서 핵심적 특징이라는 증거를 제시하고 있다는 것이다. 한 규
제 관련 공무원은 다음과 같이 말했다.

가끔 [법 이행을 위한 비용으로] 약간의 보상을 해야 합니다. … 결국에는 … 변경에 얼마가 드느냐가 되는 거죠. … 이 시의회에서는 좋든 싫든 양쪽 다 어떤 것도 내버려 두지 않으려는 합리적인 사람들이 있어요. 하지만 동시에 그들이 맨날 자리에 앉아서 '확실하게 해야 한다'라는 말만 하는 독단적 관료는 아니에요.

그 관리자는 나아가 이러한 '차선'의 관행을 설명했다.

문제가 될 수 있는 건 기존 건물들이에요. 하지만 그것도 처리할 수 있어요. 아마도 100%는 아니겠지만요. … 우리도 최선을 다 하고 건축가와 설계자들도 올바르게 될 수 있도록 최선을 다 하죠. 그래도 가끔 불가능할 때가 있는데 그때는 차선을 선택해야 해요.

'약간의' 변경이 눈에 띄지 않는 것은 심각한 문제인가? 시의회가 가지는 '약간의' 유연성과 법 실행에서의 타협이 진정 장애인의 접근권에 영향을 미치는가? 장애인 활동가의 증언을 고려해 볼 때 이 두 질문에 대한 대답은 그렇다이다. 예를 들어 부적절한 화장실 공급 등과 같은 외견상 약간의 접근권 관련 법률 위반은 장애인을 곤경에 빠뜨리게 할 수 있으며, 그들이 건물에 접근할 수 없게 할 수 있다는 것을 기억해야 한다. 명백하게 장애인 활동가가 이러한 문제를 지적하기 위해 피나는 노력을 했던 것처럼, 시 공무원들은 더니든에서 공공 건물을 이용하는 장애인들이 실제 어떤가에 대한 진정한 공감을 하지 않았다. 이 점은, 한 장애인 활동가가 '끔찍한' 사례로 설명했던, 음식점 계단 변경에 대해서 한 관리자가 언급했던 다소 무시하는 내용이 전형적인 예이다.

그게 흥미로운 거죠. … 우린 그것 때문에 비판받았어요. 왜냐하면 [이제는] 휠체어 장애인용 경사로가 없지만 제가 알기론 뒤쪽 알바니가에서 건물 안으로 들어갈 수 있거든요. 하지만 더니든 근처에 그런 길이 있는지 알지 않는 한, 알바니 가로 어떻게 가는지 알지 못하게 되는 거죠.

한 규제 관련 공무원은 '합리적으로 실행 가능한'이라는 문구가 규제의 유연성에 기초하여 어떻게 사용되었는지를 이야기했다.

일반적으로 [문제가] 경사로 접근에서 발생합니다. 법으로 정해진 경사보다 약간 더 경사가 급할 수 있습니다. … 그러면 우리는 아마 정확한 기준으로 공급하지 않은 것도 인정할 겁니다. 그 건물 관리자는 만약 휠체어를 탄 사람이 나타나면 [그 관리자는 반드시] 직원을 보내 그들을 도와야 한다는 것에 동의한 일이 있다는 걸 알 겁니다.

사실 이런 종류의 '타협'은 건축법에 나온 것이 아니며, 장애인들이 건물에 진입할 때 가능한 직원을 통해 도움을 받아야만 하는 구조는 불공평한 일종의 월권행위이다. 한 장애인 활동가는 도움을 받아야 접근할 수 있다는 문제에 대해서 이야기하고 있으며, 그런 모욕적인 '타협 해결책'에 반대하는 것을 장애인 차별과 연결시켰다. 세 명의 공무원 모두 건축허가를 내준 후의 이행 여부를 감독하는 것에 문제점이 있다고 본 것은 주목할 만했다. 승인된 접근권의 특성은 다른 용도로 전환되었다는 것도 지적되었다. 예를 들어 접근가능한 화장실이 건축 이후에 가끔씩 직원들 탈의실이나 창고 같은 것으로 전환되는 것으로 알려져 있다.

　　모든 공무원들은 건물 소유자들은 접근권 규제에 대해 다양하게 반대를 표현하고 있다고 시인했다. 그 관리자는 "우리가 접근성을 높일 것을 원하는 데 대해 개발업자들의 불평이 있어요"라고 했다. 이러한 불만의 이유에는 시가 건축법령을 적용함에 있어서 '너무 엄격하게' 보인다는 사실과 법 이행에서 불필요한 거래비용(동의 수수료)을 건물 소유자에게 부과한다는 사실이 포함되어 있다. '모두 그 수수료에 대해서는 반대할 거예요. 그리고 우리는 몇몇 개발업자들이 더 낮은 (수수료) 범주로 들어가기 위해 업무의 가치를 떨어뜨리는 걸 알고 있어요'.

　　요약해 보면, 장애인 활동가와 더니든 시 건축 규제 직원의 견해에는 뚜렷한 균열이 있었다. 장애인 활동가 조직은 (비록 비판의 강도는 가벼운 데서 심각한 것까지 다양하지만) 시의회의 건축법령 집행에 대해 모두 똑같이 비판하고 있다. 활동가들은 공공건물 소유자들의 접근권 법령 위반사례를 많이 확인했다. 대조적으로 시 공무원들은, 구체적인 수준에서는 일부 지역에서 법의 실행이 상당히 부족한 곳이 있다고 언급함에도 불구하고, 법령의 효율성에 대해 일반적으로 이야기할 때는 상대적으로 긍정적이었다.

## 법 집행이 되지 않는 이유

이런 사례 연구 결과는 접근권 주제를 정의하는 더 넓은 이론적·제도적 맥락이라는 면에서 어떻게 이해되는 것인가? 첫째는 더니든에서 규제의 실행이 장애인의 의견 및 경험과 같은 비판적 평가 출처로부터는 봉쇄된 듯하다. 법을 해석함에 있어서 문제가 되는 유연성과 시의 법 집행에 대해 장애인들이 대중적으로 불만족을 표현함에도 불구하고, 시 공무원은 법 실행의 효율성에 대해 일반적으로 건축법 적용에 만족한다는 내용과 연관시킨다.

더니든의 장애인 커뮤니티와 더니든 시의회 간 더 효과적인 협력을 통해 이러한 법 실행이 더 개선될 수 있을까? 아마도 이러한 전략에는 한계가 있는 것처럼 보인다. 건축물 통제 관리자는 사실 지방의 활동가 조직의 접근권 위원회 위원이었으나, 인터뷰를 하던 시기 전부터 점차 그 회의에 불규칙적으로 참여했다. 그 관리자는 자원봉사로 업무 외 시간에 이 역할을 수행해 왔기 때문에 그리 놀랄 일은 아니며, 이 어려운 업무에 대한 큰 부담이 실제 이러한 비공식적 협력에서 그의 역량이 줄어들게 했다는 것은 필연적이었을 것이다. 더 효과적인 협력은 근무시간으로 들어와 체계적으로 이루어져야 하며 의심할 여지 없이 시의회의 자원 활용(resource implications)이어야 한다. (실제, 일부 활동가들은 그들이 공급해 왔던 일시적 상담에 대해 시가 돈을 지불해야 한다고 주장했다.) 더니든 시의 궁핍한 재정 상태를 고려하면 자원이 협력에 전적으로 투입될 가능성은 거의 없다.

영국의 토머스(Thomas, 1992)는 접근권 규제를 실행하기 위하여 공식적으로 조직된 지방 연락조직이 시의회를 지원할 가능성을 지적해 왔다. 그러나 공공 자원이 없다면 그러한 협력 메커니즘은 실패할 가능성이 크다. 결과적으로 영국과 같이 뉴질랜드의 장애인도 경제적으로 불이익을 당하고 있으며, 그러한 시간 소모적 활동을 지원할 수 있는 유기적 역량이 거의 없다. 이 점은 최고의 국가 장애인 활동가 조직의 지부가 완전히 실패했던 1996년 2월 더니든에서 전형적인 보기가 되었다. 이 조직의 직전 회장은 이 조직이 '과도한 업무와 적은 자원'에 의해 실패했다고 비난했으며, 공공 부문 조직과 함께한 '무료 상담'은 자원봉사자들에게 단순히 과도한 스트레스를 주었다는 것을 느꼈다고 했다(Mackay, pers.comm., 1996)[8].

지방정부의 성장 정치와 상품으로서 토지경제학과 같은 구조적 요소가 더니든에서 건축 규제의 실행에 영향을 미쳐 왔는가? 사례연구로 얻어진 데이터의 특성을 고려하면 이는 대답하기 어려운 질문이다. 확실히 많은 토지소유자와 개발업자들이 아마도 시장의 신호를 불필요하게 왜곡시키고 접근권 통제를 이행하는 데 드는 비용을 지겨운 것으로 본다는 징조가 있다. 일반적으로 장애인들이 겪는 실업과 사회·공간적 배제, 가난을 고려한다면 부동산 개발업자가 이런 한계 소비집단을 위한 시설에 돈을 들일 필요가 없다고 생각하는 것이 놀랄 일도 아니다.

데이터상에는 더니든 시가 국가적으로 친기업적 환경으로 보이도

---

8) 장애인 협회 더니든 지부의 전직 대표(1995)였던 도나-로즈 맥케이와 1996년 5월 14일에 이루어진 개인적인 대화임.

록 하기 위하여 일부러 건축규제를 악화시키고 있었다는 직접적인 증거는 없었다. 최소한 거래비용 면에서, 시의회가 값싼 규제를 제공하고 있다는 증거는 없었다──건축동의를 위한 비용은 거의 고려되지 않았다(이는 뉴질랜드달러로 210~2,250달러임). 건물 관리자가 인정했던 것처럼 이 비용에 개발업자들은 확실히 관심을 가졌으며, 이 비용이 불이행을 가져오기도 하였다. 그러나 규제비용이 싸지 않았으나 엄청나게 적용된 것도 아니었다. 타협과 '유연성'이 건축규제 '실행'의 핵심적 특징이라면 사실은 성장 정치 이데올로기가 시의 규제를 실행하는 데 교묘한 방식으로 스며들었다는 것을 암시할 수 있다. 이런 점에서 결론에 이르지는 않았지만 이 연구 결과에서 제안하는 특성은 접근권 규제에 대한 보다 포괄적인 연구의 대상임을 의미한다.

다른 광범위한 이데올로기적 요소가 더니든과 다른 곳에서 장애인 접근권을 향상시키기 위한 건축법의 효율성을 제한하고 있을 수도 있다. 앞에서 언급했던 것처럼 이 법은 1984년 뉴질랜드에서 신자유주의적 정치가 우위에 있었던 때부터 나타났던, 새롭고 '유연성' 있는 규제의 핵심적인 예이다. 건축법 실행기준 접근은 민간 부문에서 거래비용을 최소화하면서도 명확하게 목적을 달성하는 유연하고 경제적으로 효과적인 규제에 대한 신자유주의적 관심을 체현한다. 건축법 실행 기준에 대한 접근이 엄밀한 법 집행을 지체시키고 있다는 것이 사례연구에서 나타나고 있었다. 특히 시 공무원들은 건축물이 개발되고 난 뒤에만 꼼꼼하게 조사하는 경향이 관찰되는데 이것이 문제가 일어날 가능성이 있는 영역으로 나타났다. 이 단계에 이르면서 생기는 투자의 물리적·경제적 고정성은 심의관이 중요한 법령 위반에 대한 시정을 명령하는 것을 불가능하게 하는 경향이 있다. 특히 법의 유연한 실행과 타협으로 정의되는 정책 영역에서 그렇게 나타난다.

상상하건대, 만약 건물 소유자가 법 정신을 준수하고 기준에 부응하기 위한 혁신적 방법을 추구하고자 한다면, 법 실행의 유연성은 법령의 효율성을 증진시킬 수 있을 것이다. 이는 또한 (유연하고 실행에 근거한 통제의 필수적 결과인) 모든 개발계획과 결과를 사례별로 감독할 수 있는 자원으로서 충분한 직원인력을 필요로 할 것이다. 그러나 사례연구 데이터를 보면 이러한 기준이 더니든에서 가정될 수 없는 것처럼 보인다.

마지막으로, "합리적으로 실현 가능한"이라는 문구에 집중해 보면, 건축법률 협착(strictures)의 불확실성은 규제를 이행하는 데 있어서 혼란과 심지어 회피의 근원이다. 토머스(Thomas, 1992) 역시 영국의 접근권 법률에서 유사한 구절인 '합리적인 이행'에 대해 비판적이다. 영국 법률에서는,

실행 가능성과 합리성에 대해 언급함으로써 … 영국 법률이 강조하는 건 … 경쟁의 필요나 이해(interest)가 연루된 상황에 대한 최적의 해결책이라는 것이다. 따라서 독립적이고 존엄성 있는 삶을 살 기본적 권리는 [다른] 반대되는 요구와 균형을 이루는 '이해'(interest)라는 것으로 감소될 수 있다. (Thomas, 1992: 25)

여기서 더니든의 건물 소유자가 가진 설계 문제에 대해, 모욕적이고 (아마도 불법일 가능성이 큰) 장애인의 '진입 보조' 방식을 제공하는

그러한 하나의 '합리적인' 해결책을 여기서 상기시킨 것은 다행이다. 그런 해결책이 '합리적'이라고 여겨지는 것은 법 실행 과정에서 경제적이고 관료적인 명령이 인권에 우선함을 받아들일 준비가 된 사람에게만 설명될 수 있는 것이다.

## 국가적 문제인가?

더니든 연구의 결과를 일반화할 수 있는가? 뉴질랜드에서 구조적 한계의 영향력을 설명하는 접근권 통제의 실행에서 나타나는 체계적 문제가 있는가? 접근법 정책의 실행에서 더 이상의 1차, 혹은 2차 증거의 부족은 이러한 질문에 대해서 현재 상태로서는 확실하게 답변할 수 없다는 것을 의미한다.

그러나 적어도 다른 지방정부에서도 접근권 통제 관련 법률의 실행과 집행에 있어서 문제가 있다는 것을 보여 주는 단편적인 2차 증거들은 있다. 예를 들어 최근 북아일랜드의 한 지역에서 이루어진 공공건물에 대한 현장 조사에서 건축기준을 포함한 건축법이 심각하게 불이행되고 있다는 것이 밝혀졌다[9]. 이 조사에서 건물의 약 40%가 접근권 관련 법령을 위반하고 있는 것이 발견되었다. 1993년에 또 다른 조사가 뉴질랜드의 대도시인 오클랜드에서 수행되었는데, 여기서도 도시 주요 호텔 중 일부에서 이러한 유사한 법 이행 문제가 지적되었다

---

9) 1995년 9/10월에 진행된 남 와이카토 구의회(South Waikato District Council) 뉴질랜드 소방 서비스 부서(로토루아 구)에 의해 실행된 준수성 일정 감사(Compliance Schedule Audit)로, 남 와이카토 구의회로부터 구득한 감사자료 사본임.

(*New Zealand Disabled*, 1993년 12월호, 6면).


## 권리에 기반한 접근방식?

인권법은 건축법의 불이행에서 나타나는 문제를 설명할 수 있는가?
표면적으로는 인권법은 뉴질랜드 도시의 접근성을 증진하는 데 있어
서 상당한 가능성을 가지고 있다. 예를 들어 이 법은 운송 수단, 고용,
서비스 제공 및 거주시설에서의 접근성 개념을 확대시킨다. 이러한 가
능성은 1994년 장애인 활동가 조직이 뉴질랜드에서 지방 정부와 민
간 수송업체가 접근 가능한 버스 시스템을 공급하는 데 실패했다고 주
장하며, 인권위원회(HRC)에 일련의 소송을 제기하면서 확인되었다
(*Otago Daily Times*, 1994년 8월 9일자, 7면). 이 소송은 장애인 조직이
접근불가능하다고 판단한 버스를 구입한 공공 및 민간 수송업체의 결
정에 초점이 맞추어져 있었다. 이에 대응하여 웰링턴 지방정부의 수송
담당 공무원은 (하나의 소송에 대하여) 규모를 "알 수 없는 사람들 집단
에게 이익이 되게 하기 위하여 지방세 납부자들에게 비용 부담을 지우
는 것에 대해 우려했다"고 말했다(*Otago Daily Times*, 1994년 8월 9일
자, 7면). 장애인은 뉴질랜드에서 잘 보이지 않고 골칫거리인 소수집단
이라는 이러한 암시는 진실을 엄청나게 왜곡한 것이었다. 사실 뉴질랜
드인의 37%가 적어도 하나 이상의 장애를 가지고 있는 것으로 조사
되었다(Statistics New Zealand, 1993). 나아가 운송수단 접근성 문제
는 노인, 임산부, 유모차를 끄는 사람 등을 포함하는 '특수한' 이동 수

요가 있는 일련의 다른 사회집단에게도 즉각적인 관심의 대상이 된다 (Wrightson, 1989). 1995년 3월에 지역 대중교통수단 공급회사의 대표는 보편적 접근권을 옹호하는 인권법이 국가 버스시스템을 '죽이게' 될 수 있다고 경고했다.

> 만약 우리가 [그러한] 결정을 받아들이고 그 수요대로 설치한다면 우리는 대중교통체계를 가질 수 없을 겁니다. 단지 그걸 제공할 수 없었을 거예요. … 만약 우리가 인권법을 고수한다면, 효율적이고 많이 사용되는 시스템이 위험에 빠지게 될 겁니다. (*Otago Daily Times*, 1995년 3월 8일자, 13면)

배타적 버스 시스템을 '대중' 교통으로 묘사하고 있는 아이러니는 분명히 이 신문 해설자에게 주목을 받지 못했다. 인권법에서의 통합적 판결에 대한 운송수단 운영자의 반대는 1995년에 더욱 깊어졌다. 이 방식을 고려하면서 버스와 고속버스 조합의 운영진은 1995년 초반에 운송수단 운영자에게 "인권법에 항거할 것"을 촉구했다(*Otago Daily Times*, 1995년 3월 8일자, 13면).

인권법이 건축법 실행과정에서의 문제를 중단시키고 바로잡을 수 있는 더 상위의 법으로 활용될 수 있는지의 여부를 말하기는 어렵다. 만약 최근 장애인 활동가 조직의 교통접근성에 대한 경험을 고려하면, 인권법을 건축법으로 확대하기 위한 어떠한 시도도 공공건물 소유자의 강력한 저항을 만나게 될 것이라는 점은 의심할 여지가 없다.

많은 고용주, 건물 개발업자, 대중교통수단 운영자가 다양한 방식으로 ADA의 실행에 저항하고 있는 미국에서도 유사한 문제가 발견되었다. 뉴질랜드의 사례에서처럼 미국의 대중교통 공급자도 ADA가 그들에게 심각한 타격이 될 정도의 재정 부담을 가지게 한다고 주장했다. 1995년 워싱턴과 메디슨을 포함하는 미국의 주요 도시의 수송부서는 ADA의 요구사항에 대해 직접적으로 불평했다. 운송수단 운영자는 대중교통수단 및 네트워크를 보다 더 접근가능하게 만드는 법에 순응할 여력이 없을 뿐이라고 말했다. 클린턴 정부 당시 연방 교통부를 통해 도시에 공급되던 운송수단에 대한 지원금 삭감으로 상황은 조금도 나아지지 않았다(*Washington Post*, 1995년 3월 20~26일자, 31면). 데이비스는 다음과 같이 논평했다.

> ADA는 법이 실행되는 만큼만 효과적이다. 그러나 어떤 연방정부도 이 법을 집행하는 곳이 없다. … 그 법의 무게는 소송 혹은 소송에 대한 두려움에만 집중되어 있다. 그러나 소송은 비용 및 시간 소비적이며 소송을 하는 것은 대부분의 장애인들이 쓰는 수단 외의 것이다.(Davis, 1995: 159~160)

확실히 ADA는 많은 공공시설물에 대한 물리적 개선의 형태로 미국 장애인에게 중요한 이득을 제공했다. 그럼에도 불구하고 지금까지의 증거는 ADA가 장애에 따른 노동의 분화와 같은 장애에 대한 근본적인 구조적 원인을 제거할 수 없다는 걸 보여 준다. ADA가 통과되고 4년이 넘도록 미국에서 직장을 구한 장애인의 수가 증가하지 않았다. 실제로 국가기관이 수행한 장애에 대한 설문조사에서는 정규직 혹은 비정규직으로 고용된 성인 장애인의 비율이 1986년 33%에서 1994년 31%로 감소되었다고 결론내리면서, ADA 제정 이래로 장애인의 일반적인 노동력 상태가 악화되었다고 지적하였다(*New York Times*, 1994년 10월 23일자, 18면).

돈(Dorn, 1994: 104)은 ADA가 '장애인의 시민권 활성화'를 표현한 것이라고 확신했지만, 만약 시민권이 법적으로 명시된 권리 이상의 어떤 것을 의미한다면 이 주장은 도전을 받아들일 용의가 있는 것이다.[10] 명확한 건 이러한 권리는 많은 경우 현대 자본주의 사회를 만들어 낸 더 깊은 정치경제적·문화적 요구와 갈등한다는 것이다. 인권법은 특히 사회에서 핵심적인 문화적·경제적 이해 관계자의 저항과 장애인의 공평함에 대한 일관성 없는 국가의 책임에 취약한 것 같다. 예를 들어 호주에서는 새로운 신자유주의 정부에 의해 시행된 일련의 예산 삭감 및 제도 변화에 따라, 주요한 장애인 인권보호가 1997년에 엄청나게 약화되었다(*Canberra Times*, 1997년 9월 24일자, 3면).

요약해 보면 인권법은 아마도 장애인의 탈장애 환경을 이루기 위한 필수조건이나, 충분조건은 아닌 듯하다. 이러한 의견은 자본주의 사회에서 인권에 기반한 사회정의 접근에 대해 전부터 반대해 왔던 일반적 비평을 반복한다. 실제로 맑스(Marx, 1977)는 19세기 중반 저작에서, 당시 정치적 자유주의자들이 발전시킨 개념인 권리에 기반한 정의 개념의 허세를 경멸했다. 맑스가 관찰한 것처럼, 부르주아 개혁주

---

10) 공정하게 말하자면, ADA의 제정은 모든 형태의 장애 차별을 제거하는 것은 아니라는 것에 대해 돈이 인식하고 있다(예컨대, Dorn, 1994: 209~211).

의의 '순수한 도덕성'은 대규모의 미사여구이자 제스처이며, 좋은 것을 의미한다 하더라도 자본주의 사회에서 불평등을 야기하는 사회공간적 유형을 변화시키는 일은 거의 없었다. 현대에서 장애인 권리법 사례가 완전하게 효력을 잃은 명령이라고 말하는 것은 아니지만, 이러한 접근법이 스스로 장애 억압을 없앨 수는 없다는 것이 이 글의 주장이다.

## 결론

이 연구에서 보여 주는 것은 무엇인가? 첫째는 일련의 서구 국가에 대한 이론적으로 풍부한 접근 규제 분석이 제안하는 것은 법률 이행이 제도적-구조적 요소에 따른 정책틀에서 타협될 수도 있다는 것이다. 대략적으로, '평균적인' 소비자와 노동자의 이동성 수요를 반영하여 건조환경을 조성하려는 상품화된 토지 경제와 맞물려, 이러한 제한적인 영향력 경계 내에 장애인들이 일반적으로 경험한 사회 억압이 포함된다(Hahn, 1986). 덧붙여 영국과 미국의 정책실행 연구자들은 지방 거버넌스에서 탈규제와 공공의 기업가주의를 강조하는 현재 상황은 접근권 규제의 적용을 약화시켰다고 주장해 왔다.

접근권 규제가 장애인의 이동에 대한 수요를 설명하는 데 실패하고 있다는 것은 더니든 사례연구를 볼 때 확실하다. 많은 건물 소유자들은 접근권 법령을 완벽하게 이행하지 않고 있으며, 이러한 통제가 사업가들에게는 자주 가능한 한 피하고자 하는 비용부담으로 보인다는 것도 분명하다. 비록 시 공무원의 의견이기는 했지만 접근권 통제가 더니든에서 완벽하게 이행되고 있지 않다는 것도 분명하다. 이 연구에서 불이행과 비실행의 문제를 사실로 규명하였으나, 그 규모와 원인 어느 것도 완벽하게 설명되지는 않았다. 접근권 법률의 타당성과 그 실행의 효율성 모두 이미 쟁점이 되고 있으나, 법률이 비실행되는 잠재적 원인에 대한 상대적 중요성을 명확히 하기 위해서는 추후 연구가 더 필요하다.

더니든에서 접근권 규제에 대해 관찰된 문제의 원인이 부분적으로는 더 넓은 사회경제적 관계에 체현되어 있다는 것이 이 연구에서 알려졌다. 예를 들어 지방 토지경제학과 접근권 규제 간에 마찰이 있다는 것은 분명하다. 또한 더니든 시의회에 신자유주의적 정치학의 일반적 영향력도 의심할 여지가 없으나, 이 연구에서 부차적 이데올로기——특히 공공 기업가주의, 비용삭감 및 실행 규제——가 접근권 통제의 효율성을 잠식하는가를 규명하는 것은 가능하지 않았다.

앞에서 설명했던 것처럼, 더니든에서 관찰된 접근권 규제의 문제가 다른 지역이나 국가 차원에서도 일반적이라고 믿는 강력한 이론적 근거와 많지는 않지만 경험적 기반이 있다. 그러나 더 넓고 경험적으로 얻어진 정책 실행에 대한 조사를 통해 이러한 시사점이 사실인지 아닌지를 단순하게 규명할 수 있다. 접근권 규제와 관련된 문제가 적절하게 이해되려면, 비교 경험연구를 통해 관찰된 비실행과 불이행이 이루어지는 이유를 따로 떼어 내는 것이 필수적일 것이다. 따라서 접근권 이행과 실행에 대한 국제적 비교가 가능할 수 있도록 다른 서구 국가에서 유사한 연구가 이루어질 필요가 있다. 그러한 비교는 상이한 국가의 접근권 규제에 대한 접근이 실제로 구별되는——예를 들어 더 효과적인지 덜 효과적인지 —— 사업이행 결과를 가져오는가의 여부를 명확히 판단하는 것을 돕는다. 이러한 분석에서는 그러한 문제가 어느 정도나 구조적인지(예를 들어 국가의 성장정치와 같은 정치경제학 요소), 또 어떤 방식이 그들을 대표하는지(예를 들어 법의 실행과 준수 과정에서 특정한 장소에 따른 변형) 등을 탐구해야만 한다.

이 문제의 경험적 설명은 서구 도시에서 더 효과적인 접근권 규제를 만들기 위한 정치적 과업에 순차적으로 기여하게 될 것이다. 특히 그러한 연구는 접근성 정책의 실현 목적을 가장 크게 억제하는 구조, 실천, 상황에다 활동가 조직이 그들의 정치적 에너지를 보다 정확하게 투입하는 것을 도울 수 있다. 아마도 가장 중요한 것은 '접근권'과 '배제'라는 외견상 무해한 이 용어가 장애인에게는 말 그대로 (사회) 생활과 죽음을 의미한다는 것이기 때문에, 그러한 연구에서는 장애인의 경험과 의견에 특권을 주어 다루어야 한다.

# 10장 _ 탈장애의 지리학을 향하여

## 서론

이 결론의 장은 두 가지 목적을 가진다. 첫째는 이 책의 이론적·경험적 주장의 요점을 다시 제시하는 것이고, 둘째는 지리학이라는 학문이 정의와 존중을 위한 장애인들의 투쟁에서 장애를 탈피할 수 있는 역할을 수행할 수 있는 방법을 고찰하는 것이다. 나는 여기서 탈장애의 지리학(enabling Geography)을 위한 잠재력에 초점을 두겠지만, 제시된 진술들이 이 책에서 때로 언급했던 다른 공간학문들에도 쉽게 응용된다고 생각한다. 간단히 말해, 장애는 중요한 공간적 경험이며, 의자나 계단에서부터 국가의 제도적 실무를 구성하는 거시적 정책 영역들에 이르기까지 생각할 수 있는 모든 규모에서 체험되고 생산되는 어떤 것을 의미한다. 장애는 그 자체로 전통적으로 명시된 지리학적 연구의 경계를 넘어선다. 내가 보여 주고자 한 바와 같이, 사회과학과 인문학에서의 장애에 관한 기존 논쟁들에서 부족한 것은 단지 지리적 지식이라기보다는 공간적 관점이다. 건축가, 도시계획가, 환경론자들은 장애의 사회공간의 생산과 전환에 관한 보다 포괄적인 논쟁에 기여할 수 있으며, 또한 기여해야만 한다.

## 주장의 요약

이 책은 역사지리적 분석 방법에 근거를 두고 장애에 관한 다차원적 개념화를 제안했다. 연구는 장애의 역사지리에 관한 포괄적 이론화에 의해 틀 지어졌으며, 자본주의 사회에서 신체적 장애인의 경험에 초점을 두었다. 이러한 이론적 틀, 즉 체현된 유물론은 장애를 둘러싼 주요 존재론적 이슈들, 즉 시간, 공간, 체현에 관한 사회적 상호관계에 관한 분석을 통해 구축되었다. 2장과 3장에서, 나는 장애를 자연적 또는 사회적 힘의 단순한 반영으로 가정하는 여러 환원론적 이론들에 반대하는 주장을 하였다. 대신, 나는 결함의 물질적 현실을 인정하는, 즉 역사적 및 지리적으로 근거한 장애 모형을 제시하면서, 이러한 체현 형태가 상이한 시간 및 장소들에서 사회화되는 특정한 방식들을 강조하였다. 체현에 관한 나의 역사·지리적 이론은 아주 거친 붓질로 그려졌는데, 장애에 관한 다양한 개념적·경험적 연구를 안내하고 조정하는 추상적인 유물론적 틀로 의도된 것이다. 나는 현대 자본주의 사회에서 결함의 사회공간적 구성을 둘러싼 이데올로기와 실무를 설명하는 데 도움이 될 수 있는 새로운 역사·경험적 장애 연구를 요청하는 것으로 이 책의 1부를 결론지었다.

　이 책의 2부에서 나는 긴밀하게 연계되어 있지만 상이한 사회들에서 장애에 관한 일단의 역사·지리적 연구를 통해 이러한 과제에 대한 나 자신의 기여를 제안하였다. 나는 이러한 연구를 4장에서 두 가지 사례연구를 위한 아주 절박한 역사지리적 이슈를 논의하는 것으로 시작하였다. 이 논의는 생산양식의 구성적 관련성이 어떻게 장애의 사회공간적 구축을 조건 짓는가에 관하여 간략히 분석하였다. 중세 잉글랜드와 산업도시에 관한 연구는 결함이 봉건적 생산양식 및 자본주의적 생산양식 내에서 사회화되는 상이한 방식들을 보여 주었다. 핵심 결론은 과거 자본주의는 배제의 경관을 생산함으로써 장애인들을 탈사회화하는 경향이 있었다는 점이다(Sibley, 1995 참조). '조건 짓다'라는 동사의 사용은 여기서는 비판적 의미를 가진다. 연구는 자본주의 사회에서 결함의 탈산업화를 드러낸 반면, 장애인이 이러한 억압적인 구조적 경향들에 저항하고 그것들을 전환시키기 위한 많은 방법들 가운데 몇 가지 방법들을 제시하였다.

이 책의 3부에서, 경험적 분석의 초점은 현대 서구 자본주의 사회로 옮겨진다. 7장은 서구 사회에서 장애의 도시적 맥락에 관해 전반적으로 검토했으며, 장애의 현대적 사회공간을 분석하기 위한 정치적·윤리적 틀, 즉 탈장애의 환경으로 결론지었다. 8장과 9장에서 나는 장애인을 위하여 큰 결과들을 가지는 두 가지 국가 정책 영역, 즉 지역사회 보호(care)와 접근성 규제를 고찰하였다. 나의 분석은 양 영역 모두 서구 도시들에서 탈장애적 환경을 제공하는 데 실패했음을 보여 주었다. 이러한 정책 환경의 탈장애적 잠재력을 훼손시키는 여러 요인들이 있으며, 이러한 요인에는 핵심 정치·경제적 관계와 더불어 견고한 사회적 태도와 실행들이 포함된다. 나는 양 연구에서 특히 신자유주의적 정치·경제적 의제가 장애인들을 포함하여 주변화된 사회집단들에 대해 침통한 결과를 가진다고 주장했다. 신자유주의는 장애인들이 경험한 부정의를 더욱 악화시키는 방식으로 점진적인 사회적·환경적 정책들을 감퇴시키고 왜곡시키는 과시적 능력을 가진다.

내가 책의 이 장에서 논의할 수 있었던 장애의 사회적 공간은 많이 있었다. 선택된 사례 연구는 단지 나의 개인적이고 전문적인 관심을 반영하였다. 지리학자들과 다른 사회과학자들은 이미 보건, 여가, 주거 및 교통을 포함하여 다른 정책 영역들에 관한 비판적 설명을 제시했다. 나는 장애인을 위한 공적 정책에 관한 지리학적 논의가 적절한 시점에 번성하여, 장애 연구 및 사회과학 일반에서의 논쟁에 기여하고 이를 세련되게 하기를 희망한다.

요컨대 나는 이 책이 영미 지리학계 내에서 장애 이슈들에 관한 관심을 불러일으키는 데 이론적 및 경험적으로 기여하였기를 바란다. 그리고 나는 이미 나의 기여가 지리학적 연구에서 많은 새롭고 활발한 영역들 가운데 단지 하나일 것임을 알고 있다. 장애에 관심을 가지는 지리학자들이 새로운 전문성과 연구를 주도하려는 노력은 쉼없이 계속되고 있다. 이 이슈에 관해 무관심했던 지리학이 실질적인 연구로 매우 신속하게 움직이고 있는 것처럼 보인다.

'기여'라는 용어를 사용함에 있어, 나는 이 책의 이론적 주장 및 경험적 연구가 보편적 호응을 얻을 것이라고 주장하는 것은 아니다. 사실 나는 이 책의 에세이들에서 지리학의 일부를 포함하여 장애에 관한 사회과학적 설명에서 등장했던 특정한 이론적 경향들, 특히 여러 형태의 환원론들에 반대하고자 했다. 따라서 나는 이 책의 논의들이 공간과 장애 간 관련성에 관하여 급속히 확대되고 있으며 또한 뜨겁게 경합하고 있는 논쟁에 합류하기를 기대한다.


## 새로운 장애의 지리학

서론에서 나는 사회운동의 과제는 장애 억압을 제거하기 위해 필요한 근본적인 문화적·정치적·경제적 변화를 주장하고 이를 만들어 내는 것이라고 주장했다. 7장에서 지적한 바와 같이, 최근 몇 십 년간 장애인들은 이러한 목적을 달성하기 위하여 여러 서구 국가들에 걸쳐 점점 더 영향력 있는 사회운동을 구축하였다. 엄청난 수확이 있었지만, 진보를 위한 큰 장애물들이 여전히 남아 있을 뿐만 아니라, '시장 만능주의' 시대에 사회적 불이익이 확대됨에 따라 새로운 장애들이 우울할 정도로 빈번하게 등장하고 있다. 할 일이 많이 있다.

지리학과 지리학자는 장애인의 지속적인 투쟁에서 어떤 역할을 담당할 수 있는가? 이러한 어려운 질문에 대한 포괄적인 답변은 그 자체로 책 한 권이 될 것이고, 어떠한 경우에도 나는 나 자신과 같이 비장애인이 이러한 종류의 정치적 의사표현을 하는 것이 적합한지 잘 모르겠다. 바로 이러한 이슈에 관해 곰곰이 생각해 본 드레이크(Drake, 1997)는 비장애인은 장애에 관한 논의에 대한 아이디어와 의견에 적절하게 기여할 수 있지만, 장애 운동의 정치적 의제를 통제하고자 하는 결정적 행동에 관여해서는 안 된다고 주장했다. 분명 '기여'와 '개입' 간 구분은 많은 맥락들에서 구분하기 어렵다. 드레이크는 한 가지 유용한 방법을 제안하면서, 다음과 같이 주장한다.

'비장애'인이 차별 반대법을 위한 로비에 장애인과 함께하는 것은 받아들여질 수 있지만, 이들이 장애인을 위해 로비하는 것은 받아들여질 수 없다는 것이 나의 견해이다.(Drake, 1997, 644. 강조는 원문)

이러한 현명한 조언을 받아들이면서, 나는 내가 여기서 탈장애의 지리학을 위한 종합적 선언문을 제시하는 것은 부적절하다고 생각한다. 이는 개입으로부터 기여를 분리시키는 선을 넘어서는 것이다. 어떤 경우든, 나는 지리학이 장애 억압에 대한 투쟁에서 우리들을 어디로 데려갈 것인가에 대해 아무 생각이 없음을 밝히고자 한다. 그러나 나는 지리학이 장애에 관한 의문을 계급, 젠더, 인종, 나이 그리고 성과 같은 다른 형태의 사회적 균열에 대해 오늘날 올바르게 주어진 심각성의 유형과 대비되도록 함에 따라, 이러한 이슈는 명확해질 것이라고 믿는다. 게다가 장애와의 '대면'이 이루어지도록 하기 위하여, 지리학은 장애인과 이들의 사회운동으로부터 지리학을 오랫동안 분리시켰던 제도적 장애들을 제거하는 것이 필수적이다.

이에 따라 이 책의 결론을 짓기 위하여, 나는 지리학이 자신과 장애인들 사이에 만들어져 있는 장애물들을 어떻게 제거할 것인가에 관한 몇 가지 생각을 제시하고자 한다. 특히 나는 지리학이 장애인의 보다 포괄적이고 해방적인 투쟁에서 어떤 역할을 하기 위해 필요한 이론적 및 실천적 연구 의제들의 전환을 곰곰이 생각해 볼 것이다. 나의 접근은 지리학의 탈장애적 잠재력은 이러한 장애물들이 제거되기 전까지는 완전히 알 수 없을 것이라는 믿음을 전제로 한다.

## 연구 주제

1장과 2장에서 나는 영미 지리학 내에서 다양한 국가적 맥락에서 등장하고 있는 장애에 관한 새로운 공간적 연구들을 지적하였다. 그러나 장애에 관한 이러한 새로운 연구의 대부분은 사회지리학자 및 문화지리학자들의 소규모 동호인 모임에 의해 이루어진 것은 사실이다. 따라서 장애 이슈들에 관해 거의 관심을 보여 주지 않은 지리학적 연구의 체계적 영역들, 그 중에서도 특히 경제지리학, 도시 및 역사지리학이 아직 남아 있다. 다음에서 나는 장애에 대한 관심이 이러한 다른 전공 분야들로 어떻게 확장될 수 있는가에 관해 간략히 피력하고자 한다.

### 도시공간의 생산

도시지리학 문헌에서, 최근 몇 십 년 동안 공간의 사회적 생산을 설명하기 위한 연구들이 많이 이루어졌으며, 일단의 구조적·제도적 힘들이 도시와 다른 도시 공간들의 형성을 어떻게 조건 지었는가에 초점을 두었다(Johnston et al., 1994). 이러한 이해에 기여했던 많은 분석들은 이러한 복잡한 현상들의 다른 측면들, 즉 자본이 어떻게 도시를 형성했는가에 관한 정치경제학(Smith, 1984)에서부터 공간의 규제와 규제의 공간을 고찰하는 제도적 지리학들(Badcock, 1984; Pinch, 1997)을 거쳐 일대기(biography)를 장소와 연계시키는 귀납적 연구(예컨대, Rowe and Wolch, 1990)에 이르기까지 상이한 측면들을 강조했다.

그러나 지리학적 연구의 이러한 유의한 영역에서, 생산된 공간의 비판적 측면, 예를 들어 대부분의 도시들이 장애인을 포함하여 상당히 많은 주민들에게는 접근불가능하다는 점에 관한 어떤 인식(이에 관한 분석은 제쳐놓고라도)을 찾아보기란 쉽지 않다. 대부분의 주요 도시지리학 수업 교재들은 장애와 접근성에 관한 이슈를 간과하고 있다. 1980년대 등장한 접근성에 관한 주요 이론적 연구가 지리학자가 아니라 정치학자에 의해 제시되었다는 것은 역설적이다(Hahn, 1986). 2장과 9장에서 지적한 바와 같이, 최근 임리(Imrie, 1996a)나 부야코빅과 매슈스(Vujakovic and Matthews, 1992, 1994)와 같은 도시사회지리학자들이 접근성에 관한 의문에 주목한 바 있다. 그러나 현재까지 이러한 분석들은 도시지리학을 위한 주요 관심으로 접근성을 부각시키지 못했다.

9장에서 내가 보여 주고자 한 바와 같이, 접근 규제에 관한 의문은 선진 자본주의 사회들에서 공간의 생산에 관한 이론적 논쟁의 핵심과 직접 관련을 가진다. 접근성은 건조환경을 모양 짓는 정치경제적·문화적 역동성의 집합체에 근거한다는 점에서 생산된 공간의 매우 중요한 차원이다. 내가 이미 주장한 바와 같이(9장 참조), 접근에 관한 최근 문헌들 가운데 많은 부분은 접근성이 마치 많은 개별 관료들, 건물 소유자들, 그리고 교통 운전자들에 의한 생각 없는 행동의 '우연적' 산물인 것처럼, 접근성에 관해 대체로 단순하고 비역동적인 견해를 가정한다. 공간 생산의 관점을 통해 도시지리학은 다른 학문들과 공공정책 영역들에 만연한 바와 같은 접근불가능성에 관한 빈약한 이해를 풍부하게 하는 데 큰 역할을 할 수 있었다.

내가 서술한 바와 같이, 이러한 탈장애의 힘이 지리학 내에서 특히 임리(Imrie, 1996a)의 획기적인 연구 그리고 장애인을 직접 포함한 부야코빅과 매슈스(Vujakovic and Mathews, 1992)의 토대적 연구를 통해 깨어나고 있다는 징조가 있다. 이러한 분석들 모두는 접근불가능한 공간의 생산에 있어 상이한 측면들, 즉 이동성 경험과 장애인의 전략에서부터 도시 접근성의 결정적 단계들에서 규제적 및 정치경제적 힘이 담당하는 역할에 이르는 여러 측면들을 고찰하였다. 장애에 관한 이러한 새로운 분석들에는 도시지리학의 교육 및 연구의 핵심적 관심에 기여할 수 있는 많은 것이 함의되어 있다.

## 장애의 경제지리

지리학은 장애의 경제적 측면을 보다 심각하게 고려해야 한다. 경제 및 산업 지리학을 다루는 주요 저서들과 학술지들이 그들의 분석들에서 장애에 관한 어떤 논의를 담고 있는가를 살펴보면, 아무 성과가 없을 것이다(Hall, 1994, 1997). 영향력 있는 『인문지리학 사전』은 경제지리학의 영역을 "삶을 이루기 위한 사람들의 투쟁에 관한 지리학"으로 정의하고 있다(Johnston et al., 1994: 147). 그렇다면, 경제지리학자들이 그들의 존재 자체가 심각한 물질적 투쟁에 의해 압도되고 있는 상당한 사회집단을 무시한 것은 이상한 것이 아닌가?

최근 페미니스트들은 경제지리학이 자본주의 사회에서 경제적 활동을 뒷받침하는 사회적 관계에서 비계급적 균열, 특히 젠더와 성을 무시하고 있다고 비판하였다(Rose, 1993). 같은 주장이 장애, 즉 내가 이 책의 3부에서 제시한 바와 같이 빈곤, 노동시장 배제, 복지 의존

성, 저임금을 유도하는 특정한 일단의 경제적 현실들에 의해 특징지어
지는 어떤 사회적 정체성에 대해서도 제기될 수 있다. 이러한 조건들
은 자본주의 사회에서 많은 여성들의 경험을 공통적으로 규정하는 조
건들과 공조하지만, 장애와 젠더는 특이한 경제적 정체성들이다. 예컨
대, 생물학-생리학[적 특성]은 여성과 장애인 양자 모두에게 노동력
가치절하의 근원일 수 있지만, 장애인은 매우 특이한 방법으로 노동시
장을 경험한다(Abberley, 1997).[1] 비장애 여성의 경제적 경험과 장애
인의 경제적 경험 간 중요한 지리적 차이는 흔히 '보호(sheltered) 작
업장'이라고 알려진 특정한 산업 영역들에서 많은 장애인들이 배제된
다는 점이다(Alcock, 1993).

내가 6장에서 주장한 바와 같이, 보호 작업장은 20세기 초 서구
도시들 내에서 산업이 받아들이기를 대체로 거부하는 일단의 장애
노동력에 의해 제기된 문제에 대한 '인간적' 해결책으로서 등장했다
(Ronalds, 1990). 그러나 보호 작업장은 현대 도시의 경제 내에서 노동
자들을 위한 주변화와 착취의 장소라는 점 또한 지적되었다(7장). 보
호 작업장은 주류 고용의 장으로부터 장애인의 배제를 촉진하고, 또한
흔히 이 노동자들을 저임금과 열악한 노동 조건에 처하도록 했다. 그
럼에도 불구하고, 보호 작업장에서 장애 노동자들이 봉착한 문제들은
대부분 국가들에서 거의 기록되지 않았다. 보호 작업장의 내부 노동
레짐과 이러한 특이한 생산 장소가 보다 넓은 산업적 경관에서 담당한

---

1) 물론 젠더와 장애로부터 발생하는 분리된 차별은 개인의 사회적 정체성 내에서 중첩되며, 일
   부 페미니스트들이 장애 여성에 관해 '이중적 핸디캡'이라고 부르는 것을 유발한다(Lonsdale,
   1990 참조).

일반적 역할을 평가할 수 있는 분석이 절실히 필요하다. 보다 일반적 역할에 관한 외생적 고찰과 관련하여, 이러한 어설픈 저임금 레짐은 노동집약적 산업들(예로, 포장하기) 내에서 기술변화의 비율과 종류에 총체적 또는 최소한 부분적인 영향을 미칠 것이라고 가정될 수 있다 (Oliver, 1991).

게다가, 장애와 노동시장에 관한 이러한 지리학적 분석은 국가 정책 및 지역정책 영역과의 비교를 통해 확대될 수 있었다. 올리버 (Oliver, 1993: 52)는 장애고용정책과 관련하여 "근대 산업사회에서 노동의 수요 측면에서 작업의 사회적 조직에 목표를 둔 정책적 시도는 명목상 전혀 없었다"고 진술했다. 물론 독일의 경우는 중요한 예외 인데, 독일에서는 연방 법이 대부분의 회사들에게 피고용자의 일정 비율을 장애인으로 채용하도록 요구하고 있다(Bundesministerium für Arbeit und Sozialordnung, 1997). 문제가 없는 것은 아니지만, 독일의 접근은 이 나라의 장애인 고용기회를 증대시키는 데 큰 기여를 한 것처럼 보인다(Arbeitsgemeinschaft der Deutschen Hauptfürsorgestellen, 1995). 독일과 다른 국가들의 노동정책 영역들의 비교는 영미 국가들에서 수요 측면의 규제들을 위한 사례를 지원하는 데 도움을 준다.

물론 다른 장애의 경제지리들도 서술되어야 할 것이다. 예컨대, 호주 정부에 의해 설립된 1970년대 빈곤연구위원회(Commission of Inquiry into poverty)는 입지(the location)가 장애인에 의해 경험된 빈곤 수준의 주요한 결정자임을 발견했다(Gleeson, 1998). 또한 20년 전, 허그(Hugg, 1979)는 미국에서 '노동 장애'와 빈곤에 관한 공간적 분석을 수행했는데, 이는 이러한 두 변수들 간에 분명한 사회적·지리적 관련성을 보여 주었다. 그러나 이러한 주창적 연구들 어느 것도 주류 경제지리학 내에서 어떤 주목을 끌지 못했던 것 같다. 이러한 점에서 탐구해야 할 경관이 우리를 기다리고 있다.

## 시설의 지리

제2차 세계대전 이후 서구 국가들에서 사회적 보호에 관한 인간 서비스 시설들과 이러한 양식의 재구조화에 관한 지리학적 문헌은 오늘날 매우 많다.[2] 철학(특히 Foucault, 1975, 1979)과 사회사(특히 Ignatieff, 1978; Rothman, 1971)에서의 연구에 고취된 이러한 문헌은 사회적으로 의존적인 사람들을 위한 시설 보호의 역사적 측면들을 도표로 서술했다. 이러한 역사지리들(Dear and Wolch, 1987; Driver, 1993; Park, 1995; Philo, 1995, 1996)은 19세기부터 고아, 환자, 노인을 포함하여 늘어나는 사회적 의존 집단들의 계층을 추방했던 '감금적(carceral) 경관'(예컨대 병원, 수용소, 작업장의 건설)의 등장을 예시했다.

지리학자들은 또한 보다 최근 대부분의 서구 국가들에서 사회적 보호의 시설 양식에서부터 지역사회 기반적 양식으로의 전환을 연구했다(Bain, 1971; Dear et al., 1994; Dear and Wolch, 1987; Fincher, 1978; Giggs, 1973; Kearns et al., 1992; Smith and Giggs, 1988;

---

2) 이러한 문헌은 오늘날 매우 많기 때문에 여기서 다 인용하기는 어렵다. 지리학자들에 의한 제도적 돌봄에 관한 저작들에 대한 훌륭한 개관은 디어와 울치(Dear and Wolch, 1987), 필로(Philo, 1998) 그리고 스미스와 긱스(Smith and Giggs, 1988)에 의한 편집서에서 찾아볼 수 있다.

Wolpert and Wolpert, 1974). 앞서 언급한 바와 같이, 탈시설화에 관한 지리학적 연구들 대부분은 대부분의 서구 국가들에서 대형 수용소와 병원들을 대체하고 있는 근린지구-기반적 보호 시설들에 대한 지역사회의 국지적 저항의 유형들을 탐구했다(Dear and Taylor, 1982; Gleeson and Memon, 1994; Moon, 1988). 게다가 지리학자들은 공적 사회정책들이 얼마나 빈약하게 실행되어, 많은 탈시설화된 사람들이 계속해서 많은 서구 도시들에서 증대하는 노숙 인구의 일부로서 빈곤과 사회적 고립으로 고통을 받고 있는가를 보여 주었다(Dear and Gleeson, 1991; Law and Wolch, 1993; Laws and Lord, 1990; Wolch and Dear, 1993).

시설 및 지역사회 보호에 관한 일단의 지리학적 연구에 관해 제기될 수 있는 중요한 비판은 이러한 연구가 신체적·지적 장애를 배제하고 특정한 사회집단, 즉 노숙자 및 정신적 질환자에 초점을 두었다는 점이다. 공식적 용어에서의 국제적 편차로 인해 발생하는 혼란을 전제로, 생리적 차이와 관련된 정신적 질환, 심적 장애, 신체적 장애 간을 구분해야 한다. 파크 등(Park et al., 1998: 222)에 의하면, "지리학자들은 정신병적 장애에 비해 … 지적 장애에 대해서는 거의 주목하지 않았다". 신체적 장애에 대해서도 같은 말을 할 수 있다. 시설 지리학과 의료보건 지리학의 포괄적 영역은 정신적 건강에 관한 이슈들에 관심을 집중시켰으며, 신체적·지적 장애에 대한 관심은 부족했다.[3]

장애인들과 정신적 질환자는 동일한 방법으로 탈시설화를 경험하

---

3) 월퍼트(Wolpert, 1978)의 저작은 이러한 주장에 대한 예외이다.

지는 않았으며, 이러한 차이에 민감한 지리학적 분석이 필요하다. 이러한 분석은 장애인과 정신적 질환자가 어떻게 시설화 및 그 이후 상황에 봉착했는가에 관한 연구들 사이에 비판적 연계를 설정하고, 이러한 두 사회적 집단들의 경험의 차이와 공통성을 드러내고자 하는 견해를 가져야 한다. 파(Parr)가 서술한 바와 같이,

> 장애, 장애인 차별주의(ableism) 그리고 공간에 흥미를 가지게 된 지리학자들과 정신적 건강에 관해 보다 지속적인 지리적 흥미를 가진 지리학자들 간 일련의 중요한 연계가 존재한다. 이러한 연계들은 의료화의 역사, 그리고 심리적 및 생리적 차이를 가진 사람들에 관한 정상성과 비정상성의 이원론적 사고 부여의 역사에 대한 비평을 포함할 것이다. (Parr, 1997b: 438)

예로, 요양원 분야에 관한 새로운 지리학적 연구의 커다란 잠재력이 존재하며, 최근 이러한 요양원은 미국, 호주, 뉴질랜드와 같은 서구 국가들에서 장애인들을 위한 중요하고도 흔히 억압적인 시설 경관으로 등장한다(Dorn, 1994; Laws, 1993). 새로운 지리학적 분석들은 요양원 분야에 관한 로스(Laws, 1993)의 선구적 연구를 확장하여, 이러한 형태의 지역사회 보호에서 장애인, 정신적 질환자, 노인의 독특하고도 중복적인 경험들을 모두 고찰하고자 했다.

디어(Dear, 1992)는 서비스 의존적 사람들의 대중적 인지가 매우 다채로움을 인정하고, 사회적으로 주변화된 여러 집단들을 위한 지역사회 선호(preferences)의 '조달 순위'(pecking order)를 지적했다. 정

신적 질환과 에이즈를 가진 사람들을 포함하여 서구 도시들의 지역사
회들에서 가장 두려워하는 사회적 집단들은 조달 순위의 '가장 높은'
꼭지에 있다. 디어(Dear, 1992: 289)는 "님비 감정의 강도는 특정한 서
비스 고객들에 따라 매우 다양하다"고 올바르게 지적한다. 그는 이어
서 신체 장애인은 아마 대중적 불안의 차원에서 가장 낮은 단계를 차
지하는 집단들 가운데 하나일 것이라고 서술했지만, 신체 장애인에 대
한 지역사회 반응에 대한 지리학적 분석의 사례를 인용하지는 않았다.
그러나 이러한 분석은 영국에서 문(Moon, 1988)에 의해 수행되었는
데, 님비의 태도에 관한 그의 연구는 '신체적으로 핸디캡을 가진' 사람
을 위한 숙박소가 노숙자, 마약이용자, 가정폭력으로부터 피난처를 찾
는 여성들을 포함하여 다양한 다른 사회집단들을 위한 시설들보다도
지역사회에 덜 '유해한' 것으로 이해된다는 점을 알아내었다. 문의 연
구는 정신적 질병을 위한 시설에 대한 태도를 측정하지는 않았지만,
그는 "정신적 질환의 경우 결과는 더 부정적일 것임"을 분명히 했다
(Moon, 1988: 213).

앞서 상술한 관점에서, 장애인, 노인, 어린이와 같이 '덜 유해한' 집
단들을 위한 보호 연계망의 수립에 대한 지역사회의 반응을 새롭게 연
구함으로써 님비 신드롬에 관해 고려할 만하고 통찰력 있는 기존 지리
적 지식에 대해 좀더 민감해지는 것이 중요하다. 사회과학의 다른 영
역들에서는 이러한 사회집단들의 지역사회 수용에 관한 연구(Balukas
and Baken, 1985; Berdiansky and Parker, 1977; Currie et al., 1989)가
수행되었지만, 이러한 연구들 가운데 어떠한 것도 지리학자들이 님비
신드롬을 이해하기 위해 사용했던 중요한 공간적 개념들, 예컨대 외부

성, 거리조락[4]을 완전히 발전시키지는 못했다. 사회집단들 간 이러한 분석적 차이가 없다면, 지리학적 지식이 지역사회 지원 서비스를 이용하는 모든 집단들을 향한 일반적인 사회적 태도의 존재를 잘못 추정하는 공공정책들에 기여할 위험이 있다. 이러한 잘못된 일반화의 실천적 결과는 장애인을 위한 주거 공동체의 보호를 제공하는 행위자들이 프로그램 계획을 억제한다는 점이다.

## 연구 및 정치 참여

이 책에서 나는 자본주의 사회에서 장애에 관한 역사·지리적 분석을 위해 개요를 제시했다. 모든 탈실증주의적 관점과 마찬가지로, 역사·지리적 접근은 이론가와 '주체' 간의 정치적 참여의 문제를 공개적으로 규정하고자 한다. 지리학과 장애인의 경험의 정치적 접합은 이 책에서 내가 매우 제한된 방법으로 언급했던 바와 같이 지리학자들에게 어려운 윤리적·지적 딜레마를 제기한다.

최근 몇 십 년간 비판적 지리학자들 사이에, 연구는 학계를 넘어서서, 사람과 사회 집단들이 일상적 억압을 경험하는 실제 사회적 맥락 내에서 해방적 역할을 추구해야만 한다는 자각이 증가하였다. 1장에서 서술한 바와 같이, 슈나드(Chouinard, 1997)는 장애의 지리학이라는 영역의 등장을 위해 같은 요구를 하면서, 장애인의 실제 정치적 투

---

4) '외부성'은 어떤 토지이용 활동으로부터의 파급효과(spillover effect)이다. '거리조락'은 그 출발점에서부터 거리가 증가함에 따라 외부성의 강도가 쇠퇴하는 경향을 의미한다.

쟁에 기여하는 접근들을 주장하였다. 나는 1장에서 이 책과 같이 출판된 저작들은 장애인의 투쟁을 직접 전제할 수 없다고 할지라도 간접적으로 기여할 수 있고 또 그렇게 해야만 하며, 지리학자들은 그들의 저작을 장애 공동체들에게 접근가능하고 이에 따라 유관하도록 만들어야 할 필요는 여전히 남아 있다고 주장했다. 이러한 목적을 위하여 한 가지 분명한 전략은 장애의 지리학자들이 그들의 저작을 자신의 학문을 넘어서 특히 장애 운동의 학술적 및 정치적 포럼들을 통해 비판적 논의를 거치는 것이다. 사실 나는 장애의 지리학자들을 위한 주요 전문가 포럼인 DAGIN[5]은 특히 미국 내에서 장애 연구와 장애 운동의 영역에 점차 관심을 가지게 되었다는 점에서 매우 긍정적 조짐이라고 생각한다.[6]

그럼에도 불구하고, 슈나드(Chouinard, 1994, 1997)가 우리들에게 상기시킨 바와 같이, 지리학자들은 출판과 학회 논문이 제시하는 장애의 정치에 단지 형식적·간접적 참여에 한정해서는 안 될 것이다. 슈나드는 장애인을 포함하여 사회적으로 주변화된 집단들을 위한 다중적인 정치적 관심을 포용할 수 있도록 재구성되고 민주화된 급진적 지리학이 필요하다고 주장했다. 그녀에 의하면, 이러한 새롭고 대범한 급진주의는 지리학자들이 주변화된 사회집단의 경험들과 실천적·정

---

5) [옮긴이]'장애와 지리학 국제 네트워크'(Disability and Geography International Network).
6) 이러한 진술의 증거는 명백히 일화적이지만, 그럼에도 나는 설득력이 있다고 생각하고, 서브리스트, GEOGABLE에서 비지리학자들의 참여 증가를 포함시키고자 한다. 또한 특히 미국에서 장애 이슈에 관한 다양한 학회 및 세미나에 지리학자와 비지리학자들 간의 협력 증가도 인용할 수 있다.

치적으로 연계될 것을 요구한다.

[이러한 급진주의는] 단지 최신식 '유행'이 환영받기 때문에 이를 따라
가는 것이 아니라, '지식은 권력'이라는 사고를 매우 진지하게 받아들
이는 학자로서 우리 자신이 '명예를 걸도록' 하는 것임을 의미한다.
이 점은 또한 우리의 능력을 학계의 주변이나 바깥에 있는 집단들의
뜻에 맡기고자 하는 개인적 결정을 의미한다. 이는 '도덕적으로 높은
이유'를 취하지 않으며, 단지 당신이 억압에 저항하는 투쟁에 도움이
되기를 원한다면, 당신은 투쟁 현장(trench)과 '연결되어야' 한다고
말하는 것이다.(Chouinard, 1994: 5)

이에 따라 급진주의는 탈장애의 지리학에 대한 가장 실천적이고
가장 도전적인 요구를 강조한다. 즉 지리학자들은 결함이 있는 사람을
억압하는 사회공간적 형성에 저항하는 정치적 투쟁에 참여해야 한다.
우리는 슈나드가 마음속으로 생각했던 직접 참여의 형태를 어떻게 달
성할 수 있는가에 관한 논쟁을 학문적으로 전개할 필요가 있다. 특히
탈장애의 지리학을 위해 적합한 연구 전략의 유형에 관한 논의가 있
어야 할 것이다. 슈나드(Chouinard, 1994, 1997) 자신과 슈나드와 그
랜트(Chouinard and Grant, 1995), 돈(Dorn, 1994), 홀(Hall, 1994), 그
리고 키친(Kitchin, 1997)을 포함하여 많은 논평가들은 이 이슈에 관
한 논의가 시작되도록 하는 데 기여했다. 모든 논평가들은 연구 전략
을 강화할 필요가 있음, 즉 장애 운동의 정치적 필요에 직접 기여하는
지리학자들의 참여를 강조했다. 이러한 이슈에 관한 최근의 고찰에

서, 슈나드(Chouinard, 1997)는 권력 공유하기를 우선시하는 여러 가지 탈장애 연구방법들을 열거했다. 특히 이 방법들은 기술적 기능과 정보를 장애인에게 양도하기, 그리고 연구자의 우선성을 분산시키는 포용적 연구 과정의 추구 등을 포함한다. 유사하게 키친은 "연구 주체와 함께 그리고 연구 주체에 의한 연구의 촉진을 통해 사회 행동의 도덕적 지리학을 촉진"하고자 하는 '참여행동 연구'(participatory action research, PAR) 모형을 주창한다(Kitchin, 1997: 2, 강조는 원문). 슈나드의 '권력 공유하기'에 조응하여, PAR 모형은 "분석과 해석에 대한 사고와 데이터 생성에서부터 최종 보고서 작성하기에 이르는 연구 과정에 연구주체를 완전히 통합시키고자" 한다(Kitchin, 1997: 2).

물론, 탈장애의 지리학은 연구 방법의 강화를 확인하는 것 이상이어야 한다. 이는 또한 장애인의 정치적 무대와 이들의 다양한 운동들을 위치 짓고 이들과 연대해야 한다. 장애와 연대하기의 과제는 불가피하게 연구자들을 자극한다. 이는 우리가 우리의 작업에 관해 정치적으로 생각하고, 또한 우리 스스로를 직접적인 정치적 평가에 드러내도록 요청한다. 그러나 '연대의 장소'(places of engagement)를 위치 짓는 과제는 그렇게 어려운 것이 아니다. 사실 우리들 가운데 많은 사람은 이미 장애인을 위한 투쟁의 중요한 영역 내에 위치해 있다. 내가 7장에서 논의했던 교육적 목표달성에 대한 장벽에도 불구하고, 우리 학생들과 동료들 중에도 고등교육을 받고 있는 장애인들이 많다. 따라서 우리 자신의 작업장(대학교, 연구소, 관료기관)은 아마 슈나드가 예상한 해방적 연대를 위해 가장 적합한 출발 장소이다. 많은 사례들에서, 이러한 기관들은 장애를 유발하는 장소로서, 장애 학생과 직원들의 발달에 대한 물리적·지적·행정적 장벽임을 보여 준다(Harris et al. 1995). 이러한 많은 기관들은 비장애 교원의 참여를 환영하는 장애 주창적 포럼들을 가지며, 대체로 학생 조직들과 연결되어 있다. 나는 이러한 집단에 참여함으로써 장애 정책에 관한 이해를 향상시켰다. 대학교는 여러 의미에서 장애인을 위한 투쟁의 폭넓은 무대를 줄여 놓은 축소판이다. 나는 또한 포용적 수업방식, 일상적 접근 이슈, 교육기관의 장애 실무에 관해 많은 것을 배웠다.

골리지(Golledge, 1993)는 장애의 경험에 대처하기 위하여 결함 있는 사람들의 능력을 향상시킬 수 있는 지리학적 연구를 요청한다. 나는 장애인의 일상적 삶에 가치를 거의 두지 않는 사회과학에 대한 그의 초조감을 이해하지만, 나는 탈장애 지리학은 장애 효과를 단순히 개량하는 것 이상을 하는 것에 목표를 두어야 한다고 생각한다. 내가 이 책에서 발전시킨 역사·지리적 입장에서 보면, [사회적으로 부여되는] 장애는 보다 심층적인 사회정치적 차원, 즉 사회적 공간을 창출하고 이에 따라 체현의 사회적 경험을 모양 짓는 과정의 차원에서 반대될 수 있으며 또 반대되어야 함을 의미한다. 특히 장애인을 포함하여 많은 사회적 집단들을 배제하는 경관을 창출하는 과정에서 담당하는 역할을 고려한다면, 상품 노동 시장과 자본주의적 토지경제와 같은 구조들은 해방 투쟁의 중요한 영역으로 간주될 수 있다.

물론 이러한 주장들은 원대한 정치적 포부이며, 나는 이러한 포부가 단지 궁극적으로 자본주의 사회를 틀 짓는 억압적이고 소외적 관계로부터 포괄적으로 점진적인 전환의 일부로서 성공할 수 있다고 생각한다. 그럼에도 불구하고, 다양한 국가적 및 지역적 장애 운동이 보여 준 바와 같이, 장애 억압의 근원들에 대응하기 위하여 당분간 할 수 있는 많은 것들이 있다. 지리학적 분석은 핵심적인 장애 관계를 분석하는 데 목적을 두는 전략, 정책, 규제를 제시함으로써 이러한 해방적 운동에 기여할 수 있다. 예컨대, 이 장의 앞 부분에서 서구 정부들은 장애 노동시장의 수요 측면을 규제하려 하지 않았다고 지적했다. 독일 노동법과 같이 대안적인 접근들의 엄정한 비교 분석은 영미(그리고 그 외) 국가들에서 탈장애 법과 정책을 위한 지원을 함양하는 데 도움을 줄 것이다. 이런 종류의 연구는 대학을 넘어서서, 국가 정책 및 실무에 영향을 미치고자 하는 장애 운동의 차원(들)까지 확장되는 규모의 정치적 연대를 요청한다. 분명, 장애인들에 의해 수행되는 다양한 지역사회 투쟁을 포함하여, 작업장과 정치 사이에 놓여 있는 다른 많은 연대의 차원들이 있다.

우리의 연대의 규모가 어떠하든지, 탈장애의 지리학을 유도할 수 있는 정치·윤리적 개관을 위한 필요가 발생한다. 궁극적으로 이러한 이상은 장애 운동들 자체에 의해서만 정의될 수 있다. 그러나 나는 지리학자들은 이러한 정치·윤리적 정의의 과정에 기여할 수 있으며, 기여해야만 한다고 믿는다. 이 책에서 나는 탈장애의 지리학은 사회정의에 관한 포용적이지만 또한 획일적이지 아니한 이상을 요청한다고 주장했다. 보다 특정적으로, 나는 이러한 윤리적 이상은 그 핵심적인 정치 목적으로 물질적 공정성, 사회문화적 존중, 그리고 사회공간적 포용을 가질 것이라고 주장했다. 나아가 나는 이러한 목적들이 보편적인 도덕적 표준의 공표만으로 달성될 수 없음을 주장했다. 오히려 이들은 사회적 차이를 가정하고 이에 따라 현대 자본주의 사회에서 존재하는 다양한 인간적 필요를 접합시키고 이들을 만족시킬 수 있는 정치적 연대를 통해서 획득될 수 있다. 연대는 탈장애의 수단이라는 사고는 지리학자들에게 장애인들이 자체적으로 조직한 운동에 직접 기여하도록 요청한 슈나드와 다른 학자들(예컨대, Hall, 1994)에 의해 되울려 퍼졌다. 직접적 연대는 지리학적 연구가 장애인들에 봉사하여 역량을 강화하고, 이에 따라 많은 사회과학, 심지어 명시적으로 진보적인 형태의 사회과학조차 주변화된 사람들의 경험을 아무런 보답 없이 활용하는 경향을 회피할 수 있도록 보장하는 가장 강력한 방법이다. 슈나드가 서술한 바와 같이,

> 장애 차이에 관한 특권적 지식들에 대한 이의제기는 장애를 가진 사람의 경험에 '목소리'를 내도록 하기를 넘어서 지리적 지식의 생산에서 장애를 가진 사람들의 역량을 적극적으로 강화시키는 데까지 나아가는 연구 방법을 요청한다.(Chouinard, 1997: 384)

분명 바로 이와 같이 장애 실무와 이데올로기에 반대하여 역량을 강화시킬 수 있는 지식을 지향하는 이러한 능력이 탈장애의 지리학을 정의할 것이다.

# 부록 _ 사용된 1차 자료에 관한 주석

## 봉건 시대의 사례 연구(5장)

### '자료의 빈곤' 문제

봉건 시대 소작농 계급의 경험을 연구하는 역사가들은 자료의 빈곤이라는 문제에 직면한다. 부분적으로 이러한 경험적 자료의 결핍은 중세연대기의 계급과 젠더적 원인과 편견의 결과이다. 중세의 기록 담당자들이 남긴 자료는 대부분 봉건귀족 계급(특히, 유명인들)의 생활에 관한 역사적 설명이다. 반대로 봉건 시대 소작농 계층의 경험은 사법적 (예를 들어 장원의 법정 기록) 또는 종교적 이유에서 기록된 것들의 흔적으로만 남아 있다. 최근, 지방(촌락 및/또는 장원의) 기록에 대한 철저한 연구는 어떤 지역사회들에서 소작농민들의 구체적인 경험에 관한 많은 것들을 발굴하고 있다(예를 들면, Howell, 1983; Hanawalt, 1986). 그럼에도 불구하고 소작농민의 생활에 대한 현재의 역사적 그림은 개괄적인 경험적 일격(stroke)으로 구성된 전반적 인상이다.

여기에 이 연구의 큰 어려움이 있다. (특정 장원의 법정 기록과 같은) 원기록의 검토가 이 연구를 위해 가장 바람직할지 모르지만, 그러한 작업은 나의 학문적 능력과 관심 바깥이다. 원시 형태의 봉건 시대 자료들은 일반적인 사회과학 분석에 용이하지 않다. 그리고 각각의 설명은 수년에 걸친 경험 있는 중세연구가의 노력을 요구할지도 모른다. 현 연구에서 이러한 어려움을 극복하는 방법은 먼저 봉건사회의 특정 지방의 발간된 기록들에 의존하는 것이었다. 덧붙여 발간된 1차 자료에 대한 광범위한 조사가 신체 결함의 산 경험에 대한 증거가 있는 특별한 자료 세트가 있을지 모른다는 희망 아래 이뤄졌고, 2차 자료의 분석을 구체화하기 위해 사용되었다. 중세의 1차 자료 검토는 분석이 가능한 기록들 혹은 신체 결함의 증거를 포함한 기록들을 찾아내는 데 실패하였다.

궁극적으로 경험적 조사의 역사적 범위가 영국 카운티 기록 시리즈에 두 개의 자료 세트가 있다는 결과와 함께 전산업시대 전반으로 확대되었다. 이들 기록은 접근성과 주제의 적절성 면에서 이중적 이점이 있다(두 기록 모두 신체 결함의 증거를 포함한다). 두 기록이 봉건 시대라기보다 초기 근대의 것이라는 사실에 그것들을 분석에 적용할 때의 문제가 있었다. 그럼에도 불구하고, 나는 어떤 영향력 있는 중세연구가들도 두 자료 세트가 성격상 본질적으로 봉건적이라고 할 것이라는 점에 주목한다. 예를 들어, 힐튼(Hilton, 1985)은 1640년 부르주아 혁명이 영국 봉건제의 대안적 만기일을 나타낸다고 생각한다.

## 초기 근대 영국의 빈민에 대한 두 조사

5장에서 논의한 두 개의 1차 자료 모음은 1570년 노리치(Norwich)와 1635년 샐리스버리(Salisbury)에서 수행된 빈민에 대한 조사이다. 엄밀히 말해, 이 조사들은 중세라기보다 초기 자본주의 시대에 이루어졌다. 거기에 더하여 두 조사 모두 농촌의 소작농 무대라고 하는 이 연구의 초점에서 다소 벗어난 타운에서 수행되었다.

　　그러나 이 자료들의 분별력 있는 사용은 신체 결함의 봉건적 사회공간에 대한 전반적 분석에 강력한 도움을 줄 수 있다. 이런 주장을 지지하는 몇 가지 이유가 있다. 첫째, 조사 시기 두 지역의 자본주의적 사회관계가 하층 계급의 일상생활에 별로 힘을 발휘하지 못하는 장소들이었다. 원시적 축적 영역의 발달에 있어서 오직 한정된 진전이 있었음이 이 자료에서 명백하다──예를 들어, 일을 하는 것이 확인된 빈민들 대부분이 그들의 노동과정과 생산수단을 통제하였다. (다수는 집에서 일하는 장인 근로자로 기술되어 있다. 이들이 중세 기술을 가졌음은 의심의 여지가 없다.) 여기에 더하여 아마도 샐리스버리에서도 그러했겠지만 노리치에서의 길드 제약이 여전히 자본주의적 거래와 생산의 자유로운 발달을 방해하고 있었다.

　　둘째, 조사 당시 두 타운의 사회공간적 구성은 중세 경관의 일반적 특징을 가지고 있었던 것 같다. 특히, 근로와 가정의 상대적 일체성과 주요 생활영역 내에서의 구빈원의 통합이 있었다. 이 자료 세트들의 사용을 지지하는 세번째 이유는 앞선 시기 그에 상응하는 자료의 부재가 그것들의 중요성을 부각시킨다는 '부정적인' 것이다. 예를 들어, 빈민들에 대한 포괄적인 조사는 16세기까지 영국에서 시행된 바 없다.

노리치 센서스(1570)는 파운드(Pound, 1971)에 의해 편집되어 다시 발간되었다. 파운드는 센서스가 1570년대 도시의 빈민법 체제의 완전한 개편을 위한 준비로 시행되었다고 설명한다. 조사에서 빈민은 2,359명 혹은 그보다 적은 초기 엘리자베스 시대 노리치(10,625) 인구의 4분의 1 이하로 확인된다(Pound, 1971). 센서스 필사본은 열거된 인구 하나하나에 대하여 묘사하는 기재로 구성되어 있다. 아래는 한 사례이다.

존 먼드(John Monde) 26세, 파이프 채우는 일을 하는 절름발이 노동자. 존의 아내 46세, 뜨개질을 하며 여기서 26년간 살았다.

빈곤이 반드시 실업을 의미하는 것은 아니었다. 열거된 남성의 66% 이상, 여성의 85% 이상이 어떤 형태든 취업 상태였다. 덧붙여 열거된 빈민들의 4분의 1 이하가 시 당국의 재정적 구제를 받을 만한 것으로 여겨졌다. 명백히, 조사 인구는 생활보호를 받는 궁핍한 걸인 계급이 아니라 안정적인 근로인구 중 하위 계층이다. 보다 최근의 논평에서 파운드(Pound, 1988)는 또한 빈곤이 질병 혹은 장애와 동의어가 아니며 목록의 아주 소수만이 그렇게 묘사된다고 지적하였다.

샐리스버리 조사(1635)는 슬랙(Slack, 1975)에 의해 편집된 책에 있다. 타운의 재판관에 의해 조사된 센서스는 108개의 가구 혹은 249명을 가난한 사람들로 확인하고 있다. 조사는 주소, 자녀의 수, 연령, 직업, 주 수입과 가난한 성인이 받는 공적 부조의 정도를 상세히 적은 표의 형태로 다시 만들어졌다. 역시, 조사 인구가 걸인 계급과 일치한다고 말할 수 없다. 빈민으로 열거된 사람 중 85명(34%)이 수입이 있는 것으로 기록되어 있다(실업자로 기술된 사람들은 매우 소수이며 걸인은 단 한 사람이다).

이들 자료에서 정보를 얻는 주된 이유는 전산업시대의 신체 결함의 물질적 상황을 찾기 위해서이다. 두 조사 모두 시 당국에게 하위 계급의 물질적 환경에 관한 정보를 제공할 목적으로 이루어졌다. 명부 작성자에 의해 수집된 자료는 이러한 임무를 반영하여 물질적 필요를 성공적으로 제공하기 위하여 조사된 사람들의 능력을 상세히 적고 있다. 자료는 빈민법 담당 행정관이 열거된 각 가구에 대한 암묵적인 의존 지수를 파악할 수 있도록——성별, 수입 능력, 재산, 연령, 신체적 결함, 정서적 유대와 같은—— 변수들의 범위 위에서 조사되었다.


## 산업자본주의 사례 연구(6장)

6장에서 이용한 1차 자료의 두번째 세트는 식민지 멜버른의 경험적 무대에 초점을 두고 있다. 봉건적 사례와 비교해서 이 시공간 무대의 역사적 자료는 쉽게 이용할 수 있다. 이들 1차 자료원들은 각각 식민지 자본주의 환경에서 사회공간의 세 구성요소——가정, 일터, 시설——의 중요한 역사적 예들이다.

## 게스트(Guest) 비스킷 공장

식민지 멜버른 사례로 논의된 첫번째 기록은 비스킷, 과자, 밀가루 제조 회사인 '게스트'의 1889~1891년까지 3년 동안의 계약 장부이다. 이 자료는 호주 빅토리아에 있는 멜버른 대학교 기록보관소에 소장되어 있다. 해당 기간 동안 이 회사는 멜버른 중심부의 서쪽에 있었다. 식민지 기준으로 제조공장은 상당한 규모였으며, 1888년 고용인이 100명을 넘었다(심각한 지역경기의 하락으로 이 수치는 1891년 줄어들었음에도 불구하고). 노동력의 대부분은 20세 미만의 젊은 사람들이었다. 기록에는 총 708명이 신규 계약한 것으로 되어 있다.

계약서첩의 자료에는 피고용인의 이름, 연령, 아버지의 직업, 고용기간, 집주소가 포함되어 있다. 덧붙여서 노동과정의 질적 차원의 것들을 보여 주는 공장 감독의 다양한 메모들이 있다. 이 메모는 대부분 경멸적이며 종종 피고용인의 해고 이유를 적었다.

'게스트'의 기록들은 19세기 멜버른 도시 내부의 사회공간에 대한 가치 있는 정보원이다. 19세기 호주의 작업장에 대하여 이것만큼 상세한 기록은 없다. 이 사실 때문에 식민지 공장의 내부 노동과정에 관심을 가진 역사가들에게 이 기록들은 중요한 자료원이 되고 있다(예컨대, Lee, 1988; Fox, 1991). 자료들은 식민지 멜버른에서 근대 공장체제의 출현을 확인시켜 주기 때문에 특별한 관심을 끈다. 공장감독들의 난외 메모는 그들의 솔직함 때문에 중요하다. 메모는 종종 해고된 근로자의 신체적 속성에까지 확대된다.

'게스트'의 계약 장부는 식민지 멜버른에서 가정과 일터 사이의 물리적 관계를 측정할 수 있는 기회를 제공한다. 자료는 근로자들이 거주하는 곳을 기재하고 있는데, 이것은 집과 작업장의 거리 분석의 수단을 제공한다. 전에는 '게스트'의 기록들이 그러한 분석에 이용되지 않았다. 랙(John Lack)의 푸츠크레아 지역에 대한 연구를 제외하면, 19세기 멜버른의 집-일터의 통근패턴은 학문적 관심을 별로 받지 않았다. 가정과 근로 간 분리 지표의 수단으로서 '게스트' 자료는 식민지 멜버른에서 근로자들이 그들의 취업 장소까지 매일 상당한 거리의 이동을 할 수밖에 없었다는 주장을 경험적으로 증명할 수 있는 기회를 제공한다. 물론 그 검증은 그러한 주장이 하나의 사례에서 확실히 옳다(혹은 틀렸다)는 것을 입증하는 가능성만을 제공하고, 함축적으로 일반적 사례에서는 완전히 틀렸을 수도 있기 때문에 제한적이다. 특정 사례로부터 일반화할 때 흔히 발생하는 문제가 인정된다. 그러나 이 경우 통행 지표의 폭넓은 정확성이 부분적으로 19세기 푸츠크레아에서 통근하는 근로자들에 대한 랙(Lack, 1980)의 분석에 의해 확인되었다.

## 멜버른 자선원

식민지 시대의 두번째 자료원은 도시의 주요한 19세기 구빈원이었던 멜버른 자선원(MBA)의 입소 장부이다. 이 자료는 멜버른의 빅토리아 주립 도서관 '라 트로브'(La Trobe)에 소장되어 있다. 멜버른 자선원은 1851년 '모든 교리와 민족의 노인, 병약자, 장애인, 극빈자를 위한 피난소'로 문을 열었다.

연구기간은 1860~1880년까지 20년간이다. 이 기간 동안 멜버른 자선원은 북 멜버른의 안쪽 교외지역에 있었다. 식민지 시기 그것이 멜버른 도시 내부의 유일한 시설이었는지는 확실하지 않다. 즉 1880년대에 이르러 케네디(Kennedy, 1985)가 빅토리아의 '자애 네트워크'라고 부르는 최소 17개의 주요 자선시설이 있었다. 멜버른 자선원은 1834년 빈민법 개정 조항의 통과 이후 산업 영국의 중요한 특징이 된 구빈원의 식민지 버전이기 때문에 경험적 관심을 갖는다. 구빈원은 한 계화된 노동력을 담아 두는 용기로 운영되는 경향이 있었으며, 의심할 바 없이 많은 신체적 결함을 가진 사람들의 사회공간이 지닌 주요 특징이었다.

식민지 멜버른에서 유일하게 다른 일반 목적 시설은 1852년에 설립된 '이민자의 집'이었다. 이민자의 집과 구빈원의 수용인원에 대한 분석은 19세기 멜버른에서 신체 결함인을 위한 시설화의 패턴을 경험적으로 평가하는 수단으로서 명백히 바람직할 것이다. 불행히도 고문서 조사에서 재소자의 신체 조건을 알 수 있는 이민자의 집 기록을 찾지 못하였다. 그러나 멜버른 자선원의 입소 기록은 허가를 받은 사람들의 신체적 상황을 포함하고 있다. 중요하게도 이 자료들은 '지원 동기'란 제목 하에 수록되어 있어서 신체 결함을 사회적 의존의 원인으로 의미를 부여하는 것을 보여 준다.

자료로부터 20세기 연구기간 동안 멜버른 자선원에 입소한 신체 결함을 가진 사람의 수를 평가하는 것이 가능하다. 지원자의 어떤 신체 결함이든 입소허가 이유로 기록되었다. 결과적으로 그러한 식별 분석을 통해 확인된 특정 인구는 신체 결함 때문에 보호 시설로 보내진 사람들로 구성되었다. 이 분석이 멜버른 도시 내부의 전체 신체 결함인 가운데 어느 정도를 시설로 보낼 것인가를 결정할 수 없음은 분명하다. 그러한 지표를 제공할 수 있는 자료원이나 조사기법은 없다. 그러나 식별 기술이 식민지 멜버른에서 많은 신체 결함을 가진 사람들이 시설화를 경험하였는지 여부를 알려줄 수는 있다. 아래에서 소개하는 자료 세트를 포함한 다양한 다른 기록 자료와 결합될 때 이 분석은 신체 결함을 가진 사람들이 어떻게 식민지 멜버른에서 보호 시설을 맞닥뜨리게 되었는지 조명해 줄 수 있다.

마지막으로 결함의 유형 분류는 사회적 의존과 연관된 공통의 조건들(어떤 사례에서는 원인들)을 가리킨다고 볼 수 있다. 또, 이 지표로는 식민지 멜버른의 전체 신체 결함을 가진 전체 인구에 대하여 알 수 없기 때문에 일반화가 어려우며 주의를 기울여야 한다. 자료와 관련된 몇 가지 구체적인 방법론적 이슈들을 여기서 간략히 논하고자 한다.

불행히도, 입소 지원 동기는 1860년 이전에 간헐적으로만 기록되어 있으며 1865년까지는 보편적으로 기록되지 않았다. 신체 결함이 있는지 여부를 확인시켜 주는 것은 자료의 이 변수이다. 입소자의 상당한 수가 1860년 이후 그들의 지원 동기를 등록했음에도 불구하고 5년 후 보편적인 기록이 시작되기 전까지 자료에서는 알려지지 않은 신체 결함인의 수가 분명히 있을 것이다. 물론 이것은 1860~1880년의 입소 자료 분석이 그 기간에 구빈원에서 받아들인 사람 중 실제 결함의 정도를 어느 정도는 과소평가할 것임을 의미한다.

동일한 사람의 과거 입소는 반드시 기록되지 않을 수도 있었다. 많은 재소자들이 한 해 몇 번씩 나갔다가 되돌아 왔다. 따라서 어떤 연도에 얼마나 많은 사람들이 입소를 했는지 확인하는 작업은 벅찬 일이었다. 결과적으로 나는 개별적인 재소자의 판별은 자료의 두 샘플 군에 대해서 수행할 수밖에 없다고 결정하였다. 첫째는 신체적 결함이 표시된 사람들이다. 연구기간 중 597명이 구빈원에 입소가 허락되었다. 이들의 대다수(77%)가 남성이었다.

개인 판별의 두번째 군은 1860년에 시작해서 연구기간 중 5년에 한 번씩 받아들여진 사람들이다. 특정 연도에 입소가 허락된 모든 개인의 이러한 판별은 5년에 한 번씩 하는 입소허가 시의 평균 연령을 알기 위해 시행되었다. 연구기간 중 입소가 허가된 총인원 수를 파악하는 매우 어려운 과제는 이 연구에서 내가 가진 자원 이상의 것이었다. 그러나 1860~1880년 동안 최소 한 번에 수천 명의 사람들이 구빈원에 들어왔음은 입소허가 기록으로 볼 때 분명하다. 신체적으로 결함이 있는 사람들이 1860년 이후 20년 동안 구빈원의 총수용 인구 중 상당한 비율을 차지하였다고 말할 수 있다.

## 멜버른 여성자선협회

19세기 프롤레타리아트의 집은 시 당국과 중앙정부에 의해 작성된 각종 공공 기록 속에 오직 통계적 암호로만 남아 있다. 그들의 오늘날 후손과 마찬가지로 시 통계 작성자들은 프롤레타리아트의 가내 공간에 대하여 별로 관심이 없었다. 이들은 대신 산업 환경의 내외적 차원을 보여 주고 (그리고 규제하는) 노력을 증진하는 데 집중하였다. 근로자들의 가내 공간을 감시한 것은 순수하게 사기업이었으며, 보통 부르주아지의 중간과 상위 계층의 자발적인 사람들에 의해 수행되었다. 근로자들의 가정환경 경영을 감독하려는 이러한 시도들은 하층 계급을 개선시키려는 목적을 가진 종교적·교육적·박애주의적 단체들의 외피 아래 수행되었다. 결과적으로 개인 근로 계급의 가내 공간을 살펴보는 데 있어 프롤레타리아트의 가정생활의 구체적 증거를 위해서는 정부에 의해 작성된 기록들보다 오히려 이들 자원단체의 기록을 보아야만 한다.

그러한 경험적 자료의 하나가 1850년 6월 8일부터 1900년 6월 19일까지 기록된 멜버른 여성자선협회(MLBS)의 의사록이다. 이 자료들은 멜버른의 빅토리아 주립도서관 '라 트로브'(La Trobe)에 보관되어 있다. 1845년에 설립된 멜버른 여성자선협회는 영국의 복음주의 여성자원봉사협회를 모델로 하였다.(Wionarski and Abbott, 1945). 디키(Dicky, 1980)는 멜버른 여성자선협회가 식민지 호주의 자선협회 중 가장 크고 가장 능률적이었다고 한다.

중요하게 이 협회가 제고한 구제는 (실내의 시설에 기반을 두기보다 가난한 사람들의 집을 직접 방문하는) '실외' 형태였다. 협회의 5개 운영지구는 각각 한 '자원봉사여성'이 책임지는 하위지구로 구분되어 있었다. 이 하위지구의 위치와 범위를 그린 원래의 지도는 불행히도 없어졌다. 그러나 스웨인(Swain, 1985)이 1880년대와 1990년대 콜링우드의 휴스 씨 부인이 관리하였던 한 지구를 정성들여 복원하였다. 이것은 1평방 킬로미터 정도의 한 하위지구가 일반적이었음을 말해 준다. 자원봉사자들은 이 상당히 규모 있는 하위지구의 구제를 각각 책임졌다. 그리고 새로운 사례와 종전 사례의 변화를 격주로 열리는 협회의 회의에서 상세하게 보고하였다.

세련되고 요점이 정리된 육필의 이 의사록들 중에는 때때로 판독이 어려운 것들이 있었다. 그러나 다행히도 1850년부터 모든 회의의 완전한 원고가 남아 있다. 이 요약 의사록은 멜버른 도시 내 프롤레타리아트의 가내 공간 분석을 위한 경험 자료를 제공한다. 협회는 전반적으로 과부, 잡범의 가족, 매춘부, 무능력자, 실업자와 같은 룸펜 프롤레타리아트의 좀 더 만성적인 사람들을 대상으로 하였다. 그러나 1870년대 후반의 슬럼프와 1890년대의 공항과 같은 전반적인 곤궁 시에는 근로계층에서 좀 더 지위가 있는 사람들도 멜버른 여성자선협회로부터 도움을 구하였다.

『멜버른 여성자선협회 의사록』은 신체 결함의 가내 맥락에 관한 풍부한 경험적 자료원이다. 명백히, 이 기록들에 대한 첫번째 질문은 협회가 지원한 신체 결함을 가진 사람들의 수이다. 이는 하층 계급 가운데 신체적 결함을 가진 사람들의 수를 평가하는 데 필요하다. 이 첫번째 문제를 해결하기 위해 사용된 방법은 신체 결함을 가진 사람들의 가구에 대한 구제 내용을 가진 자원봉사자들의 보고서를 추출하여 목록을 만드는 것이었다. 신체 결함을 가진 가족 구성원이 최소 한 명 이상인 가구에 대한 구제 내용을 담은 1,134개의 목록이 회의록으로부터 추출되었다. 연구기간 중(1850~1890) 총 1,004명의 신체 결함을 가진 사람들이 멜버른 여성자선협회로부터 구제를 받았다.

이 분석을 통해 도움을 받은 신체 결함의 유형을 분류하고 목록으로 만드는 것이 가능하다. 이 목록을 구빈원의 상응하는 자료와 비교하면, 사회적 의존을 여러 형태들로 유도하는 다양한 신체 결함의 효과에 관한 결론을 얻을 수 있을 것이다. 이 목록은 또한 사회적 의존의 수준, 따라서 장애로 이어지는 신체 결함의 범위를 드러낸다. 이것은 이번에는 주요 작업의 무력화 과정의 어떤 것을 말해 준다.

자료는 그들과 보호시설과의 관계를 포함해서 신체 결함을 가진 사람의 집안 상황에 관한 많은 다른 특징들을 드러내 보인다. 기록들은 멜버른 자선원을 포함해 보호시설에 대한 언급들을 포함하고 있다. 협회의 도움을 받는 많은 사람이 시설에서 시간을 보냈으며, 여성자원 봉사자들은 신체 결함을 가진 가족 구성원의 시설보호 타당성에 관한 그들의 견해를 기록하였다. 원고에서 이러한 언급은 근로 계급의 가내 공간과 그들을 연결시킴으로써 구빈원과 같은 시설의 외부 맥락을 정립하는 데 도움을 준다.

원고는 또한 신체 결함을 가진 사람들의 가정과 일터 사이의 관계에 대한 단서를 포함한다. 이를 통해 일하는 것으로 기술된 그들 신체 결함인에 대한 직업과 일터의 프로파일을 만드는 것이 가능하다. 여기에서 두 가지를 볼 수 있다. 첫째, 어떤 생산적 활동의 형태에 종사하면서 도움을 받는 신체 결함인의 비율, 둘째, 산업적인 멜버른의 보다 폭넓은 사회공간 내에서 이들 근로 활동의 상황(즉, 주변적인지 주류인지)이다.

자료의 문화적 한계는 상당하다. 멜버른 여성자선협회의 활동은 멜버른 도시 내부의 백인(주로 앵글로-켈틱) 프롤레타리아 지역사회에 한정되어 있었다. 1891년까지 1,500명이 넘는 도시의 큰 중국인 지역사회가 도시 중심부 격자의 북동부 사분면에 집중되어 있었다. 또한 도시의 안쪽은 그들의 땅을 빼앗긴 이후에도 여전히 남아 있던 호주

원주민들이 있었다. 협회는 두 지역사회를 회피하였다. 유대인의 도움 요청은 무시되지 않았지만, 일부는 그 지역사회의 박애 단체들에 위탁되었다.

## 뉴질랜드 두네딘 사례연구(9장)

이 연구의 초기 질적 데이터 정보는 1995년에 두네딘의 접근권 규제에 영향을 받거나 참여하는 핵심적인 사람 20인에 대해 반구조화된 면담 방식으로 생성되었다. 이 중 7명은 계획과, 변호사, 정책분석가 등을 포함하는 접근권 법과 관련된 행정부에서 일하는 중앙 및 지방정부 공무원이었다. 6명은 건설업, 법률회사, 장애인 서비스 조직 등을 포함하는 기업과 커뮤니티 부문에 속해 있었다. 추가로 (전국적으로 지부가 있는 조직을 포함하여) 지역의 다양한 활동가 조직을 대표하는 7명의 장애인도 인터뷰를 하였다.

프로젝트 자원상 한계로 11명의 면담만이 대면 접촉을 통해서 이루어졌다. 이 인터뷰들은 각 응답자의 동의를 구하고 녹음되었으며, 전량 녹취되었다. 전화 인터뷰는 나머지 9명의 응답자에게서 이루어졌는데, 이들 대화는 각각의 경우 방대한 양의 기록을 하였으나, 공식적으로 녹음은 하지 않았다. 모든 장애인 응답자는 다음의 두 가지 이유로 인해서 대면접촉을 통한 면담을 하기로 결정하였다. 하나는 건물 환경을 이용하는 장애인으로서, 이러한 정보제공자는 두네딘의 접근성 법의 적절성을 평가하기 위한 가장 풍부한 경험을 가지고 있을 것이라고 인식되었기 때문이다. 두번째는 이 프로젝트가 장애인을 위한 접근성 법률의 개선에 기여한다는 분명한 규범적 목표를 가지고 있었기 때문이며, 따라서 이 연구에서 그들의 견해에 우선권을 두는 것이 결정적이었다. 나머지 대면 접촉을 통한 인터뷰는 3명의 시의회 건축물 관리 공무원과 한 명의 장애인 서비스를 공급하는 팀 관리자에게서 이루어졌다. 심층면담 자료 외에 공식적인 보고서, 신문기사, 법률 및 정책 문건 등 다양한 2차 자료도 활용되었다.

# 옮긴이 후기

장애인들이 일상생활에서 겪게 되는 가장 어려운 일들 가운데 하나는 공간적 이동이다. 이들은 교통수단의 이용이나 교통시설에의 접근성의 한계 때문에 이동 자체가 힘들 뿐 아니라 이로 인해 외부활동이 제한된다. 장애인들은 흔히 어쩔 수 없이 주거 장소에 머물면서 경제활동이 사회공간적으로 조건지어지고, 교육이나 의료보건 등 사회적 서비스를 받는데도 어려움을 겪게 된다. 또한 이들은 다른 사회 · 문화적 장소들이나 산, 바다와 같은 자연환경을 방문하여 사회적 참여나 여가활동을 영위하는 데 많은 제약을 받고 있다. 이러한 공간적 이동성이나 접근성의 한계는 장애인들이 사회공간적 취약계층들 가운데 사회적 배제와 소외를 겪게 되는 대표적 집단이 되도록 한다.

이처럼 장애인들의 공간적 이동성을 포함하여 지리적 문제들은 이들의 일상생활에서 매우 중요할 뿐 아니라 사회공간적 포용/배제의 문제에서 매우 주요한 논제임에도 불구하고, 지리학이나 도시계획학, 사회복지학, 그 외 장애인의 사회공간적 복지 문제에 관심을 가지는 사회과학들로부터 큰 관심을 받지 못했다. 물론 그동안 장애인들의 공간적·지리적 문제들에 관한 연구들이 많지는 않지만 지속적으로 이루어져 왔다. 하지만 대부분의 연구들은 이 논제에 관한 경험적 연구 수준에 머물러 있었고, 이를 연구할 수 있는 사회이론적 토대를 제대로 갖추지 못했다.

이러한 점에서 브렌던 글리슨이 저술한 『장애의 지리학』은 매우 중요한 의미를 가진다. 이 책은 공간, 장소, 이동성 등과 관련된 지리적 문제들이 장애인들의 경험을 어떻게 제한 또는 억압하는가를 밝히고자 한다. 지리학이 1980년대 이후 실증주의적 방법론과 연구 주제들로부터 점차 벗어나서 다양한 사회이론들에 기반을 두고 사회 규범적 또는 참여적 주제들을 다루게 되면서, 장애인들을 포함하여 사회적 취약집단들에 관한 관심이 대두되었고 그 결과로 1990년대 후반 상당한 연구성과들이 발표되었다. 글리슨의 『장애의 지리학』은 이러한 연구 분위기 속에서 출간된 대표적 저서들 가운데 하나이다.

이 책이 출간될 즈음 그리고 그 이후, '장애의 지리학'은 지리학의 전공분야들 가운데 하나로 자리 잡게 되었고[1], 이 책뿐 아니라 다른 여러 지리학자들이나 관련 분야 연구자들에 의한 저서들이 발표되

---

1) 그동안 지리학 분야에서 장애의 지리학'의 연구동향 또는 발달과정에 관하여, Park, D.C., Radford, J. and Vickers, M., "Disability studies in human geography", *Progress in Human Geography*, 22(2), pp. 208~233, 1998; Imrie, R. and Edwards, C., "The Geographies of disability: Reflections on the development of a sub-discipline", *Geography Compass*, 1(3), pp. 623~640, 2007; Castrodale, M. and Crooks, V., "The production of disability research in human geography: An introspective examination", *Disability & Society*, 25(1), pp. 89~102, 2010; Hall, E. and Wilton, R., "Towards a relational geography of disability", *Progress in Human Geography*, 41(6), pp. 727~744, 2017 등 참조.

었다.[2] 하지만 이 책은 특히 지리학 내에서 공간의 생산과 체현에 관한 연구에 새로운 관점과 통찰력을 제시했을 뿐 아니라 서구 사회에서 장애에 관한 주요 이론적·정책적 논쟁에 참여하여 새로운 대안을 제시함으로써 이를 활성화시키는 데 큰 기여를 한 것으로 평가된다. 즉 이 책은 다른 문헌들에 비해 장애의 지리에 관한 탄탄한 이론적 체계에 바탕을 두고 있을 뿐 아니라 광범위한 역사적 자료를 수집·분석하고 있으며, 또한 현대 서구 사회에서 시행되는 정책들을 비판적으로 고찰하고 대안을 제시하고자 한다는 점에서, 원서의 출판 후 다소 시간이 경과되긴 했지만 한글로 번역·출간하게 되었다.

이 책이 이 분야의 연구에서 가지는 주요한 통찰력 또는 기여는 여러 측면에서 확인될 수 있다. 첫째, 이 책은 장애에 관한 이론들을 비판적으로 평가하고, 대안적인 사회과학적 이론 또는 모형을 개발하고자 한다. 글리슨이 장애의 지리학을 위해 이 책에서 제시하고자 하는 대안적 이론은 '역사·지리적 유물론'이다.[3] 사실 '역사(지리)적 유물론'은 서구 사회에서는 진보적 사회과학 연구에서 흔히 논의·응용되

---

2) Imrie, R., *Disability and the City: International Perspectives*, London : Paul Chapman, 1996; Butler, R., and Parr, H.(eds), *Mind and Body·Spaces: Geographies of Illness, Impairment, and Disability* (*Critical Geographies 1*), New York and London: Routledge, 1999; Soldatic, K., Morgan, H. and Roulstone, A.(eds.), *Disability, Spaces and Places of Policy Exclusion*, London and New York: Routledge, 2014 등 참조.

3) 역사·지리적 유물론은 세계적 맑스주의 사상가이며 지리학자인 데이비드 하비가 제시한 이론으로 맑스의 저작들, 특히 『자본』에서 상대적으로 미흡한 공간적 측면을 강조하면서 '역사적 유물론'을 지리학적으로 재구성한 이론이라고 할 수 있다. 하비의 저작들은 대부분 한글로 번역되어 있으며, 그의 생애적 연구 전반에 관하여 데이비드 하비, 『세계를 보는 눈』, 최병두 옮김, 창비, 2017 참조. 또한 하비가 제시한 주요 이론 및 개념들에 관한 간략한 소개로 최병두, 『데이비드 하비』, 커뮤니케이션북스, 2016 참조.

기도 하지만, 지리학, 특히 장애의 지리학에서는 상당히 생소한 이론 또는 관점이라고 할 수 있다.[4] 글리슨은 이러한 '역사·지리적 유물론'에 기반을 둔 접근이 개인이나 공동체, 기관들이 구조적 조건에 의해 어떻게 영향을 받으면서 독특한 사회공간을 생산하는가, 그리고 이로 인해 장애인들이 어떻게 사회적, 공간적으로 배제되는가를 비판적·맥락적으로 고찰할 수 있도록 한다고 주장한다.

이러한 '역사·지리적 유물론'을 배경으로 구축된 통찰력에 근거하여 장애의 지리학에 관한 기존 이론들의 비판과 대안적 모형에 관한 논의는 주로 1부에서 이루어진다. 2장에서는 사회과학 일반에서 기존에 제시된 장애에 관한 다양한 개념 규정들을 비판적으로 살펴보고, 이상주의적 및 구성주의적 설명의 의의와 문제점들을 서술하는 한편, 지리학적 사상의 전통을 고찰하면서 과거 지리학에서 장애에 대해 어떤 관심을 보였는가를 논의한다. 3장에서는 장애에 관한 역사·지리적 유물론에 근거하여 장애의 지리학을 설명하면서, 특히 세계적으로 저명한 지리학자 하비(David Harvey)의 연구와 이에 많은 영향을 미친 프랑스 사회이론가 르페브르(Henri Lefebvre)가 제시한 '공간의 생산' 개념을 도입하여 장애인들이 겪는 독특한 경험 공간들이 어떻게 생산

---

4) 장애학 연구에서 사회이론적, 철학적 배경에 관한 최근 논의로 크리스티안센·베마스·셰익스피어, 『철학, 장애를 논하다: 메를로-퐁티와 롤스에서 호네트와 아감벤까지』, 김도현 옮김, 그린비, 2020 참조. 최근 국내에서도 장애인의 공간적 문제에 관한 분석에서 그 배경으로 주요한 사회과학적 이론들, 예로 뒤르켐(Durkheim)의 유기적 연대이론에서부터 푸코(Foucault)의 공간이론이나 어리(Urry)의 모빌리티 패러다임 등이 논의되고 있다. 이유신·김한성, 「장애인의 이동이 사회적 배제에 미치는 영향에 관한 탐색적 연구」, 『보건사회연구』 39(1), 136~165쪽, 2019.

되는가를 논의하고자 한다.

둘째, 이 책은 봉건제에서 자본주의로의 전환이 장애인들에게 불리한 공간을 생산하게 되는가를 사례분석을 통해 고찰하고자 한다. 이 책의 주요 관심사인 장애인들의 생애에 자본주의가 어떤 영향을 미치는가를 명확히 이해하기 위해 봉건제 사회와 자본주의 사회에서 이들의 삶을 역사적·문화적으로 비교하고자 한다. 즉 이 책의 주요 특징들 가운데 하나는 장애를 둘러싼 사회적 관계의 구조화와 차별화에 관한 자료들을 수집하여, 그 동안 역사적 통설이라고 알려진 견해들을 비판적으로 고찰하는 한편, 역사지리적 방법론에 기초한 경험적 사례 분석을 제시한다는 점이다.

이러한 인식과 방법론에 기초한 경험적 분석은 2부에서 제시된다. 4장에서 이론적 분석틀을 명료하게 개념화한 후, 5장에서는 봉건제 영국 사회에서 장애의 사회공간이 어떻게 구성되었는가를 살펴보고, 6장에서는 영국의 식민지였던 호주 멜버른을 사례로 산업사회에서 장애의 사회공간이 어떤 식으로 변모하였는가를 고찰한다. 5장 및 6장의 가장 큰 특징이자 훌륭한 점은 4장에서 제시된 접근방법에 대응하는 매우 풍부하고 구체적인 경험적 사례들이 제시되고 있다는 것이다.

셋째, 이 책이 가지는 또 다른 유의성은 자본주의 도시에서의 장애에 대한 억압을 분석하고 탈장애 공간을 위한 정책적 대응에 필요한 제안을 하고 있다는 점이다. 현대 자본주의 도시에서 '장애 억압'은 장애인들이 일상적으로 직면하는 물리적 제약뿐 아니라 노동시장에서의 배제와 빈곤, 사회문화적 가치절하, 사회공간적 주변화 등을 유발한다. 이러한 점에서 장애 억압을 벗어나기 위한 정치적·윤리적 원칙으로서 '탈장애의 정의'를 제시하고 있다. 탈장애의 정의란 물질적 수요의 충족과 더불어 문화적 역량 강화 및 주류 사회생활에의 참여 등을 포함한다. 이러한 탈장애의 정의를 위하여 그동안 국가는 어떤 정책들을 마련하여 시행하고자 했는가를 비판적 관점에서 고찰하고 있다.

이 책의 3부는 이와 같은 취지에서 자본주의 사회에서 '장애 억압'과 이를 시정하기 위한 국가 정책에 관한 분석에 할애된다. 7장에서 자본주의 사회에서 발생하는 장애에 관한 사회적 억압을 고찰하면서 '탈장애의 정의'를 위한 정치적, 윤리적 원칙을 제안한다. 8장과 9장에서는 최근 몇 십 년간 서구 국가에서 시도해 왔던 다양한 장애 정책 중 광범위하게 실행된 지역사회 보호 정책과 도시의 접근성 관련 법률을 다루고 있다. 8장에서 주로 선진 자본주의 국가들에서 실행되고 있는 지역사회 보호 정책의 의의와 한계를 분석하는 한편, 9장에서는 서구 국가들이 제정한 접근성 법률에 관해 분석한 뒤, 이의 시행과정에서 미흡한 점들을 지적하고자 한다. 특히 이 책이 서술되었던 1990년대 서구 자본주의를 특징지었던 신자유주의가 국가의 장애인 복지 관련 정책과 법률의 실행에 어떤 어려움을 초래했는가를 서술하고 있다는 점에서 중요한 의미를 가진다.

이 책이 이러한 3가지 측면들에서 장애의 지리학을 위해 매우 유의한 기여를 한 것으로 인정된다고 할지라도, 이에 관한 논의들이 완벽하다고 주장할 수는 없을 것이다. 하비의 '역사지리적 유물론'과 르페브르의 '공간생산'론을 장애의 지리학에 적용하는 과정에서 연결성이 다소 미흡한 점들이 있으며, 봉건제에서 자본주의로의 전환과정에서 겪은 장애인들의 경험에 관한 사례연구는 수집 가능한 자료의 부족으로 서술의 한계를 드러내고, 현대 자본주의에서 장애에 관한 억압과 국가 정책의 신자유주의적 한계에 관한 논의는 2000년대 이후 상황 분석이 포함되지 않음으로써 아쉬움을 남긴다.

하지만, 이 책은 이러한 측면들에서 서구 사회뿐 아니라 한국 사회에서 장애인의 일상생활과 이를 억압하는 사회공간구조에 관한 이론 구축과 사례연구 그리고 정책 분석 및 대안 제시에 탁월한 기여를 할 것으로 기대된다. 최근 서구 사회가 보수적 담론과 이론으로 회귀하면서 현대 도시에서 장애 억압은 심화되지 않았다고 할지라도 분명 지속되고 있다. 이러한 점에서 자본주의 도시에서 탈장애의 정의는 아직도 이루어져야 할 목표임이 분명하다고 하겠다.

이 책의 번역자들은 모두 대구대학교 지리교육과 재직 교수들이다. 대구대학교는 장애인의 사회복지와 특수교육 연구에 오랜 전통을 가지고 있으며, 이 분야의 교수나 학생들과 대화를 나눌 기회가 있을 때마다, 우리도 지리학적 관점에서 장애인의 공간적 문제들을 연구할 수 있기를 기대해 왔다. 이러한 상황에서 마침 그린비 출판사에서 이 책의 번역을 요청하였고, 번역자들은 흔쾌히 이 요청을 받아들이게 되었다. 이 책의 번역 의뢰에서부터 출판이 이루어질 때까지 도움을 출판사 편집부에 감사드리며, 이 책이 공간적 억압으로부터 장애인들이 해방되고 '탈장애의 정의'가 실현되는 사회를 앞당기는 데 기여할 수 있기를 기원한다.

2020년 5월

최병두·임석회·이영아

# 참고문헌

Abberley, P. (1985) 'Policing Cripples: Social Theory and Physical Handicap', unpublished paper, copy obtained from author.

Abberley, P. (1987) 'The Concept of Oppression and the Development of a Social Theory of Disability', *Disability, Handicap, and Society*, 2, 1, 5-19.

Abberley, P. (1991a) *Disabled People: Three Theories of Disability*. Occasional Papers in Sociology, no. 10, Bristol: Department of Economics and Social Science, Bristol Polytechnic.

Abberley, P. (1991b) *Handicapped by Numbers: A Critique of the OPCS Disability Surveys*. Occasional Papers in Sociology, no. 9, Bristol: Department of Economics and Social Science, Bristol Polytechnic.

Abberley, P. (1993) 'Disabled People and "Normality"' in Swain, J., Finkelstein, V., French, S. and Oliver, M.(eds), *Disabling Barriers-Enabling Environments*, London: Sage.

Abberley, P. (1997) 'The Spectre at the Feast—Disabled People and Social Theory', unpublished paper, copy obtained from author.

Abbott, M. W. and Kemp, D. R. (1993) 'New Zealand', in Kemp, D. R.(ed.), *International Handbook on Mental Health Policy*, Westport, Connecticut: Greenwood, 217-251.

Adas, M. (1989) *Machines as the Measure of Men: Science, Technology, and Ideologies of Western Dominance*, Ithaca: Cornell University Press.

Ainley, R. (ed.) (1998) *New Frontiers of Space, Bodies and Gender*, London: Routledge.

Alaszewski, A. and Ong, B. N. (1990) *Normalisation in Practice*, London: Tavistock/Routledge.

Albrecht, G. L. (ed.) (1981) *Cross National Rehabilitation Policies: a Sociological Perspective*, London: Sage.

Alcock, P. (1993) *Understanding Poverty*, London: Macmillan.

Allen, I. (1992) 'Purchasing and Providing: What Kind of Progress?' in Allen, I., (ed), *Purchasing and Providing Social Services in the 1990s: Drawing the Line*, London: Policy Studies Institute, 1-6.

Anderson, E. (1979) *The Disabled Schoolchild*, London: Methuen.

Anderson, P. (1974a) *Passages form Antiquity to Feudalism*, London: New Left Books.

Anderson, P. (1974b) *Lineages of the Absolutist State*, London: New Left Books.

Appleby, Y. (1994) 'Out in the Margins', *Disability and Society*, 9, 1, 19-32.

Arbeitsgemeinschaft der Deutschen Hauptfürsorgestellen (1995) *Das ABC der Behindertenhilfe*, Köln: ACON.

Archer, T. (1985[1865]) *The Pauper, the Thief and the Convict*, New York: Garland.

Ashton, T. S. (1948) *The Industrial Revolution, 1760-1830*, London: Oxford University Press.

Ault, W. O. (1965) 'Open-Field Husbandry and the Village Community: A Study of Agrarian By-Laws in Medieval England', *Transactions of the American Philosophical Society*, 55, 7.

Ault, W. O. (1972) *Open-field Farming in Medieval England: A Study of Village By Laws*, London: Allen &: Unwin.

Australian Bureau of Statistics (1993) *Disability, Ageing and Carers Australia, 1993:Summary of findings*, Canberra: Australian Government Publishing

Service.

Australian Bureau of Statistics (1995) *Focus on Families: Caring in Families — Support for Persons Who Are Older or Have Disabilities*, Canberra: Australian Government Publishing Service.

Bachelard, G. (1969) *The Poetics of Space*, Boston: Beacon Press.

Badcock, B. (1984) *Unfairly Structured Cities*, Oxford: Basil Blackwell.

Bain, S. M. (1971) 'The Geographical Distribution of Psychiatric Disorders in the North East Region of Scotland', *Geographia Medica: International Journal of Medical Geography*, 2, 84-108.

Baldwin, S. (1993) *The Myth of Community Care: an Alternative Neighbourhood Model of Care*, London: Chapman and Hall.

Balukas, R. and Baken, J. W. (1985) 'Community Resistance to Development of Group Homes for People with Mental Retardation', *Rehabilitation Literature*, 46,7-8, 194-197.

Barker, M. (1981) 'Human Biology and the Possibility of Socialism', in Mepham, J. and Ruben, D-H. (eds), *Issues in Marxist Philosophy — Volume Four: Social and Political Philosophy*, Brighton: Harvester Press.

Barnes, C. (1991) *Disabled People in Britain and Discrimination: a Case for Anti-Discrimination Legislation*, London: Hurst and Co.

Barnes, C. (1992a) 'Disability and Employment', *Personnel Review*, 21, 6, 55-73.

Barnes, C. (1992b) *Disabling Imagery and the Media*, Halifax: Ryburn/BCODP.

Barnes, C. (1995) 'Review of "Disability is Not Measles"', *Disability and Society*, 10, 3, 378-81.

Barnes, C. (1996) 'Foreword', in Campbell, J. and Oliver, M., *Disability Politics: Understanding Our Past, Changing Our Future*, London: Routledge.

Barrett, B. (1971) *The Inner Suburbs: The Evolution of an Industrial Area*, Melbourne:Melbourrne University Press.

Barretta-Herman., A. (1994) *Welfare State to Welfare Society: Restructuring New Zealand's Social Services*, New York: Garland.

Beamish, C. (1981) 'State, Space and Crisis: Towards a Theory of the Public City in North America', unpublished M. A. thesis, McMaster University.

Bean, P. (1988) 'Mental Health in Europe: Some Recent trends',in Smith, C.J. and Giggs, J. A. (eds), *Location and Stigma: Contemporary Perspectives on Mental Health and Mental Health Care*, Boston: Unwin Hyman.

Beckett, J. V. (1990) *The Agricultural Revotution*, Oxford: Blackwell.

Begum, N., Hill, M. and Stevens, A. (eds) (1994) *Reflections: Views of Black Disabled People on their Lives and Community Care*, London: CCETSW.

Beier, A. L. (1983) *The Problem of the Poor in Tudor and Early Stuart England*, London:Methuen.

Beier, A. L. (1985) *Masterless Men: The Vagrancy Problem in England, 1560-1640*, London: Methuen.

Benjamin,G. J.(1981) 'Group Homes and Single-Family Zoning', *Zoning and Planning Law Report*, 4, 97-102.

Bennett, T. (1990) 'Planning and People with Disabilities', in Montgomery, J. and Thornley, A. (eds), *Radical Planning Initiatives: New Directions for Planning in the 1990s*, Aldershot: Gower.

Bennie, G. (1993) 'Deinstitutionalisation: Critical Factors for Successful Transition to the Community', report produced for Central Regional Health Authohty, Wellington, New Zealand.

Benthall, J. (1976) *The Body Etectric: Patterns of Western Industrial, Cutture*, London:Thames and Hudson.

Berdiansky, H. A. and Parker, R. (1977) 'Establishing a Group Home for the Adult Mentally Retarded in North Carolina', *Mental Retardation*, 15, 8-11.

Berg, M. (1988) 'Women's Work, Mechanization and Early Industrialization', in Pahl, R. E. (ed.), *On Work: Historical, Comparative, and Theoretical Approaches*. Oxford: Blackwell.

Berkowitz, E. D. (1987) *Disabled Policy: America's Programs for the Handicapped*. Cambridge: Cambridge University Press.

Berkowitz, M. and Hill, M. A. (1989) 'Disability and the Labor Market: an Overview' in Berkowitz, M. and Hill, M. A. (eds), *Disabitity and the Labor*

*Market*, Ithaca NY: ILR Press.

Berthoud, R., Lakey, J. and McKay, S. (1993) *The Economic Problems of Disabled People*, London: Policy Studies Institute.

Bewley, C. and Glendinning, C. (1994) 'Representing the Views of Disabled People in Community Care Planning', *Disability and Society*, 9, 3, 301-314.

Bickenbach, J. (1993) *Physical Disability and Social Policy*, Toronto: University of Toronto Press.

Blank, R. H. (1994) *New Zealand Health Policy: a Comparative Study*, Oxford: Oxford University Press.

Blaut, J. M. (1976) 'Where Was Capitalism Born?', *Antipode*, 8, 2, 1-11.

Bloch, M. (1962) *Feudal Society*, 2 vols., London: Routledge & Kegan Paul.

Bloch, M. (1967) *Land and Work in Mediaeval Europe*, London: Routledge & Kegan Paul.

Boston, J. (1992) 'Redesigning New Zealand's Welfare State' in Boston, J. and Dalziel, P. (eds), *The Decent Society? Essays in Response to National, Social and Economic Policies*, Auckland: Oxford University Press.

Bottomore, T., Harris, L., Kiernan, V. G. and Milliband, R. (eds) (1983), *A Dictionary of Marxist Thought*, Oxford: Blackwell.

Bovi, A. (1971) *Breugel*, London: Thames and Hudson.

Boylan, E. (ed) (1991) *Women and Disability*, London: Zed.

Brail, R., Hughes, J. and Arthur, C. (1976) *Transportation Services for the Disabled and Elderly*, New Brunswick, NJ: Center for Urban Policy and Research.

Braudel, F. (1973) *Capitalism and Material Life, 1400-1800*, London: Weidenfeld & Nicolson.

Braudel, F. (1981) *Civilization and Capitalism — Volume One: 15th-18th Century. The Structures of Everyday Life: The Limits of the Possible*, London: Collins.

Briggs, A. (1959) *The Age of Improvement 1783-1867*, London:Longman.

Briggs, A. (1968) *Victorian Cities*, Harmondsworth: Penguin.

Bristo, M. (1995) 'Lessons from the Americans with Disabilities Act', in Zarb,

G.(ed.), *Removing Disabling Barriers*, London: Policy Studies Institute.

Brooke, C. N. L. (1978) 'Both Small and Great Beasts: An Introductory Study', in Baker, D. (ed.), *Medieval Women*, Oxford: Blackwell.

Brown, K. (1996) 'Caring for People with Severe and Multiple Disabilities' in Department of Human Services and Health (ed.), *Towards a National Agenda for Carers: Workshop Papers*, Canberra: Australian Government Publishing Service.

Brown-May, A. (1995) The Highway of Civilisation and Common Sense: Street Regulation and the Transformation of Social Space in 19th and Early 20th Century Melbourne', Working Paper No. 49, Urban Research Program, Australian National University.

Browning, D. (1992) 'Purchaser/Provider Split: Passing Fashion or Permanent Fixture?' in Allen, I., (ed.), *Purchasing and Providing Social Services in the 1990s: Drawing the Line*, London: Policy Studies Institute.

Buck, N. H. (1981) 'The Analysis of the State Intervention in Nineteenth-Century Cities: The Case of Municipal Labour Policy in East London' in Dear, M. and Scott, A. J. (eds), *Urbanization and Urban Planning in Capitalist Society*, London: Methuen.

Bundesministetium für Arbeit and Sozialordnung (1997) *Ratgeber für Behinderte*, Bonn.

Burgess, R. (1978) 'The Concept of Nature in Geography and Marxism', *Antipode*, 10, 2, 1-11.

Burkhauser, R. V. (1989) 'Disability Policy in the United States, Sweden and the Netherlands', in Berkowitz, M. and Hill, M. A. (eds), *Disabitity and the Labor Market*, Ithaca, NY: ILR Press.

Burnett, A. and Moon, G. (1983) 'Community Opposition to Hostels for Single Homeless Men', *Area* 15, 161-166.

Butler, R.E. (1994) 'Geography and Vision Impaired and Blind Populations', *Transactions, Institute of British Geographers*, 19, 366-368.

Butler, R. E. and Bowlby, S. (1997) 'Bodies and Spaces: an Exploration of

Disabled People's Experiences of Public Space', *Environment and Planning D: Society and Space*, 15, 4, 411-433.

Buttimer, A. (1969) 'Social Space in Interdisciplinary Perspective', *Geographical Review*, 59, 417-426.

Cahill, M. (1991) *Exploring the Experience of Disability*, Wellington: Ministry of Health.

Campbell, J. and Oliver, M. (1996) *Disabitity Politics: Understanding Our Past, Changing Our Future*, London: Routledge.

Campbell, S. (1994) 'The Valued Norm: Supported Accommodation for People with Disabilities: A Discussion Paper', Sydney: New South Wales. Department of Community Services., Ageing and Disability Services Directorate.

Campling, J. (1981) *Images of Ourselves*, London: Routledge & Kegan Paul.

Cass, B., Gibson, F. and Tito, F. (1988) *Social Security Review — Towards Enabling Policies: Income Support for People with Disabilities*, Canberra: Australian Governmen Publishing service.

Checkland S. G. and Checkland, E. O. A. (1974) 'Introduction', in Checkland, S. G and Checkland, E. O. A. (eds), *The Poor Law Report of 1834*, Harmondsworth:Penguin.

Chouinard, V. (1994) 'Reinventing Radical Geography: Is All That's Left Right?', *Environment and Planning D: Society and Space*, 12, 1, 2-6.

Chouinard, V. (1997) 'Making Space for Disabling Differences: Challenging Ableist Geographies', *Environment and Planning D: Society and Space*, 15, 4, 379-387

Chouinard, V. and Grant, A. (1995) 'On Being Not Even Anywhere Near "The Project"': Ways of Putting Ourselves in the Picture', *Antipode*, 27, 2, 137-166.

Clapham, D. and Kintrea, K. (1992) Housing Co-Operatives in Britain: Achievements and Prospects, Harlow: Longman.

Clapham, D., Kemp, P. and Smith, S. J. (1990) *Housing and Social Policy*, London Macmillan.

Clay, R. M. (1909) *The Mediaeval Hospitals of England*, London: Methuen.

Collier, A. (1979) 'Materialism and Explanation in the Human Sciences', in Mepham, J. and Ruben, D-H. (eds), *Issues in Marxist Philosophy—Volume Two: Materialism*, Brighton: Harvester.

Community Services Commission (1997) *Suffer the Children: the Hall for Children Report*, Sydney: Community Services Commission.

Consulting Group (1992) *Impact of Willow Croft on Residential House Values in Waverly*, unpublished report, available from University of Otago Commercial Consulting Group, PO Box 56, Dunedin, New Zealand.

Cook, I. (1991) 'Drowning in See-World? Critical Ethnographies of Blindness', unpublished MA Thesis, University of Kentucky, Lexington, KY.

Cooper, M. (1990) *Women and Disability*, Canberra: Disabled People's International.

Corker, M. (1993) 'Integration and Deaf People: the Policy and Power of Enabling Environments', in Swain, J., Finkelstein,V., French, S. and Oliver, M. (eds), *Disabling Barriers—Enabling Environments*, London: Sage.

Cormode, L. (1997) 'Emerging Geographies of Disability and Impairment: an Introduction', *Environment and Planning D: Society and Space*, 15, 4, 387-390.

Cullingworth, J. B. (1985) *Town and Country Planning*, 9th ed., London: Allen & Unwin.

Currie, R. F., Trute, B., Tefft, B. and Segall, A. (1989) 'Maybe on My Street: the Politics of Community Placement of the Mentally Disabled', *Urban Affairs Quarterly*, 25, 2, 298-321.

Dalley, G. (ed.) (1991) *Disability and Social Policy*, London: Policy Studies Institute.

Daniel, C. (1998) 'Radical, Angry and Willing to Work', *New Statesman*, 6 March, 22-23.

Davis, K. (1996) 'Disability and Legislation: Rights and Equality', in Hales, G. (ed.), *Beyond Disability: Toward an Enabling Society*, London: Sage.

Davis, L. J. (1995) *Enforcing Normalcy: Disability, Deafness, and the Body*,

London:Verso.

Davis, L. J. (ed.) (1997) *The Disability Studies Reader*, New York: Routledge.

Davison, G. (1978) *The Rise and Fall of Marvellous Melboune*, Melbourne: Melbourne University Press.

Dear, M. (1977) 'Spatial Externalities and Locational Conflict', in Massey, D. B. and Batey, P. W. J. (eds), *Alternative Frameworks for analysis*, London Papers in Regional Science 7. London: Pion.

Dear, M. (1980) 'The Public City', in Clark, W. A. V. and Moon, E. G. (eds), *Residential Mobility and Public Policy*, Beverly Hills: Sage.

Dear, M. (1981) 'Social and Spatial Reproduction of the Mentally Ill', in Dear, M.and Scott, A. J. (eds), *Urbanization and Urban Planning in Capitalist Societies*, New York: Methuen, 481-497.

Dear, M. (1992) 'Understanding and Overcoming the NIMBY Syndrome', *Journal of the American Planning Association*, 58, 3, 288-299.

Dear, M. and Gleeson, B.J. (1991) 'Attitudes Towards Homelessness: the Los Angeles Experience', *Urban Geography*, 12, 2, 155-176.

Dear, M. and Laws, G. (1986) 'Anatomy of a Decision: Recent Land Use Zoning Appeals and Their Effect on Group Home Locations in Ontario', *Canadian Journal of Community Mental Health*, 5, 1, 5-17.

Dear, M. and Taylor, S. M. (1982) *Not On Our Street: Community Attitudes to Mental Health Care*, London: Pion.

Dear, M. and Wolch, J. (1987) *Landscapes of Despair: From Deinstitutionalization to Homlessness*, Cambridge: Polity.

Dear, M, Fincher, R. and Currie, L. (1977) 'Measuring the External Effects of Public Programs', *Environment and Planning*, A, 9, 137-147.

Dear, M., Gaber, S. L., Takahashi, L. and Wilton, R. (1997) 'Seeing People Differently: the Sociospatial Construction of Disability', *Environment and Planning D: Society and Space*, 15, 4, 455-480.

Dear, M., Taylor, S. M. and Hall, G. B. (1980) 'External Effects of Mental Health Facilities', *Annals of the Association of American Geographers*, 70, 3,342-352.

Dear, M., Wolch, J. and Wilton, R. (1994) The Human Service Hub Concept in Human Services Planning', *Progress in Planning*, 42, 3, 174-271.

Deegan, M. J. and Brooks, N. A. (eds) (1985) *Women and Disability:The Double Handicap*, New Brunswick: Transaction Books.

DeHoog, R. H. (1984) *Contracting Out for Human Services: Economic, Political and Organizational Perspectives*, Albany, NY: State University of New York Press.

Demone, H. W. and Gibelman, M. (1989) 'In Search of a Theoretical Base for the Purchase of Services', in Demone, H. W. and Gibelman, M. (eds), *Services for Sale. Purchasing Health and Human Service*, New Brunswick, NJ: Rutgers University Press.

de Neufville, J. I. (1981) 'Land Use: a Tool for Social Policies', in de Neufville, J. I.,(ed.), *The Land Use Policy Debate in the United States*, New York: Plenum.

Dettwyler, K. A. (1991) 'Can Paleopathology Provide Evidence for "Compassion"?, *Americian Journal of Physical Anthropology*, 84, 375-384.

Dickey, B. (1980) *No Charity There: A Short History of Social Welfare in Australia*, Melbourne: Thomas Nelson.

Disability Alliance (1987a) *Disability Rights Bulletin*, London: Disability Alliance.

Disability Alliance (1987b) *Poverty and Disability: Breaking the Link*, London: Disability Alliance.

Dodds, A. G. (1980) 'Spatial Representation and Blindness', unpublished Ph.D. thesis, University of Nottingham.

Doray, B. (1988) *From Taylorism to Fordism: A Rational Madness*, London: Free Association.

Dorn, M. (1994) 'Disability as Spatial Dissidence: A Cultural Geography of the Stigmatized Body', unpublished M.Sc. thesis, The Pennsylvania State University.

Doyal, L. (1993) 'Human Need and the Moral Right to Optimal Community Care' in Bornat, J., Pereira, C., Pilgrim, D. and Williams, F. (eds), *Community Care: a Reader*, London: Macmillan.

Doyal, L. and Gough, I. (1991) *A Theory of Human Need*, London: Macmillan.

Drake, R. F. (1997) 'What am I Doing here? "Non-Disabled" People and the Disability Movement', *Disability and Society*, 12, 4, 643-645.

Driver, F. (1993) *Power and Pauperism: the Workhouse System, 1834-1884*, Cambridge: Cambridge University Press.

Duby, G. (1968) *Rural Economy and Country Life in the Medieval West*, Columbia SC: University of South Carolina Press.

Duncan, N. (1996) *BodySpace: Destabilising Geographies of Gender and Sexuality*, London: Routledge.

Durkheim, E. (1964) *The Division of Labour in Society*, New York: The Free Press.

Dyck, I. (1995) 'Hidden Geographies: the Changing Lifeworlds of Women with Disabilities', *Social Science and Medicine*, 40, 307-320.

Eagleton, T. (1988) 'Foreword', in Ross, K. *The Emergence of Social Space: Rimbaud and the Paris Commune*, London: Macmillan.

Eagleton T. (1990) *The Ideology of the Aesthetic*, Oxford: Blackwell.

Eastern Bay of Plenty People First Committee (1993) 'People First Conference Report 1993', Copy available from People First, PO Box 3017, Ohope Eastern Bay of Plenty, New Zealand.

Edwards, M. L. (1997) 'Deaf and Dumb in Ancient Greece', in Davis, L. J. (ed.) *The Disability Studies Reader*, New York: Routledge.

Eisenstein, Z. R. (ed.) (1979) *Capitalist Patriarchy and the Case for Socialist Feminism*, New York: Monthly Review Press.

Elliget, T. (1988) 'The New South Wales Richmond Programme of Deinstitutionalization and the Voluntary Sector', *Community Mental Health in New Zealand*, 4, 113-20.

Engels, E. (1973) *The Condition of the Working-Class in England from Personal Observation and Authentic Sources*, Moscow: Progress Publishers.

England, K. (1994) 'Getting Personal: Reflexivity and Positionality in Feminist Research', *The Professional Geographer*, 46, 1, 80-89.

Evans-Pritchard, E. (1937) *Witchcraft, Oracles and Magic amongst the Azande*, Oxtord: Clarendon Press.

Eyles, J. (1988) 'Mental Health Services, the Restructuring of Care, and the Fiscal Crisis of the State: the United Kingdom Case Study', in Smith, C.J. and Giggs J.A. (eds), *Location and Stigma: Contemporary Perspectives on Mental Health and Mental Health Care*, Boston: Unwin Hyman.

Fincher, R. (1978) 'Some Thoughts on Deinstitutionalization and Difference', *Antipode*, 10, 1, 46-50.

Fincher, R. (1991) 'Caring for Workers' Dependants: Gender, Class and Local State Practice in Melbourne', *Political Geography Quarterly*, 10, 4, 356-381.

Fine, M. and Asch, A. (eds) (1988) *Women with Disabilities: Essays in Psychology Culture and politics*, Philadelphia:Temple University Press.

Finger, A. (1991) *Past Due: a Story of Disability Pregnancy and Birth*, London: The Women's Press.

Finger, A. (1995) '"Welfare Reform"and Us', *Ragged Edge*, November/December, 15 and 36.

Finkelstein, V. (1980) *Attitudes and Disabled People*, New York: World Rehabilitation Fund..

Finkelstien, V. and Stuart, O. (1996) 'Developing New Services', in Hales, G. (ed.), *Beyond Disability: Toward an Enabling Society*, London: Sage.

Foldvary, F. (1994) *Public Goods and Private Communities: the Market Provision of Public Services*, Aldershot: Edward Elgar.

Foote, T. (1971) *The World of Breugel, C.1525-1569*, New York: Time-Life International.

Ford, S. (1996) 'Learning Difficulties', in Hales, G. (ed.), *Beyond Disability: Toward an Enabling Society*, London: Sage.

Foreman, P. J. and Andrews, G. (1988) 'Community Reaction to Group Homes', *Interaction*, 2, 5, 15-18.

Forester, J. (1989) *Planning in the Face of Power*, Berkeley: University of California Press.

Foucault, M. (1975) *The Birth of the Clinic: An Archaeology of Medical Perception*, New York: Vintage.

Foucault, M. (1979) *Discipline and Punish: The Birth of the Prison*, New York: Vintage.

Foucault, M. (1980a) *Power/Knowledge: Selected Interviews and Other Writings, 1972-1977*, New York: Pantheon.

Foucault, M.(1980b) *The History of Sexuality (vol.1): An Introduction*, New York: vintage.

Foucault, M.(1986) *The History of Sexuality (vol.2): The Use of Pleasure*, New York: Vintage.

Foucault, M.(1988a) *The History of Sexuality (vot.3): The Care of the Self*, New York: Vintage.

Foucault, M. (1988b) *Madness and Civilisation: A History of Insanity in the Age of Reason*, New York: Vintage.

Fougere, G. (1994) 'Health', in Spoonley, P., Pearson, D. and Shirley, I. (eds), *New Zealand Society: a Sociological Introduction*, 2nd. edn, Palmerston North:Dunmore.

Fox, C. (1991) Working Australia, Sydney: Allen & Unwin.

Frank, A. W. (1990) 'Bringing Bodies Back In: A Decade Review' *Theory, Culture and Society*, 17, 1, 131-162.

Fraser, N. (1989) *Unruly Practices: Power, Discourse and Gender in Contemporary Social Theory*, Polity.

Fraser, N. (1995) 'From Redistribution to Recognition? Dilemmas of Justice in a "Post-Socialist" Age', *New Left Review*, 212, 68-73.

Fraser, N. (1997a) *Justice Interruptus: Reflections on the 'Postsocialist' Condition*, New York: Routledge.

Fraser, N. (1997b) 'A Rejoinder to Iris Young', *New Left Review*, 223, May/June126-130.

Freeman, J. (1888) *Lights and Shadows of Melbourne Life*, London: Sampson Low, Marston Searle & Rivington.

French, S. (1993a) 'Disability, Impairment or Something in Between?', in Swain, J., Finkelstein, V., French, S. and Oliver, M. (eds) *Disabling Barriers— Enabling Environments*, London: Sage.

French, S. (1993b) 'What's so Great about Independence?', in Swain, J., Finkelstein, V., French, S. and Oliver, M. (eds) *Disabling Barriers— Enabling Environments*, London: Sage.

Freudenberg, N. (1984) *Not in Our Backyards! Community Action for Health and the Environment*, New York: Monthly Review Press.

Gallagher, C. (1987) 'The Body Versus the Social Body in the Works of Thomas Malthus and Henry Mayhew', in Gallagher, C. and Laqueur, T. (eds), The *Making of the Modern Body: Sexuality and Society in the Nineteenth Century*, Berkeley: University of California Press.

Gallagher, C. and Laqueur T. (1987) 'Introduction', in Gallagher, C. and Laqueur, T. (eds), *The Making of the Modern body: Sexuality and Society in the Nineteenth Century*, Berkeley: University of California Press.

Gant, R. (1992) 'Transport for the Disabled', *Geography*, 77, 1, 88-91.

Gant, R. and Smith, J. (1984) 'Spatial Mobility Problems of the Elderly and Disabled in the Cotswolds', in Clark, G. *et al.* (eds), *The Changing Countryside. Proceedings of the First British-Dutch Symposium on Rural Geography*, Norwich: Geo Books.

Gant, R. L. and Smith, J. A. (1988) 'Journey Patterns of the Elderly and Disabled in the Cotswolds: a Spatial Analysis', *Social Science and Medicine*, 27, 2, 173-180.

Gant, R. L. and Smith, J. A. (1990) 'Feet First in Kingston Town Centre: A Study of Personal Mobility', Kingston Accessibility Studies Working Paper no. 2, Kinston Polytechnic (UK).

Gant, R. and Smith, J. (1991) 'The Elderly and Disabled in Rural Areas: Travel Patterns in the North Cotswolds', in Champion, T. and Wadkins, C. (eds) *People in the Countryside*, London: Paul Chapman, 108-124.

Garland, R. (1995) *The Eye of the Beholder: Deformity and Disability in the*

*Graeco-Roman World*, London: Duckworth.

Gartner, A. and Joe, T. (eds) (1987) *Images of the Disabled, Disabling Images*, New York: Praeger.

Genicot, L. (1966) 'Crisis: From the Middle Ages to Modern Times', in Postan, M.M. (ed.), *The Cambridge Economic History of Europe — Volume One: The Agrarian Life of the Middle Ages*, Cambridge: Cambridge University Press.

George, M. (1995) 'Broken Promises', *Community Care*, 24-30 August, 1082, 16.

Gething, L. (1997) 'Sources of Double Disadvantage for People with Disabilities Living in Remote and Rural Areas of New South Wales, Australia', *Disability and Society*, 12, 4, 513-531.

Gies, F. and Gies, J. (1990) *Life in a Medieval Village*, New York: Harper & Row.

Giggs, J. A. (1973) 'The Distribution of Schizophrenics in Nottingham', *Transactions, Institute of British Geographers*, 59, 55-76.

Gilderbloom, J. I. and Rosentraub, M. S. (1990) 'Creating the Accessible City: Proposals for Providing Housing and Transportation for Low Income, Elderly and Disabled People', *American Journal of Economics and Sociology*, 49, 3, 271-282.

Gilligan, C. (1982) *In a Different Voice: Psychological Theory and Women's Development*, Cambridge, MA: Harvard University Press.

Gleeson, B. J. (1993) 'Second Nature? The Socio-spatial Production of Disability', unpublished Ph.D thesis, The University of Melbourne.

Gleeson, B. J. (1995a) 'Disability — a State of Mind?', *Australian Journal of Social Issues*, 29, 1, 10-23.

Gleeson, B. J. (1995b) 'A Space for Women: the Case of Charity in Colonial Melbourne', *Area*, 27, 3, 193-207.

Gleeson, B. J. (1996a) 'A Geography for Disabled People?', *Transactions, Institute of British Geographers*, 21, 2, 387-396.

Gleeson, B. J. (1996b) 'Disability Studies — a Historical Materialist View', *Disability and Society*, 12, 2, 179-202.

Gleeson, B. J. (1996c) 'Let's Get Planning out of Community Care', *Urban Policy and Research*, 14, 3, 227-229.

Gleeson, B. J. (1997) 'The Regulation of Environmental Accessibility in New Zealand', *International Planning Studies*, 2, 3, 367-390.

Gleeson, B. J. (1998) 'Disability and Poverty', in Fincher, R, and Nieuwenhuysen, J. (eds), *Australian Poverty:Then and Now*, Melbourne: Melbourne University Press.

Gleeson, B. J. and Memon, P. A. (1994) 'The NIMBY Syndrome and Community Care Facilities: a Research Agenda for Planning', *Planning Practice and Research*, 12, 2, 119-32.

Gleeson, B. J. and Memon, P. A. (1997) 'Community Care: Implications for Urban Planning from the New Zealand Experience', *Planning Practice and Research*, 12, 2, 117-32.

Gleeson, B. J., Gooder, H. F. and Memon, P. A (1995) *Community Care Facilities: a Guide for Planners and Service Providers*, Dunedin: Environmental Policy and Management Research Centre, University of Otago.

Glendinning, C. (1991) 'Losing Ground: Social Policy and Disabled People in Great Britain, 1980-90', *Disability, Handicap and Society*, 6, 1, 3-19.

Godelier, M. (1978) 'System, Structure and Contradiction in "Capital"', in McQuarie, D. (ed.), *Marx: Sociology/Social Change/Capitalism*, London: Quartet.

Goffman, E. (1964) *Stigma, Notes on the Management of Identity*, Harmondsworth: Penguin.

Goffman, E. (1969) *Strategic Interaction*, Philadelphia: University of Pennsylvania Press.

Golledge, R. G. (1990) 'Special Populations in Contemporary Urban Regions', in J. F. Hart (ed.) *Our Changing Cities*, Baltimore: Johns Hopkins University Press.

Golledge, R. G. (1991) 'Tactual Strip Maps as Navigational Aids', *Journal of Visual Impairment and Blindness*, 85, 7, 296-301.

Golledge, R. G. (1993) 'Geography and the Disabled: a Survey with Special Reference to Vision Impaired and Blind Populations', *Transactions, Institute of British Geographers*, 18, 1, 63-85.

Golledge, R. G. (1996) 'A Response to Gleeson and Imrie', *Transactions, Institute of British Geographers*, 21, 2, 404-411.

Golledge, R. G. (1997) 'On Reassembling One's Life: Overcoming Disability in the Academic Environment', *Environment and Planning D: Society and Space*, 15, 4, 391-409.

Golledge, R. G., Klatzky, R. L. and Loomis, J. M. (1996a) 'Cognitive Mapping and Wayfinding by Adults without Vision', in J. Portugali (ed.), *The Construction of Cognitive Maps*, Dordrecht: Kluwer.

Golledge, R. G., Costanzo, C. M. and Marston, J. R. (1996b) 'Public Transit Use By Non-Driving Disabled Persons: The Case of the Blind and Visually Impaired', California Path Working Paper.

Golledge, R. G., Loomis, J. M., Klatzky, R. L., Flury, A. and Yang, X-L. (1991) 'Designing a Personal Guidance System to Aid Navigation without Sight: Progress on the GIS Component', *International Journal of Geographical Information Systems*, 5, 373-396.

Goodall, B. (1987) *Dictionary of Human Geography*, London: Penguin.

Gordon, E. E. (1983) 'Epithets and Attitudes', *Archives of Physical Medicine Rehabilitation*, 64, 234-235.

Gottdiener, M. (1985) *The Social Production of Urban Space*, Austin: University of Texas Press.

Gregory, D. (1981) 'Human Agency and Human Geography', *Transactions, Institute of British Geographers*, 6, 1, 1-16.

Grob, G. N. (1995) 'The Paradox of Deinstitutionalization', *Society*, July / August, 51-59

Grosz, E. A. (1992) 'Bodies-Cities', in Colomina, B. (ed), *Sexuality and Space*, New York: Princeton Architectural Press.

Hahn, H. (1986) 'Disability and the Urban Environment: a Perspective on Los Angeles', *Environment and Planning D: Society and Space*, 4, 273-288

Hahn, H. (1987a) 'Accepting the Acceptably Employable Image: Disability and

Capitalism', *Policy Studies Journal*, 15, 3, 551-570.

Hahn, H. (1987b) 'Civil Rights for Disabled Americans: the Foundation of a Political Agenda', in Gartner, A. and Joe, T.(eds), *Images of the Disabled/ Disabling Images*, New York: Praeger.

Hahn, H. (1988) 'Can Disability Be Beautiful?', *Social Policy*, Winter, 26-32.

Hahn, H. (1989) 'Disability and the Reproduction of Bodily Images: The Dynamics of Human Appearances', in Wolch, J. and Dear, M.(eds) *The Power of Geography: How Territory Shapes Social Life*, Boston: Unwin Hyman.

Haj, F. (1970) *Disability in Antiquity*, New York: Philosophical Library.

Hales, G., (ed.) (1996) *Beyond Disability: Toward an Enabling Society*, London: Sage.

Hall, E. C.(1994) *Researching Disability in Geography*, Spatial Poilcy Analysis Working Paper 28, Manchester: School of Geography, University of Manchester.

Hall, E. (1997) 'Work Spaces: Refiguring the Disability-Employment Debate', Exeter Royal Geographical Society / Institute of British Geographers Annual Conference.

Hanawalt, B. (1986) *The Ties That Bound: Peasant Families in Medieval England*, New York: Oxford University press.

Hanks, J. R. and Hanks, L. M (1948) 'The Physically Handicapped in Certain Non-Occidental Societies', *The Journal of Social Issues*, 4, 4, 11-20.

Harding, S. (1992) 'After the Neutrality Ideal: Politics, Science and "Strong Objectivity"', *Social Research*, 59, 3, 567-587

Harris, D-R., Rowlands, M., Ballard, K., Smith, K.and Gleeson, B. J.(1995) 'Disability and Tertiary Education in New Zealand', unpublished report submitted to Ministry of Education(New Zealand).

Harrison, J. (1987) *Severe Physical Disability: Responses to the Challenge of Care*, London, Cassell.

Harrison, M. and Gilbert, S. (eds) (1992) *The Americans with Disabilities Handbook*, Beverly Hills, CA: Excellent Books.

Hartmann, H. (1979) 'Capotalism, Patriarchy, and Job Segregation by Sex', in Eisenstein, Z. R. (ed), *Capitalist Patriarchy and the Case for Socialist Feminism*, New York: Monthly Review Press.

Harvey, D. (1982) *The Limits to Capital*, Oxford: Blackwell

Harvey, D. (1989a) *The Urban Experience*, Oxford: Blackwell

Harvey, D. (1989b) 'From Managerialism to Entrepreneurialism: the Transformation in Urban Governance in Late Capotalism', *Geografiska Annaler*, 71B, 1, 3-17.

Harvey,D. (1990) 'Between Space and Time: Reflections on the Geographical Imagination', *Annals of the Association of American Geographers*, 80, 3, 418-434.

Harvey, D. (1993) 'Class Relations, Social Justice, and the Politics of Difference', in Keith, M. and Pile, S. (eds), *Place and Politics of Identity*, London: Routledge.

Harvey, D. (1996) *Justice, Nature and the Politics of Difference*, Oxford: Blackwell.

Hayek, F. (1979) *Social Justice, Socialism and Democracy: Three Australian Lectures*, Sydney: Centre for Independent Studies.

Hearn, K. (1991) 'Disabled Lesbians and Gays Are Here to Stay', in Kaufman, T. and Lincoln, P. (eds), *High Risk Lives: Lesbian and Gay Politics After the Clause*, Bridport: Prism Press.

Heginbotham, C. (1990) *The Return to Community: the Voluntary Ethic and Community Care*, London: Bedford Square.

Hekman, S. (1995) *Moral Voices, Moral Selves: Carol Gilligan and Feminist Moral Theory*, University Park, PA: Pennsylavania State University Press.

Helvarg, D. (1995) 'Legal Assault on the Environment', *The Nation*, 30 January, 126-127.

Herlihy, D. (1968) *Medieval Culture and Society*, New York: Harper & Row

Hevey, D. (1992) *The Creatures Time Forgot: Photography and Disability Imagery*, London: Routledge.

Hevey, D. (1997) 'The Enfrakment of Photography', in Davis, L. J. (ed.) *The Disablilty Studies Reader*, New York: Routledge

Higgins, W. (1982) 'To Him that Hath...: The Welfare State', in Kennedy, R. (ed.), *Australian Welfare History: Critical Essays*, Melbourne: Macmillan.

Hill, M. H. (1985) 'Bound to the Environment: Towards a Phenomenology of Sightlessness', in Seamon, D. and Mugerauer, R. (eds) *Dwelling Place and Environment: Towards a Phenomenology of Person and World*, New York: Columbia University Press.

Hill, M. H. (1986) *The Nonvisual Lifeworld: a Comparative Phenomenology of Blindness*, unpublished Ph.D. thesis, Kent, O.H: Kent State University.

Hillyer, B. (1993) *Feminism and Disability*, Norman: University of Oklahoma Press.

Hilton, R. H. (1975) *The English Peasantry in the Later Middle Ages. The Ford Lectures for 1973 and Related Studies*, Oxford: Clarendon.

Hilton, R. H. (1985) 'A Crisis of Feudalism', in Aston, T. H. and Philpin, C. H. E. (eds), *The Brenner Debate: Agrarian Class Structure and Economic Development in Pre-Industrial Europe*, Cambridge University Press, Cambridge.

HMSO (1990) *NHS and Community Care Act*, London: HMSO.

Hobsbawm, E. J. (1968) *Industry and Empire: An Economic History of Britain since 1750*, London: Weidenfeld & Nicolson.

Hobsbawm, E. J. (1984) *Workers: Worlds of Labor*, New York: Pantheon.

Holden, L. (1991) *Forms of Disability*, Sheffield: JSOT Press.

Horner, A. (1994) 'Leaving the Institution', in Ballard, K. (ed.), *Disability, Family, Whanau and Society*, Hamilton North: Dunmore.

Horton, S. (1996) 'The Dunedin Mayoral Election: A Symbol of Uneven Development', *New Zealand Geographer*, 53, 1, 30-40.

Howell, C. (1983) *Land, Family and Inheritance in Transition: Kibworth Harcourt, 1280-1700*, Cambridge: Cambridge University Press.

Hoyes, L. and Means, R. (1993) 'Markets, Contracts and Social Care Services:

Prospects and Problems', in Bornat, J.,Pereira, C., Pilgrim, D.and Williams,F. (eds), *Community Care: a Reader*, London: Macmillan.

Hugg, L. (1979) 'A Map Comparison of Work Disability and Poverty in the United States', *Social Science and Medicine*, 13D, 237-240.

Hurst, R. (1995) 'International Perspectives and Solutions', in Zarb, G. (ed.), *Removing Disabling Barriers*, London: Policy Studies Institute.

Ignatieff, M. (1978) *A Just Measure of Pain: The Penitentiary in the Industrial Revolution, 1750-1850*, New York: Columbia University Press.

Illich, I. (1986) 'Body History', *The Lancet*, ii, 1325-1327.

Imrie, R. F. (1996a) *Disability and the City: International Perspectiver*, London: Paul Chapman.

Imrie, R. F. (1996b) 'Equity, Social Justice, and Planning for Access and Disabled People: and International Perspective', *International Planning Studies*, 1, 1, 17-34.

Imrie, R. F. (1996c) 'Ableist Geographers, Disablist Spaces: Towards a Reconstruction of Golledge's "Geography and the Disabled"', *Transactions, Institute of British Geographers*, 21, 2, 397-403.

Imrie, R. F. and Wells, P. E. (1993a) 'Disablism, Planning and the Built Environment', *Environment and Planning C: Government and Policy*, 11, 2, 213-231

Imrie, R. F. and Wells, P. E. (1993b) 'Creating Barrier-Free Environments', *Town and Conntry Planning*, 61, 10, 278-281.

Ingstad, B. and Whyte, S. R. (eds) (1995) Disability and Culture, Berkeley: University of California Press.

Iveson, K. (1997) 'Review of Ruddick, S. *Young and Homeless in Hollywood: Mapping Social Identities*', copy obtained from author, Urban Research Program, Australian National University, Canberra, ACT 0200, Australia.

Iveson, K. (1998) 'Putting the Public Back into the Public sphere', *Urban Policy and Research*, 16, 1, 21-33.

Jaffe, M. and Smith, T. P. (1986) *Siting Homes for Developmentally Disabled*

*Persons*, Chicago: American Planning Association.

Jary, D. and Jary, J. (1991) *Dictionary of Sociology*, London: Harper-Collins.

Jenkins, R. (1991) 'Disability and Social Stratification', *British Journal of Sociology*, 42, 4, 557-580.

John, A. V. (1986) 'Introduction', in John,A.V.(ed.), *Unequal Opportunities: Women's Employment in England, 1800-1918*, Oxford: Blackwell.

Johnson, L. C. (1989a) 'Embodying Geography — Some Implications of Considering the Sexed Body in Space', *Proceedings of the 15th New Zealand Geography Conference*, Dunedin: University of Otago.

Johnson, L. C. (1989b) 'Weaving Workplaces: Sex, Race and Ethnicity in the Australian Textile Industry', *Environment and Planning A*, 21, 681-684.

Johnston, R. J. (1993) 'The Rise and Decline of the Corporate-Welfare State: a Comparative Analysis in Global Context', in Taylor, P. J., (ed.), *Political Geography of the Twentieth Century: a Global Analysis*, London: Belhaven.

Johnston, R. J., Gregory, D. and Smith, D. (eds) (1994) *The Dictionary of Human Geography*, 3rd edn, Oxford: Blackwell.

Joseph, A. E. and Hall, G. B. (1985) 'The Locational Concentration of Group Homes in Toronto', *The Professional Geographer*, 37, 2, 143-154

Joseph Rowntree Foundation (1997) *Foundations: Making Housing and Community Care Work* (Research Bulletin), York: Joseph Rowntree Foundation.

Kandal, T. R. (1998) *The Woman Question in Classical Sociological Theory*, Miami: Florida International University Press.

Kavks, G. S. (1992) 'Disability and the Right to Work', *Social Philosophy and Policy*, 9, 1, 262-290.

Kearns, D. (1983) ' A Theory of Justice — and Love: Rawls on the Family', *Politics*, 18, 2, 36-42

Kearns, R. (1990) *Coping and Community Life for People with Chronic Mental Disability In Auckland*, Occasional Paper no. 26, Auckland: Department of Geography, University of Auckland.

Kearns, R., Smith, C. J. and Abbott, M. W.(1991) 'Another Day in Paradise? Life on the Margins in Urban New Zealand', *Social Science and Medicine*, 33, 4, 369-379.

Kearns, R., Smith, C. J. and Abbott, M. W. (1992) 'The Stress of Incipient Homelessness', *Housing Studies*, 7, 4, 280-298.

Kelsey, J. (1995) *The New Zealand Experiment*, Auckland: Auckland University Press.

Kemp, D. R. (ed.) (1993), *International Handbook on Mental Health Policy*, Westport, CT: Greenwood.

Kennedy, R. (1982) 'Introduction: Against Welfare', in Kennedy, R. (ed.), *Australian Welfare History: Critical Essays*, Melbourne, Macmillan.

Kennedy, R. (1985) *Charity Warfare: The Charity Organization Society in Colonial Melbourne*, melbourne: Hyland.

Kiernan, M. J. (1983) 'Ideology, Politics, and Planning: Reflections on the Theory and Practice of Urban Planning', *Environment and Planning B: Planning and Design*, 10, 71-87.

Kindred, M., Cohen, J., Penrod, D. and Shaffer, T. (eds) (1976) *The Mentally Retarded Citizen and the Law*, New York: Free Press.

Kirby, A., Bowlby, S. R. and Swann. V. (1983) 'Mobility Problems of the Disabled', *Cities*, 3, 117-119.

Kitchin, R. (1997) 'Participatory Action Research in Geography: Towards a More Emancipatory and Empowering Approach', unpublished paper, copy obtained from author.

Kitchin, R. (1998) 'Out of Place', 'Knowing One's Place: Space, Power and the Exclusion of Disabled People', *Disability and Society*, forthcoming.

Kitchin, R. M., Blades, M. and Golledge, R. (1997) 'Understanding Spatial Concepts at the Geographic Scale without the Use of Vision', *Progress in Human Geography*, 21, 2, 225, 242.

Korda, M. and Neumann, P. (eds) (1997) *Stadtplanung für Menschen mit Behinderungen*, Arbeitsgemeinschaft Angewandte Geographie Münster e.V.

Arbitsberichte 28.

Kosminsky, E, A, (1956) *Studies in the Agrarian History of England in the Thirteenth Century*, Oxford: Blackwell.

Kramer, R. (1986) 'The Future of Voluntary Organizations in Social Welfare', in Independent Sector Inc., *Philanthropy, Voluntary Action, and the Public Good*, Washington DC: Independent Sector inc.

Kridler, C. and Stewart, R. K. (1992a) 'Access for the Disabled1', *Progressive Architecture*, 73, 7, 41-42

Kridler, C. and Stewart, R. K. (1992b) 'Access for the Disabled2', *Progressive Architecture*, 73, 8, 35-36.

Kridler, C. and Stewart, R. K.(1992c) 'Access for the Disabled3', *Progressive Architecture*, 73, 9, 45-46.

Kristeva, J. (1982) *The Powers of Horror: an Essay on Abjection*, New York: Columbia University Press.

Kumar, K. (1988) 'From Work to Employment and Unemployment', in Pahl, R. E. (ed.), *On Work: Historical, Comparatibe and Theoretical Approaches*, Oxford: Blackwell.

Labarge, M. W. (1986) *Women in Medieval Life: A Small Sound of the Trumpet*, London: Hamish Hamilton.

Lack, J. (1980) 'Residence, Workplace, Community: Local History in Metropolitan Melbourne', *Historical Studies*, 19, 74

Lack, J. (1991) *A History of Footscray*, Melbourne: Hargreen/City of Footscray.

Lakin, K. C. and Bruininks, R. H. (eds) (1985) *Strategies for Achieving Community integration of Developmentally Disabled Persons*, Baltimore: P. H. Brookes.

Langenfelt, G. (1954). *The Historic Origin of the Eight Hours Day*, Stockholm: Almquist and Wiksell.

Laslett, P. (1971) *The World We Have Lost*, London: Methuen.

Laura, R. S. (ed.) (1980) *The Problem of Handicap*, Melbourne: Macmillan.

Law, R. M. and Wolch, J. R. (1993) 'Homelessness and the Cities: Local

Government Policies and Practices in Southern California', Los Angeles Homelessness Project, Working Paper 44, Department of Geography, University of Southern California.

Lawrence, D. (1993) 'Being Without Seeing', unpublished research project, Department of Geography, University of Waikato.

Laws, G. (1993) '"The Land of Old Age": Society's Changing Attitudes towards Urban Built Environments for Elderly People', *Annals of the Association of American Geographers*, 83, 4, 672-693.

Laws, G. (1994) 'Oppression, Knowledge and the Built Environment', *Political Geography*, 13, 1, 7-32.

Laws, G. and Dear, M. (1988) 'Coping in the Community: a Review of Factors Influencing the Lives of Deinstitutionalised Ex-Psychiatric Patients', in Smith, C. J. and Giggs, J. A. (eds), *Location and Stigma: Contemporary perspectives on Mental Health and Mental Health Care*, Boston: Unwin Hyman.

Laws, G. and Lord. S.(1990) 'the Politics of Homelessness', in Kodras, J.E. and Jones, J. P. (eds), *Geographic Dimensions of United States Social Policy*, New York: Edward Arnold.

Lazonick,. W. (1990) *Competitive Advantage on the Shop Floor*, Cambridge, MA: Havard University Press.

Leat, D. (1995) *The Development of Community Care by the Independent Sector*, London: Policy Studies Institute.

Lebovich, W. L. (1993) *Design for Dignity: Studies in Accessibility*, New York: Wiley.

Le Breton, J. (1985) *Residential Services and People with a Disability*, Canberra: Australian Government Publishing Service.

Leccese, M. (1993) 'Is Access Attainable?', *Landscape Architecture*, 83, 6, 71-75.

Lee, J. (1998) 'The Marks of Want and Care', in Burgmann, V. and Lee, J. (eds), *Making a Life: A People's History of Australia since 1788*, Melbourne: McPhee Gribble.

Lefebvre, H. (1979) 'Space: Social Product and Use Value', in Freiburg, J.W. (ed.),

*Critical Sociology: European Perspectives*, New York: Irvington.

Lefebvre, H. (1991) *The Production of Space*, Oxford: Blackwell.

Le Goff, J. (1988) *Medieval Civilisation, 400-1500*, Oxford: Blackwell.

Le Heron, R. and Pawson, E. (eds) (1996) *Changing Places: New Zealand in the Nineties*, Auckland: Longman Paul

Leonard, E. M. (1965) *The Early History of English Poor Relief*, London: Frank Cass.

Leonard, P. (1984) *Personality and Ideology: Towards a Materalist Understanding of the Individual*, London: Macmillan.

Lerman, P. (1981) *Deinstitutionalization and the Welfare State*, New Brunswick, NJ: Rutgers University Press.

Lewis, J. and Glennerster, H. (1996) *Implementing the New Community Care*, Buckingham: Open University Press.

Liachowitz, G. H. (1988) *Disability as Social Construct: Legislative Roots*, Philadelphia: University of Pennsylvania Press.

Lifchez, R. (ed.) (1987) *Rethinking Architecture: Design Students and Physically Disabled People*, Berkeley, CA: University of Californial Press.

Lifchez, R. and Winslow, B. (1979) *Design for Iindependent Living: the Environment and Physically Disabled People*, London: Architectural Press.

Livingstone, D. (1992) *The Geographical Tradition: Episodes in the History of a Contested Enterprise*, Oxford: Blackwell.

Loader, B. and Burrows, R. (1994) 'Towards a Post-Fordist Welfare State? The Restructuring of Britain, Social Policy and the Future of Welfare' in Burrows, R. and Loader, B. (eds), *Towards a Post-Fordist Welfare State?*, London: Routledge.

Locker, D., Rao, B. and Weddell, J. M. (1979) 'The Community Reaction to a Hostel for the Mentally Handicapped', *Social Science and Medicine*, 13A, 817-821.

Logan, J. R. and Molotch, H. L. (1987) *Urban Fortunes: the Political Economy of Place*, Berkeley: University of California Press.

Lonsdale, S. (1990) *Women and Disability: The Experience of Physical Disability among Women*, London: Macmillan.

Lovett, A. A. and Gatrell, A. C. (1988) 'The Geography of Spina Bifida in England and Wales', *Transactions, Institute of British Geographers*, 13, 288-302.

Lucas, A. M. (1983) *Women in the Middle Ages: Religion, Marriage and Letters*, Brighton: Harvester.

Lunt, N. and Thornton, P. (1994) 'Disability and Employment: Towards an Understanding of Discourse and Employment', *Disability and Society*, 9(2), 223-238.

Lynn, P. (1990) *Administrators and Change in the Penal System in Victoria, 1850-80*, unpublished Ph.D. thesis, Deakin University

Lyons, M. (1995) 'The Development of Quasi-Vouchers in Australia's Community Services', *Policy and Politics*, 23, 2, 127-139

McCagg, W. O. and Siegelbaum, L. (1989) *The Disabled in the Soviet Union: Past and Present, Theory and Practice*, Pittsburgh: University of Pittsburgh Press.

McCalman, J. (1984) *Struggletown: Public and Private Life in Richmond, 1900-1965*, Melbourns: Melbourne University Press.

McConnell, S. (1981) *Theories for Planning: an Introduction*, London: Heinemann.

McConville, C. (1985) 'Chinatown', in Davison, G., Dunstan, D. and McConville, C. (eds), *The Outcasts of Melbourne: Essays in Social History*, Sydney: Allen & Unwin

McGovern, P. (1989) 'Protecting the Promise of Community-Based Care', in Demone, H. W. and Gibelman, M. (eds), *Services for Sale: Purchasing Health and Human Services*, New Brunswick, NJ: Rutgers University Press.

McIntosh, M. K. (1991) 'Treatment of the Poor in Late Medieval England', unpublished paper, University of Colorado, Boulder.

Mackenzie, S. and Rose, D. (1983) 'Industrial Change, the Domestic Economy and Home Life', in Anderson, J., Duncan, S. and Hudson, R.(eds), *Redundant Spaces? Social Change and Industrial Decline in Cities and Regions*, London:

Academic Press.

Macfarlane, A. (1996) 'Aspects of Intervention: Consultation, Care, Help and Support', in Hales, G. (ed.) *Beyond Disability: Towards an Enabling Society*, London: Sage.

McLoughlin, J. B. (1994) 'Centre or Periphery? Town Planning and Spatial Political Economy', *Environment and Planning A*. 26, .1111.-1122.

McQuarie, D. (1978) 'Introduction'. in McQuarie, D. (ed.), *Marx: Sociology/Social Change/Capitalism*, London: Quarter.

McTavish, F. (1992) 'The Effectiveness of People with Disabilities in the Policy Process: The Total Mobility Scheme Example', unpublished MA thesis, University of Otago.

Mairs, N. (1995) 'On Being a Cripple', in Petersen, L. H., Brereton, J. C. and Hartman, J. E. (eds), The Norton Reader, New York: Norton.

Malcomson, R. W.(1988) 'Ways of Getting a Living in Eighteenth-Century England', in Pahl, R. E. (ed), *On Work: Historical, Comparative and Theoretical Approaches*, Oxford: Blackwell.

Malin, N. (1987) 'Community Care: Principles, Policy and Practice', in Malin, N. (ed.), *Reassessing Community Care*, London: Croom Helm.

Mandel, E. (1968) *Marxist Economic Theory*, London: Merlin.

Mangen, S. P. (1985) *Mental Health Care in the European Community*, London: Dover.

Marshall, A. (1930) *Principles of Economics: An Introductory Volume*, London: Macmillan.

Martin, L. and Gaster, L. (1993) 'Community Care Planning in Wolverhampton', in Smith, R., Gaster, L. Harrison, L., Martin, L., Means, R. and Thistlethwaite. P. (eds) *Working Together for Better Community Care*, Bristol: School of Advanced Urban Studies.

Martins, R. M. (1982) 'The Theory of Social Space in the Work of Henri Lefebvre', in Forrest, R., Henderson, J. and Williams, P. (eds), *Urban Political Economy and Social Theory: Critical Essays in Urban Studies*, London: Gorwer.

Marx, K. (1973) *Grundrisse*, London: Penguin.

Marx, K. (1975) *The Poverty of Philosophy*, Moscow: Progress Publishers.

Marx, K. (1976) *Capital: A Critique of Political Economy — Volume One*, London: Penguin.

Marx, K. (1977) *Economic and Philosophic Manuscripts of 1844*, Moscow: Progress Publishers.

Marx, K. (1978) 'Preface to "A Contribution to the Critique of Political Economy"', in Tucker, R.C. (ed.), *The Marx-Engels Reader*, 2nd edn, New York: Norton.

Marx, K. (1981) *Capital: A Critique of Political Economy — Volume Three*, London: Penguin.

Marx, K. and Engels, F. (1967) *The Communist Manifesto*, London: Penguin.

Marx, K. and Engels, F. (1976) *The German Ideology*, Moscow: Progress Publishers.

Marx, K. and Engels, F. (1979) *Pre-Capitalist Socio-Economic Formations: A Collection*, Moscow: Progress Publishers.

Massey, D. (1984) 'Introduction: Geography Multiple', in Matters, D. and Allen, J. (eds) *Geography Matters! A Reader*, Cambridge: Cambridge University Press.

Mattherws, M. H. and Vujakovic, P. (1995) 'Private Worlds and Public Places: Mapping the Environmental Values of Wheelchair Users', *Environment and Planning A*, 27, 1069-1083.

Mayer, D. (1981) 'Geographical Clues about Multiple Sclerosis'. *Annals of the Association of American Geographers*, 71, 1, 28-39.

Mayhew, T. (1968a) *London Labour and the London Poor*, vol. 1, New York: Dover.

Mayhew, T. (1968b) *London Labour and the London Poor*, vol. 2, New York: Dover.

Mayhew, T. (1968c) *London Labour and the London Poor*, vol. 4, New York: Dover.

Meekosha, H. (1989) 'Research and the State: Dilemmas of Feminist Practice', *Australian Journal of Social Issues*, 24, 4, 249-268.

Memon, P. A. and Gleeson, B. J. (1995) 'Towards a New Planning Paradigm? Reflections on New Zealand's New Resource Management Act', *Environment and Planning B: Planning and Design*, 22, 109-124.

Mendus, S. (1993) 'Different Voices, Still Lives: Problems in the Ethics of Care', *Journal of Applied Philosophy*, 10, 1, 17-27.

Merleau-Ponty, M. (1962) *Phenomenology of Perception*, London: Routledge & Kegan Paul

Meyerson, L. (1988) ' The Social Psychology of Physical Disability: 1948 and 1988', *Journal of Social Issues*, 44, 1, 173-188.

Middleton, C. (1988) 'The Familiar Fate of the *Famulae*: Gender Divisions in the History of Wage Labour', in Pahl, R. E. (ed.), *On Work: Historical, Comparative and Theoretical Approaches*, Oxford: Blackwell.

Miller, D., Rowlands, M. and Tilley, C. (eds) (1997) *Domination and Resistance: One World, One Archaeology Volume 3*, London: Routledge.

Milligan, C. (1996) 'Service Dependent Ghetto Formation—a Transferable Concept?', *Health and Place*, 2, 4, 199-211.

Milner, A. (1993) *Cultural Materialism*, Melbourne: Melbourne University Press.

Minister for Health, Housing and Community Services(Australia) (1991) *Social Justice for People with Disabilities*, Canberra: Australian Government Publishing Service.

Mitchell, D. T. and Snyder, S. L. (eds) (1997) *The Body and Physical Difference: Discourses of Disability*, Ann Arbor: University of Michigan Press.

Moon, G. (1988) '"Is There One Around Here?"—Investigating Reaction to Small Scale Mental Health Hostel Provision in Portsmouth, England', in Smith, C. J. and Giggs, J. A. (eds), *Location and Stigma: Contemporary Perspectives on Mental Health and Mental Health Care*, BostonL Unwin Hyman.

Morris, J. (1989) *Able Lives —Women's Experience of Paralysis*, London: The Women's Press.

Morris, J. (1991) *Pride against Prejudice: Transforming Attitudes to Disability*, London: The Women's Press.

Morris, J. (1992) 'Personal and Political: a Feminist Perspective on Researching Physical Disability', *Disability, Handicap and Society*, 7, 2, 157-166.

Morris, J. (1993a) *Independent Lives? Community Care and Disabled People*, Basingstoke: Macmillan.

Morris, J. (1993b) '"Us" and "Them"': Feminist Research and Community Care', in Bornat, J., Pereira, C., Pilgrim, D. and Williams, F. (eds), *Community Care: a Reader*, London: Macmillan

Morris, J. (ed.) (1996) *Encounters with Strangers: Feminism and Disability*, London the Women's Press.

Morris, P. (1969) *Put Away*, London: Routledge & Kegan Paul.

Morrison, E. and Finkelstein, V. (1993) 'Broken Arts and Cultural Repair : the Role of Culture in the Empowerment of Disabled People', in Swain, J., Finkelstein, V., French, S. and Oliver, M. (eds) *Disabling Barriers —Enabling Environments*, London Sage.

Moss, P. (1997) 'Negotiating Spaces in Home Environments: Older Women Living with Arthritis', *Social Science and Medicine*, 45, 1 , 23-33.

Moss, P. and Dyck, I. (1996) 'Inquiry into Environment and Body: Women, Work, and Chronic Illness', *Environment and Planning D: Society and Space*, 14, 737-753.

Mowrey, M. and Redmond T. (1993) *Not in Our Backyard: the People and Events that Shaped America's Modern Environmental Movement*, New York: Morrow.

Mumford, L. (1961) *The City in History*, London: Pelican.

Napolitano, S. (1996) 'Mobility Impairment', in Hales, G. (ed.), *Beyond Disability: Towards an Enabling Society*, London: Sage.

Nast, H. and Pile, S. (eds) (1998) *Places Through the Body*, London: Routledge.

National Capital Authority (1996) *Institutional Reform*, Occasional Paper Series 2, Paper 5, Canberra: National Capital Authority.

Neale, R. S. (1975) 'Introduction', in Kamenka, E. and Neale, R.S. (eds), *Feudalism, Capitalism and Beyond*, Canberra: ANU Press.

Nelson, J. L. and Berens, B. S. (1997) 'Spoken Daggers, Deaf Ears and Silent Mouths: Fantasies of Deafness in Early Modern England', in Davis, L. J. (ed.) *The Disability Studies Reader*, New York: Routledge.

Nicholson, G. (1988) 'The Village in History', in Nicholson, G. and Fawcett, J. (eds), *The Village in History*, London: Weidenfeld & Nicholson.

Norden, M. F. (1994) *The Cinema of Isolation: a History of Physical Disability in the Movies*, New Brunswick, NJ: Rutgers University Press.

Nutley, S. D. (1980) 'Accessibility, Mobility and Transport-Related Welfare: The Case of Rural Wales', *Geofrum*, 11, 335-352.

Nutley, S. D. (1990) *Unconventional Community Transport in the United Kingdom*, New York: Gordon & Breach.

Oliver, M. (1986) 'Social Policy and Disability: Some Theoretical Issues', *Disability, Handicap and Society*, 1, 1, 5-17.

Oliver, M. (1990) *The Politics of Disablement*, London: Macmillan.

Oliver, M. (1991) 'Disability and Participation in the Labour Market', in Brown, P. and Scase, R. (eds), *Poor Work: Disadvantage and the Division of Labour*, Milton Keynes: Open University Press.

Oliver, M. (1992) 'Changing the Social Relations of Research Production', *Disability, Handicap, and Society*, 7, 2, 101-114.

Oliver, M. (1993) 'Disability and Dependency: a Creation of Industrial Societies?', in Swain, J., Finkelstein, V., French, S. and Oliver, M. (eds), *Disabling Barriers — Enabling Environments*, London: Sage.

Oliver, M. (1995) 'Review of "Reflections ..."', *Disability and Society*, 10, 3, 369-371.

Oliver, M. (1996) *Understanding Disability: From Theory to Practice*, London: Macmillan.

Oliver, M. and Barnes, C. (1993) 'Discrimination, Disability and Welfare: From Needs to Rights', in Swain, J., Finkelstein, V., French, S. and Oliver, M. (eds), *Disabling Barriers — Enabling Environments*, London: Sage.

Olson, J. M. and Brewer, C. A. (1997) 'An Evaluation of Color Selections to

Accommodate Map Users with Color-Vision Impairments', *Annals of the Association of American Geographers*, 87, 1, 103-134.

Orr, K. (1984) 'Consulting Women with Disabilities', *Australian Disability Review*, 3, 14-18.

Pahl, R. E. (1988) 'Editor's Introduction: Historical Aspects of Work, Employment, Unemployment and the Sexual Division of Labour', in Pahl, R. E. (ed), *On Work: Historical, Comparative and Theoretical Approaches*, Oxford: Blackwell.

Park, D. (1995) 'An Imprisoned Text: Reading the Canadian Mental-Handicap Asylum', unpublished Ph.D. thesis, York University.

Park, D. C. and Radford, J. (1997) 'Space, Place and the Asylum: an Introduction', *Health and Place*, 3, 2, 71-72.

Park, D. C., Radford, J. P and Vickers, M. H. (1998) 'Disability Studies in Human Geography', *Progress in Human Geography*, 22, 2, 208-233.

Parker, G.(1993) ' A Four-Way Stretch? The Politics of Disanility and Caring', in Swain, J., Finkelstein, V., French, S. and Oliver, M. (eds), *Disabling Barriers-Enanling Environments*, LondonL Sage, 249-256.

Parr, H. (1997a) 'Naming Names: Brief Thoughts on Geography and Disability', *Area*, 29, 2, 173-176.

Parr, H. (1997b) 'Mental Health, Public Space and the City: Questions of Individual and Collective Access', *Environment and Planning D: Society and Space*, 15, 4, 35-454.

Pateman, C. (1980) '"The Disorder of Women": Women, Love, and the Sense of Justice', *Ethics*, 19, 1, 20-34.

Pati, G. C. and Stubblefield, G. (1990) 'The Disabled are Able to Work', *Personnel Journal*, December, 30-34.

Pawson, E. (1996) 'Policy, Local Governance and the Regions', in Le Heron, R. and Pawson, E. (eds), *Changing Places: New Zealand in the Nineties*, Auckland: Longman.

Pennington, S. and Westover, B. (1989) *A Hidden Workforce: Homeworkers in*

*England, 1850-1985*, London: Macmillan.

Perle, E. D. (1969) *Urban Mobility Needs of the Handicapped: an Exploration*, unpublished Ph.D. thesis, University of Pittsburgh.

Perske, R. and Perske, M. (1980) *New Life in the Neighbourhood: How Persons with Retardation Can Help Make a Good Community Better*, Nashville TN: Abingdon.

Philo, C. (1997) 'The "Chaotic Spaces" of Medieval Madness: Thoughts on the English and Welsh Experience' in Teich, M., Porter, R. and Gustafsson, B. (eds) *Nature and Society in Historical Context*, Cambridge: Cambridge University Press.

Philo, C. (1998) 'Across the Water: Reviewing Geographical Studies of Asylums and Other Mental Health Facilities', *Health and Place*, 3, 2, 73-89.

Pile, S. (1996) *The Body and the City: Psychoanalysis, Space and Subjectivity*, London: Routledge.

Pile, S. and Kelth, M. (eds) (1997) *Geographies of Resistance*, London: Routledge.

Pinch, S. (1985) *Cities and Services: the Geography of Collective Consumption*, London: Routledge.

Pinch, S. (1997) *Worlds of Welfare*, London: Routledge.

Plotkin, S. (1987) *Keep Out: The Struggle for Land Use Control*, Berkeley', CA: University of California Press.

Pollard, S. (1963) 'Factory Discipline in the Industrial Revolution', *Economic History Review*, 2nd series, 16, 254-271.

Postan, M. M. (1966) 'England', in Postan, M. M. (ed), *The Cambridge Economic History of Europe — Volume One: The Agrarian Life of the Middle Ages*, Cambridge: Cambridge University Press.

Postan, M. M. (1972) *The Medieval Economy and Society: An Economic History of Britain in the Middle Ages*, Harmondsworth: Penguin.

Pound, J. F. (ed) (1971) *The Norwich Census of the Poor, 1570*, Norwich: Norfolk Record Society.

Pound, J. F. (1998) *Tudor and Stuart Norwich*, Chichester: Phillimore.

Pred, A. (1977) 'The Choreography of Existence: some Comments on Hägerstrand's Time-Geography and its Usefulness', *Economic Geography*, 53, 207-21.

Prior, L. (1993) *The Social Orgnization of Mental Illness*, London: Sage.

Rabinach, A. (1990) *The Human Motor: Energy, Fatigue, and the Origins of Modernity*, New York: Basic Books.

Radford, J. (1994) 'Intellectual Disability and the Heritage of Modernity', in Rioux, M. H. and Bach, M. (eds), *Disability is Not Measles: New Research Paradigms in Disability*, Ontario: Roeher Institure.

Radford, J. P. and Park, D. C. (1993) 'The Asylum as Place: an Historical Geography of the Huronia Research Centre', in Gibson, J. R.(ed), *Canada: Geographical Interpretations, Essays in Honour of John Warkentin*, York University, Department of Geography, Monograph no. 22.

Rawls, J. (1971) *A Theory of Justice*, Cambridge, MA: Harvard University Press.

Rawls, J. (1993) *Political Liberalism*, New York: Columbia University Press.

Rea, D. M. (1995) 'Unhealthy Competition: the Making of a Market for Mental Health', *Policy and Politics*, 23, 2, 141-155

Riley, J. C. (1987) 'Sickness in an Early Modern Workplace', *Continuity Change*, 2, 3, 363-385.

Rioux, M. H. and Bach, M. (eds) (1994) *Disability is Not Measles: New Research Paradigms in Disability*, Ontario: Roeher Institute.

Ripper, P. (1997) 'Institutional Reform and Disability Legislation', *Abstract: The Newsletter of the Australian Disbility Network*, 1, 1, 21

Ronalds, C. (1990) *National Employment Initiatives for People with Disabilities — a Discussion Paper*, Canberra: Australian Government Publishing Service.

Roof, J. and Weigman, R. (eds) (1995) *Who Can Speak? Authority and Critical Identity*, Urbana : University of Illinois Press.

Rose, D. (1989) 'A feminist Perspective of Employment Restructuring and Gentrification: the Case of Montreal', in Wolch, J. and Dear, M. (eds), *The*

*Power of Geography: How Territory Shapes Social Life*, Boston: Unwin Hyman.

Rose, G. (1993) *Feminism and Geography: the Limits to Geographical Knowledge*, Cambridge: Polity.

Rosenthal, J. T. (1972) *The Purchase of Paradise: Gift Giving and the Aristocracy, 1307-1485*, London: Routledge & Kegan Paul.

Ross, K. (1988) *The Emergence of Social Space: Rimbaud and the Paris Commune*, Basingstroke: Macmillan.

Rothman, D. J. (1971) *The Discovery of the Asylum: Social Order and Disorder in the New Republic*, Boston: Little, Brown.

Rowe, S. and Wolch, J. (1990) 'Social Networks in Time and Space: Homeless Women in Skid Row, Los Angeles', *Annals of the Association of American Geographers*, 80, 2, 184-204.

Ruddick, S. (1997) *Young and Homeless in Hollywood: Mapping Social Identities*, New York: Routledge.

Ryan, J. and Thomas, F. (1987) *The Politics of Mental Handicap*, London: Free Association.

Safilios-Rothschild, C. (1970) *The Sociology and Social Psychology of Disability and Rehabilitation*, New York: University Press of America.

Sandel. M. (1982) *Liberalism and the Limits of Justice*, Cambridge: Cambridge University Press.

Savas. E. S. (1982) *Privatizing the Public Sector: How to Shrink Government*, Chatham, NJ: Chatham. House.

Sayer, A (1984) *Method in Social Science: A Realist Approach*, London: Hutchinson.

Scarry, E. (1985) *The Body in Pain: The Making and Unmaking of the World*, New York: Oxford University Press.

Scheer, J. and Groce, N. (1988) 'Impairment as a Human Constant: Cross-Cultural and Historical Perspectives on Variation', *Journal of Social Issues*, 44, 1, 23-37.

Scott, A. J. (1980) *The Urban Land Nexus and the State*, London: Pion.

Segalen, M. (1983) *Love and Power in the Peasant Family: Rural France in the*

*Nineteenth Century*, Oxford: Blackwell.

Shakespeare, T. (1994) 'Cultural Representation of Disabled People: Dustbins for Disavowal?', *Disability and Society*, 9, 3, 283-299.

Shannon, P. (1991) *Social Policy*, Auckland: Oxford University Press.

Shannon, P. T and Hovell, K. J., (1993) *Community Care Facilities: Experience and Effects*, Report prepared for Dunedin City Council and the Otago Area Health Board, Dunedin, New Zealand.

Shapiro, J. P. (1993) *No Pity: People with Disabilities Forging a New Civil Rights Movement*, New York: Times.

Sharpe, J. A. (1987) *Early Modern England: A Social History, 1550-1760*, London: Edward Arnold.

Sibley, D. (1995) *Geographies of Exclusion: Society and Difference in the West*, London: Routledge.

Slack, P. (ed.) (1975) *Poverty in Early Stuart Salisbury*, Devizes: Wiltshire Record Society.

Smith, C. J. (1978) 'Problems and Prospects for a Geography of Mental Health', *Antipode*, 10, 1, 1-12.

Smith, C. J. (1981) 'Urban Structure and the Development of Natural Support Systems for Service Dependent Populations', *The Professional Geographer*, 33, 475-465.

Smith, C. J. (1984) 'Geographical Approaches to Mental Health', in Freeman, H. (ed), *Mental Health and the Environment*, London: Churchill Livingstone.

Smith, C. J. (1989) 'Privatisation and the delivery of mental health services', *Urban Geography*, 6, 88-99.

Smith, C. J. and Giggs, J. A. (1988) 'Introduction', in Smith, C. J. and Giggs, J. A. (eds), *Location and Stigma: Contemporary Perspectives on Mental Health and Mental Health Care*, Boston: Unwin Hyman.

Smith, D. M. (1977) *Human Geography: a Welfare Approach*, London: Edward Arnold.

Smith, D. M. (1994) *Geography and Social Justice*, Oxford: Blackwell.

Smith, N. (1979) 'Geography, Science and Post-Positivist Modes of Explanation', *Progress in Human Geography*, 3, 356-383.

Smith, N. (1984) *Uneven Develpment*, Oxford: Blackwell.

Smith, N. J. and Smith, H. C. (1991) *Physical Disability and Handicap: A Social Work Approach*, Melbourne: Longman Cheshire.

Smith, R., Gaster, L., Harrison, L., Martin, L., Means, R. and Thistlethwaite, P. (1993) 'Introduction', in Smith, R., Gaster, L., Harrison, L., Martin, L., Means, R. and Thistlethwaite, P. (eds), *Working Together for Better Community Care*, Bristol: School of Advanced Urban Studies.

Smith, S. R. and Lipsky, M. (1993) *Nonprofits for Hire: the Welfare State in the Age of Contracting*, Cambridge, MA: Harvard University Press.

Smull, M. W. (1990) 'Crisis in the Community', *Interaction*, 4, 3, 25-39.

Soja, E. (1989) *Postmodern Geographies: the Reassertion of Space in Social Theory*, London: Verso.

Soper, K. (1979) 'Marxism, Materialism and Biology', in Mepham, J. and Ruben, D-H. (eds), *Issues in Marxist Philosophy: Volume Two — Materialism*, Brighton: Harvester.

Soper, K. (1981) *On Human Needs: Open and Closed Theories in a Marxist Perspective*, Brighton: Harvester.

Soper, K. (1995) *What is Nature?*, Oxford: Blackwell.

Stallybrass, P. and White, A. (1986) *The Politics and Poetics of Transgression*, London: Methuen.

Steinman, L. D. (1987) 'The Effect of Land-Use Restrictions on the Establishment of Community Residences for the Disabled: a National Study', *The Urban Lawyer*, 19,1-37.

Stewart, B. (1993) 'New Human Rights Bill is a Big Advance', *New Zealand Disabled*, July, 8-10.

Stone, D. (1984) *The Disabled State*, Philadelphia: Temple University Press.

Stuart, O. (1992) 'Race and Disability: What Type of Double Disadvantage?', *Disability, Handicap and Society*, 7, 2, 177-188.

Stuart, O. (1993) 'Double Oppression: an Appropriate Starting Point?', in Swain, J., Finkelstein, V., French, S. and Oliver, M. (eds) *Disabling Barriers — Enabling Environments*, London: Sage, 93-100.

Sturrock, J. (1986) *Structuralism*, London: Paladin.

Swain, S. (1985) 'The Poor of Melbourne', in Davision, G., Dunstan, D. and McConville, C. (eds), *The Outcasts of Melbourne: Essays in Social History*, Sydney: Allen & Unwin, 91-112.

Swain, J., Finkelstein, V., French, S. and Oliver, M. (1993) 'Introduction' in Swain, J., Finkelstein, V., French, S. and Oliver, M. (eds) *Disabling Barriers — Enabling Environments*, London: Sage, 1-7.

Swerdlow, J. L. (1995) 'Information Revolution', *National Geographic*, October, 5-29.

Taylor, S.M. (1988) 'Community Reactions to Deinstitutionalization', in Smith, C.J. and Giggs, J. A. (eds), *Location and Stigma: Contemporary Perspectives on Mental Health and Mental Health Care*, London: Unwin Hyman.

Thomas, H. (1992) 'Disability, Politics and the Built Environment', *Planning Practice and Research*, 7, 1, 22-24.

Thompson, E. P. (1974) 'Time, Work-Discipline, and Industrial Capitalism', in Flinn, M. W. and Smout, T. C. (eds), *Essays in Social History*, Oxford: Clarendon Press.

Thompson, G. (1990) *The Political Economy of the New Right*, London: Pinter.

Thompson, R. G. (1997) *Extraordinary Bodies: Figuring Physical Disability* in American Culture and Literature, Irvington, NY: Columbia University Press.

Thorpe, C. and Toikka, R. (1980) 'Determinants of Racial Differentials in Social Security Benefits', *Review of Black Political Economy*, 10, 4.

Thrift, N. (1981) 'Owners' Time and Own Time: The Making of a Capitalist Time Consciousness, 1300-1800', in Pred, A. (ad.), *Space and Time in Geography: Essays Dedicated to Torsten Hagerstrand*, WK Gleerup.

Thrift, N. (1990) 'The Making of a Capitalist Time Consciousness', in Hassard, J. (ed.), *The Sociology of Time*, London: Macmillan.

Timpanaro, S. (1975) *On Materialism*, London: New Left Books.

Tisato, P. (1997) 'Travel Affordability for People with Disabilities', *Urban Policy and Research*, 15, 3, 175-187.

Topliss, E. (1982) *Social Responses to Handicap*, London: Longman.

Townsend, P. (1979) *Poverty in the United Kingdom*, Harmondsworth: Penguin.

Tronto, J. C. (1987) 'Beyond Gender Difference to a Theory of Care', *Signs*, 12, 4, 664-663.

Tronto, J. C. (1993) *Moral Boundaries: A Political Argument for an Ethic of Care*, New York: Routledge.

Turner, B. S. (1984) *The Body and Society: Explanations in Social Theory*, Oxford: Blackwell.

Turner, B. S. (1991) 'Recent Developments in the Theory of the Body', in Featherstone, M., Hepworth, M. and Turner, B. S. (eds), *The Body, Social Process and Cultural Theory*, London: Sage.

Union of Physically Impaired Against Segregation (UPIAS) (1976) *Fundamental Principles of Disability*, London: UPIAS.

Ure, A. (1967[1835]) *The Philosophy of Manufactures or an Exposition of the Scientific, Moral and Commercial Economy of the Factory System*, London: Frank Cass.

Urmson, J. O. and Ree, J. (eds) (1991) *The Concise Encyclopedia of Western Philosophy and Philosophers*, London: Unwin Hyman.

Vladeck, B. C. (1980) *Unloving Care: the Nursing Home Tragedy*, New York: Basic Books.

Vogel, L. (1983) *Marxism and the Oppression of Women: Toward a Unitary Theory*, London: Pluto Press.

Vujakovic, P. and Matthews, M. H. (1992) *Mapping Another World: Physical Disabilities and the Urban Environment*, Cambridge: Anglia Polytechnic, Division of Geography, GEOinformatics Unit Handbook and Report Series No. 1.

Vujakovic, P. and Matthews, M. H. (1994) 'Contorted, Folded, Torn:

Environmental Values, Cartographic Representation and the Politics of Disability', *Disability and Society*, 9, 3, 359-374.

Walker, A. (1980) 'The Social Creation of Poverty and Dependency in Old Age', *Journal of Social Policy*, 9, 1, 49-75.

Walker, A. (1989) 'Community Care', in McCarthy, M. (ed.), *The New Politics of Welfare*, London: Macmillan.

Walker, R. (1981) 'A Theory of Suburbanisation: Capitalism and the Construction of Urban Space in the United States', in Dear, M. and Scott, A. J. (eds), *Urbanization and Urban Planning in Capitalist Societies*, New York: Methuen.

Wallerstein, I. (1983) *Historical Capitalism*, London: Verso.

Walzer, M. (1983) *Spheres of Justice, A Defence of Pluralism and Equality*, New York: Basic Books.

Warren, B. (1980) 'Some Thoughts Towards a Philosophy of Physical Handicap', in Laura, R.S. (ed.), *The problem of Handicap*, Melbourne: Macmillan.

Watson, F. (1930) *Civilisation and the Cripple*, London: John Bale, Sons and Danielsson.

Welch, R. V. (1996) 'Dunedin', in Le Heron, R. and Pawson, E. (eds), *Changing Places: New Zealand in the Nineties*, Auckland: Longman.

Wendell, S. (1989) 'Towards a Feminist Theory of Disability', *Hypatia*, 4, 2, 104-124.

Wendell, S. (1996) *The Rejected Body*, London: Routledge.

Wibberly, G. P. (1978) 'Mobility and the Countryside' in Cresswell, R. (ed.), *Rural Transport and Country Planning*, London: Leonard Hill.

Williams, C. and Thorpe, B. (1982) *Beyond industrial Sociology: the Work of Women and Men*, Sydney: Allen & Unwin.

Williams, R. (1978) 'Problem of Materialism', *New Left Review*, 109, 3-17.

Williams, R. (1980) *Problem in Materialism and Culture — Selected Essays*, London: Verso.

Wilmot, S. (1997) *The Ethics of Community Care*, London: Cassell.

Winzer, M. A. (1997) 'Disability and Society before the Eighteenth Century', in Davis, L. J. (ed.) *The Disability Studies Reader*, New York: Routledge.

Wionarski, G. and Abbott, E. S. (1945) *Women Who Helped Pioneers: Pages of Melbourne's History that Glow*, Melbourne: Melbourne Ladies' Benevolent Society.

Wohl, A. S. (1983) *Endangered Lives: Public Health in Victorian Britain*, London: Methuen.

Wolch, J. (1980) 'The Residential Location of the Service-Dependent Poor', *Annals of the Association of American Geographers*, 70, 330-341.

Wolch, J. (1989) 'The Shadow State: Transformations in the Voluntary Sector', in Wolch, J. and Dear, M. (eds), *The Power of Geography: How Territory Shapes Social Life*, Boston: Unwin Hyman, 197-221.

Wolch, J. (1990) *The Shadow State: Government and the Voluntary Sector in Transition*, New York: The Foundation Center.

Wolch, J. and Dear, N. (1993) *Malign Neglect: Homelessness in an American City*, San Francisco: Jossey-Bass.

Wolfensberger, W. (1983) 'Social Role Valorization: a Proposed New Term for the Principle of Normalization', *Mental Retardation*, 21, 6, 234-239.

Wolfensberger, W. (1987) 'The Ideal Human Service', *Interaction — The Australian Magazine on Intellectual Disability*, 2, 3-4.

Wolfensberger, W. (1995) 'Social Role Valorization is too Conservative. No it is too Radical', *Disability and Society*, 10, 3, 365-367.

Wolfensberger, W. and Nirje, B. (1972) *The Principle of Normalization in Human Services*, Toronto: National Institute on Mental Retardation.

Wolfensberger, W. and Thomas, S. (1983) *Passing: Program Analysis of Service Systems' Implementation of Normalization Goals*, 2nd edn, Toronto: National Institute on Mental Retardation.

Wolpert, E. and Wolpert, J. (1974) 'From Asylum to Ghetto', *Antipode*, 6, 63-76.

Wolpert, J. (1976) 'Opening Closed Spaces', *Annals of the Association of American Geographers*, 66, 1, 1-13.

Wolpert, J. (1978) *Group Homes for the Mentally Retarded and Investigation of Neighbouring Property Impacts*, Princeton, NJ: Woodrow Wilson School of Public and International Affairs, Princeton University.

Wolpert, J. (1980) 'The Dignity of Risk', *Transactions, Institute of British Geographers*, 5, 4, 391-410.

Wood, A. (1981) *Karl Marx*, London: Routledge & Kegan Paul.

Wood, R. (1991) 'Care of Disabled People' in Dalley, G. (ed.), *Disability and Social Policy*, London: Policy Studies Institute.

Wrightson, W. (1989) *From Barrier Free to Safe Environments: the New Zealand Experience*, New York: World Rehabilitation Fund.

Yeatman, A. (1996) *Getting Real: the Interim Report of the Review of the Commonwealth/State Disability Agreement*, Canberra: Australian Government Publishing Service.

Young, I. M. (1990) *Justice and the Politics of Difference*, Princeton NJ: Princeton University Press.

Young, I. M. (1997) 'Unruly Categories: a Critique of Nancy Fraser's Dual Systems Theory', *New Left Review*, 222, March/April, 147-160.

Zipple, A. and Anzer, T. C. (1994) 'Building Code Enforcement: New Obstacles in Siting Community Residences', *Phychosocial Rehabilitation Journal*, 18, 1, 5-13.

Zola, I. (1993) 'Self, Identify and the Naming Question: Reflections on the Language of Disability', *Social Science and Medicine*, 36, 2, 167-173.

## 지은이 · 옮긴이 소개

지은이 브렌던 글리슨(Brendan Gleeson)

현재 오스트레일리아 멜버른대학교 도시정책연구 교수이며, 지속가능한 사회 연구소 소장을 맡고 있다. 이에 앞서 그는 아일랜드국립대학교 지리학 교수를 역임했으며, 그리피스 대학교 도시연구프로그램을 개설하여 초대 원장을 역임하기도 했다. 그가 이 책을 출간할 당시에는 오스트레일리아 국립대학 도시연구 프로그램의 연구원이었다. 그의 연구 분야는 도시계획과 거버넌스, 도시사회정책, 장애연구, 환경이론 및 정책 등이며, 최근에는 교외지역의 사회공간적 분석에 관심을 가지고 연구하고 있다. 그는 이 책을 출판할 무렵『정의, 사회, 자연』(*Justice, Society and Nature: An Exploration of Political Ecology*, 1998, 공저), 『도시 소비하기』(*Consuming Cities: The Urban Environment in the Global Economy after Rio*, 1999, 공저) 등을 출판하였고, 그 이후에도 많은 저서들을 출간하였는데, 최근 저서로『도시 조건』(*The Urban Condition*, 2014), 『공공 도시』(*The Public City*, 2014, 공저), 『교외의 탈성장』(*Degrowth in the Suburbs: A Radical Urban Imaginary*, 2018, 공저) 등이 있다.

옮긴이 최병두

대구대학교 지리교육과 명예교수이며, 한국도시연구소 이사장을 맡고 있다. 서울대학교 지리학과 학사 및 석사과정을 거쳐 영국 리즈대학교 지리학과에서 박사학위를 받았다. 관심을 가지고 연구하는 분야는 자본주의 사회에서 발생하는 도시 및 국토문제, 환경문제, 다문화 문제 등이다. 최근 주요 저서로『초국적 이주와 환대의 지리학』, 『인문지리학의 새로운 지평』, 『희망의 도시』(공저), 『녹색전환』(공저) 등이 있으며, 주요 역서로『데이비드 하비의 세계를 보는 눈』, 『불균등발전』(공동번역) 등이 있다.

옮긴이 임석회

현재 대구대학교 지리교육과 교수로 재직 중이다. 대학에서는 인문지리학, 인구지리, 한국지리, 지역개발론 등을 강의한다. 서울대학교 지리교육과를 졸업하고 동대학교 대학원 지리학과에서 석사 및 박사학위를 취득하였다. 도시체계 및 도시구조와 관련된 주제를 주로 연구한다. 최근의 관심 분야는 지리학 연구에서 맑스주의적 설명과 4차 산업혁명 과정에서 나타나는 성장도시와 쇠퇴도시의 차별적 경로에 대한 분석이다. 저서로는『지구·지방화와 다문화 공간』(공저)이 있다.

옮긴이 이영아

2010년부터 대구대학교 지리교육과 교수로 재직 중이며, 영국 브리스틀대학교에서 지역복지를 주제로 사회정책학 박사학위를 받았다. 대학교에서는 도시지리학과 사회지리학 등을 강의하고 있다. 관심 분야는 빈곤층, 홈리스 등 도시 취약계층의 거주 공간이며, 주민 주도형 도시재생 사업에도 관심을 가지고 있다. 주요 저서로는『도시재생과 가난한 사람들』(2016, 공저), 『도시재생과 젠트리피케이션』(2018, 공저)이 있으며, 주요 번역서로는『사람을 위한 도시』(2014), 『불균등발전: 자연, 자본, 공간』(2017, 공동번역) 등이 있다.